KB237181

치즈와 **구더기**

Il formaggio
e i vermi
**Carlo
Ginzburg**

IL FORMAGGIO E I VERMI: IL COSMO DI UN MUGNAIO DEL 1500
by Carlo Ginzburg

Copyright ⓒ 1976 by Carlo Ginzburg
All rights reserved.

Korean Translation Copyright ⓒ 2001 by Moonhak-kwa-Jisung-Sa

Korean edition is published by arrangement with Carlo Ginzburg, c/o Luigi
Bernabo' Associates Literary Agents through Imprima Korea Agency

이 책의 한국어판 저작권은 Imprima Korea Agency를 통한 c/o Luigi Bernabo'
Associates Literary Agents와의 독점 계약으로 문학과지성사에 있습니다.
저작권법에 의해 보호를 받는 저작물이므로 무단 전재 및 복제를 금합니다.

현대의 지성 111

치즈와 구더기

16세기 한 방앗간 주인의 우주관

Il formaggio
e i vermi
**Carlo
Ginzburg**

카를로 진즈부르그

김정하 · 유제분 옮김

문학과지성사
2001

카를로 진즈부르그 Carlo Ginzburg

이탈리아 출신으로 1961년 피사 대학에서 박사학위를 받았다. 그의 연구 범위는 이탈리아 르네 상스에서부터 현대 유럽사에 이른다. 그는 미시사 방법론의 선구자로 꼽힌다.
현대 역사학의 주류적 흐름——마르크스주의 역사학, 독일의 사회구조사, 프랑스 아날 학파는 모두 이 세계를 '과학적'으로 인식하는 '거대한 이론틀'을 구축하려는 경향을 지니고 있었다. 진즈부르그는 이와는 달리 구체적인 개인의 일상과 마음을 통해 한 시대를 조감하려는 시도를 하게 된다. 그 모색의 결과가 '미시사'이다.
진즈부르그는 범주로서의 존재가 아니라 실제의 이름을 가진 구체적인 개인에 대해 관찰하고 잘 분석함으로써 그가 살아가는 사회가 어떤 사회이며 어떤 변화를 겪고 있는지를 살핀다. 이 러한 시각과 방법론이 응축된 책이 바로『치즈와 구더기』이다.
진즈부르그는 현재 미국 UCLA에서 강의하고 있다.

옮긴이 **김정하**

한국외국어대학교 이탈리아어과를 졸업했고, 시에나 국립 대학교에서 문학박사 학위를 받았 다. 현재 한국외국어대학교 외국학종합연구센터 책임연구원으로 재직 중이다. 이탈리아 중세 사 및 이탈리아 고서지학 관련 논문을 많이 썼으며,『로마제국사』『중세 허영의 역사』『미완의 통일 이탈리아사』를 한국어로 옮겼다.

옮긴이 **유제분**

서강대학교 영문학과를 졸업했고, 뉴욕 주립 대학교에서 석사 학위를, 서강대학교 대학원에서 문학박사 학위를 받았다. 현재 부산대학교 영어교육과 교수로 재직 중이다. 저서로『페미니즘 의 경계와 여성 문학 다시 읽기』가 있으며,『순수와 위험: 오염과 금기 개념의 분석』을 한국어 로 옮겼고,『탈식민 페미니즘과 탈식민 페미니스트들』을 편역했다.

현대의 지성 111

치즈와 구더기

제1판 제 1쇄 2001년 11월 29일
제1판 제19쇄 2025년 4월 29일

지은이 카를로 진즈부르그
옮긴이 김정하 · 유제분
펴낸이 이광호
펴낸곳 ㈜문학과지성사
등록번호 제1993-000098호
주소 04034 서울 마포구 잔다리로7길 18(서교동 377-20)
전화 02)338-7224
팩스 02)323-4180(편집) 02)338-7221(영업)
전자우편 moonji@moonji.com
홈페이지 www.moonji.com

ISBN 89-320-1298-9

『치즈와 구더기』는 이 책의 출판에 앞서 이미 프린스턴 대학 데이비스 역사연구소에서 1973년 가을 '민중 종교'를 주제로 개최하였던 한 세미나에서, 그리고 계속해서 볼로냐 대학에서 필자가 참여한 한 세미나에서도 논의되었다.

필자는 데이비스 역사연구소의 소장 로렌스 스턴에게 감사하며 아울러 이 책이 완성될 수 있도록 물심양면으로 도와주신 여러분, 특히 피에로 캄포레지, 제이 돌란, 존 엘리엇, 펠릭스 길버트, 로버트 머셈블리드, 오타비아 니콜리, 짐 오벨케비치, 아드리아노 프로스페리, 라이오넬 로스크루그, 제리 셰이글, 아일린 요, 스테픈 요, 그리고 볼로냐 대학에 재학 중인 나의 제자들에게도 고마움을 전한다. 그밖에 우디네 대주교청의 도서관장 굴리엘모 비아수티 경, 알도 콜론넬로 선생님, 몬테레알레 발첼리나 자치 도시의 안젤로 마르틴, 그리고 이 책에 인용된 여러 기록 보관소와 도서관의 직원들께도 감사드린다. 끝으로 이 책의 출판에 관여한 모든 분들께 이 기회를 빌려 고맙다는 말씀을 드리고 싶다.

1975년 9월 볼로냐에서, 카를로 진즈부르그

치즈와 구더기

흥미로운 이 모든 것은 어둠 속으로 사라지고……
사람들은 우리의 진실한 역사에 대하여 아무런 말도 하지 않
는다.

—셀린

차례

한국어판 서문: 카를로 진즈부르그와
마렉 탐의 대담

질문 1: 교수님은 미시사(微時史) 연구를 대표하는 학자이십니다. 미시사 연구는 1970년대 이탈리아에서 성립되었습니다. 교수님은 이러한 미시사 연구의 여러 업적들을 남기셨을 뿐만 아니라, 이 분야에서 중요한 역할을 하고 계십니다. 이제 교수님께 드리고 싶은 질문은 어떻게 미시사 연구가 성립되었으며 그 궁극적인 목표는 무엇인가 하는 것입니다. 그리고 오늘날 미시사 연구의 동향에 대해서 어떻게 생각하시며, 아울러 이러한 유형의 연구의 강점들은 무엇이라고 생각하시는지요?

답변: 『치즈와 구더기』는 1976년에 출간되었습니다. 이로부터 얼마 후, 『역사 노트 *Quaderni storici*』라는 전문 역사 잡지를 중심으로 활동하던 에도아르도 그렌디 Edoardo Grendi와 조반니 레비 Giovanni Levi를 비롯한 여러 학자들이(저는 2년 후에 이 잡지의 편집에 참여하였습니다) '미시적 분석'이라는 용어를 사용하기 시작하였습니다. 그리고 이 용어는 역사 연구의 방향을 나타내는 의미에서 '미시사'로 교체되었습니다. 좁은 의미에서 역사의 현상들을 분석하여 점차 그 범위를 확대하려는 생각은 답보 상태를 벗어나지 못하고 있었습니다. 저는 카를로 포니 Carlo Poni와 함께 '미시사'라는 새로운 경향의 비역사 기술적 또는 역사 기술적인 근원들에 관한 고찰을 시도하였습니다. 후자의 대표적인 예로서 역사학과 인류학의 보다 긴밀해지는 관계를 지적한 바 있습니다. 반면 전자에 속하는 것들로는 사회주의 또는 끝없는 기술적 발전과 같은 낡은 전략적 목표들

이 더 이상 분석의 대상이 되지 못하고 우리의 관심에서 멀어진 반면, 동남아시아에서 벌어지고 있는 전쟁들이나 환경 재앙과 같은 사건들이 새로이 주목받고 있습니다. 역사를 미시사적인 차원에서 재구성하려는 시도가 점차 그 기반을 확대하면서 성공하게 된 것은 거시사의 연구 절차에 대한 의문들이 증폭되고 있다는 사실과 결코 무관하지 않다고 말할 수 있습니다. 이는 게임이 더 이상 지속되지 못하면 게임 규정들을 재분석할 필요가 있다는 사실로 비유될 수 있을 것입니다. 1970년대 말에는 1950년대와 1960년대의 낙관주의자들(개혁주의자들 또는 혁명가들)에 대한 급진주의적인 반동이 나타났는데, 이러한 반동 성향은 이후 10년에 걸쳐 진지하게 논의되었습니다.

이상의 내용이 1979년에 발표된 저와 카를로 포니의 공통된 생각이었습니다. 최근 20년 간의 변화가 이러한 예상을 비껴갔다고는 보지 않습니다. 오늘날 미시사에 대한 지속적인 관심은 서로 상당한 거리에 위치한, 예를 들어 멕시코와 덴마크와 같은 나라들에서도 그 기반을 확보하였는데, 이는 그 당시 저희들이 구축한 방법론이 확고한 기초를 가지고 있었다는 것을 보여주는 것입니다. 그러나 미시사가 국제적으로 성공한 현실의 이면에는, 어쩌면 필연적이었다고도 볼 수 있는 애매모호한 관점들이 존재하였습니다. '미시적'이라는 접두어는 종종 대상의 규모를 나타내는 의미로 이해되었으며 이로써 미시사는 마치 사소하거나 별로 쓸모없는 현상들을 취급해야만 하는 것으로 간주되었습니다. 오히려 우리는 이 용어를 현미경적 관점 분석의 의미로 해석하고 있었습니다. 오늘날 어떤 이들은 미시사를 조금은 다양한 일화들의 역사로 간주합니다. 그러나 연구 범위를 축소하는 것은 이론적 도전이며 약속을 의미합니다.

저는 이러한 이론적 야심을 중요하게 평가합니다. 제가 몰두하고 있는 한 연구를 통해 이 이론적 야심을 다시 제안해보려고 합니다. 그렇지만 '미시사'라는 용어를 지나치게 강조하려는 마음은 없습니다. 정작 중요한 것은 장황한 설명이 아니라 구체적인 연구 결과이니까요. 미시사 연구와 관련하여 다행스럽게도 학자들 사이에서 다양한 연구 방향이 제기되었습니다. 어떤 학자는, 조금 이른 감이 있었지만, 『치즈와 구더기』가 이러한 역사 연구의 경향을 대표한다고 말합니다. 또 다른 학자는 저의 연구가 진정한 의미의 미시사에서 원심 분리적으로 이탈하였다고 합니다. 그러나 결정은 저의 몫이 아닙니다. 어쨌든 저는 미시사에 대한 장황한 설명에는 관심이 없습니다.

질문 2: 1970년대 교수님은 메노키오와 그의 세계관에 대한 연구를 발표하셨습니다. 그 결과 민중 문화, 일치하지 않는 다양한 형태들과 권력의 편재(대표적인 사례로 푸코가 있습니다)에 대한 중요한 연구 성과가 출판되었습니다. 교수님은 장문의 서론에서 연구 방향의 특별한 성격을 강조하면서, 『치즈와 구더기』가 이러한 연구들과의 관계 속에서 평가되기를 바라셨습니다. 비록 이런 질문이 처음은 아니겠지만, 교수님께 다시 한번 묻고 싶은 것은 지금에 와서 『치즈와 구더기』를 다시 집필하신다면 방법론상의 변화가 있을 것인가 하는 것입니다. 말씀해주시겠습니까?

답변: 바로 답변을 드리자면, "예, 아마도 같은 책을 저술하였을 것입니다." 그러나 동시에 "아니오, 전혀 다른 책을 저술하였을 것입니다"라고도 대답할 수 있겠지요(어리석은 질문은 어리석은 답변을 요구합니다). 만약 『치즈와 구더기』를 저술하지 않았다면 저는 지금 전혀 다른 사람이었을 것입니다. 그러나 이 책을 저술했기 때문에, 지금 저는 그와는 또 다른 사람이 되었습니다(현재 제가 다른 사람이라는 사실은 이것 이외의 다른

수많은 이유로도 설명될 수 있을 것입니다). 『치즈와 구더기』를 집필한 이후 저는 다른 일을 하려고 노력하였습니다. 물론 반복을 좋아하지 않는 저의 성격 때문이었죠. 지금은 과거에 그렇게 해야만 했던 것처럼, 서문을 통해 저의 연구가 정당하다는 사실을 옹호할 생각은 없습니다. 『치즈와 구더기』는 한 암울한 인물의 이념과 행동에 대한 전반적인 연구입니다. 그리고 더 이상 역사가들의 논쟁거리가 되지는 않을 것으로 생각합니다. 어쩌면 이 책이 15년 전에 출간되었다는 사실도 그 한 가지 이유가 되리라고 생각합니다.

질문 3: 미국의 한 역사학자인 도미니크 라 카프라Dominik la Cafra는 『치즈와 구더기』에 '20세기 한 역사가의 세계'라는 부제를 첨가하였습니다. 라 카프라의 선례를 수용하는 의미에서, 교수님께 다음과 같은 질문을 드리고 싶습니다. 역사가가 연구 대상을 구성하면서 수행하는 역할과 자신이 집필한 책 속에서 차지하는 위치에 대해서는 어떻게 생각하십니까?

답변: 몇 가지 사실을 환기시키고 싶습니다. 과거는 침묵합니다. 그러므로 과거의 증언을 듣기 위해서는 질문을 해야만 합니다. 그러나 사실 이러한 질문은 현재와 관련된 우리의 질문일 뿐입니다. 이 말은 20세기를 사는 한 역사가의 우주관과 16세기 한 방앗간 주인의 우주관이 필연적으로 교차한다는 것을 의미합니다. 그럼에도 과거를 알 수 없는 것으로 결론짓는 것은 어리석은 행위입니다(현재에 대해서도 마찬가지라고 할 것입니다). 그러나 역사가에 의해서 도입된 주관적 변이는 역사에 대한 인식을 가능한 것으로 그리고 동시에 지속적으로 제시합니다. 우리는 과거를 향해 끝없이 질문을 던집니다. 역사 연구의 과제들 중에는 이전 시대의 역사가들이 통상 무의식적으로 저지른 왜곡(시대착오, 사료 분석에 있어서의 실수 등)을 확

인하는 것도 포함됩니다. 이러한 작업은 종종 쉽게 해결되기도 합니다. 이 모든 것은——일반적으로 구체적인 역사 연구와는 거리가 있는——역사 이론가들의 상상보다는 더 복합적인 상황을 나타냅니다. 한편, 오늘날 유행하고 있는 역사 연구의 회의론에 대해서는 최근에 출판된 『역사, 수사학 그리고 증거 *History, Rhetoric and Proof*』에서 저의 견해를 피력하였습니다.

질문 4: 교수님은 역사가로서 마술에 대한 재판을 연구하는 데 몰두하셨습니다. 베난단티 Benandanti들에 대한 교수님의 첫번째 저술에서부터 대작으로 알려진 『밤의 역사 *Storia notturna*』(1989)에 이르기까지 마녀들과 악마의 잔치에서 드러난 신앙의 실체와 근본들에 대한 문제는 교수님의 주된 관심 대상이었습니다. 『밤의 역사』에서 교수님은 악마의 이미지가 어떻게 기층 문화의 요인들과 상층 문화의 요인들의 타협을 통해서 성립되었는가를 제시하셨습니다. 그럼 마술의 역사, 특히 악마의 역사에 대한 교수님의 궁극적인 결론은 무엇인지 간략하게나마 말씀해주시겠습니까?

답변: 저의 첫번째 연구서인 『베난단티 *I benandanti*』(1966)는 일련의 이단 심문을 기초로, 16~17세기에 베네치아의 북동부 프리울리에서 확산되었던 한 종교 단체에 대한 연구 결과입니다. 행운을 가지고 태어난 남성들과 여성들 그리고 몇 명의 아이들은 일 년에 네 번 마녀들, 마법사들과 전투를 벌이는 것 때문에 탈진 상태라고 고백하고 있습니다. 베난단티들이 무아지경의 상태에서 손에 회향풀 줄기를 들고 아프리카산 수수 줄기로 무장한 마녀들, 마법사들과 벌이는 전투는 토지의 비옥도를 상징합니다. 즉 만약 전자가 이기면 풍년이 들고 후자가 이기면 흉년이 듭니다. 이단 심문관들의 심문 결과를 살펴볼 때, 프리울리에서 전개된 마술 잔치의 이미지는 샤머니즘적인 요

인들이 내포되어 있는 비옥도에 대한 농민 숭배와 결합되어 있었습니다. 저는 이러한 유사한 현상들이 유럽의 다른 지역들에서도 반복되고 있었는지를 살펴보았습니다. 특히 발트 해 근처의 늑대 인간lupo mannaro(이들도 역시 보편화된 민간 신앙에 따르면 행운을 가지고 출생하였다)과의 비교를 통해 비교 대상 지역을 확대해야만 하였습니다. 저는 오랜 연구를 종합하는 의미에서 『밤의 역사』를 출판하였는데, 이 저서에서 마술 잔치를 서로 다른 두 가지 현상, 즉 한편에서는 14세기 초부터 고개를 들기 시작한 나환자, 유대인, 마녀 들에 대한 사회의 적대적 음모의 이미지, 다른 한편에서는 아시아 유럽 대륙의 광범위한 지역에 확산되어 있던 샤머니즘 형태를 가진 일련의 무아지경 숭배 간의 타협적 현상으로 해석하였습니다. 이 두 가지 경향은 14세기 말과 15세기 초 사이에 알프스 서부 지역에서 접촉하여 융합되었습니다. 이후 저의 연구는 수많은 논쟁의 쟁점이 되었으며, 이러한 논쟁이 계속되기를 바랍니다. 마술 잔치에 대한 최고(最古)의 증언을 주제로 가장 최근에 출판된 저술은 이러한 주제들이 학자들의 주된 관심의 대상을 이루고 있다는 증거입니다.

질문 5: 교수님은 아비 바르부르그Aby Warburg의 '신은 작은 곳에 임하신다'는 격언을 자주 언급하셨습니다. 그리고 이 격언은 피에로 델라 프란체스카Piero della Francesca의 저술들(피에로에 대한 연구)에 대한 교수님의 세밀한 연구의 기원이었습니다. 이 책은 형태론의 유형에 기초한 실마리 찾기라고 정의하신 교수님의 연구 방법론을 대변하는 대표적인 사례입니다. 그럼 이 연구 방법론을 간략하게 정의해주시겠습니까?

답변: 저는 20년 전에 출판된 한 저술(『판서 *miti emblemi spie. morfologia e storia*』)에서 '실마리 찾기'에 대하여 말한 적이 있

습니다. 이 책에는 세 명의 인물, 즉 두 명의 실제 인물들인 지그문트 프로이트Sigmund Freud, 미술평론가 조반니 모렐리 Giovanni Morelli 그리고 한 명의 가상 인물인 셜록 홈스 Sherlock Holmes가 등장합니다. 이들의 인식 능력은 각각 정신 현상, 대가들의 그림 그리고 범죄를 대상으로 하지만, 최소한의 증거와 특별한 정황에 기초한다는 의미에서는 동일한 방법론을 활용한다고 할 것입니다. 프로이트 자신은 모렐리에게서 간접적으로 많은 영향을 받았다고 인정하였습니다. 모렐리는 일반적으로 별로 중요하게 생각되지 않는 특징들, 예를 들면, 손톱, 귓불 등에 대한 형태론적인 비교를 통해서 원본과 사본을 구분하는 평론가였습니다. 저는 이러한 방법의 다양한 인식 수단들을 통해서 혼자만의 연구 방법을 찾으려고 노력하였습니다. 이때 이후로 이 연구서는 여러 다양한 형태로 필자의 연구에 도움이 되었습니다.

질문 6: 20세기 말은 역사의 기록scrittura에 관련된 이론적인 문제가 관심의 대상으로 등장한 시기입니다. 1970년대 말부터 많은 사람들은 역사가가 역사에 대해서 글을 쓰는 순간에 '진실' '사실' '현실' 등과 같은 개념을 활용할 수 없다고 주장하였습니다. 교수님은 이러한 경향에 반대하였으며(특별히 헤이든 화이트Hayden White에 대한 교수님의 논평을 의식하고 이러한 질문을 드립니다) 인용 부호들을 생략한 채 이러한 개념들을 과감하게 사용한 소수의 역사가들 중의 한 분입니다. 그럼 역사가가 과거의 현실들을 수집할 수 없다는 것에 대한 논쟁에서 교수님의 입장은 무엇입니까?

답변: 답변을 하는 의미에서 『치즈와 구더기』의 제35장에 언급된 몇 가지 사례를 인용해보겠습니다. 관련 본문에 인용된 것으로서 각각 이단 심문관과 메노키오에 관련된 "정면 공격의

의도를 드러내는 의미에서 per sferrare un attacco frontale"와 "어떻게 대답해야 할지를 몰랐다 non seppe che cosa rispondere"는 바로 뒤에 이어지는 인용문들의 구절들을 해석합니다. 같은 논리가 "재촉하면서 incalzando(다시 한 번 이단 심문관의 말을 논평한다)"에서도 반복되고 있습니다. "잠시 침묵을 지켰다 rimase zitto per un pò"는 이단 심문관의 공증인이 "모르겠습니다 io non so" 바로 뒤에 나타난 잠시의 침묵을 "말하면서 dicens"를 이용해 해체하고 있음을 보여줍니다. "어쩌면 그는 지쳐 있었는지도 모른다. 혹은 '한 몸이 되었다'는 말이 무엇을 의미하는지 몰랐을 수도 있다 Forse era stanco. O forse non capiva che cosa volesse dire 'incorporato'"는 제가 도입한 연결 고리입니다. 저는 주에서 간접 화법을 직접 화법으로 전환한 것을 표시함으로써 이서에 충실하려 했다고 언급하였습니다. 이러한 인용과 해석들을 통해서 필자는 이단 심문관과 메노키오의 대화가 가지는 의미를 재구성하려고 노력하였습니다. 이 책을 읽는 사람은 예를 들어, 인용문이나 아마도 forse와 같은 부사들을 바탕으로 인용에서 해석으로의 전환을 암묵적으로 풀어내는 권유를 받았다고 볼 수 있습니다. 특히 인용에서 해석으로 전환한 부분은 본문의 여러 지면에서 때로는 강하게, 때로는 약하게 가설적인 측면을 보여줍니다. 물론 본문의 내용도 맹목적으로 수용해서는 안 됩니다. 과거와 우리의 관계(불과 몇 분 전으로 거슬러 올라가는 과거의 경우에도 마찬가지입니다)는 증언에 기초하는 만큼, 반드시 간접적일 수밖에 없으며 또한 가능성의 문제입니다. 제 생각에 이단 심문관과 메노키오의 대화가 실제로 있었을 가능성은 거의 확실할 정도로 분명 높다고 봅니다. 그러므로 상반된 증거에도 불구하고, "이단 심문관과 메노키오 사이에 대화가 전개되었다 si è svolto un dialogo tra l'inquisitore e Menocchio"라는 문장은 (인용 부호들 없이도) 진실입니다. 그러나 이 경우에, 이들의 대화를 부정하는 사람에게는 (라틴 세계의 법 언어에서) 관련 증거를 제시해야 할 상당한 부담이 있을 것입니다. 필요할 때마다 매번——대표적인 사례로서——나폴레옹이 존재하였다는 증거를 제시하는 것은 어리석은 일입니다. 그러나 필자는 "상반된 증거에도 불구하고 fino a prova contraria"를 첨가하는 데 별다른 어려움을 느끼지 않습니다. 오늘날 금세기의 회의론이 성공하게 된 동기는 회의론자들의 주제보다 더 흥미롭다고 생각됩니다. 이 주제에 대해서는 이미 『역사, 수사학 그리고 증거』에서 언급하였습니다.

질문 7: 끝으로 앞으로의 연구 계획에 대해서 말씀해주시겠습니까?

답변: 몇 년 전부터 매우 다양한 주제에 대한 연구에 몰두하고 있습니다. 저는 스탕달에 관한 논문을 준비 중인데, 이 연구에서 역사와 문학과의 관계를 살펴보고 있습니다. 저는 최근 10년 동안 이 주제를 여러 차례 언급한 바 있습니다. 또한 가까운 장래에 컬럼비아 대학교 출판부에서 *No Island is an Island* 란 제목으로 곧 출간될* 영국 문학에 관한 네 개의 논문은 직·간접적으로 이러한 문제를 언급하고 있습니다. 이외에도 저는 1930년대 말, 파리의 사회학부 Collège de Sociologue를 중심으로 전개된 파시즘에 대한 토론을 재정리하려고 합니다. 이 주제에 대해서는 최근에 독일어로 출판된 구에르치아 디 피카소 Guercia di Picasso에 관한 연구 논문에서 언급하였습니다. 그러나 가까운 장래에 시작하려고 현재 가장 비중을 두고 있는 연구는 본 대담의 시작 부분에서도 말씀드린 것입니다. 다시

----

*이 책은 2000년에 출간되었다. 이후 * 표는 옮긴이 주를 나타낸다.

말해, 가능하다면 17, 18세기의 노예 주인으로서, 『치즈와 구더기』의 방앗간 주인 메노키오와는 매우 다른 한 인물에 대한 짧은 글을 쓰고 싶습니다. 제 생각에 이 연구 결과는 상당히 흥미로울 것입니다.

이탈리아어판 서문

1

과거의 역사가들은 '국왕들의 위대한 사적'에 대해 알려고만
해도 처벌받을 수 있었다. 그러나 오늘날 이 같은 일은 분명 더
이상 일어나지 않는다. 역사가들은 이전의 역사가들이 침묵 속
에 묻어버린 것이나, 경원한 것, 또는 단순히 무시해버린 것에
대하여 갈수록 더 많은 관심을 쏟고 있다.[1] 베르톨트 브레히트
Bertolt Brecht의 작품 속에서 "박식한 노동자"는 이미 이렇게
묻고 있다. "누가 일곱 문을 가진 도시 테베를 건설하였는가?"[2]
그 어느 사료도 무명의 석공들에 대해 아무것도 말해주지 않지
만, 이 질문은 여전히 의미 있는 것이다.

2

과거 사회에서 종속 계급subalterne classi[3]에 속하였던 이들

---

1 보통 사람들은 "역사Historia의 주요한 등장인물로 바뀐다"고 하이메 빈센스 비베스
Jaime Vicens Vives는 다음에서 인용하고 있다. Pierre Chaunu, "Une histoire
religieuse sérielle," *Revue d'histoire moderne et contemporaine*, 12(1965), p. 9, n. 2.

2 베르톨트 브레히트가 인용한 내용의 출처는 다음과 같다. "Fragen eines Lesenden
Arbeiters," *Hundert Gedichte, 1918~1950* (Berlin, 1951), pp. 107~08. 또한 같은 시
를 카플로J. Kaplow의 *The Names of Kings: the Parisian Laboring Poor in the
Eighteenth Century* (New York, 1973)에서는 명구(銘句)로서 이용하고 있다. 또한 H.
M. Enzensberger, "Letteratura come storiografia," *Il Menabò*, 9(1966), p. 13 참조.

의 행동과 태도에 관한 자료들이 부족하다는 것은, 분명, 이러한 유형의 연구 조사에서 유일하지는 않더라도 가장 큰 장애물이다. 그러나 예외는 항상 있게 마련이다. 이 책은 메노키오 Menocchio라는 프리울리Friuli의 한 방앗간 주인, 도메니코 스칸델라Domenico Scandella에 관한 이야기이다. 그는 거의 베일에 가려진 삶을 살다가 교황청의 명령으로 화형당하였다. 15년의 간격을 두고 진행된 그에 대한 두 차례의 재판 기록은 그의 사상과 감정, 상상과 희구에 대한 풍부하고 생생한 자료를 제공한다.[4] 다른 기록들은 그의 경제 활동과 자식들의 생활에 대한 정보를 알려준다. 심지어 그의 손으로 씌어진 기록들과 그가 읽은 책의 일부 목록도 알 수 있다(실제로 그는 읽고 쓸 수 있었다). 물론 메노키오에 관해 더욱 많은 것들을 알고 싶지만, 우리가 현재 알고 있는 것만으로도 '종속 계급 문화' 또는 '민중 문화cultura popolare'의 일부를 복원할 수 있다.

---

3 필자는 안토니오 그람시Antonio Gramsci의 '종속 계급classi subalterne'이라는 용어를 사용하였는데, 그 이유는 이 용어가 '하류 계급classi inferiori'이라는 표현이 다소간에 의도적으로 포함하고 있는 온정주의적인 영향을 피하면서, 상당히 광범위한 현실을 표현하기 때문이다. 출판 당시 주목을 받았던 민속folklore과 종속 계급에 관한 그람시의 견해들에 관해서는 데 마르티노E. De Martino, 루포리니C. Luporini, 포르티니F. Fortini 그리고 다른 여러 학자들 간에 벌어진 토론 참조. 토론 참여자들의 명단은 다음의 글에 나와 있다. L. M. Lombardi Satriani, *Antropologia culturale e analisi della cultura subalterna* (Rimini, 1974), p. 74, n. 34. 이 문제에 대한 현대적인 해석과 관련하여 에릭 홉스봄은 이미 많은 유익한 것을 논의한 바 있다. 이에 대하여는 Eric Hobsbawm, "Per lo studio delle classi subalterne," *Società*, 16(1960), pp. 436~49 참조.

4 메노키오에 대한 다음 재판 기록들은 우디네의 대교구 기록 보관소Archivio della Curia Arcivescovile di Udine에 보관되어 있다(이후 ACAU로 줄여 씀). Sant'Uffizio, Anno integro 1583 a n. 107 usque ad 128 incl., proc. n. 126, 그리고 Anno integro 1596 a n. 281 usque ad 306 incl., proc. n. 285. 메노키오의 재판 기록들에 대해 (직접 보지는 않았음에도 불구하고) 유일하게 언급한 학자는 바티스텔라이다. A. Battistella, *Il S. Officio e la riforma religiosa in Friuli: Appunti storici documentati* (Udine, 1895), p. 65. 바티스텔라는 메노키오가 처형을 모면했다고 했지만, 이는 잘못된 주장이다.

3

일반적으로 문명 사회 내부에 여러 다른 수준의 문화들이 존재한다는 것은 점차 민속학, 사회인류학, 민간 전승의 역사, 유럽 민족학 등으로 다양하게 정의되어온 학문들의 암묵적인 전제이다.[5] 그러나 어느 특정 시대의 종속 계급에서 목격되는 특유의 태도, 신앙, 행동 코드 등의 복합물을 정의하기 위하여 '문화'라는 용어를 선택한 것은 비교적 최근의 일이며, 이는 문화인류학에서 유래된 것이다. 이제까지 "문명화된 사회 속의 보통 인민"이라고 온정주의(溫情主義)적 방식으로 정의되어온 사람들이 실제로는 그들 나름의 **문화**를 보유하고 있었다는 사실을 인식하게 되었는데, 이것은 '원시 문화'라는 개념을 통해서 가능하였다. 이처럼 식민주의의 저속한 양심은 계급을 탄압하는 사악한 양심과 결합되어 있었다. 다시 말해서 민속학을 단순히 흥미로운 사실들의 집합체로 간주하는 구태의연한 개념뿐 아니라, 이미 수세기 전에 지배 계급 classi dominanti이 종속 계급의 정신적 공간(사상, 신앙, 세계관)에 주입한 관념을 체계 없이 아무렇게나 모아놓은 것만으로 보는 태도가 단지 말로만 극복되었음을 의미한다.[6] 여기에서 종속 계급의 문화와

---

5 이 논제들에 대해서는 방대한 문헌이 존재한다. 쉽게 접근할 수 있는 입문서로는 A. M. Cirese, "Alterità e dislivelli interni di cultura nelle società superiori," Cirese, ed., *Folklore e antropologia tra storicismo e marxismo* (Palermo, 1972), pp. 11~42; L. M. Lombardi Satriani *Antropologia culturale e analisi della cultura subalterna* (Rimini, 1974); P. Rossi, ed., *Il concetto di cultura. I fondamenti teorici della scienza antropologica* (Torino, 1970)가 있다.

6 약간의 차이가 없는 것은 아니지만 이와 마찬가지로 안토니오 그람시도 민속학의 개념을 "관념을 체계 없이 아무렇게나 모아놓은 것 coacervo disorganico di idee ecc."으로 수용하고 있다. 이에 대하여는 A. Gramsci, *Letteratura e vita nazionale* (Torino, 1950), pp. 215ff.; L. Satriani, *ibid.*, pp. 16ff. 참조.

지배 계급의 문화 사이의 관계에 관한 논쟁이 시작된다. 실제 종속 계급의 문화는 지배 계급의 그것에 어느 정도 종속되었는가? 그리고 종속 계급의 문화는 비록 부분적이기는 하지만, 어떤 방식으로 변화된 내용들을 표현하는가? 수준이 다른 두 문화 간의 상호 순환에 대해서 말하는 것은 가능한가?

역사가들은 이러한 문제들에 대하여 최근에서야 그것도 다소의 불신을 가지고 접근하기 시작하였다. 의심할 나위 없이 이것은 귀족주의 문화 개념이 지속적으로 확산된 사실에 부분적으로 기인한다. 독창적 이념이나 신앙은 너무도 빈번하게 상층 계급classi superiori의 소산물로 정의되어왔으며, 이들이 종속 계급 사이에 확산된 것은 대수롭지도 않고 흥미롭지도 못한 기계적 결과라고 생각해왔다. 기껏 주목하는 것은 전승 과정에서 이렇듯 사상이나 신앙이 겪는 '타락scadimento'과 '변형deformazione'이다. 그러나 역사가들이 이러한 문제들을 경멸하는 또 다른 이유는 이데올로기의 차원보다는 방법론적인 차원과 관련되어 있다. 역사학자들은 인류학자나 민간 전통을 연구하는 학자들과는 다르게 상당히 불리한 입장에 서 있다. 오늘날까지도 종속 계급의 문화는 그 대부분이 주로 구비 전승orale 문화이며,[7] 지난 수세기 동안 이런 현상은 더욱 심했다. 불행하게도 역사학자들은 16세기의 농부들과 이야기를 주고받을 수 없다. 그리고 어떠한 경우에도 역사학자들이 농부들을 이해할 수 있다는 보장은 없다. 따라서 역사학자들은 기록들 (그리고 아마도 고고학자들의 연구 결과)에 의존해야만 한다. 그러나 이들은 어느 정도는 공공연하게 지배 문화와 밀착된 인물들이 썼기 때문에 이중으로 간접적인 사료에 불과하다. 이는

---

7 구비 전승의 문화에 관해서는 C. Bermani, "Dieci anni di lavoro con le fonti orali," *Primo Maggio*, 5(spring, 1975), pp. 35~50 참조.

과거의 농민들과 직인들의 사상, 신앙, 그리고 소망이 우리에
게 거의 언제나 여과되고 왜곡된 상태로 전달된다는 것을 의미
한다. 이러한 사실 때문에 이들에 관한 연구는 초반부터 좌절
을 겪기에 충분하다.

그러나 우리가 '민중 계급에 의해 만들어진 문화cultura
prodotta dalle classi popolari'가 아니라 오히려 '민중 계급에 부
과된 문화cultura imposta alle classi popolari'를 연구하려고 할
때, 문제의 양상은 철저하게 바뀐다. 로베르 망드루R. Mandrou
는 이러한 연구를 당시까지만 해도 거의 활용되지 않은 자료에
기초하여 10여 년 전에 시도하였다.[8] 그의 연구는 시골의 어느
장날에 장돌뱅이들이 팔던, 조잡하게 인쇄된 싸구려 소책자들
(달력, 노래집, 요리법, 기적 이야기, 성인전 등)과 같은 행상 문
학에 기초한 것이다.* 이들 소책자에 반복적으로 언급되는 테

---

8 로베르 망드루는 다음에서 '민중 문화culture populaire'와 '대중 문화culture de
masse'가 동의어가 아니라고 주장한다(프랑스어의 '대중 문화culture de masse'와
이에 해당하는 이탈리아어의 'cultura di massa'는, 영미어의 'popular culture'라는
표현에 대응하여 상당히 다양한 기원을 가지고 있다). Robert Mandrou, *De la
culture populaire aux 17ᵉ et 18ᵉ siècles: la Bibliothèque bleue de Troyes* (Paris, 1964).
좀더 오래된 용어인 '민중 문화'라는 표현은 '인민주의적populista'인 차원에서 볼
때, '민중의 작품으로서의 문화la culture qui est l'oeuvre du peuple'를 의미한다. 망
드루는 같은 용어를 다음과 같이 (실제로는 의미가 다르지만) '좀더 광범위한' 의미
를 가진 것으로 사용하기도 했다. "여기에서 우리는, 구 체제 아래에 놓인 프랑스 민
중들 사이에서 수세기에 걸쳐 수용되고, 소화되고, 동화된 문화로서 이해한다"(로베
르 망드루, 같은 책, pp. 9~10). 이 같은 방식으로, 민중 문화를 결국 대중 문화와
같은 의미로 사용하는 것이다. 그러나 근대적인 의미의 대중 문화는 문화 산업의 존
재를 전제로 삼는데, 알다시피 문화 산업은 구 체제의 프랑스에는 존재하지 않았다.
그러므로 이러한 발상은 시대착오적이라고 할 수 있다(p. 174도 참조). 또한 '상부
구조superstructure'라는 용어의 채용도 막연하다(p. 11). 망드루의 관점에서 보면 이
것은 허위 의식을 말하는 것이다. '현실로부터의 도피' 문학으로서, 또한 동시에 민
중 계급들의 세계관을 반영하는 것으로서의 행상colportage 문학에 대해서는 pp.
162~63 참조. 어떠한 경우에도 망드루는 개척적인 연구의 한계들을 완전히 자각하
고 있었는데(p. 11), 이런 점에서 그의 공적은 크다고 할 수 있다.
* 여기에서 소책자란 흔히 '청표지본(靑表紙本) Bibliothèque bleue'이라 불리는 책자
를 일컫는다. 그 명칭은 책 표지를 설탕빵을 싸는 푸른 종이로 만들었기 때문이다.

마들의 목록은 망드루로 하여금 다소 성급하게 결론을 내리게
하는 결정적인 요인이었다. 망드루는 자신이 '현실 도피적
d'evasione'이라고 정의한 행상 문학이, 수세기 동안 운명론과
결정론, 신비와 불가사의로 점철된 세계관을 조장함으로써, 독
자들에게 사회·정치 상황을 인식하지 못하도록 하는, 이른바
의도적으로 반동적 역할을 수행하였을 것이라고 주장하였다.

그렇지만 로베르 망드루는 달력과 노래집을 의도적으로 대
중들을 겨냥한 기록 문서로만 보지 않았다. 그는 급작스럽게
그리고 명확한 동기를 제시하지 않은 상태에서, 이들을 성공적
인 문화 접변의 수단으로 정의하였다. 다시 말해서 그는 암암
리에 구 체제의 민중 계급이 문학적으로 철저히 수동적이었으
며 행상 문학은 기대 이상의 거대한 영향력을 행사하였다고 주
장하면서, 달력과 노래집들이 혁명 이전의 민중 계급이 가지고
있던 '세계관을…… 반영'한다는 논리를 전개하였다. 이러한
소책자들이 비록 수없이 발행되고 큰 소리로 낭독되어 수많은
문맹인에게 그 내용이 전달되었다고 하더라도 문맹인이 전체
인구의 4분의 3을 차지하던 사회에서 글을 아는 농민들의 수는
극소수에 불과하였다. '민중 계급에 의해 생산된 문화'와 '민
중 대중masse popolari에게 부과된 문화'를 동일한 것으로 생

Bibliothèque bleue의 번역과 관련하여 '통속소설'(라 카프라, 카플란 엮음, 이광
래·김종흠 옮김, 『현대 유럽 지성사』, 강원대학교 출판부, p. 32. 원제는 La Capra &
L. Kaplan, eds., *Modern European Intellectual History*, Cornell Univ. Press, 1982), '청
색 문고'(린 헌트 엮음, 조한욱 옮김, 『문화로 본 새로운 역사』, 소나무, 1996, pp.
233, 234, 239, 243, 245. 원제는 Lynn Hunt, ed., *The New Cultural History*, Unversity
of California Press, 1989), '청색 도서'(프랑수아 도스, 김복래 옮김, 『조각난 역사』,
푸른역사, 1998, p. 247. 원제는 François Dosse, *L'histoire en miettes: Des Annals a la
nouvelle histoire*, Paris, 1987) 등으로 번역한 사례를 찾아볼 수 있다. '청색 문고'나
'청색 도서'는 원의에 가깝다고 할 수 있지만, 푸른 종이로 겉표지를 만든 책이라는
맥락에서 볼 때 일본어 번역의 '청표지본'이 더 적절하다고 생각되어 이를 따르기로
했다.

각하거나 민중 문화의 특성을 오로지 '청표지본'에 포함된 격언·교훈·우화만으로 파악하는 것은 어리석은 일이다. 구비 전승의 문화를 재구성하는 데 따른 어려움을 피하기 위해서 로베르 망드루가 선택한 지름길은 사실상 우리를 다시 원점으로 되돌릴 뿐이다.

비록 일련의 전제가 이전의 것과 매우 다르기는 하지만, 주느비에브 볼렘G. Bollème은 놀라울 정도로 소박한 태도를 가지고 또 다른 지름길을 제시하였다.[9] 이 여성 학자는 망드루가 행상 문학의 분석을 통하여 보여준 (현실성이 없어 보이지만) 성공적인 문화 접변의 수단을 대신하여 종교적 가치가 내재된 독창적이고 자율적인 (현실성은 더욱 없어 보이는) 민중 문화의

---

9 주느비에브 볼렘의 책에 대해서는 다음을 참조할 것. G. Bollème, "Littérature populaire et littérature de colportage au XVIIIᵉ siècle," *Livre et société dans la France du XVIIIᵉ siècle*, 2 vols.(Paris-'s Gravenhage, 1965), I, pp. 61~92; *Les Almanachs populaires aux XVIIᵉ et XVIIIᵉ siècle, essai d'histoire sociale* (Paris-'s Gravenhage, 1969); *La Bibliothèque Bleue: la littérature populaire en France de XVIIᵉ au XIXᵉ siècle* (Paris, 1971); "Représentation religieuse et thèmes d'espérance dans la 'Bibliothèque Bleue': Littérature populaire en France du XVIIᵉ au XIXᵉ siècle," *La Società religiosa nell'età moderna*, Atti del convegno di studi di storia sociale e religiosa, Capaccio-Paestum 18~21 maggio 1972 (Napoli, 1973), pp. 219~43. 이들 책에 포함된 연구들의 수준은 고르지 않다. 이들 중 가장 높이 평가되는 것은 청표지본Bibliothèque bleue에 대한 논문을 모아놓은 선집을 소개한 글이다(*La Bibliothèque Bleue: la littérature populaire en France de XVIIᵉ au XIXᵉ siècle*, pp. 22~23에는 이들 텍스트를 어떻게 읽었는가 추정되는 독서 유형에 대한 고찰 등을 언급하고 있다). 그러나 여기에는 다음과 같은 주장도 포함되어 있다: "극단적으로 말해, 독자가 듣거나 읽는 이야기는 그 자신이 듣고 싶은 것일 뿐이다. [……] 이런 의미에서 독서와 마찬가지로, 글쓰기는 모두 사람에 의하여 이루어지거나 사람을 위하여 이루어지는 집단적인 것이다. 다시 말해서 유포하고 유포되며, 알려지고, 말하고, 교환하거나 혼자서만 보유하는 것이 아닌, 이를테면 즉흥적인 것이다"(*La Bibliothèque Bleue: la littérature populaire en France de XVIIᵉ au XIXᵉ siècle*). 예를 들어 「종교의 재현과 청표지본에 있어서 희망의 주제」라는 제명의 논문은 민중주의적 기독교populistico-cristiano 경향을 용인할 수 없을 정도로 왜곡한 글인데, 이 같은 종류의 궤변에 입각하고 있다. 믿기 힘들지만 알퐁스 뒤프롱은 볼렘이 "이른바 유사 역사적 의미를 가진 역사 기록물을 측정이 불가능한 일종의 전통적 공유 재산"으로 규정하려 했다고 비난했다(Alphonse Dupront, "Livre et Culture dans la société Française du 18ᵉ siècle," *Livre et société Française du 18ᵉ siècle*, I, pp. 203~04).

자발적인 표현을 관찰하였다. 그리스도의 인류애와 청빈에 기초한 이 민중 종교에서는 자연과 초자연, 죽음의 공포와 삶에 대한 충동, 불의에 대한 인내 그리고 억압에 대한 반항이 조화롭게 융합된 것처럼 보였다. 분명한 것은 이러한 방법으로 '민중 문학'이 "민중을 위하여 만들어낸 문학 letteratura destinata al popolo"으로 대체되었으며 또한 그 자신도 인식하지 못하는 사이에 지배 계급이 구축한 문화의 영역 속에 머무르게 되었다는 사실이다.[10] 볼렘이 소책자 문헌과 아마도 민중 계급이 그것을 읽었을 방법 사이에 간극이 있었을 것이라는 가설을 덧붙여 말한 것은 사실이다. 그렇지만 이렇듯 가치 있는 생각조차도 여전히 결실은 없다. 왜냐하면 이 가설은 정의를 내릴 수도 없고 또한 겉으로 보기에도 성취될 가능성도 없으며 이것이 의지하고 있는 구비 전승의 문화는 어떠한 흔적도 남아 있지 않은 '민중의 창조성'이라는 가설로 이끌기 때문이다.

4

이러한 연구들(로베르 망드루와 주느비에브 볼렘)로부터 얻어진 민중 문화에 대한 전형적이며 미화된 이미지는, 미하일

---

10 '민중 문학 popular literature'에 대해서는 다음의 주요한 논문 참조. Natalie Zemon Davis, "Printing and the People," *The Society and Culture in Early Modern France*(California: Stanford, 1975), pp. 189~206. 나탈리 제먼 데이비스의 논문은 부분적으로 이 『치즈와 구더기』의 가설들과 유사한 전제에 기초하고 있다.

산업 혁명 이후의 시대를 다룬 연구에 대하여는 L. James, *Fiction for the Working Man, 1830~1850*(1963; reprint ed., London, 1974); R. Schenda, *Volk ohne Buch. Studien zur Sozialgeschichte der populären Lesestoffe(1770~1910)*(Frankfurt am Main, 1970)(이 책은 통속문학을 다룬 총서에 들어 있다); J. J. Darmon, *Le colportage de librairie en France sous le second Empire Grands colporteus et culture populaire*(Paris, 1972) 참조.

바흐친이 프랑수아 라블레와 그의 시대의 민중 문화와의 관계를 생생하게 묘사한 것과는 매우 상반된다.[11] 라블레가 저술한 『가르강튀아 *Gargantua*』나 『팡타그뤼엘 *Pantagruel*』은 비록 그 어느 농부도 읽어보지 못했을 것으로 생각되지만, 그럼에도 불구하고 프랑스의 농촌에 널리 유포되었을 것으로 생각되는 『양(羊) 사육을 위한 역(曆) *Almanach des bergers*』에 비해 농촌 문화에 대하여 더 많은 사실들을 전하고 있다. 바흐친이 묘사한 문화의 핵심에는 사육제(謝肉祭)가 자리잡고 있다. 다시 말해서 다산과 풍요에 대한 찬미, 모든 가치와 위계 질서에 대한 익살맞은 전도(顚倒), 시간의 파괴와 재생을 반복하는 우주론적 감각의 유출, 이 모든 것들이 합류하는 신화와 제의(祭儀)가 있다. 바흐친에 따르면, 이러한 세계관은 수세기 동안 민중 문화를 통해 형성된 것으로서, 특히 중세의 지배 계급 문화의 교조성이나 보수적 성격과 서실성 대립한다. 단지 이러한 대립 관계만을 고려한다면, 희극적 특성이 민중 문화의 사육제 주제들에 직접 연결되어 있는 라블레의 작품은 쉽게 이해될 수 있다. 이러한 문화 차이는 문화적 이분법이기도 하지만, 동시에 16세기 전반에 특히 강했던 종속subalterna 문화와 헤게모니egemonica 문화 상호간의 순환적 교류의 상호 영향이기도 하다.

이런 것들은 어느 정도까지는 가설이며 이들 모두가 동일하게 문헌을 통해 고증된 것은 아니다. 그러나 바흐친의 훌륭한 저서가 가지고 있는 한계는 아마도 다른 어떤 것이라 믿어진

---

11 필자는 미하일 바흐친의 저서를 불어판으로 읽었다. Michael Bakhtin, 불어본의 원제명은 *L'oeuvre de François Rabelais et la culture populaire au Moyen Age et sous la Renaissance* (Paris: Gallimard, 1970). 비슷한 맥락에서, 심포지엄의 발표를 수록한 다음 책 중에서 베르로빅의 주석을 볼 것. A. Berelovič, *Niveaux de culture et groupes sociaux* (Paris: La Haye, 1967), pp. 144~45.

다. 바흐친이 묘사하려 한 민중 문화의 주인공들인 농민이나 직인은 거의 대부분 라블레의 말을 통해서만 우리들에게 이야기하고 있다. 바흐친이 제시한 풍부한 연구 전망은 우리들로 하여금 모든 중간 매개물을 생략하고 민중 세계에 대한 직접적인 연구를 바라도록 만든다. 그러나 앞서 언급한 이유 때문에, 이와 같은 학문 영역에서 간접적인 접근 방식을 직접적인 접근 방식으로 대체하는 것은 극히 어려운 일이다.

5

여과와 변형 매개 요인들에 대해 이야기할 때 반드시 과장하는 것을 삼가야 한다. 심지어 자료가 '객관적'이지 않다는 사실이(이 문제에 관한 한 목록 역시 객관적이 아니다) 그 자료가 이용될 수 없다는 것을 의미하지는 않는다. 적의를 가지고 기술된 연대기가 반란을 일으킨 농민 공동체의 행동에 대한 귀중한 증언들을 제공할 수 있다. 이러한 의미에서 에마뉘엘 르 루아 라뒤리의『로망의 사육제』분석은 그 모범이 된다.[12] 또한 산업화 이전 유럽 민중 문화의 정의에 관한 연구가 방법론과 성과에 있어서 전반적으로 부정확하고 빈약한 것을 고려할 때, 민중 문화의 특수한 양상들을 조명한 나탈리 제먼 데이비스와 에드워드 톰슨의 '훤화(喧嘩) 행위 Charivari'에 관한 연구는 예외

---

12 Emmanuel Le Roy Ladurie, *Les paysans de Languedoc*, 2 vols.(Paris, 1966), I, 394ff.〔영어 번역본은 *The Peasants of Languedoc*, trans. John Day, Urbana, 1974, pp. 192ff.: 옮긴이〕. 또한 같은 저자의 다음 책도 참조. *Le carnaval de Romans: De la Chandeleur au mercredi des Cendres(1579~1580)* (Paris, 1979)〔영어 번역본은 *Carnivals in Romans*, trans. Mary Feeny, New York, 1979: 옮긴이〕.

적으로 매우 고차원적이다.[13] 요컨대, 빈약하고 산만하며 명확하지 못한 기록이라도 잘 이용될 수 있는 것이다.

그러나 오늘날 많은 역사가들에게는 겉으로 보기에는 가장 정상적이고 순수한 지각 과정이라 하더라도 그 배후에 잠재해 있을지도 모르는 이데올로기의 왜곡에 대해 분노를 느끼거나 저 악명 높고 순진한 실증주의로 빠져버릴지 모른다는 두려움

---

[13] Natalie Zemon Davis, "The Reasons of Misrule: Youth Groups and Charivaris in Sixteenth-Century France," *Past and Present*, 50(1971), pp. 41~75; E. P. Thompson, "'Rough Music': Le Charivari anglais," *Annales: ESC*, 27(1972), pp. 285~312. 같은 주제를 다룬 논문이 같은 잡지에 게재되어 있다. CL. Gauvard, A. Gokalp, "Les conduites de bruit et leur signification à la fin du Moyen Age: le Charivari," *Annales: ESC*, 29(1974), pp. 693~704. 이들 연구들은 범례로서의 의미를 갖고 있다. 산업 프롤레타리아 중에서 찾아볼 수 있는 전 산업 혁명 시대의 문화 모델의 존속에 대하여는 다음의 연구 참조. E. P. Thompson, "Time, Work-Discipline, and Industrial Capitalism," *Past and Present*, 38(1967), pp. 56~97. 그리고 같은 저자의 *The Making of the English Working Class* (2nd enlarged ed., London, 1968)〔나종일 외 옮김, 『영국 노동 계급의 형성』, 창작과비평사, 2000: 옮긴이〕. 에릭 홉스봄의 성과 중에서는 특히 다음을 볼 것. E. J. Hobsbawm, *Primitive Rebels: Studies in Archaic Forms of Social Movement in the Nineteenth and Twentieth Centuries* (Manchester, 1959)〔진철승 옮김, 『원초적 반란』, 온누리, 1984: 옮긴이〕; "Les classes ouvrières anglaises et la culture depuis les débuts de la révolution industrielle," *Niveaux de culture et groupes sociaux*, pp. 189~99.

〔톰슨은 "'시끌벅적한 음악Rough music'이 영국에서 공동체의 어떤 종류의 규범을 위반하는 사람에 대하여 의식화(儀式化)된 형태로서 행하여지는 적대 행위를 지칭하기 위하여 일반적으로 사용되는 용어"라고 정의한다. 같은 관습을 프랑스에서는 샤리바리 Charivari, 이탈리아에서는 스캄파나테 Scampanate, 독일에서는 하버펠트 트라이벤 Haberfeld Treiben, 티어야겐 Thierjagen 등으로 지칭한다고 한다. 에드워드 톰슨, 「시끌벅적한 음악: 영국의 샤리바리」, p. 280 참조.

그 같은 관습은 유럽과 특정 시대에 국한된 것이 아니며 또한 비유럽 세계에서도 유례를 찾아볼 수 있지만 여기에서 논의하는 샤리바리는 14, 15세기에 연원을 가지면서 17, 18세기에 현저한 동질성을 가지면서 널리 분포된 것을 지칭한다. 여기에는 공동체 이성 간의 혼인과 성 관계에 있어서 규약을 위반하는 것이 대상이 된다. 젊은 여자와 재혼한 중년 홀아비나 또는 반대 사례, 육체적으로나 사회적으로 부적절한 결혼, 여기에는 부부 사이의 불화, 처의 역할 방기, 남편의 난폭, 성적인 일탈 등 성과 결혼을 중심으로 한 반규범이나 일탈 행위 등이 그것이다.

한편 이에 해당하는 적절한 번역어는 찾아보기 어렵지만 탈춤의 대사 중 소란을 피우고 질서를 깨는 행위를 '훤화'라고 부른다는 사실과 관련하여 이를 차용하였다: 옮긴이〕.

이 있다. 그렇기 때문에, 민중 문화에 대해 조금이라도 변형된 이미지를 제시하는 자료는 물론, 민중 문화마저도 연구 대상에서 제외시켜버린다. 앞서 언급한 행상 문학에 대한 연구를 비판한(물론 근거가 없는 것은 아니다) 일단의 연구자들은, '민중 문화가 그것을 억압하는 행위의 바깥에 존재하는가'를 스스로에게 묻기 시작했다.[14] 이 질문은 수사적이며 대답은 분명 부정적이다. 이런 유형의 회의주의는 첫눈에는 역설적으로 보인다. 왜냐하면, 그 회의주의의 배후에는 미셸 푸코의 연구가 있기 때문인데, 미셸 푸코는 자신의 저서 『광기의 역사』에서 가장 권위 있는 방식으로 우리 서양 문화를 형성하고 있는 배제, 금지, 제한에 주목하였다. 그러나 다시 살펴보면 그것은 겉보기에만 역설적이다. 푸코가 특히 관심을 보인 것은 배제된 사람들보다는 우선 배제의 기준과 행위이다. 그가 『언어와 사물』과 『지식의 고고학』을 집필한 동기는 이미 부분적으로 『광기의 역사』에 암시되어 있다.[15] 이는 아마도 자신의 『광기의 역사』에

---

14 이에 대하여는 Michell de Certeau, Dominique Julia, Jacque Revel, "La beauté du mort: Le concept de 'culture populaire'," *Politique aujourd'hui* (Dec. 1970), pp. 3~23(이 어구는 p. 21에서 인용했다) 참조.

15 미셸 푸코는 *Folie et déraison: Histoire de la folie à l'age classique* (Paris, 1961)〔김부용 옮김, 『광기의 역사』, 인간사랑, 1991: 옮긴이〕에서 다음과 같이 진술한다: "따라서 광기의 역사를 서술한다는 것은 다음과 같은 의미를 지닌다. 다시 말해서 관념, 제도, 사법적이고 치안상의 조치 그리고 과학의 개념과 같은 역사 전반에 대한 구조적 연구를 수행한다는 것은, 그 자연 상태 스스로는 결코 복원될 수 없는 광기를 포착하는 것이다. 그러나 원초적인 순수성에 접근할 수 없으므로 구조적 연구는 이성과 광기를 결합하거나 분리시키는 결정으로 나아가야 한다"(p. vii). 이 모든 것은 푸코의 저작 가운데 광인들의 모습이 보이지 않는 것을 설명하고 있다. 광인들이 부재한 것은 적절한 문서 기록들을 찾아볼 수 없다는 사실에만 기인하지는 않는다. 17세기 말에 살았던 반(半)은 문맹(文盲)이며 '조폭성(躁暴性) dément furieux〔초조하며 난폭하게 구는 증세: 옮긴이〕이 있는 광인'인 어느 하인에 대한 수천 페이지 분량의 기록들(이 기록들은 아스날 도서관 Bibliothèque de l'Arsenal〔파리에 있는 국립 도서관 다음으로 큰 도서관: 옮긴이〕에 보존되어 있다)은 푸코에 따르면, "우리들의 담론 세계"에 놓여 있지도 않고, "역사로 볼 수도 없는" 것이다(p. v). 이 같은 증언 자료들이 광기의 '원초적 순수성 pureté primitive'에 대한 구체적인 분석에 도움이 될

대한 자크 데리다의 안이하며 허무주의적인 반론에 크게 자극 받았기 때문일 것이다. 데리다는 역사적으로 서구의 이성에 기반을 둔 언어를 가지고는 광기와 광기 자체에 대한 탄압 과정을 논의할 수는 없다고 주장하였다. 근본적으로 데리다는 푸코가 자신의 연구에 동기를 부여한 아르키메데스의 지렛대는 존재하지도 않고 또한 존재할 수도 없다고 한다. 이 시점에서, '침묵의 고고학'과 같은 푸코의 야심적인 연구 기획은, 순수하고도 단순한 침묵으로 전환된다——아마도 미학적 성격을 지닌 소리 없는 명상을 수반한 채……

이런 '퇴행'의 증거는 19세기 초반에 모친과 여동생 그리고 남동생을 살해한 젊은 농부 피에르 리비에르Pierre Rivière 사건과 관련된 다양한 문서들과 함께, 푸코를 비롯한 연구자들의 논문들을 모은 최근 연구서를 통해 확인된다. 이들의 분석은 주로 상호 배타적인 두 언어, 다시 말해서 사법 용어와 정신병 환자의 용어가 서로를 부정하는 것에 초점을 맞추고 있다. 어떻게 삼중 살인을 저질렀는지를 설명하라는 재판관의 질문에 응하여 그가 진술한 증언이 마침내 공표되면서, 살인범 피에르 리비에르는 부차적 지위로 밀려난다. 왜냐하면 그의 증언을 왜곡이나 비상한 '추론' 체계에 의존하지 않고 해석하는 것이 불가능하기 때문이다. 그의 증언을 해석할 수 있는 가능성은 없

수는 없을 것으로 생각되지만, 그럼에도 완전히 '불필요한' 것이라고는 할 수 없다. 어떻든 푸코의 일관성 있는 논지는 종종 자극적이면서도 천재적이라고 평가되는 그의 저서에서 확실하게 입증되었다(그럼에도 불구하고 의도적이지는 않지만 상호 모순되는 점이 존재한다. pp. 475~76 참조). 『광기의 역사』(1961)로부터 『말과 사물 Les mots et les choses』(1966) 그리고 『지식의 고고학 L'archéologie du savoir』(1969)에 걸쳐 전개된 푸코의 부정적 방향으로의 변화에 대해서는 Pierre Vilar, "Histoire marxiste, histoire en construction," J. Le Goff, Pierre Nora, eds., *Faire de l'histoire*, 3 vols.(Paris, 1974), I, pp. 188~89. 자크 데리다의 반론에 대해서는 Dominique Julia, "La religion—Histoire religieuse," *ibid.*, II, pp. 145~46 참조.

다. 유일하게 남은 적법한 반응은 '망연자실 stupore'과 '침묵
silenzio'뿐이다.

이 연구 과정에서 드러난 것은 미학적 본질의 비합리성이다.
피에르 리비에르와 지배 문화 간의 불명확하고 모순된 관계는
충분히 언급되지 않았다. 더구나 그가 읽은 수많은 서적(역서
〔曆書〕, 종교서, 그리고 『신부 메슬리에의 양심 *Le bon sens du
curé Meslier*』)도 완전히 무시되었다. 대신 그는 범죄 후 "마치
문화 의식이 없는 인간으로서 〔……〕 본능을 상실한 한 마리의
동물처럼 〔……〕 어떠한 인식 체계에도 속하지 않기 때문에 정
의를 내리는 것이 불가능한 신화적 존재이자 괴물처럼" 숲속을
방황하는 모습으로 묘사되었다. 우리는 현실에서 분석과 해석
을 거부하는 한 절대적인 타자적 존재에 압도된다. 사회적으로
배제당한 희생자들의 담론은 기존 사회의 위선에 대한 극단적
인 대안이 된다. 여기에서 그의 담론은 범죄와 식인 행위를 통
하여 전달되며, 피에르 리비에르가 쓴 회상록이나 모친을 살해
한 행위에서 무관심하게 구현된다. 이것은 상징이 전도된 민중
주의 populismo 그리고 '암울한' 민중주의이다. 그럼에도 불구
하고 여전히 '민중주의'인 것이다.[16]

---

16 Michell Foucault et al., *Moi, Pierre Rivière, ayant égorgé ma mère, ma soeur, et mon
frère*(Paris: Gallimard, 1973). '망연자실 stupore' '침묵 silenzio,' 설명의 거부에 대해
서는 pp. 11, 14, 243, 314, 348의 주 2) 참조. 피에르 리비에르의 독서에 대해서는
pp. 40, 42, 125 참조. 숲속의 방랑에 대해서는 p. 260. 식인 행위에 대해서는 p. 249.
민중주의자의 왜곡 deformazione populistica에 대해서는 특히 위의 책 중에서 푸코
의 토론 "Les meurtres qu'on raconte," pp. 265~75 참조. 또한 일반적인 것에 대하여
는 G. Huppert, "Divinatio et Eruditio: Thoughts on Foucault," *History and Theory*,
8(1974), pp. 191~207.

6

　　지금까지 언급한 내용들은 '민중 문화'라는 개념이 얼마나 혼란스러운가를 충분히 보여준다. 먼저, 산업화되기 이전 사회의 종속 계급은 때로는 지배 계급이 제공한 문화적 부산물에 수동적으로 적응하였다는 주장(로베르 망드루)과 때로는 종속 계급의 문화에는 적어도 부분적으로 자율적 가치가 있다는 암묵적인 제안(주느비에브 볼렘), 그리고 마지막으로 때로는 종속 계급의 문화를 완전히 **문화**의 피안에 위치시키거나 또는 이를 초월하는 절대적인 타자성으로 보는 견해(미셸 푸코)가 제기되었다. 분명히 종속 계급 문화와 지배 계급 문화의 상호 영향을 주장한 미하일 바흐친의 가설이 훨씬 더 생산적이다. 그렇지만 이러한 상호 영향의 방식과 시기를 명확히하는 것은(자크 르 고프는 그렇게 출발하여 훌륭한 결과를 낳았다),[17] 민중 문화의 경우, 언제나 대부분 간접적인 기록들로 인하여 야기되는 문제에 직면하게 됨을 의미한다. 그러나 민중 문화에서 찾을 수 있는 헤게모니 문화의 제 요소들은, 무의식적으로 관련 자료들을 잘못 해석하기보다는 미지의 것을 이미 알려져 있거나 친근한 것들로 이끄는 어느 정도 의도적인 문화 접변acculturazione이나 자발적 수렴convergenza의 결과가 아닐까?[18]

---

17 J. Le Goff, "Culture cléricale et traditions folkloriques dans la civilisation mérovingienne," *Annales: ESC*, 22(1967), pp. 780~91; "Culture ecclésiastique et culture folklorique au Moyen Age: Saint Marcel de Paris et le dragon," L. De Rosa, ed., *Ricerche storiche ed economiche in memoria di Corrado Barbagallo*, 3 vols.(Napoli, 1970), Ⅱ, pp. 53~94.

18 문화 접변acculturation에 대하여는 V. Lanternari, *Antropologia e Imperialismo* (Torino, 1974), pp. 5ff.; N. Wachtel, "L'acculturation," J. Le Goff, P. Nora, eds., *Faire de l'histoire*, 1, pp. 124~46[문화 접변은 둘 이상의 사회 사이에 장기적이며 직접적

나는 몇 년 전에 16세기 후반과 17세기 초반의 마녀 재판에 관한 연구를 진행하는 과정에서 이와 유사한 문제에 직면했다.[19] 나는 마술 stregoneria*이 실제로 그것의 주역인 마녀 streghe와 마술사 stregoni에게 무엇을 의미하는지를 알고 싶었다. 그러나 내가 참고한 문헌(재판 기록과 특히 악마학의 개설서)은 절망스럽게도 민중 마술을 진정으로 이해하는 데 장애물 구실만을 했을 뿐이다. 모든 곳에서 나는 학자들과 이단 심문관이 만든 마술에 대한 도식과 마주쳤다. 그러나 이전까지 무시되어온 신앙의 흐름, 다시 말해서 베난단티 benandanti**와 관련된 신앙의 흐름을 발견함으로써, 거대한 편견의 벽에 하나의 틈이 열렸던 것이다. 판사의 질문과 피고인의 대답이 불일치하는 데서, 근본적으로 자율적인 민중 신앙의 심층부에 있는 지층이 나타나기 시작했다. 이 불일치는 유도 질문이나 고문에

인 접촉의 결과인 문화 변동의 과정을 일컫는다: 옮긴이].

19 마녀 재판에 대하여는 Carlo Ginzburg, *I benandanti. Stregoneria e culti agrari tra '500 e '600* (Torino, 1974) 참조.

* 마술(魔術)은 영어 witchcraft의 번역이며 요술(妖術)이라고도 말한다. 유럽에는 원래 마술 witchcraft과 사술(邪術) sorcery을 주술 magic이라는 말과는 구별하지 않는다. 보통 영어도 마술 witchcrft과 사술 sorcery을 구별하지 않는다. 옥스퍼드 사전에 의하면 마술사 witch는 "사술을 행하는 여성, 또는 (드물지만) 남성"이라고 되어 있다. 그렇지만 프랑스어 마술사 sorcier, ère는 사술사와 구별되며, "원시적이며 비밀리에 비합법적 성격의 주술 magic을 행하는 사람"이라는 의미이다. 그러나 인류학자 에반스-프리차드 E. E. Evans-Prichard(1910~1989)는 아프리카 아잔데족에 대한 조사를 통하여 미술은 인간이 가진 영력에 그 사람의 의도와 관계없이도 다른 사람에게 재앙을 불러일으킬 수 있는 심령 작용으로서의 마술과 의도적으로 상대방에게 해를 가할 수 있는 주술로서의 사술이 개념적으로 구분된다고 보고하고 있다. E. E. Evans-Prichard, *Witchcraft, Oracles and Magic Among the Azande* (Oxford: Clarendon Press, 1937). 그후 이러한 구분이 행하여지는 사회가 다른 지역에도 있다는 것이 분명해지고 있다. 다만 사술의 경우, 인류학자들이 사용하는 것은 일정하지 않다. 대개는 학습에 의한 것으로서 남을 해칠 목적으로 주술을 사용한다는 점에서 마술과 구분된다고 보고 있다. 다시 말해서 사술은 사람들의 요청이나 사례를 받고 주술 의례를 통하여 타인에게 재앙을 가져다주는 것을 의미한다.

** 16, 17세기 프리울리 지방에서 마녀와 마법사들에 대항하여 농업 수확물을 지키고 풍요를 위한 숭배물을 가지고 다니는 선행자(善行者 do-gooder, 우물 나그네 well-farer)로서 역시 이단 재판 당시에 마술사들로 간주되어 탄압되었다

의한 것이 아니었다.

프리울리의 방앗간 주인이며 이 책의 주인공인 메노키오의 고백은 여러 측면에서 베난단티의 그것과 유사한 경우이다. 여기에서 또한 메노키오가 진술한 내용의 일부는 알려진 도식에 적용되지 않기 때문에 민중 신앙과 불분명한 농민 신화에 속하는 층위에 대해서 알 수 있는 계기를 제공해준다. 그러나 메노키오의 사례를 복잡하게 만드는 것은, 이러한 불분명한 민중적 요소들이 매우 명료한 논리적인 제 관념의 복합체와 접목되어 있다는 사실이다. 제 관념은 종교적인 급진주의로부터 근대 과학을 지향하는 자연주의naturalismo 및 사회 혁신을 향한 유토피아적 회구에 이르기까지 다양하다. 프리울리에 사는 한 방앗간 주인의 입장과 그의 시대의 가장 세련되고 유식한 지식인층의 그것이 놀라울 정도로 일치한다는 사실은 미하일 바흐친이 공식화한 문화의 순환 문제를 강력히 제기한다.

7

이 문제를 이해하는 데 메노키오의 고백이 얼마나 도움이 되는지를 알아보기에 앞서, 일반적인 차원에서 한 개인의 사상 idee과 신앙 credenze이 그가 속한 사회 층위 livello에서 얼마나 중요하게 인식될 수 있는가를 알아보는 것이 더 적절할 것 같다. 수많은 학자들이 협력하여 사상에 있어서 **계량적** quanti-tativa 역사학 또는 종교에 대한 **시계열적** seriale 역사학이라는 대규모 프로젝트를 수행하는 이 시기에,[20] 방앗간 주인에 대한 세밀한 조사를 제안하는 것은 불합리하거나 어리석게 보일지도 모른다. 이는, 사실상, 자동화된 동력 직조기의 시대에 살면

---

20 사상에 대한 계량적 역사학에 대해서는 『18세기 프랑스의 서적과 사회』 참조. 시계열적 종교사에 대해서는 P. Chaunu, "Une histoire religieuse sérielle," *Revue d'histoire moderne et contemporaine* 12(1965) 참조. 또한 Michel Vovelle, *Piété baroque et déchristianisation en Provence au XVIIIᵉ siècle* (Paris, 1973). 개론적인 내용에 대해서는 François Furet, "L'histoire quantitative et la construction du fait historique," *Annales: ESC* 26(1971), pp. 63~75 참조. 프랑수아 퓌레의 책은 장기 지속과 체제의 형평 속으로 단절(과 혁명들)을 재흡수하려는 방법의 이데올로기적 의미를 바르게 강조하고 있다. 이와 관련하여 다음을 참조할 것. 피에르 쇼뉘, 『종교의 역사』 및 알퐁스 뒤프롱, 「18세기 프랑스 사회의 서적과 문화」, 『18세기 프랑스의 서적과 사회』, I, pp. 185f. 이 연구들은 '집단 정신 anima collettiva'을 둘러싸고 애매하게 여러 번 탈선한 후, 18세기의 프랑스에 대한 연구를 프랑스 혁명을 고려하지 않아도 가능하도록 하는 방법의 효력을 자랑하는 것으로 결론짓는다. 그런데 이 같은 결론은 '역사의 종말론'(p. 231)에서 해방되는 것과 동일한 것이다.

〔컴퓨터 덕분에 사료를 최대한 계량화시킬 수 있게 되자, 이에 부응하여 역사 속의 시간에 대한 새로운 접근 방법이 주창되었다. 피에르 쇼뉘는 이를 '계열사'라고 지칭했다. 이것은 동질적인 집단 속에 소속된 사실들을 계열화시킬 수 있다는 가능성에 의해 탄생한 것이다(프랑수아 도스, 김복래 옮김, 『조각난 역사』, pp. 252~55). 한편 로버트 단턴 Robert Danton은 피에르 쇼뉘의 'sérielle'이라는 단어로 '통계적' '계량적'이라는 말보다는 보다 특정적인 것을 뜻하고 있지만, 그 단어는 'serial'이라는 단어로는 잘 번역되지 않는다고 지적하고 있다(로버트 단턴, 조한욱 옮김, 『고양이 대학살 *The Great Cat Massacure*』, 문학과지성사, 1996, p. 366의 주 296). 그렇더라도 계열이라는 용어를 사용할 경우, '계열사'라는 번역 대신 '시계열사'라는 일본어 번역이 좀더 원의에 가깝다고 생각되어 이를 채용하였다: 옮긴이〕.

서 손으로 옷감을 짜는 시대로 돌아가는 것과 같다고 할 수 있다. 이러한 연구의 가능성을 프랑수아 퓌레와 같은 학자가 선험적으로 배제하여온 것은 금일의 상황을 특징적으로 보여준다. 프랑수아 퓌레는 하위 계급classi inferiori을 '숫자와 익명'의 표시 아래 일반 역사에 재통합시키는 것이, 과거 사회를 계량적으로 연구하는 인구통계학과 사회학을 통해서 달성될 수 있다고 주장하였다.[21] 오늘날 하위 계급은 과거와는 달리 역사가들에 의해 무시되지는 않지만, 여전히 '침묵'의 올가미를 벗어나지 못한 것으로 보인다.

그러나 식별이 분명하지 않은 대중masse뿐 아니라 개별 인격personalità individuali을 문헌을 통해서 재구성할 수 있음에도 불구하고 그 가능성을 무시하는 것은 어리석은 일이다. '개인individuo'에 대한 역사 개념을 사회의 하층 계급이라는 방향으로 확대하는 것은 결코 무가치한 목표가 아니다. 물론 단순한 일화나 하나의 악명 높은 '(결코 이것이 정치사만에 한정된 것은 아닌) 사건사'[22]로 전락할 위험은 존재한다. 그러나 이것은 결코 피할 수 없는 위험이 아니다. 숱한 전기 연구들은, 그 자체는 별로 중요하지 않지만 바로 이러한 사실로 인해서 전형(典型)이 될 수 있다. 그리하여 한 평범한 개인에게서 특정 역

---

21 F. Furet, "Pour une définition des classes inférieures à l'époque moderne," *Annales: ESC,* 18(1963), pp. 459~74. 특히 p. 459 참조.

22 R. Romano, "À propos de l'édition italienne du livre de F. Braudel……," *Cahiers Vilfredo Pareto,* 15(1968), pp. 104~06.
　　〔사건사 histoire événementielle(이탈리아어)는 다음과 같이 정의될 수 있다: "문자 그대로 사건들의 역사이며, 종종 역사에서 학제적 연구나 계량적 연구와는 상반되는 전통적인 서술체 역사 또는 전기로서 사용된다. 때로는 언제나 그런 것은 아니지만 경멸의 의미를 가지고 있다." E. Le Roy Radurie, "La révolution quantitative et les historiens français: bilan d'une génération(1932~1968)," *Le territoire de l'historien* (Paris, 1973); *The Territory of the Historian,* trans. Ben & Sian Reynolds, The University of Chicago Press, 1979, p. 344: 옮긴이〕.

사 기간에 존재한 한 사회 계층strato sociale의 모든 특징(그 계층이 오스트리아의 귀족이든지, 아니면 17세기 영국의 하급 성직자이든지)[23]을 어떤 소우주microcosmo 속에서 추적하는 것이 여전히 가능함을 보여준다.

그렇다면, 메노키오의 사례 역시 이러한가? 전혀 그렇지 않다. 우리는 메노키오를 그의 시대의 '전형적인' 농부('평균' 또는 '통계적으로 가장 빈도가 높다'는 의미에서)로 간주할 수는 없다. 이는 촌에서 비교적 고립된 그의 처지를 보아도 명백하다. 동향인의 눈에도 메노키오는 자신들과는 다소 다른 인물이었다. 그러나 그의 이러한 특성에는 분명히 한계가 있다. 의사 전달이 불가능한 광기에 빠져드는 것을 제외한다면, 사람은 자신이 살던 시대의 문화와 계급에서 벗어나지 않는다. 언어와 마찬가지로 문화도 개인에게 잠재된 가능성[또는 가능태]의 지평, 즉 제한된 자유만이 허용된 유연하면서도 보이지 않는 울타리를 제공한다.[24] 메노키오는 보기 드문 명료함과 명석함으로 역사가 자신에게 허용한 언어를 자유롭게 구사했다. 이런 이유로 인하여 분명하면서도 격앙된 듯한 형태로 기록된 그의 자백서에서는 동시대나 또는 조금 후에 작성된 유사한 자료들에서 사라졌거나 거의 언급되지 않는 일련의 비슷한 요소들이

---

23 나는 다음을 참고하였다. O. Brunner, *Adeliges Landleben und europäischer Geist* (Salzburg, 1949); (그리고 Carl Schorske, "New Trends in History," *Daedalus*, 98, 1969, p. 963 참조); Alan Macfarlane, *The Family Life of Ralph Josselin, a Seventeenth Century Clergyman: An Essay in Historical Anthropology* (Cambridge, 1970)(그렇지만 다음의 비판적 언급도 참조. E. P. Thompson, "Anthropology and the Discipline of Historical Context," *Midland History*, 1, no. 3[1972], pp. 41~45).

24 P. Bogatyrëv, R. Jakobson, "Il folclore come forma di creazione autonoma," *Strumenti critici*, 1(1976), pp. 223~40. 루카치의 유명한 '가능성(또는 가능태)으로서의 의식der Möglichkeiten des Bewußtsein'에 대하여는 Georg Lukács, *Storia e coscienza di classe*, trad. it.(Milano, 1967), pp. 65ff.[박정호·조만영 옮김, 『역사와 계급 의식』, 누리, 개정판, 1995, pp. 164ff.: 옮긴이] 참조. 그의 유명한 글은 완전히 다른 컨텍스트 속에서 씌어졌음에도 불구하고 같은 의미로 사용될 수 있다.

발견된다. 일부 조사에서 농민들의 공통 문화로 분류할 수 있는 여러 요소들이 존재한다는 것이 확인되었다. 결론적으로, 메노키오의 경우와 같은 한정된 사례조차도 전형이 될 수 있는 것이다.[25] 다시 말해서 이 사례는 주어진 상황에서 '통계적으로 가장 빈도가 높은 것'이 구체적으로 무엇을 의미하는가에 대한 물음에 대해서는 부정적이다. 그렇지만 거의 대부분이 '억압자의 문서고'[26]에서 유래하여 단지 부분적이고 왜곡된 기록들만을 통해서 우리에게 알려진 어떤 다른 것의 잠재된 가능성(민중 문화)의 범주를 정의할 수 있도록 한다는 의미에서는 긍정적이라 할 수 있다.

그럼에도 불구하고 필자의 의도는 계량적 연구와 질적 연구를 상호 대립의 관계로 규정하는 것은 아니다. 그보다는 종속 계급의 역사에 있어서 계량적 연구가 보여주는 엄격한 결과는 질적 연구의 저 악명 높은 인상주의 없이는 불가능하다는 것을 강조하려고 한다(다시 말해서 질적 연구 없이는 아직은 안 된다는 것이다).[27] "프로그램화되지 않은 모든 문헌들을 무시하면서 하나의 순환적인 요인을 지겹도록 되풀이하는 컴퓨터의 거칠고 반복적인 인상주의"에 대한 에드워드 톰슨의 반박은 컴퓨터가 사고하지 않고 실행할 뿐이라는 의미에서 볼 때 말 그대로 사실이다.[28] 다른 한편으로는 일련의 철저한 연구만이 컴퓨터

---

25 Delio Cantimori, *Prospettive di storia ereticale italiana del Cinquecento* (Bari, 1960), p. 14.

26 D. Julia, "La religion—Histoire religieuse," *ibid.*, II(Paris, 1974), p. 147.

27 계량적인 연구와 질적인 연구의 관계에 대해서는 E. Le Roy Radurie, "La révolution quantitative et les historiens français: bilan d'une génération(1932~1968)," *Le territoire de l'historien* (Paris, 1973), p. 22 참조〔영어 번역본은 *The Territory of the Historian*, trans. Ben & Sian Reynolds, The University of Chicago Press, 1979, pp. 12~14: 옮긴이〕. 르 루아 라뒤리는 확고하고 질적으로 '선구적이며 미래를 약속하는' 학문들 중에서 '역사심리학 historie de la psychologie'을 인용하였다.

28 에드워드 톰슨의 글은 "Anthropology and the Discipline of Historical Context,"

에 이용될 프로그램의 발전을 가능하게 할 수 있다.

구체적인 사례를 한 가지 들어보자. 최근 몇 년 사이에, 18세기 프랑스의 서적 생산과 확산에 대한 계량적인 연구가 여럿 이루어졌다. 이는 그동안 고의로 역사가들의 관심 밖으로 밀려나 있던 수많은 저서들에 대한 조사(거의 45,000건)를 통하여 사상사의 전통적인 한계를 벗어나 영역을 확대하려는 시도 그 자체는 완전히 정당한 의도에서 비롯된 것이다. 서적 거래에 있어서 관성적이며 정태적인 요소의 영향을 정확하게 평가하면서 이와 동시에 정말로 혁신적인 저술들에 반영된 단절의 의미를 이해하기 위해서는 이것이 유일한 수단임을 이야기하고 있다. 이러한 접근 방법에 대해서 이탈리아 학자, 푸리오 디아즈Furio Diaz는 다음 두 가지 점에서 자신의 반론을 제기하였다.[29] 첫째 이러한 접근 방법은 거의 언제나 일껏 고생해서 자명한 사실만을 찾아낼 뿐이며, 둘째 역사적 오류를 고집할 위험이 있다는 것이다. 그는 다음의 사례를 가지고 자신의 주장을 뒷받침하고 있다. 18세기 후반에 프랑스 농민들이 귀족들의 성들을 공격한 이유는 『인도하는 천사 *L'Ange Conducteur*』를 읽었기 때문이 아니라, "파리에서 전해진 소식들에 다소 암시되어 있던 새로운 사상들"이 "관심 및 〔……〕 오래된 적개심"과 일치하였기 때문이라는 것이다. 분명히 푸리오 디아즈가 두 번째로 제기한 반론은(첫번째 반론의 근거가 더 설득력을 가지고 있다), 엘리트들의 층위에 한정하여 연구되는 낡은 형태의

Midland History, 1, no. 3(1972), p. 50에서 인용하였다.

29 F. Diaz, "Le stanchezze di Clio," *Rivista storica italiana*, 84(1972), 특히 pp. 733~34. 또한 같은 저자의 "Metodo quantitativo e storia delle idee," *Rivista storica italiana*, 78(1966), pp. 932~47도 참조(볼렘의 연구에 대해서는, pp. 939~41). 또한 Franco Venturi, *Utopia e riforma nell'illuminismo* (Torino, 1970), pp. 24~25도 참조. 독서 문제에 대하여는 앞의 책, p. 167 참조.

사상사 연구를 다시 고집하면서, 사실상 민중 문화의 존재와 종속 계급의 사상과 신앙에 대한 연구의 유용성까지도 부인한다. 사실은 사상사 연구에 있어서의 계량적 연구를 비판해야 하는 이유는 이와는 다르다. 다시 말해서 계량적 연구에 대한 비판의 핵심은 엘리트들에 대한 관심이 지나치게 축소된 사실에 있는 것이 아니라 지금까지 엘리트들에 대하여 아직도 지나치게 과도한 관심이 집중된 사실에 있다. 문제는 계량적 연구가 텍스트의 내용만 아니라 그 표제에 대해서까지 명료한 정보 지표로서의 역할을 부과한다는 전제에서 출발하고 있다는 것이다. 그러나 이러한 전제는 18세기 프랑스 서적을 읽는 독자의 사회 계층이 낮으면 낮을수록 불가능해진다. 책 거래의 대부분을 차지하던 역서(曆書), 노래집, 종교 서적, 성인전 등, 서적 생산의 대부분을 차지하던 다양한 소책자들은 오늘날 우리들이 보아도 무기력하고 변함없으며 그 자체로 항상 같은 모습이다. 그러나 그 당시의 독자들에게는 이들이 어떻게 읽혀졌을까? 구비 문화가 압도적인 시대에 이들 독자들은 텍스트를 수용하면서 이것을 수정하고 다시 가공하여 성질마저 바꾸는 데 어느 정도 개입하였을까? 메노키오가 자신의 독서에 대하여 언급한 것은, 오늘날 교양 있는 독자가 텍스트에 대해 갖는 관계와는 전혀 다른 관계를 보여주는 놀라운 사례이다. 메노키오의 언급은, '민중popolare' 문학의 텍스트와 농민 및 직인들이 읽은 방식 사이에 볼렘이 날카롭게 지적한 차이가 존재한다는 사실을 이해하는 데 도움을 준다. 물론 메노키오의 경우, 이러한 간극은 상당히 깊으며 결코 평범하지 않은 것처럼 보인다. 그러나 다시 한 번 미래의 연구에 귀중한 지시를 제공하는 것은 정확하게 바로 이러한 개체성singolarità이다. 예를 들어, 사상사에 대한 수량적 연구에 관한 한, 독자 개인에 대한 역사-

사회적인 다양성에 대한 이해만이 진정 **질적**으로 다른 사상사
의 기초를 놓을 것이다.

8

　　메노키오가 읽은 텍스트와 그가 그것을 흡수하여 이단 심문
관들에게 언급한 방식의 간극은, 그의 사상을 특정한 책으로
환원하거나 거슬러 올라갈 수 없다는 것을 보여준다. 그의 사
상은, 한편으로는 비교적 상당히 오래된 구비 전통에서 그 원
인을 찾을 수 있으며, 다른 한편으로는 종교를 도덕 차원으로
환원하려는 경향이나 관용tolleranza 등 인문주의 소양을 갖춘
여러 이단 집단gruppi ereticali들이 실천에 옮긴 일련의 주지
(主旨)motivi를 연상시킨다. 그러나 이것은 단지 외양상의 이
분법에 불과하며, 실제로는 뚜렷한 구분이 불가능한 통합된 문
화cultura unitaria를 반영한다. 비록 메노키오가 교양인들과 어
느 정도는 간접적으로 접촉하였다고 할지라도, 종교적 관용을
옹호하는 메노키오의 주장이나 사회를 급진적으로 변혁하려는
희구는 독창적이며 외부로부터의 영향을 수동적으로 받아들인
결과처럼 보이지는 않는다. 그의 주장과 희구의 근원은 모호하
여 파악이 거의 불가능한 오랜 농민 전통tradizioni contadine의
층위에 놓여 있다.

　　이 시점에서 우리는 메노키오의 진술을 통해 드러난 것이
'문화'라기보다는 '망탈리테mentalità'가 아닌가를 자문해볼 수
있다. 이것은 겉으로 보기와는 다르게 가치 있는 구분이다. 망
탈리테의 역사에 대한 연구[30]의 특징은 세상을 구체적으로 전
망하는 데 따른 관성적이며 불명료하고 무의식적인 요소들을

강조하는 것이다. 옛 시대의 잔재, 고풍스런 표현, 정서적인
것, 비합리적인 것. 이 모든 것들이 심성사라는 특수한 영역을
한정하며, 이를 문화사나 사상사와 같이 이미 확고한 위치를
차지하는 동일한 차원의 다른 학문들과 분명하게 구분한다(그
러나 문화사의 범주에 사상사와 망탈리테의 역사를 포함시키는
학자들도 일부 있다). 망탈리테의 역사 연구 영역에 메노키오의
사례를 편입시키는 것은 세계에 대하여 그의 전망이 가지는 강
력한 합리성의 요소 componente razionale(이것은 분명 현대에
사는 우리들의 합리성 razionalità과 동일하지는 않을 것이다)를
부차적인 것으로 격하함을 의미할지도 모른다. 그러나 망탈리
테의 역사를 따르는 것에 대한 결정적인 반론은, 망탈리테의
역사가 확고하게 계급의 차이를 벗어나는 특성을 함축하고 있
다는 사실에 있다. 이미 언급하였듯이, 망탈리테의 역사는 "카
이사르와 그의 군단의 한 병졸, 루이 9세와 그의 영지를 경작
하는 농민, 크리스토퍼 콜럼버스와 그의 카라벨레 caravelle*의
수부(水父)"에게 공통된 것을 연구한다. 이러한 의미에서 '망

---

30 망탈리테의 역사에 대해서는 J. Le Goff, "Les mentalités: Une histoire ambiguë," *Faire de l'histoire*, 3, pp. 76~94. 이 중 인용 구절은 p. 80에 있다. 자크 르 고프는 다음과 같은 특징적인 면에 주목하고 있다: "분명한 집단적 사고(또는 망탈리테)는 사회 투쟁의 역경을 모면해온 것처럼 보인다. 무엇보다도 이러한 사고를 사회 구조와 사회 역학에서 분리시키는 것은 터무니없는 실수이다. 〔……〕 사회 성원 전체에 공통된 의식·심적 태도 외에도 계급에 고유한 의식·심적 태도도 존재한다. 이들의 영향은 연구에 아직도 남아 있다"(pp. 89~90).

　　〔'망탈리테'의 한국어 번역과 관련하여 이 분야를 전공하는 연구자들 사이에 용어의 일치가 이루어져 있지 않다. 프랑스어 그대로 '망탈리테'로 사용하는 경우(조한욱·김영범·김정자·육영수·유희수), 이를 '심성'으로 번역하는 사례(김응종·이광주·이시재·최갑수), 또는 '집단 정신 자세'(주명철)로 번역하는 경우 등을 찾아볼 수 있다(여기에 그 출처를 일일이 밝히지는 않기로 한다). 특별히 주명철은 망탈리테를 집단 정신 자세로 번역하는 것이 적절할 것이라는 이유를 분명하게 제시하고 있다. 주명철,「사회사에서 문화사로」,『한국사 시민 강좌』8(1991), p. 184의 주 4). 이러한 다양한 논의를 옮긴이가 정리하기 어렵다는 점에서 이 책에서는 임시방편으로 망탈리테로 번역하는 것을 따르기로 한다: 옮긴이〕.

*15~16세기경 스페인과 포르투갈의 경쾌한 돛배.

탈리테'에 첨가된 '집단적collettiva'이라는 형용사는 대부분의 경우 장황하다는 것을 나타낸다. 물론 이러한 유형의 연구가 지닌 정당성은 거부되지 않아야 하지만, 그럼에도 불구하고 부당한 조사 결과에 귀착될 위험도 상당하다. 금세기의 가장 위대한 역사학자들 중의 한 사람인 뤼시엥 페브르Lucien Febvre까지도 이와 같은 종류의 함정에 빠져들었다. 그는 잘못되기는 했지만 상당히 매력적인 저술에서 프랑수아 라블레와 같이 매우 예외적인 개인에 대한 연구를 진행시켜 그 시대 전체의 망탈리테를 보여주는 좌표축을 확정하려고 하였다.[31] 페브르의

---

31 L. Febvre, *Le problème de l'incroyance au XVIe siècle: La religion de Rabelais* (1942: reprint ed., Paris, 1968)〔김응종 옮김, 『16세기의 무신앙의 문제』, 문학과지성사, 1996: 옮긴이〕. 이미 알려진 바와 같이, 뤼시앵 페브르의 주장은, 프랑수아 라블레가 1532년에 발표한 『팡타그뤼엘 *Pantagruel*』(1532)을 무신론의 선전물로 간주하는 르 프랑 A. Le Franc의 가설에 대한 반론이라는 제한된 주제로부터 그 범위가 점차 확대되는 특성을 가지고 있다〔르 프랑의 가설은 다음 책에 논의되어 있다. A. Le Franc, *Le Platonisme et la littérature en France à l'époque de la Renaissance(1500~1550)*. R. d'hist. litté., 1896. Repris dans: Les Grands Ecrivains français de la Renaissance: 옮긴이〕. 『16세기의 무신앙의 문제』에서 세번째 장은 16세기 무신앙 l'incroyance의 한계들을 언급하는데, 방법적인 측면에서 볼 때 분명히 새로운 것이다. 동시에 이것은 페브르 자신도 알고 있는 것처럼 개괄적이고 일관성이 결여되어 있다(p. 19). '16세기의 인간'의 집단 심성에 대한 적절하지 못한 추론은 원시 심성에 관한 레비-브륄 Lévy-Bruhl의 이론들("nostre maître," p. 17)에 지나치게 의존한 것으로부터 비롯된다. 페브르는 '중세인들'이라는 용어를 사용한 후 단지 몇 페이지 뒤에서는 '16세기의 인간'과 '르네상스 시대의 인간'이라는 용어를 사용한다. 비록 '르네상스 시대의 인간'이라는 어구를 쓸 때는 페브르 자신이 이 용어에 '편리하지만 상투적 clichée, mais commode'이라는 관용어를 첨가하였지만 그럼에도 불구하고 페브르가 '중세인'이라는 용어에 대해 비아냥거린 것은 의아한 일이다. 이에 대하여는 pp. 142, 153~54, 344, 382를 참조. 농부들에 대한 비유에 대하여는 p. 253 참조. 이미 바흐친은 『프랑수아 라블레의 작품과 중세·르네상스의 민중 문화』(p. 137)에서 페브르의 분석이 공식 문화를 대표하는 집단에 획일적으로 기초한 것이라고 지적한 바 있다. 데카르트와의 비교에 대해서는 pp. 393, 425 외 여러 곳을 참조. 또한 이 마지막 요점에 대하여는 G. Schneider, *Der Libertin: Zur Geistes- und Sozialgeschichte des Bürgertums im 16. und 17. Jahrhundert* (Stuttgart, 1970). 이탈리아어 번역은 *Il libertino: Per una storia sociale della cultura borghese nel XVI e XVIII secolo* (Bologna, 1974) 참조. 그리고 (모두가 수용될 수만은 없는) 요점들에 대하여는 pp. 7ff.(이탈리아어 번역본) 참조. 페브르의 역사 서술에서 동어 반복의 미묘한 형태로 빠져들 위험에 대해서는 Delio Cantimori, *Storici e storia*(Torino, 1971), pp.

주장이 프랑수아 라블레가 가지고 있었다고 추정되어온 무신론이 존재하지 않았음을 입증하는 문제에 국한되는 한 아무런 문제도 없다. 그러나 그가 '집단적 망탈리테 mentalités collettive(또는 심리 psychologie)'의 영역으로 관심을 돌려, 라블레가 그러하였듯이 종교가 '16세기의 인간들'에게 탈출이 불가능할 정도로 세밀하고 억압적인 영향력을 행사하였다고 한다면 이는 분명 수용되지 않는다. 이렇듯 충분히 확인되지 않은 '16세기의 인간들'이란 대체 누구인가? 그들은 인문주의자인가? 상인인가? 직인인가? 또는 농부들인가? '집단적 망탈리테'라는 비사회 계급적인 개념으로 인하여 교양인들로 구성된 프랑스 사회의 한 한정된 계층의 인물에 관한 조사 결과는 암암리에 한 명의 예외도 없이 16세기 전체를 포함하기에 이르렀다. 집단적 망탈리테에 대한 이러한 이론화의 저편에 전통적인 사상사가 다시 능장한다. 다시 말해서 페브르의 연구서에서 이 당시 인구의 상당 부분을 차지하던 농민은, "거의 야만적이며 미신에 사로잡힌 〔……〕 대중"으로 성급하게 묘사된 것이다. 반면, 당시에 비판으로 일관된 비종교적 입장을 공식화하는 것이 불가능하다는 주장은, 17세기가 16세기와는 다르며 데카르트는 라블레와 동시대의 인물이 아니라는 이른바 상당히 퇴색된 의미로 해석된다.

이러한 여러 한계에도 불구하고, 한 개인을 역사적으로 결정된 환경과 사회에 연결시키는 다양한 통로들을 성공적으로 설명한 페브르의 방법은 좋은 본보기이다. 페브르가 라블레의 종교를 조사하는 데 사용한 수단들은 이와는 다른 메노키오의 종교를 분석하는 데 활용될 수 있다. 그럼에도, 이 시점에서는 비

___

223~25 참조.

록 만족스럽지는 않지만 '민중 문화'를 '집단적 망탈리테'에 비해 선호하는 이유가 분명해질 것이다. 일반적 용어로 인식하더라도 계급 개념에 따른 분석은 계급의 차이를 지나치는 분석보다는 상당한 발전을 보여주는 것이다.

그럼에도 산업화 이전의 유럽에서 농민이나 도시의 직인들(방랑자와 같은 주변 집단 gruppi marginali은[32] 말할 것도 없고)에게 공통된 동질적인 문화가 존재하였다고 주장하는 것은 아니다. 필자는 단순히 연구 영역을 이 책의 그것과 유사한 특정한 분석을[33] 필요로 하게 될 것으로 제한하기를 원한다. 오직 이러한 방법만이 현재 연구에서 도달한 결과들을 미래의 연구를 위한 발판으로 삼는 데 기여할 것이다.

9

메노키오의 사례는 두 가지 큰 역사적 사실, 즉 인쇄술의 발명과 종교 개혁을 통해 가능하였다. 인쇄술은 메노키오에게 그의 문화적 배경인 구비 전통과 서적들을 비교할 수 있는 가능성 및 메노키오 자신에게서 생겨난 여러 사상과 환상 fantasie들이 뒤섞인 것을 풀 수 있는 언어를 제공하였다. 한편 종교 개혁은 메노키오 자신이 바란 대로 교황, 추기경 그리고 영주들에게 자신이 생각하는 바를 직접 피력할 수는 없었지만, 마을의 신부와 주민들 그리고 이단 심문관들에게는 이를 드러낼 수 있

---

32 B. Geremek, "Il pauperismo nell'età preindustriale(secoli XIV~XVIII)," *Storia d'Italia*, vol. V, tomo I(Torino, 1973), pp. 669~98; P. Camporesi, ed., *Il libro dei vagabondi* (Torino, 1973).

33 16세기 시에나의 직인들에 관한 발레리오 마르케티 Valerio Marchetti의 연구는 상당히 중요한 것으로서, 출판 중이다.

는 용기를 주었다. 기록 문화에 대한 식자들의 독점과 종교 문제에 대한 성직자들의 독점이 종식되면서 드러난 거대한 단절은, 강력하게 분출하는 새로운 상황을 연출하였다. 그러나 상층 계급의 문화에 속하는 일부 인물들의 열망과 민중 문화에 속하는 이들의 열망이 일치될 가능성은 메노키오의 재판에 앞서 이미 반세기 이전, 다시 말해서 마르틴 루터가 봉기한 농민들과 그들의 요구를 강력하게 비난한 당시에 이미 결정적으로 봉쇄되었다. 이러한 이상은 그 이후에는 재침례교도들처럼 박해받은 일부 소수만이 추구하였다. 가톨릭 교회의 대항 종교 개혁(그리고 프로테스탄트 교회들의 강화와 동시에), 교회 내부의 위계 질서의 경직화, 대중에 대한 가부장적 교화, 민중 문화의 소멸, 소외된 소수와 이단 집단들에 대한 다소 폭력적인 배제 등으로 특징지어지는 시대가 반격을 시작한 것이다. 그리고 메노키오도 화형되었다.[34]

51

10

메노키오의 문화 세계의 내부를 분명하게 나누는 것은 불가능하다고 우리들은 이야기했다. 단지 후대의 판단을 통하여 그러한 주제temi들의 구분이 허용되는데, 이들 주제들은 이미 16세기 고급 문화의 일부 경향과 합류하기 시작한 것들이다. 여기에서 16세기 고급 문화의 일부란 그 시대와 후속 세기들에 있어서 '진보적' 문화가 자기의 것으로 삼은 여러 주제들인데, 이들은 사회 근저로부터의 혁신에 대한 열망, 종교 내부의 부

---

[34] 이 문단에서 언급한 내용에 대해서는 이 책의 28장 「지식의 독점」 참조.

패, 그리고 관용 등의 고찰 등이다. 이 모든 것 덕분에 메노키오는 허약하고 비틀렸지만, 분명히 우리와 직접적으로 관련된 발전에 동참하였다. 말하자면, 그는 우리의 선구자인 셈이다. 그러나 동시에, 메노키오는 우연히 우리에게 알려진 암울하고 불투명한 세계의 고립적인 한 조각 단편인데, 단지 그의 자유의사arbitrario에 의한 행위가 이것과 우리 자신들의 역사를 다시 이을 수 있었다. 그의 문화는 파괴되었다. 어느 분석을 통해서도 풀리지 않는 역사의 나머지 부분을 존중하는 것은 이해할 수 없는 세계와 이국적인 세계에 대한 우매한 환상에 굴복하는 것을 의미하지 않는다. 오히려 어떤 의미에서는 우리 자신이 그 희생자이기도 한 역사의 손상 행위를 기억에 머무르게 하는 것을 의미할 뿐이다.[35] "이 세상에서 일어난 그 어떤 것도 역사에서는 주목되어야 한다"고 발터 벤야민Walter Benjamin도 이야기한다. 그렇지만 "구원받은 인류만이 그들 과거의 하나하나를 남김없이 인용하게 될 것이다."[36] 해방되었다는 것, 이것은 곧 자유로워졌다는 사실을 의미한다.

---

[35] 이 말의 의미는 과거에 대한 반동적 향수나 또는 부동적이고 비역사적인 것으로 추정되는 '농민 문명civiltà contadina'에 대한 위와 마찬가지의 반동적 수사와도 분명히 혼동되어서는 안 될 것이다.

[36] 여기에 인용된 발터 벤야민의 글은 R. Solmi, ed., *Tesi di filosofia della storia* (Torino, 1962), p. 73의 '신천사Angelus novus. Saggi e frammenti'에서 찾아볼 수 있다.

〔저자는 단지 두 문장만을 발췌했으므로 그 내용을 잘 이해하기 어렵다. 이해를 돕기 위하여 앞뒤 문장을 재인용하여 제시하면 다음과 같다: "과거는 구원을 기다리고 있는 어떤 은밀한 목록을 함께 지니고 있다. 〔……〕 물론 과거가 완벽하게 기록될 수 있는 것은 인류가 구원되고 난 연후이다.. 다시 말해서 구원된 인류만이 그들 과거의 하나하나를 남김없이 인용하게 될 것이다. 다시 되살리는 과거의 한순간 한순간은 그날, 즉 최후의 심판이 이루어지는 날의 일정표가 될 것이다." 재인용 출처는 김기봉, 「미시사: 하나의 '포스트모던적' 역사 서술?」, 『역사 교육』61(1997. 3)이다. 한편 발터 벤야민의 독일어 원문은 "Über den Begriff der Geshichte," R. Tiedemann & H. Schweppenhause, ed., *Gesammelte Schriften*, 1~2(Frankfurt am Main, 1974), p. 694에 수록되어 있다.

옮긴이 서문

1

이탈리아 역사가 카를로 진즈부르그의 『치즈와 구더기』는 메노키오라 불렸던 16세기 이탈리아의 한 방앗간 주인의 세계관을 더듬은 역사책이다. 메노키오는 이탈리아 동북부 프리울리 지방의 한 작은 마을에서 방앗간을 운영하면서 마을 촌장의 직책도 맡은 바 있는 인물이다. 글을 읽고 쓸 줄 알았던 그는, 1582년 51세의 나이에 이단 혐의로 피소되고, 이후 투옥과 방면을 여러 번 반복하다가, 급기야는 1599년 말에 화형에 처해져 죽음을 당한다.

진즈부르그의 어머니는 성공한 소설가였다. 진즈부르그 역시 역사가로서뿐만 아니라 작가로서도 천부적인 재능을 타고났음을 이 책을 통하여 보여주는 듯하다. 그는 가히 탐정소설가와도 같은 치밀함과 이야기 구사력으로 메노키오의 행적과 사고를 조심스럽게 모의하고 재구성한다. 이 과정에서 메노키오의 증언은 물론, 그의 주장들에 대해 그와 재판관 그리고 그를 둘러싼 마을 사람들과 주고받은 이야기들을 생생하게 인용하고 있다.

메노키오는 삼위 일체와 그리스도의 신성, 마리아의 처녀성, 교황과 교회의 권위를 부정할 뿐 아니라, 하느님과 성령, 그리스도, 천사 그리고 인간까지 모두 혼돈 속에서 창조되었다는 우주 생성론을 주장한다. 이와 더불어 메노키오는 성직자의 역할

이 실천적이고 교육적인 데 있어야 하는데, 당시 성직자들은 자신들의 직책을 남용하여 가난한 농민을 착취한다고 비난한다.

이 책의 제목 『치즈와 구더기』는 메노키오의 우주관을 상징적으로 표현한 것이다. 메노키오는 기독교 교리가 가르치는 대로 세상과 인간은 하느님의 창조물이라는 사실을 믿지 않았다. 그에 따르면, 태초에 모든 것은 흙·공기·물 그리고 불이 뒤섞여 있는 혼돈이었다. 이 혼돈으로부터, 마치 우유에서 치즈가 만들어지듯, 물질 덩어리가 형성되어 구더기가 나타났는데, 이것이 천사라는 것이다. 메노키오의 이 같은 생각은 그 당시 로마 가톨릭 교리의 관점에서 볼 때 이단이었음은 말할 나위가 없다. 그러나 그가 독창적인 인물이 된 것은 그가 글을 읽을 줄 알았기에 당시 접할 수 있었던 책들을 읽고 스스로 이 같은 생각을 했다는 데 있다.

진즈부르그가 메노키오를 통해서 추적하려 한 것은 그가 어떻게 그런 생각을 할 수 있었는가 하는 점이다. 이 과정에서 진즈부르그는 메노키오가 읽은 문헌의 목록을 살펴봄과 동시에 그 당시 그에게 영향을 끼쳤을 여러 종파와의 관계를 분석한다. 그러나 메노키오는 그 당시 상당한 영향력을 주었을 마르틴 루터의 사고를 그대로 수용한 것도 아니며, 그가 읽은 책들이 자신을 심문한 재판관과 똑같았을지라도 나름대로 독특하게 해석하였다. 결론적으로 말하면, 진즈부르그는 메노키오의 독자적 사고 방식은 지금까지의 역사학이 소홀히 여겨온 민중 문화의 전통에서 나온 것이라고 주장한다. 메노키오의 이단적 사고와 독창성은 개인적인 차원에서가 아니라, 그 같은 사고를 가능하게 한 지속적이고 심층 구조적인 민중 문화가 뒷받침하고 있었다는 이야기이다. 결국 진즈부르그가 메노키오의 재판 기록에서 찾아낸 것은 사료상의 진실 여부가 아니라, 사료의 담론 속에 억압된 민중 문화이다.

2

진즈부르그가 메노키오라는 한 인물을 통해 민중 문화의 구조체를 탐색하는 방법은 사료를 정황 증거로 삼아 역사의 진실을 규명해나가는, 그의 표현을 빌리면, '실마리 찾기paradigma indiziario'의 방법으로 이해된다. 이 방법은 주변적이고 무관해 보이는 세부적 특징들에서 전체 구조체와의 연관을 추론해내는 방식이다.

진즈부르그에 의하면, 내과의사이면서 미술품 감정가인 조반니 모렐리, 탐정소설가 아서 코난 도일의 셜록 홈스, 그리고 정신분석가로서의 프로이트 모두 실마리 찾기의 방식으로 각각의 진실에 도달한다. 이들의 유사점은 별로 중요하게 보이지 않는 사소한 것들에서 어떤 문제를 푸는 실마리를 발견한다는 것이다. 예를 들면, 모렐리는 그림의 작은 세부, 예컨대, 귓불이나 손톱, 손가락의 모양과 발 모양으로 복제품에서 진본 예술품을 가려내는 방식을 사용하였다. 그가 보기에 주변적인 세부 사항은 문화적 전통 속에 종속된 미술가가 순전히 개인적 성향을 노출시키는 장소인 것이다. 세부 사항들은 습관의 힘으로, 거의 무의식적으로, 어떤 방식으로든 반복되기 때문이다. 이 같은 방식으로 미술가의 숨겨진 심연은 의식적 통제를 넘어 그림의 작은 부분에서 노출된다.

프로이트와 탐정 셜록 홈스 또한 마찬가지로, 그들에게 있어 무의식적 습관이나 담배꽁초, 구겨진 편지 봉투 등은 진실을 밝혀내는 열쇠가 된다. 이 세부 사항들이 프로이트에게는 징후가 되고 홈스에게는 사건의 실마리 그리고 모렐리에게는 미술 작품의 특징이 된다. 이 세부 사항과 실재를 연결하는 과정에서 이들 미술 감정가, 탐정소설가, 그리고 정신분석가에게 공통적으로 요구되는 것은 바로 추론적 상상력인 것이다.

진즈부르그는 특히 탐정소설에 깊은 관심을 보인다. 그는 18세기와 19세기 동안 부르주아층 독자의 수가 증가하면서 이들 독자층에 간접 경험을 제공함으로써 추론적 지식 범주를 확장시킨 것은 소설의 공로이며, 그 중에서도 특히 탐정소설의 공로로 본다. 진즈부르그에 의하면, 탐정소설은 역사나 고고학, 지질학, 천체물리학과 같이, 소위 소급하여 예언하는 학문들과 추론적 지식의 방식을 공유하는 것이다. 이제 우리는 『치즈와 구더기』의 주인공 메노키오의 재판 사례를 추적하는 과정이 마치 탐정소설을 읽는 것과도 같은 긴박감과 박진감을 주는 이유를 알 수 있을 것이다.

진즈부르그가 주장하고 사용하는 실마리 찾기의 방식은 바로 미시사의 주요 특징으로 부각된다. 미시사의 전제는 보통 사소하고 '부차적'이라고까지 생각되는 세부 사항들이 종종 우리로 하여금 인간 정신의 보다 높은 차원에 도달하도록 해주는 열쇠를 제공한다는 것이다. 이 말은 곧 한 시대의 역사 현실에 대한 전체적 시각을 갖기 위해서는 보는 대상 자체도 부분이 아닌 전체이어야 한다는 사회사가들의 사고를 비판한다는 것과 다름 아니다. 다시 말하면, 작은 것이나 일상적 현상으로부터 전체와의 연관 관계나 본질적인 구조들을 발견해낼 수 있다는 것이다. 이 과정에서 직접 경험할 수 없는 복잡한 리얼리티를 구성하는 상상력이 역사가들에게 요구되는 것이다.

진즈부르그의 실마리 찾기 방식은 엄격한 사료 분석을 통해서라기보다 직관이나 상상력에 의존함으로써 역사 서술을 문학화한다는 지적을 받는다. 그러나 문학의 관점에서 볼 때, 이 같은 지적은 문학을 지나치게 허구화한 나머지 문학/역사라는 종래의 이분법에 고집스럽게 매달리는 데에서 기인한다. 거대서사에 상상력이 동원되지 않을 수 있다는 것은 절대적 진실에 대한 과대 망상 내지는 강박관념일 수 있다. 예리한 탐정이 작은 실마리를 통해 사건의 원인과 진실에 도달하듯이, 노련한 역사가는 역사의 작은 실마리를 통해 그 관계의 망을 넓혀 보다 다층적이고 포괄적인 역사적 진실에 도달할 수 있다는 것이다.

『치즈와 구더기』가 불러일으킨 가장 큰 쟁점은 대표성과 재현성의 문제일 것이다. 말하자면, 라 카프라도 지적하듯이, 읽고 쓸 줄 알고 촌장의 지위에 해당되는 위치에 있었던 메노키오가 민중 문화를 대표하는 농민과는 거리가 있다는 것이다. 이에 대한 하나의 가능한 답변은 진즈부르그의 실마리 찾기 방식으로 다시 논의를 되돌려놓는다.

메노키오가 농부의 전형이었다면, 진즈부르그는 그를 역사 쓰기의 주인공으로 삼지 않았을 것이다. 미시사의 사료가 거대하거나 대표성을 갖는 정형이나 전형이 아니듯이, 메노키오 역시 틈새와 간극의 인물로서, 상층 문화와 민중 문화가 교류하는 경계에 놓인 인물이다. 이 경계 사이로 드러나는 것으로부터 그것을 둘러싼 다층적이고 입체적인 역사적 구조체를 추적해나가는 것이 미시사의 특징이자, 진즈부르그의 실마리 찾기 방식인 것이다.

메노키오의 다양한 독서와 나름대로의 해석은, 바흐친의 상호 순환적 문화 모형을 반영하는 것으로서, 민중의 구전 문화와 엘리트 문헌 문화가 교차하여 상호 영향을 주며 혼재하는 지점이다. 이 혼재된 지점에서 엉킨 실타래를 풀 듯, 저자는 민중 문화의 한끝을 붙잡고 그 기원을 추적해가는 것이다. 이 같은 맥락에서 볼 때, 이미 서구 비평에서 언급되어온 '이례적 정상'의 시각으로 메노키오의 대표성을 모두 설명할 수 있다고 보기는 쉽지 않을 것 같다. 이 용어는 정상과 정형만이 재현의 대표성을 띤다는 전제에서 완전히 벗어나지 않는 듯 보이기 때문이다.

미시사의 접근은 현재 진행되고 있는 다른 학문과의 연계를 보여준다. 이를테면, 상징인류학이나 페미니즘 문학을 들 수 있다. 일상적인 현상들을 자세히 들여다봄으로써, 그들 속에 한 사회의 구조와 이념이 상징화되어가는 과정을 추적하는 상징인류학처럼, 미시사 역시 일상적인 것을 통하여 이와 연결되는 역사 구조체의 실마리를 찾으려는 것이다. 비정치적이고 역사 의식이 없어 보이는 일상 세계에서 '권력의 미시 역학'을 발견하고 억압되고 숨겨진 구조를 드러내는 일은 미시사의 고유한 작업이자 문화인류학과 페미니즘 문학이 지향해온 것이다.

3

진즈부르그의 포스트모던한 글쓰기 성향은 그의 역사 서술에 종전까지는 역사학에서 배제해왔던 영역들, 즉 민속·민담·신화·제의, 특이한 사건들을 집어넣고 있다는 것이다. 그의 역사 서술은 어찌 보면, 소설, 특히 추론적 탐정소설로 읽어도 손색이 없을 정도로 긴장감과 박진감, 구성의 치밀함이 엿보인다. 비역사적이라 보여졌던 신화와 제의까지 함유하고 있어 그의 역사적 상상력은 문학적 상상력과 구별하기 어려울 정도이다. 바로 이 점이 그가 역사와 문학의 경계를 허물고 역사학의 지평을 넓혔다고 평가될 수 있는 지점이다. 역사가 지향하는 진실의 이데아와 문학이 지향하는 진실에 바탕한 상상력이 어우러지는 공간이 그가 지향하는 역사 공간이 아닐까 생각한다. 이렇게 볼 때 그의 역사학은 다분히 포스트모더니즘의 흐름을 타고 있다고 볼 수 있다. 다시 말하면, 과거 역사가 지향해온 거대 서사에 의문을 품고 전체와 부분, 보편과 특수, 사실과 상상의 관계 설정의 문제를 제기하는 것은 포스트모더니즘과의 관련 속에서 설명될 수 있다.

그러나 근대 거대 담론에 대한 부정과 아래로부터의 역사, 역사와 문학의 경계 허물기 등의 미시사의 특징을 반영하는 진즈부르그의 역사 서술이 포스트모더니즘이라는 매우 다층적인 이데올로기와 문화 양상으로 모두 설명될 수는 없을 것 같다. 먼저 우리에게 잘 알려진 베네디토 크로체나 움베르토 에코를 비롯한 이탈리아의 지적 전통이 말하여주듯이, 문학과 역사, 그리고 철학의 경계를 허물고 역사 서술에 문학적 서술 양식과 상상력이 결합된 양상을 보인 지는 오래되었기 때문이다. 영어 문화권에서 '새롭다'는 것이 이탈리아 문화권에서는 전통의 일부일 수도 있다. 요컨대, 진즈부르그의 역사 쓰기는 이탈리아 역사 서술의 전통 속에서 이해되어야 할 것이다.

더욱이 중요한 사실은, 엄격히 말해, 포스트모던적 상대주의, 불연속성의 역사와 글쓰기, 궁극적 진실에 대한 회의와 그로 인한 순간들의 반복과 유희, 경계의 전복들, 이러한 포스트모더니즘의 또 다른 측면은 『치즈와 구더기』에서 진즈부르그가 시도하는 역사 읽기와는 차이가 있다는 점일 것이다. 오히려, 바흐친의 상호 순환적 문화 모형을 따르는 듯하면서도 민중 문화의 독자성과 지속성을 메노키오라는 인물을 통해 주장할 뿐 아니라 그 뿌리를 아득한 고대로부터 어떤 연속성을 가지고 지속되어온 것으로 보는 그의 시각은 구조주의적 인식틀로부터 완전히 결별한 것으로 보이지는 않기 때문이다.

이 책이 역사 전문가들뿐만 아니라 역사에 관심이 있는 일반 독자까지도 흡수하는 힘은 무엇보다도 이 책이 단순히 현대인들만의 '독백'이 아닌, '과거와 현재'의 대화로서의 글쓰기를 시도하고 있다는 데에서 나온다. 메노키오의 말을 그대로 인용한 것, 탐정소설과도 같은 이야기 진행의 박진감과 구성의 조밀함 등은 메노키오를 살아 있는 인물로 독자에게 다가오게 한다. 그는 단지 자신의 생각을 고집하다가 죽은 우둔한 16세기의 농부가 아니라, 살아 숨쉬는 독창적인 인물로서, 그를 통해 우리는 과거의 인물과 생각에 보다 가깝게 접근할 수 있다. 역사 서술이 이같이 이루어진다면 과거와의 단절이 심한 현시대에서 역사는 죽은 과거에 대한 평가서가 아니라, 현재와 과거를 잇는 대화의 장이 될 수 있을 것이다.

금정산 기슭에서

유제분

1. 메노키오

그의 이름은 도메니코 스칸델라Domenico Scandella이지만 그는 메노키오라는 별명으로 불리고 있었다.[1] 메노키오는 1532년 몬테레알레Montereale에서 출생했다(첫 심문 당시[2] 메노키오는 자신의 나이를 52세로 증언하였다). 이 도시는 포르데노네Pordenone에서 북쪽으로 25킬로미터 떨어진 프리울리Friuli의 조그만 구릉에 자리하고 있었다.[3] 그는 큰 소동으로 추방되어 이웃 마을 아르바Arba와 카르미아Carmia라는, 위치를 정확히 알 수 없는 마을들을 떠돌며 지낸 2년(1564~1565)을 제외하고는[4] 평생토록 이곳에서 살았다. 그는 부인과의 사이에 11명의 자식을 두었으나, 그 중 4명이 사망하였다. 메노키오는 아쿠일레이아Aquileia와 콘코르디아Concordia 지역의 이단 심문관을 대신하던 성당 참사회원 잠바티스타 마로Giambattista Maro에게 자신은 "방앗간 주인과 목수, 벌목꾼, 석공 등의 잡다한 일을 닥치는 대로 하면서" 연명한다고 진술하였다. 그러나 실제로 그는 방앗간 주인이었으며 방앗간에서 일하는 사람의 전통

---

1 종교 재판의 기록들에서 언급된 이름이다. 다른 문서들에서는 '메노흐Menoch' '메노키Menochi'로 기록되기도 하였다.

2 우디네 대교구 기록 보관소, 재판 기록processo(이하 proc.로 줄여 씀). n. 126, c. 15v 참조.

3 오늘날의 지명은 몬테레알레 첼리나Montereale Cellina이다. 이 마을은 해발 317미터의 구릉 위에 건설되었으며, 지리적으로는 첼리나Val Cellina 계곡의 입구에 위치하고 있다. 1584년 이 마을 교구는 650명의 주민으로 구성되어 있었다: cfr. AVP, 「1582년부터 1584년까지 노라 시에 대한 교회 감찰 기록Sacrarum Visitationum Nores ab anno 1582 usque ad annum 1584」, c. 168v.

4 cfr. ACAU, proc. n. 126, c. 20r.

의상인 재킷과 망토, 그리고 흰색의 양모로 만든 모자를 쓰고 있었다.[5] 1584년의 심문 당시에도 하얀 옷을 입고 있었다.

2년 뒤[6] 그는 이단 심문관들에게 자신은 "가난하며," 그리고 "세를 낸 제분기 두 대와 임대지 두 필지[7]로 가난한 가족을 부양해왔고 앞으로도 계속 그럴 것입니다"라고 하였다. 그러나

62

5 "indutus vestena quadam et desuper tabaro ac pileo aliisque vestimentis de lana omnibus albo colore"(ivi, c. 15v). 이러한 종류의 의상은 아직도 19세기 이탈리아의 제분업자들 사이에서 찾아볼 수 있었다: cfr. C. Cantú, *Portafoglio d'un operajo* (Milano, 1871), p. 68.

6 cfr. ACAU, 「종교 재판소의 피고에 대한 판결문 Sententiarum contra reos S. Officii liber II」, c. 16v.

7 이 시대의 영구 임대 소작 제도에 대해서는 G. Giorgetti, *Contadini e proprietari nell'Italia moderna. Rapporti di produzione e contratti agrari dal secolo XVI a oggi* (Torino, 1974), pp. 97 sgg. 참조. 말 그대로 지속적인 성격의 영구 계약인지 또는 단기 임대 계약인지는 알 수가 없다(예를 들어, 29년 또는 가장 타당성 있는 기간으로서의 9년). 장기 임대차 계약, 임대 계약, 임대차 간의 구분이 명확하지 않은 것처럼, 이 기간에 사용되던 계약 용어의 부정확성에 대해서는 G. Chittolini, "Un problema aperto: la crisi della proprietà ecclesiastica fra Quattro e Cinquecento," *Rivista storica italiana*, LXXXV, 1973, p. 370 참조. 이 토지들의 위치에 대한 신빙성 있는 정보는 이후의 한 문서에서 찾아볼 수 있다: 베네치아 지사의 지시에 따라 1596년에 제작된 고정 자산 평가 문서집(cfr. 포르데노네 시립 기록 보관소 Archivio di Stato di Pordenone[이하 ASP로 줄여 씀], 공증인 문서집 Notarile, b. 488, n. 3785, cc. 17r~22r). 몬테레알레와 그리초(몬테레알레에 인접한 마을)에 위치한 255개의 단위 토지들에 관련된 문서들 중에서 다음의 인용문을 찾아볼 수 있다(c. 18r): "9. Aliam petiam terrę arativę positam in pertinentis Monteregalis in loco dicto alla via del'homo dictam la Longona, unius iug. in circa, tentam, per Bartholomeum Andreae: a mane dicta via, a meridie terrenum ser Dominici Scandellę a sero via de sotto et a montibus terrenum tentum per heredes q. Stephani de Lombarda"; (c. 19v): "Aliam petiam terrae unius iug. in circa in loco dicto [……] il campo del legno: a mane dicta laguna, a meridie terenum M. d. Horatii Montis Regalis tentum per ser Jacomum Margnanum, a sero terrenum tentum per ser Dominicum Scandelle et a montibus suprascriptus ser Daniel Capola." 언급된 지명의 위치를 정확하게 확인하는 것은 불가능하다. 이 두 개의 단위 토지들이 12년 전에(1584년) 메노키오가 언급한 '두 필지의 토지 doi campi a livello'와 같은 것인지는 확인할 수 없다: 그러나 후자의 단위 토지는 'terrenum tentum,' 즉 추측건대 장기 임대차로 계약된 토지일 것으로 생각된다. 1578년에 작성된 토지 조사 문서(ASP, Notarile, b. 40, n. 332, cc. 115r sgg.)에 도메니코 스칸델라의 이름은 수차례 언급된 베르나르도 스칸델라 Bernardo Scandella(베르나르도가 도메니코의 인척인지는 알 수 없으며, 메노키오의 부친은 조반니였다)와는 달리 한 번도 언급되지 않았다. 스칸델라의 성(姓)은 오늘날에도 —아마도 우연하게— 몬테레알레의 주민들 사이에서 쉽게 찾아볼 수 있다.

그의 진술은 분명 과장되었다. 설사 수확물의 상당 부분이 빌린 제분기와 세(대부분 현물)[8]로 지출되었다 하더라도 먹고 살기에는 충분했으며, 아무리 힘든 시기라고 해도 얼마간의 저축도 가능했을 것이다. 그는 아르바로 추방되었을 때에도[9] 다른 제분기 한 대를 세로 얻었다. 그리고 딸 조반나Giovanna가 결혼하였을 때[10](메노키오는 약 한 달 전에 사망하였다) 256리라와

<hr>

8 A. Tagliaferri, *Struttura e politica sociale in una comunità veneta del '500*(Udine) (Milano, 1969), p. 78(우디네의 경우, 주거지를 포함한 방앗간의 임대: 예를 들어 1571년, 탈리아페리는 임대차의 대가를 61스타이오와 두 덩어리의 프로시우토 prosciutto[돼지고기 뒷다리 부분을 연기로 그을리면서 서서히 말린 고기: 옮긴이]로 추정하였다). 메노키오가 1569년에 새로운 방앗간을 임대한 계약(cfr. p. 113) 참조.

9 cfr. ACAU, proc. n. 126, 1584년 4월 28일(페이지 번호가 없는 문서).

10 cfr. ASP, Notarile, b. 488, n. 3786, cc. 27r~27v, 1600년 1월 26일. 신랑의 이름은 다니엘레 콜루시Daniele Colussi였다. 다른 경우의 결혼 지참금과 비교를 위해서는 ivi, b. 40, n. 331, cc. 2v sgg.: 390리라와 10솔디; ivi, cc. 9r sgg.: 약 340리라; ivi, b. 488, n. 3786, cc. 11r~v: 300리라; ivi, cc. 20v~21v: 247리라와 2솔디; ivi, cc. 23v~24r: 182리라와 15솔디 참조. 많지 않은 후자의 결혼 지참금은 신부 막달레나 가스탈디오네 디 그리초Maddalena Gastaldione di Grizzo의 두번째 결혼으로 마련되었다. 그러나 이 계약서에는 개인들의 사회적 신분과 직업에 관한 정보가 없다. 조반나 스칸델라의 결혼 지참금은 다음과 같은 물품으로 구성되었다.

리넨 천의 침대 시트가 포함된 침대와 매트리스, 베개 커버, 베개와 침대 커버로서 스테파노(씨)가 사줄 것을 약속하였다	69리라 4솔디
새로운 가죽 재킷	5리라 10솔디
단춧구멍이 있으며 어깨에 걸치는 직물	4리라
회색 의복	11리라
가슴 부분이 적갈색의 새로운 모직 천으로 장식된 혼방 의복	12리라
위와 유사한 의복	12리라
끈이 달린 회색 의복	10리라
발목 부분이 장식술로 장식된 흰색 코르덴 천의 혼방 의복	12리라 10솔디
혼방 셔츠	8리라 10솔디
실크 망사의 검은색 천으로 만든 한 쌍의 장갑	4리라 10솔디
은색천으로 만든 한 쌍의 장갑	1리라 10솔디
직물 안감의 한 쌍의 장갑	1리라
새 포목천 3장	15리라
얇은 식탁보	5리라
새로운 베개 커버 3개	6리라
어깨에 걸치는 직물 6개	4리라

9솔디의 가치에 해당하는 결혼 지참금을 딸에게 주었다. 이 금
액은 당시의 생활 수준에 비추어볼 때 그리 많은 금액은 아니
지만, 그렇다고 결코 적은 금액도 아니었다.

　　전반적으로 몬테레알레의 좁은 세계에서 메노키오의 사회적
지위[11]는 무시할 만한 것은 아니었다. 1581년에 그는 자신이 사
는 마을과 인근의 조그만 촌락들(예를 들어 가이오 Gaio, 그리초

어깨에 걸치는 직물 4개	6리라
손수건 3장	4리라 10솔디
식탁용 냅킨 4장	3리라
앞치마	4리라
어깨에 걸치는 직물 3개	5리라 10솔디
어깨에 걸치는 면직물	1리라 10솔디
낡은 앞치마, 어깨에 걸치는 직물, 그리고 어깨에 걸치는 면직물	3리라
머리에 쓰는 작업용 두건	3리라 10솔디
코 푸는 손수건 5개	6리라
식탁에서 머리에 쓰는 두건	3리라
두건 2개	1리라 10솔디
가죽 셔츠 5장	15리라
끈이 달린 셔츠 3장	6리라
서로 색이 다른 실크 망사 9개	4리라 10솔디
네 가지 색의 천조각	2리라
직물 보자기	15솔디
자물쇠 없는 책상	5리라
합계:	256리라 9솔디

　　필자가 참고하지 못한 저서는 L. D'Orlandi와 G. Perusini, *Antichi costumi friulani–Zona di Maniago* (Udine, 1940)이다.

11 이 경우, 베렝고 M. Berengo가 루카 Lucca의 농촌 지역을 대상으로 연구한 것들이 언급될 것이다(『16세기 루카의 귀족들과 상인들 *Nobili e mercanti nella Lucca del Cinquecento*』, Torino, 1965): 보다 규모가 작은 자치 도시(코무네)들에서는 "주민들의 사회적 신분을 구분하는 것이 아무런 의미가 없는데, 그 이유는 이들 모두가 토지에서 생활에 필요한 모든 것을 얻으며 살아가고 있기 때문이다. 비록 다른 지역에서와 마찬가지로 이곳에서도 부자들과 빈자들이 언급되기는 하지만〔……〕그럼에도 이곳의 모든 주민들은 시골 사람, 즉 농민이라는 적절한 용어로 정의될 수 있다"; 그러나 한 가지 경우, 즉 "제분업자들은 규모가 큰 마을들에서 찾아볼 수 있으며 또한 이곳에서는 채권자와 농업에 종사하지 않는 비교적 부유한 개인들도 있다"(*ibid.*, pp. 322, 327). 제분업자의 사회적 이미지에 대해서는 pp. 137~39 참조.

Grizzo, 산 로나르도San Lonardo, 산 마르티노San Martino)의 촌장이었다.[12] 뿐만 아니라, 시기는 정확하지 않지만 몬테레알레 교구의 '카마라로camararo,' 다시 말해서, 행정관을 역임하기도 하였다. 이곳에서도 프리울리의 다른 지역들처럼 순환식 관리 체제[13]가 선거를 통해 교체되었는지에 대해서는 알 수 없다. 이 경우에 그의 "읽고, 쓰고, 암산하는" 능력[14]은 많은 도움이 되었을 것이 분명하다. 사실 '행정관'[15]은 대부분 오늘날의 초등학교 수준에 해당하는 공립학교를 다니면서 적어도 기본적인 라틴어를 배운 사람들 중에서 선택되는 것이 보통이었다. 그러한 학교들은 아비아노나 포르데노네에 있었기 때문에 메노키오도 그 중의 어느 한 곳에 다녔을 것으로 추정된다.[16]

65

---

12 cfr. ASP, Notarile, b. 40, n. 333, c. 89v: '몬테레알레 주민들의 시장'이며, 우디네의 귀족인 안드레아 코시오Andrea Cossio에게 토지에 대한 얼마간의 임대세를 지불하도록 하였다. 6월 1일의 명령은 '같은 마을들의 촌장이며 메노키오라고 불리는 도메니코 스칸델라'에게 내린 것이었다. 메노키오의 아들인 잔누토의 편지(cfr. 위의 글, pp. 9~10)에 따르면, 메노키오는 "다섯 개 마을의 촌장이며 행정관podestà et retor de vile cinque"이었다(마을들의 이름에 대해서는 *Leggi per la Patria, e Contadinanza del Friuli*, Udine, 1686, 서문, c. d 2r과 교구의 '행정관camararo' 참조).

13 cfr. G. Perusini, "Gli statuti di una vicinia rurale friulana del Cinquecento," *Memorie storiche forogiuliesi*, XLIII, 1958~1959, pp. 213~19. '비치니아vicinia,' 즉 가부장위원회는 트리체지모Tricesimo 근처의 조그만 마을인 부에리스Bueris의 위원회이다; 1578년에 위의 가부장위원회의 회원이었던 가장들은 모두 6명이었다.

14 cfr. ACAU, 종교 재판소(이하 Sant'Uffizio로 표기), proc. n. 126, c. 15v.

15 cfr. G. Marchetti, "I quaderni dei camerari di s. Michele a Gemona," *Ce Fastu?*, 38, 1962, pp. 11~38. 마르케티는 자신의 저서에서(p. 13) 행정관이 성직자 또는 타벨리오나토tabellionato, 즉 '공증인' 계층에 속하지 않았으며; 추측건대 "부르주아 또는 포폴라니popolani(도시나 국가 시민 질서에 따라 살아가는 주민들)들로서 자치 도시의 공립 학교에 다닌 사람들이었다"라고 하였다. 그리고 특별한 경우로서, 1489년의 한 관리인은 글을 모르는 대장장이였다(p. 14).

16 cfr. G. Chiuppani, "Storia di una scuola di grammatica dal Medio Evo fino al Seicento (Bassano)," *Nuovo archivio veneto*, XXIX, 1915, p. 79. 아비아노에서는 몬테레알레 출신의 인문주의자인 레오나르도 포스코Leonardo Fosco가 교수 활동을 하였다: cfr. F. Fattorello, "La cultura del Friuli nel Rinascimento," *Atti dell'Accademia di Udine*, 6ª serie, I, 1934~1935, p. 160. 그러나 이 정보는 포스코에 대한 베네데티A. Benedetti의 전기에 언급되지 않았다(*Il Popolo*, 콘코르디아-포르데노네Concordia-Pordenone 교구의 주간지, 1974년 6월 8일). 이 기간의 공립 학교에 대한 연구는 상당히 유익하다. 그러

1583년 9월 28일 메노키오는 종교 재판소에 고발되었다.[17] 그 이유는 그리스도에 대해 "이단적이고 불경한 발언"을 했다는 것이다. 결코 우연한 기회에 내뱉은 욕설이 아니었다. 더구나 메노키오는 논쟁을 통해 자신의 생각을 강하게 주장하였다. 그리고 그로 인해서 자신의 입장을 더욱 곤혹스럽게 만들었다 (메노키오는 설교하고 이론화하는 것을 부끄러워하지 않았다).

메노키오의 이러한 과시 행위는 한 달 뒤 포르토그루아로Portogruaro와 콘코르디아 그리고 몬테레알레에서 열린 예비 심리에서 폭넓게 입증되었다. 프란체스코 파세타 Francesco Fasseta는 이단 심문관의 대리인에게 메노키오가 "논쟁을 위해서는 신자들, 심지어는 사제들과의 마찰도 서슴지 않는 인물"[18] 이라고 증언하였다. 다른 증인인 도메니코 멜키오리Domenico Melchiori도 "그는 토론을 위해서라면 누구와도 대화를 합니다. 어느 날 그가 나와 논쟁을 원하기에, 제가 말했죠. 나는 구두장이이고 당신은 방앗간 주인이야, 또 당신은 그다지 박식한 인물도 아니잖아. 그런 것들에 대해 논쟁한들 무슨 소용이 있겠어?"[19]라고 증언하였다. 신앙에 관한 문제는 방앗간 주인이나 구두장이가 논하기에는 지나치게 고상하고 어려운 것이었다. 즉 신앙에 대해서 토론하려면 교리에 대한 지식이 필요한데, 이에 대해서는 사제들이 그 누구보다 정통하였다. 그러나 메노

나 연구 대상으로서의 자치 도시(코무네)들은 그 규모가 상당히 작았다. 예를 들어 A. Rustici, "Una scuola rurale della fine del secolo XVI," *La Romagna*, n. s., I, 1927, pp. 334~38 참조. 루카의 농촌 지역들에 교육이 어느 정도 확산되었는가에 대한 연구를 위해서는 Berengo, *Nobili e mercanti nella Lucca del Cinquecento*, p. 322 참조.

17 cfr. ACAU, proc. n. 126, 페이지 번호가 없는 문서: "공적으로 경건하고 놀라운 명성은 악한 마음이 아니라, 올바르고 정직하며 열성적인 가톨릭 신앙을 가진 사람에 의해서 만들어진다. 공증인의 기록을 통해서, 도메니코 스칸델라는……"(이것은 정형 서식이다).

18 ivi, c. 2r.

19 ivi, c. 10r.

키오는 성령이 교회를 지배한다는 사실을 믿지 않는다고 하면서, "사제들은 우리들을 자신들의 발 밑에 두려고 하며, 자신들은 즐기면서 우리에게는 침묵을 강요할 뿐이네"라고 덧붙였다. 메노키오로 말하자면, "사제들보다 자신이 하느님을 더 잘 안다고 확신하는 인물"[20]이었다. 어느 날 몬테레알레의 사제는 그의 생각을 바로잡기 위해 이단 심문관의 대리인이 있는 콘코르디아로 동행하면서, "당신의 그 환상들은 이단이오"[21]라고 경고하였다. 메노키오는 그러한 일들에는 다시는 관여하지 않겠다고 다짐했지만, 이내 다시 시작하였다. 줄리아노 스테파누트 Giuliano Stefanut는, 메노키오가 그리초나 아비아노로 가면서도, 산에서 내려오면서도, 광장과 여인숙 그 어디에서든지[22] "사람을 가리지 않고 누구와도 하느님에 관련된 문제로 대화를 나누었으며, 늘 약간은 이단적으로 자신의 주장을 전개하였습니다. 그리고는 자신의 견해를 방어하기 위해 목소리를 높여 고함을 치며 토론을 벌였습니다"라고 진술하였다.[23]

---

[20] ivi, c. 2r.
[21] ivi, cc. 13v, 12r.
[22] ivi, cc. 6v, 7v, 페이지 번호가 없는 문서(도메니코 멜키오리), c. 11r 등.
[23] ivi, c. 8r.

2. 촌락

재판 기록만으로는 주민들이 메노키오의 말에 어떻게 반응하였는지를 잘 알 수 없다. 실제로 이단으로 의심받을 만한 말을 들었다고 인정하는 사람은 아무도 없었다. 오히려 어떤 사람은 이단의 진위를 조사하는 이단 심문관의 대리인에게 자신의 증언이 가져올 파장을 걱정하기도 하였다. 도메니코 멜키오리는 메노키오의 말을 듣고 자신이 "이봐, 메노키오. 제발 부탁이니 그런 말은 하지 말게!"[1]라고 소리쳤다고 하였다. 그리고 줄리아노 스테파누트는 "나는 수차례에 걸쳐 그에게 말하였습니다. 특히 한번은 그리초로 가면서 말했죠. 난 자네를 좋아하지만 신앙에 대해 그렇게 말하는 것은 정말 참을 수 없네. 왜냐하면 난 언제나 자네와 싸울 테니까. 설사 자네가 나를 백 번 죽인다고 하더라도 나는 그때마다 부활해서 신앙을 위해 싸우다 죽을 걸세"[2]라고 말하였다. 심지어 안드레아 비오니마 Andrea Bionima 신부는 "입 다물게. 도메네고 Domenego, 그 따위 말은 하지도 말게. 언젠가 후회할 걸세!"라고 은근한 위협을 가하기도 하였다.[3] 또 다른 증인인 조반니 포볼레도 Giovanni Povoledo는 이단 심문관의 대리인에게 비록 추상적이기는 하지만 "메노키오는 평판이 나쁜 사람입니다. 루터교 신자들처럼 사악한 생각을 갖고 있거든요"라는 위험한 판단을 진술하기도

---

1 ivi, c. 10r.

2 ivi, c. 8r.

3 ivi, c. 11v.

하였다.[4] 그러나 우리는 이러한 증언들에 현혹되어서는 안 된다. 심문받은 대부분의 사람들은 매우 오래 전부터 메노키오를 알고 지냈다고 진술하였다. 어떤 사람은 30~40년 전부터, 어떤 사람은 25년 전부터 그리고 또 어떤 사람은 20년 전부터 그를 알고 지냈다고 하였다.[5] 다니엘레 파세타Daniele Fasseta는 "교회에 같이 다녔기 때문에 어릴 적부터 그를 잘 압니다"고 하였다.[6] 얼핏 보기에도 메노키오에 대한 여러 사람들의 증언은 불과 며칠 전에서 '오래 전인' 30년 전까지도 거슬러 올라갔다.[7] 이 오랜 세월 동안 마을의 그 어느 누구도 메노키오를 고발한 적은 없었다. 이미 모든 사람들이 그의 주장을 잘 알고 있었다. 그래서 사람들은 그가 자신의 주장을 되풀이할 때마다[8] 때로는 호기심으로, 때로는 머리를 저어가며 경청하였다. 이단 심문관이 수집한 모든 증언들에서는 메노키오에 대한 그 어떤 적대감도 드러나지 않았다. 게다가 모두 확인된 내용도 아니었다. 조사를 받은 사람들 중에는 메노키오의 친척들도 포함되어 있었는데, 프란체스코 파세타, 또는 그의 부인의 사촌으로서 메노키오가 "존경받을 사람"이라고 진술한 바르톨로메오 디 안드레아가 바로 그들이었다. 메노키오에 대항하여 신앙을 위

---

4 ivi, c. 5r. 이미 알려진 바와 같이, 이 기간에 '루터교 신자'라는 용어는 이탈리아의 경우 상당히 일반적인 의미로 사용되고 있었다.

5 ivi, c. 4v(조반니 포볼레도); c. 6v(조반니 안토니오 멜키오리를 폴체니고의 주교 대리인 조반니 다니엘레 멜키오리와 혼동해서는 안 된다); c. 2v(프란체스코 파세타).

6 ivi, c. 3r.

7 ivi, c. 13r(안토니오 파세타); c. 5v(조반니 포볼레도, 처음에는 메노키오와 40년 전부터 알고 지낸 사이라고 말했지만, 나중에는 25년 혹은 30년 전부터라고 말을 바꾸었다). 정확하게 연도를 기억할 수 있는 사람은 안토니오 파세타이다(c. 13r): "한번은 메노키오와 함께 산에서 내려오면서 황녀가 지나가는 것을 목격하고 다음과 같이 말하였다: '이 황녀는 성처녀 마리아보다 더 존귀하다.'" 실제로 오스트리아의 황녀 마리아는 1581년 프리울리를 방문하였다(cfr. G. F. Palladio Degli Olivi, *Historie della Provincia del Friuli*, Udine, 1660, II, p. 208).

8 cfr. ACAU, proc. n. 126, c. 6r 등.

해 죽을 각오가 되어 있다고 하였던 줄리아노 스테파누트도 "저는 메노키오를 정말 좋아합니다"라고 하였다. 마을의 촌장이었고 교구의 행정관을 지낸 바 있는 이 방앗간 주인은 확실히 몬테레알레의 공동체에서 소외된 삶을 살지는 않았다. 많은 세월이 흐른 뒤에 제2차 재판에서 한 증인은 "전 그가 많은 사람들과 교제하는 것을 알고 있으며 그가 만인의 친구라고 생각합니다"[9]라고 하였다. 그러나 그러던 어느 날 누군가 그를 고발하였고 그 결과 재판에 앞서 이 같은 예비 심리가 시작되었다.

후에 밝혀진 사실이지만, 메노키오의 자식들은 익명의 고발자가 몬테레알레 교구의 사제 돈 오도리코 보라이Don Odorico Vorai라는 사실을 알게 되었다. 이들의 판단은 틀리지 않았다. 메노키오와 사제 간에는 오랜 반목이 있었던 것이다. 4년 전부터 메노키오는 고백 성사를 위해 마을 밖의 교회를 이용하고 있었다.[10] 사실, 예비 심리의 마지막을 장식한 보라이의 증언은 애매모호하였다. 즉 그는 "메노키오가 무슨 말을 했는지 특별히 기억나는 것은 없습니다. 전 기억력이 좋지 못한 데다 요즘 하고 있는 일들이 많아서 말이죠"[11]라는 진술을 남겼다고 한다. 겉으로 보기에도 보라이는 이 문제에 관한 정보들을 종교 재판소에 전달할 최적의 인물이었다. 그러나 이단 심문관은 그에게 압력을 넣지는 않았다. 그럴 필요가 없었다. 이유는 보라이가 그 지역 영주 가문에 속한 또 다른 신부인 돈 오타비오 몬테레알레Don Ottavio Montereale[12]의 사주로, 이단 심문관의 대리인이 증인들에게 한 구체적인 질문들에 대한 정황 증거를 제공하

---

9 ivi, proc. n. 285, 쿠르치오 첼리나Curzio Cellina 신부, 1598년 12월 17일, 페이지 번호가 없는 문서.

10 ivi, proc. n. 126, c. 18v.

11 ivi, c. 14r.

12 ivi, proc. n. 284, 페이지 번호가 없는 문서(1598년 11월 11일).

였기 때문이다.[13]

　지역 성직자에 대한 적대감을 이해하는 것은 어려운 일이 아니다. 이미 살펴보았듯이 메노키오는 신앙 문제에서 성직자 계급 제도의 특별한 권위를 인정하려 들지 않았다. "교황은 뭐고, 고위 성직자는 뭐고, 또 신부는 도대체 뭡니까! 그는 이러한 어휘들을 비난의 의미로 사용하였습니다. 그는 이분들을 믿지 않았어요"[14]라고 도메니코 멜키오리는 증언하였다. 메노키오는 거리든 여인숙이든 장소를 가리지 않고 장황한 연설과 함께 토론에 열중하였으며 교구 사제의 권위에 맞서는 논지의 주장을 전개하였다.[15] 도대체 메노키오는 무엇을 말하려고 하였을까?

　그는 우선 "지나칠 정도로"[16] 불경한 말을 많이 하였을 뿐만 아니라 이러한 자신의 언행이 죄가 아니라고 주장하였다(한 증인에 따르면, 메노키오는 하느님을 모독하는 것은 죄가 되지만 성인들을 욕하는 것은 죄가 아니라고 하였다). 그는 또 "누구에게나 천직이 있지요. 어떤 이는 쟁기질을 하고, 어떤 이는 괭이질을 하고, 저도 저만의 일, 즉 모독하는 일에 열중합니다"[17]라는 다소 냉소적인 말을 덧붙였다. 그는 또 이상한 말들도 했는데, 주민들은 이것을 이단 심문관의 대리인에게 다소 단편적이고 앞뒤가 맞지 않는 방식으로 전달하였다. 예를 들면 "공기는 하느님입니다. 〔……〕 대지는 우리의 어머니입니다."[18] "여러분

---

13 보라이는 종교 재판소에 출두하여, 1584년 6월 1일(cfr. ivi, proc. n. 136) 이전에는 메노키오를 고발하지 않았다고 증언하였다.

14 ivi, proc. n. 126, c. 10r.

15 프리울리와 유사한 경우에 대해서는 cit. G. Miccoli, "La storia religiosa," *Storia d'Italia*, vol. II, tomo I(Torino, 1974), p. 994 참조.

16 cfr. ACAU, proc. n. 126, c. 10r.

17 ivi, c. 7v: 'Grapar'는 '(써레로 밭을) 갈다 erpicare'를 의미한다: cfr. *Il Nuovo Pirona* (Udine, 1935), ad vocem.

18 cfr. ACAU, proc. n. 126, c. 3r(다니엘레 파세타); c. 8r(줄리아노 스테파누트); c. 2r(프란체스코 파세타); c. 5r(조반니 포볼레도); c. 3r(다니엘레 파세타).

은 하느님이 무엇이라고 상상합니까? 하느님은 단지 은은한 숨결일 뿐이고, 사람들이 상상하는 그 모든 것입니다. 우리가 보는 모든 것이 하느님이고 그리고 우리는 작은 신들입니다." "하늘·땅·바다·공기·심연 그리고 지옥, 이 모든 것이 곧 하느님입니다." "여러분은 예수 그리스도가 처녀 마리아에게서 태어났다는 사실을 믿으십니까? 그녀가 예수를 출산한 후에도 처녀로 남아 있었다는 것은 불가능합니다. 즉 차라리 그가 선량한 사람이거나 선량한 이의 아들이라고 했다면 더 좋았을지도 모릅니다." 사람들은 메노키오가 금서들, 그 중에서 특히 속어로 씌어진 성서를 가지고 있다고 하였다. "그는 항상 이 사람 저 사람과 논쟁을 벌이면서 성경이 그 증거라고 주장하였습니다. 더구나 그는 자신의 이러한 사고에 집착하고 있었습니다."[19]

증거들이 수집되는 동안 메노키오는 뭔가 자신에게 불리한 상황이 전개되고 있음을 감지하였다. 그래서 그는 폴체니고 Polcenigo의 주교 대리 vicarius로서 어릴 적 친구인 조반니 다니엘레 멜키오리 Giovanni Daniele Melchiori[20]를 찾았다. 그는

---

[19] ivi, c. 11v(안드레아 비오니마 신부).

[20] ivi, proc. n. 134, 1584년 5월 7일의 약정서. 멜키오리에 대한 이전의 재판 기록에 대해서는 앞의 글, pp. 86~88 참조. 멜키오리나 폴리크레토 Policreto는 종교 재판소에서 (각각 1584년 3월과 5월에) 메노키오에 대한 재판에 영향력을 행사한 혐의로 재판을 받았다: cfr. ACAU, proc. n. 134 그리고 proc. n. 137. 두 재판은 모두 무죄로 종결되었다. 멜키오리에게는 재판소의 결정에 대한 승복이, 폴리크레토에게는 교회의 정화 의식이 의무로 부과되었다. 포르데노네 시의 시장, 제롤라모 데 그레고리 Gerolamo de Gregori와 제롤라모 포파이티 Gerolamo Popaiti와 같은 지역의 귀족들이 폴리크레토에게 유리한 증언을 하였다. 그리고 폴리크레토는 몬테레알레의 영주들이 소속된 만티카-몬테레알레 가문의 인물로 밝혀졌다: 1583년에 폴리크레토는 부친인 안토니오의 뒤를 이어서, 자코모 Giacomo, 조반 바티스타 만티카 Giovan Battista Mantica와 안토니오 만티카 Antonio Mantica 사이에 발생한 분쟁의 중재인으로 임명되었다(cfr. 우디네 시립 도서관 Biblioteca Comunale di Udine[이하 BCU로 줄여 씀], ms. 1042).

메노키오에게 자발적으로 종교 재판소에 출두하거나, 소환을 받으면 즉시 응하라고 충고하였다. 그는 메노키오에게 다음과 같이 경고하였다. "그들이 알고자 하는 것에만 대답하고 말을 너무 많이 하지 않도록 하게. 그리고 이런 것들에 대해 토론하려 들지 말고 질문에만 대답하게." 목재상을 하는 친구의 집에서 우연히 만난 알렉산드로 폴리크레토Alessandro Policreto라는 전직 변호사도, 재판관 앞에 출두하여 자신의 유죄를 인정하되, 자신이 행한 이단적 발언들을 결코 믿은 것은 아니라고 말하도록 충고하였다. 메노키오는 친구들의 충고에 따라, 종교 재판소의 소환에 응하여 마니아고Maniago에 갔다. 그러나 다음날인 2월 4일, 심리 조사를 지켜보던 프란체스코 수도회 소속의 이단 심문관인 펠리체 다 몬테팔코Felice da Montefalco는 그를 체포하여 "쇠고랑을 채운 상태로"[21] 콘코르디아 종교 재판소의 감옥에 보낼 것을 지시하였다. 그 결과 1584년 2월 7일에 메노키오는 첫번째 재판을 받게 되었다.

---

21 cfr. ACAU, proc. n. 126, c. 15v.

3. 최초의 심문

메노키오는 친구들의 충고에도 불구하고 자신의 현란한 말솜씨를 곧바로 드러냈다. 그럼에도 메노키오는 증언들을 통해 수집된 증거들보다 더 유리한 위치를 확보하려고 노력하였다. 2~3년 전에 동정녀 마리아를 의심하였으며 이 사실에 대해서 바르치스의 한 신부를 포함한 여러 사람들과 대화를 하였다는 사실을 인정하면서도, "여러 사람들과 이런 것들에 대해서 이야기한 것은 사실이지만 전 그들에게 이 모든 것을 믿어야 한다고 충고하지는 않았습니다. 오히려 전 많은 사람들에게 '제가 여러분께 진실한 삶의 길을 가르쳐주기를 원합니까? 선을 행하고 우리의 조상들이 걸어온 길과 성모님의 교회가 우리들에게 시키는 것에 복종하려고 노력하세요'라고 충고하였습니다. 저는 의도적으로 그러한 말들을 하였는데, 그 이유는 제가 그렇게 믿고 있으며, 다른 사람들에게 그렇게 가르치고 싶었기 때문입니다. 그러나 저로 하여금 그런 것들을 믿게 하고, 다른 사람들에게 말하도록 유혹한 것은 악마가 한 짓이었습니다"[1]라고 진술하였다. 이러한 진술로 인해서 메노키오는 마을에서 교리와 행실("제가 여러분께 진실한 삶의 길을 가르쳐주기를 원합니까?")을 가르치는 선생의 역할을 수행했다는 혐의 사실을 뜻하지 않게 증명하는 꼴이 되고 말았다. 메노키오가 역설한 내용의 이단적 성격은——특히 메노키오가 교황청에까지 알려진

---

[1] ivi, cc. 16r~v.

자신의 독창적인 천지창조설을 설명했을 때—의심의 여지가 없는 명백한 사실이었다. "저는 이렇게 말했죠. 제가 생각하고 믿는 바에 따르면, 흙·공기·물 그리고 불, 이 모든 것은 혼돈 그 자체입니다. 이 모든 것이 함께 하나의 큰 덩어리를 형성하는데 이는 마치 우유에서 치즈가 만들어지고 그 속에서 구더기가 생겨나는 것과 같습니다. 이 구더기들은 천사들입니다. 한 지고지선한 존재는 이들이 하느님과 천사이기를 원하였고, 그 수많은 천사들 중에는 같은 시간대에 그 큰 덩어리에서 만들어진 신도 있었지요. 그는 네 명의 부하, 다시 말해서 루시퍼, 미카엘, 가브리엘, 라파엘과 함께 주 하느님이 되었습니다. 그러나 루시퍼는 절대신인 하느님과 동등해지려고 하였습니다. 이 오만함 때문에 하느님은 그를 추종하는 무리와 함께 하늘에서 추방하였습니다. 그리고 하느님은 추방된 천사들을 대신하여 아담과 이브, 그리고 많은 수의 사람들을 창조하였습니다. 이 무리들이 하느님의 계명을 듣지 않자, 그의 아들을 보냈는데

유대인들이 그를 붙잡아 십자가에 못 박았습니다."[2] 그는 계속
해서 "전 그가 짐승처럼 목매달렸다고 말한 적은 없습니다"라
고 주장하였다(이 말은 메노키오에게 붙여진 죄목들 중의 하나로
서, 후에 그는 자신이 이와 유사한 말을 했을 것[3]이라고 인정하였
다). "저는 스스로 자신을 십자가에 못 박히도록 내버려두었고
십자가에 못 박힌 그리스도가 하느님의 자녀들 중의 한 명이라
고 분명히 말하였습니다. 왜냐하면 우리는 모두 하느님의 자녀
들이고 십자가에 못 박혀 죽은 그도 나머지 우리들과 같은 인
간이었기 때문입니다. 그러나 그는 교황이 그렇듯이, 우리와
같은 인간이면서도 더 숭고한 위엄을 갖추고 있으며 십자가에
못 박힌 그는 성 요셉과 성모 마리아 사이에서 태어났습니다."

---

2 ivi, cc. 17r~v.

3 ivi, c. 6r(조반니 포볼레도).

4. 악마에 홀렸을까?

심문 과정에서 드러난 증인들의 이상한 증언 내용으로 인해서 이단 심문관의 대리인은 우선적으로 메노키오가 이야기할 때 "진지했는지, 아니면 거짓말을 했는지"[1]를, 그리고 계속해서 메노키오의 정신이 정상이었는지를 물었다. 두 질문에 대한 대답은 분명하였다. 메노키오는 "진지하게" 이야기하였으며, "머리도 〔……〕 결코 돌지 않았다."[2] 반면, 재판이 시작된 이후 그의 여러 아들들 중의 하나인 잔누토Ziannuto[3]는 부친의 친구들인 세바스티아노 세베니코Sebastiano Sebenico와 신원이 확실치 않은 프레 루나르도Pre Lunardo의 제안을 받아들여 부친이 "미쳤거나" 또는 "귀신에 홀렸다"는 소문을 퍼뜨리고 다녔다. 그러나 이단 심문관의 대리인은 이러한 소문을 무시하고 재판을 계속하였다. 메노키오의 견해들 중에 특히 그의 천지창조설(치즈와 우유, 구더기—천사들, 혼돈에서 생성된 하느님—천사들)은 불경한 것이기는 하지만 이단 심문관의 대리인은 이를 단순히 순수한 환상 정도로 간주하여 사건을 무마하고픈 마음이 없던 것은 아니었다. 그러나 주변의 관심을 의식하여 그렇게 할 수는 없었다. 한 세기 또는 한 세기 반 정도가 지난 후라면,[4]

---

1 ivi, cc. 2v~3r. 배우지 못한 사람들의 종교적 이단에 대한 문제는 종종 광란의 결과로 간주되었다: cfr. Miccoli, *La vita religiosa*, pp. 994~95.

2 cfr. ACAU, proc. n. 126, c. 6v.

3 ivi, proc. n. 136, 1584년 5월 14일, 페이지 번호가 없는 문서.

4 cfr. Foucault, *Folie et déraison*, pp. 121~22(Bonaventure Forcroy의 경우), p. 469(1733년, 한 남자가 성 나자렛 병원에 정신병자로 수감되었는데, 그 이유는 '이상야릇한 감정 sentiments extraordinaires'에 감염되었다는 것이다).

메노키오는 아마 "종교적 정신 착란"으로 정신 병원에 보내졌
을 것이다. 그러나 종교 개혁에 대한 저항이 한창이던 당시에
이러한 사람들을 제거하는 방식은 개별적인 방식, 즉 이단으로
간주하여 처벌하는 것이었다.

5. 메노키오, 콘코르디아에서 포르토그루아로로 이송되다[1]

그러면 메노키오의 천지창조설에 대해서는 잠시 보류하고 먼저 그에 대한 재판이 어떻게 진행되고 있었는지를 살펴보기로 하자. 메노키오가 체포되자 그의 아들 잔누토는 부친의 구명 운동을 위해 백방으로 뛰어다녔다. 그는 포르토그루아로에 사는 트라폴라Trappola라는 이름의 변호사를 고용하고, 심문관과 상의하기 위해 세라발레Serravalle로 달려가기도 하였다. 또한 몬테레알레 시 정부가 감옥에 있는 부친에 대해 우호적으로 작성해준 진정서를 발급받아 변호사에게 보냈으며, 필요하다면 부친의 선행을 입증하는 증명서들도 마련할 수 있다고 하였다. "죄수가 매년 고백 성사와 영성체를 모셨다는 증거를 몬테레알레의 교구 사제들에게 요구한다면, 그들이 제공할 것입

---

1 잔누토가 변호사 트라폴라에게 보낸 편지와 잔누토의 충고로 같은 교구 사제가 직접 작성한 편지는 모두 메노키오에 대한 첫번째 재판에 관련된 문서들로 분류되었다 (ACAU, proc. n. 126). 이들의 편지를 살펴볼 때, 메노키오에게 편지가 보내진 배경 (추측건대 서로 다르기는 하지만 상호 반목되는 내용은 아니다)은 교구 사제에 대한 재판의 일부를 구성하고 있다(proc. n. 136). 보라이의 위법 행위는 메노키오에게 편지를 보내 변호를 위한 조치를 취하도록 충고한 사실 이외에도 다음과 같은 내용으로 구성되었다: 메노키오를 이단으로 간주하고 있었으면서도 10년을 기다려 고발한 것; 몬테레알레의 백작들인 니콜로Nicolò, 세바스티아노Sebastiano와 대화를 하면서 성령(聖靈)의 인도를 받는 모든 교회들도 실수할 수 있다고 말한 것; 약식으로 진행된 재판은 피고에게 정화 의식을 부과하는 것으로 종식되었다. 1584년 5월 19일에 진행된 심문에서 교구 사제는 다음과 같이 진술하였다: "저는 남은 인생에 대한 두려움 때문에 이 편지를 쓰게 되었습니다. 스칸델라의 자식들은 나에 대한 소식을 들은 뒤 이전처럼 인사도 하지 않으며 오히려 나의 친구들에게 나를 조심하고 멀리하라는 말까지 하였습니다. 들리는 말에 의하면, 제가 도메니코를 고발하였으며 이 때문에 그들이 저에게 보복을 할 것이라고 합니다." 보라이를 공범으로 고발한 사람들 중에는 잔누토에게 메노키오가 미쳤다는 소문을 퍼트리도록 충고한 세바스티아노 세베니코Sebastiano Sebenico가 포함되어 있었다(앞의 글, p. 9).

니다. 그리고 다섯 교구에서 촌장과 재정 업무를 수행하였다는 증거를 요구하면 얻을 수 있을 것입니다. 또한 필요하다면 부친이 몬테레알레 교구의 행정관으로 있으면서 맡은 바 임무를 성실히 수행했고, 몬테레알레 교구의 십일조를 징수하는 관리로 종사했다는 증거도 제공할 수 있습니다……" 또한 문맹자였던 잔누토는 자신의 형제들과 함께 이 모든 일에 책임이 있다고 생각되는 몬테레알레의 교구 신부에게 압력을 넣어 종교재판소의 감옥에 갇힌 메노키오에게 편지를 쓰도록 했다. 편지에서 신부는 메노키오에게 "신성한 교회에 절대 복종할 것, 하느님과 교회가 시키는 것 이외의 그 어떤 것도 믿지 말고 앞으로도 믿지 않을 것, 로마 가톨릭의 지시에 따라 신앙을 위해 살다가 죽을 것, 그리고 신성한 성모의 교회로부터 생명과 그외의 훌륭한 많은 것을 얻었기 때문에 주 하느님의 사랑과 기독교 신앙을 위해 필요하다면 목숨을 천 번이라도 바칠 각오가 되어 있다는 것"을 서약하라고 권고하였다. 분명 메노키오는 이 서한이 자신을 고발한 교구 신부에 의해 작성되었다는 사실을 알지 못하였다. 오히려 메노키오는 이 서한을 자신의 방앗간에 자주 들르면서 때로는 돈을 빌려주기도 하였던, 양모와 목재 판매상인 도메네고 페메누사Domenego Femenussa가 보낸 것이라고 생각하였다.[2] 어쨌든 메노키오는 편지의 내용이 상당히 부담스러웠다. 2월 7일 첫 심문이 끝났을 때, 그는 마지못한 목소리로 이단 심문관의 대리인에게 "대리인님, 하느님의 영감 때문인지 악마의 유혹 때문인지는 모르지만 제가 말한 모든 것이 명백한 진실이라고는 말씀드릴 수 없군요. 그렇지만 저는 자비를 간청합니다. 저는 배운 대로 할 것입니다"[3]라고 하

---

2 그러나, 추측건대, 메노키오에게 도메네고 페메누사가 편지를 보냈다고 믿게 한 사람은 잔누토였을 것이다: cfr. proc. n. 126. c. 38v.

였다. 그는 용서를 구하면서도 모든 것을 부인하지는 않았다. 그는 2월 7일과 16일과 22일 그리고 3월 8일에 걸쳐 오랫동안 진행된 네 번의 심문에서 주교 대리의 집요한 질문을 부인하고, 설명하고, 재차 반박하는 행동을 반복하였다. 예를 들어 주교 대리 마로Maro가 "재판 과정에서 당신이 교황뿐만 아니라 교회법도 믿지 않고, 모든 사람이 교황과 동등한 권위를 가지고 있다고 말한 사실이 드러났다"⁴라고 하자, 메노키오는 "재판관님이 주장하시는 그 부분을 제가 말했다고 한다면 지금 당장이라도 저를 죽여줄 것을 하느님께 간청합니다"라고 말하였다. 그러나 죽은 사람을 위해 미사가 무슨 소용이 있느냐고 말한 것은 사실이다(줄리아노 스테파누트에 의하면,⁵ 메오키오가 미사를 마치고 돌아가던 어느 날 분명히 이렇게 말했다고 한다. "도대체 왜 이 한줌의 재를 기념해서 봉납을 합니까?"). 메노키오는 다음과 같이 설명하였다. "저는 우리가 이 세상에 살아 있는 동안에 선행을 행해야 한다고 말하였습니다. 왜냐하면 사후에는 하느님께서 지배하시며, 죽은 자를 위한 기도와 봉납 그리고 미사는, 제가 믿기에는, 하느님의 사랑을 구하기 위한 것이기 때문입니다. 하느님은 좋아하시는 것을 행하십니다. 그 이유는 이러한 기도와 봉납을 받으시는 분이 영혼이 아니라, 살아 있는 사람이나 죽은 자를 위해 선행을 행하시는 하느님이시기 때문입니다."⁶ 메노키오는 자신의 의도가 분명하게 전달되었기를 바랐지만, 그럼에도 사실상 그가 말한 모든 것은 연옥에 대한 교회의 교리〔淨罪〕에 위배되었다. 어릴 적 친구로서

81

---

3 ivi, c. 19r.
4 ivi.
5 ivi, c. 8r.
6 ivi, c. 19r.

메노키오를 잘 아는 폴체니고의 주교 대리는 "말을 너무 많이 하려고 하지 말게"[7]라고 충고하였다. 그러나 분명 메노키오는 자제할 수 없었다.

4월 말경, 갑자기 새로운 상황이 전개되었다. 베네치아의 통치자들은 아쿠일레이아와 콘코르디아의 이단 심문관인 펠리체 다 몬테팔코 신부에게[8] 종교 재판소의 모든 재판에 성직자 신분의 재판관과 함께 세속인 관리의 참석을 요구하는 베네치아 자치 도시의 규정을 따르도록 요청하였다. 두 권력 간의 갈등은 전통적인 것이었다.[9] 이 상황에서 피고 측 변호사인 트라폴라가 피고를 위해 변호를 하였는지에 대해서는 알 수 없다. 어쨌든 메노키오는 시장이 참석한 가운데 과거에 심리를 담당하였던 심문관들을 공식적으로 확인하려는 절차를 위해 포르토그루아로의 시장 집무실로 이송되었다. 그런 뒤에 비로소 재판이 재개되었다.

이전에 메노키오는 동향 사람들에게 자신은 모든 준비가 되어 있으며, 더 나아가 종교 권력과 세속 권력을 대표하는 사람들 앞에서 신앙에 대한 자신의 '견해'를 밝히고 싶다는 생각을 여러 차례 피력한 바 있었다. 프란체스코 파세타는 말하였다. "그는 제게 말했습니다. 만약 이 일로 인해 정의의 심판을 받는다면 나는 순순히 응할 것이지만, 형편없는 존재로 취급받는다면 권력자들의 사악한 행위를 낱낱이 말할 것이라고."[10] 그리고 다니엘레 파세타는 "도메니코는 만약 죽음을 두려워하지 않았

---

7 ivi, proc. n. 134, 1584년 5월 7일.

8 cfr. Ginzburg, *I benandanti* cit., index.

9 cfr. P. Paschini, *Venezia e l'Inquisizione Romana da Giulio III a Pio IV* (Padova, 1959), pp. 51 sgg.; A Stella, *Chiesa e Stato nelle relazioni dei nunzi pontifici a Venezia*(Città del Vaticano, 1964), 이상 pp. 290~91.

10 cfr. ACAU, proc. n. 126, c. 3r.

다면 세상 사람들이 놀랄 만한 말을 하고도 남았을 위인입니다. 제 생각에 그는 신앙에 대해 무언가를 말하려고 한 것 같습니다"[11]라고 역설하였다. 메노키오는 포르토그루아로의 시장과 아쿠일레이아와 콘코르디아 지역의 이단 심문관 앞에서 이렇게 말하였다. "제가 정의를 두려워하지 않았다면 저는 저의 말로 사람들을 놀라게 하였을 것입니다. 그리고 저에게 교황이나 왕이나 영주를 배알할 기회가 주어진다면 많은 것들을 말했을 것입니다. 그런 다음이라면 저를 죽이더라도 결코 두려워하지 않을 것입니다."[12] 그때 시장과 이단 심문관은 그에게 계속 증언할 것을 권고하였고, 메노키오는 더욱 과감하게 자신의 생각을 말하기 시작하였다. 때는 4월 28일이었다.

---

[11] ivi, c. 4r.
[12] ivi, c. 27v.

6. 권력자들에게 일침을

84   그는 부자들이 법정에서 라틴어와 같은 이해할 수 없는 언어를 사용하여 가난한 사람들을 탄압하는 것을 비난하면서 입을 열었다. "제 생각에 라틴어로 말하는 것은 가난한 사람들에 대한 배신 행위입니다. 왜냐하면 소송 때 가난한 사람들은 무슨 이야기가 진행되고 있는지 몰라 좌절하기 때문입니다. 만약 그들이 몇 마디라도 하고 싶으면 변호사를 고용해야 합니다."[1] 그러나 이것은 교회가 공모하고 참여한 총체적인 착취의 한 가지 사례에 지나지 않았다. "그리고 제가 보기에 이러한 법 제도에서 교황이나 추기경, 주교는 너무 위대하고 부자여서 교회와 사제들이 모든 것을 독차지하고 가난한 사람들을 짓누르고 있습니다. 그렇기 때문에 만약 가난한 사람들이 경작지 두 필지를 임대한다면 이는 틀림없이 교회나 주교 또는 추기경의 것이게 마련입니다." 앞서 언급하였듯이, 메노키오는 주인의 이름을 알 수 없는 경작지 두 필지를 임대한 바 있다. 그리고 그의 라틴어 실력으로 말할 것 같으면, 미사 때 올리는 사도신경이나 주기도문을 외우는 정도에 불과하였다. 그의 아들 잔누토는 종교 재판소가 아버지를 감옥에 감금하자 곧바로 변호사를 구하였다. 그러나 이런 우연의 일치의 가능성에 현혹되어서는 안 된다. 즉 메노키오의 진술은 비록 그의 개인적인 생각이기는 하지만, 그럼에도 언급된 영역은 상당히 방대하였다. 그가 교

---

1 ivi, cc. 27v~28v.

회에게 특권을 포기하고 가난한 사람들과의 자리에 동참할 것을 요구한 것은 복음서에 기초하여 최소한의 실천적 교리만을 고집하는, 즉 지금과는 전혀 다른 새로운 교회의 필요성을 암시하는 것이었다. "저는 우리들이 전능하신 하느님을 믿으며 선해지기를 바랍니다. 율법의 필요성을 주장하는 유대인들이 '하느님과 네 이웃을 사랑하라'고 설교하신 예수 그리스도의 말씀에 순종하기를 소망합니다." 메노키오가 생각하는 종교는 고백 성사를 제한하지 않았다. 그러나 모든 종교가 동등해야 한다는 그의 주장은 신의 영광이 만인에게 평등하게 적용된다는 생각에 기초하고 있다. "전능하신 하느님은 기독교인·이단자·터키인·유대인, 이 모든 사람들에게 성령을 주셨습니다. 그리고 하느님은 이 모든 사람들을 사랑하시며 이들을 같은 방법으로 구원하십니다." 그는 격앙된 목소리로 재판관들과 교리의 오만에 대항하여 이렇게 소리쳤다. "사제님들 그리고 수사님들, 여러분은 하느님보다 더 많은 것을 알고 싶어합니다. 마치 여러분은 악마와도 같지요. 당신들은 이 땅에서 신이기를 원하며[2] 악마의 흔적을 추종하여 전지전능해지려고 합니다. 인간이 많이 안다고 생각하면 할수록 실제로 아는 것은 더욱더 적은 법입니다." 자제력과 신중함을 상실한 채, 메노키오는 세례를 포함한 모든 성사를 사제의 착취와 억압의 수단인 '상업적' 발명품으로 규정하고 이들을 거부한다고 선언하였다. "저는 교회의 율법과 계율이 모두 장사 수단이며, 성직자들은 이러한 수단들을 통해 생계를 유지한다고 생각합니다." 메노키오는 세례에 대해서, "저는 태어나면서 곧바로 세례를 받았는데 그것은 만물을 축복하시는 하느님이 우리에게 세례를 주기 때

---

2 cfr. *Salmi*, LXXXI, 6.

문이었다고 믿고 있습니다. 하지만 사제들의 세례는 하나의 발명품에 지나지 않으며, 사제들은 아이가 태어나기 이전부터 영혼을 소모시키기 시작하여 죽은 후에도 계속해서 삼켜버리는 것입니다"라고 하였다. 계속해서 견진 성사에 대해서는, "그것은 사업이며 인간의 발명품에 지나지 않습니다. 모든 사람들은 성령을 가지고 있습니다. 그리고 그것이 무엇인지 알려고 노력하지만 아무것도 알지 못합니다"라고 주장하였다. 한편 결혼에 대해서는,[3] "(결혼은) 신이 아니라 인간이 만든 것입니다. 예전에는 남녀가 서약을 하는 것으로 충분하였는데 후에는 인간들이 만든 이러한 절차와 형식들이 등장한 것이지요"라고 하였다. 성직 임명식에 대해서는, "저는 성령이 우리 모두에게 있다고 믿습니다. 또한 학식이 있는 사람이면 누구나 성직을 부여받지 않고도 사제가 될 수 있다고 믿는데, 그 이유는 이 모든 것이 하나의 장사이기 때문입니다"라고 말하였다. 축성에 대해서는, "나는 그것이 별것 아니며 아무런 가치도 없는 것이라고 믿습니다. 기름이 발리는 것은 육체일 뿐이며 영혼에는 기름이 발릴 수 없습니다"라고 하였다. 신앙 고백에 대하여 그는 늘 다음과 같이 말하곤 했다.[4] "여러분은 사제와 수사에게 가느니 나무에게 고백하러 가는 게 낫습니다." 심문관이 자신의 주장을 비난할 때면 메노키오는 오만한 표정으로 다음과 같이 설명하였다. "만약 그 나무가 고백 성사에 대한 지식을 줄 수 있다면 그것으로 충분할 것입니다. 만약 자신의 죄를 용서받기 위해 어떻게 참회를 해야 할지 몰라서 사제들을 찾는 사람들이 있다

---

3 메노키오는 트렌토 종교 회의에서 결정된 결혼에 관한 규정들을 인정할 수 없다는 심정을 토로하였다: cfr. A. C. Jemolo, "Riforma tridentina nell'ambito matrimoniale," in AA. VV., "Contributi alla storia del Concilio di Trento e della Controriforma," *Quaderni di Belfagor*, I, 1948, pp. 45 sgg.

4 cfr. ACAU, proc. n. 126, c. 11v.

면 그것을 가르쳐주면 그만이지요. 그리고 그 방법을 알고 있다면 사제들에게 갈 필요가 없을 것입니다. 그것을 이미 알고 있는 사람들에겐 더더욱 무익합니다."[5] 후자의 경우 필요한 것은 "자신의 마음 속에 계신 위대한 주님에게 고백하고 자신의 죄 사함을 간청하는 일입니다."

메노키오는 제단의 성체 성사에 대해서는 비난을 자제하였다. 그러나 이것조차도 비정통적인 의미로 재해석하였다. 사실, 증언자들의 진술에 따르면 그의 해석은 신성 모독이나 경멸로 가득한 거부의 의미로 이해될 수도 있었다. 어느 날 성체를 만들고 있던 폴체니고의 주교 대리를 방문하였을 때, 메노키오는 "동정녀 성모 마리아께 맹세컨대, 성체의 빵은 정말 큰 짐승입니다"[6] 하고 큰 소리로 말했다고 한다. 또 한 번은 신부 안드레아 비오니마Andrea Bionima와 논쟁을 벌이면서 "난 이것이 밀기루 빈죽 덩어리로밖에는 안 보입니다. 어떻게 이것이 하느님이 될 수 있습니까? 신은 도대체 무엇입니까? 흙·물 그리고 공기 이외의 그 어느 것도 아닙니다"[7]라고 하였다. 그러나 메노키오는 이 문제에 대해서 주교 대리에게는 다음과 같이 설명하였다. "저는 이 성체가 밀가루 반죽 덩어리이지만 성령이 하늘에서 성체로 내려왔다고, 정말 그렇게 믿고 있습니다."[8] 회의적인 태도로 메노키오의 말을 듣고 있던 신부가 "너는 성령이 무엇이라 생각하느냐?"고 묻자, 메노키오는 "나는 그것이 하느님이라고 믿습니다"라고 대답하였다. 메노키오는 삼위일체가 무엇으로 구성되는지 아는가를 묻는 질문에 "예. 성부와

---

5 ivi, c. 38r.
6 ivi, c. 6v.
7 ivi, c. 11v.
8 ivi, c. 18r.

성자와 성령입니다"라고 답하였으며, 계속해서 "성체는 그들 셋 중에서 어느 것으로 변하느냐?"는 질문에는 "성령으로 변한다고 생각합니다"라고 하였다. 그리고 끝으로 "삼위일체 중에 정확히 무엇이 성체로 변하는가?" 하는 질문에 메노키오는 "성령이라고 생각합니다"라고 대답하였다. 신부는 메노키오의 대답을 도저히 믿을 수가 없었다. "당신의 교구 신부는 가장 성스러운 성사에 관해서 설교할 때 이를 무엇이라고 하였는가?" 그러나 이것은 무지의 문제가 아니었다. 메노키오는 대답에서 "교구 신부는 그것이 예수의 몸체라고 하였습니다. 그럼에도 저는 그것이 성령이라고 생각합니다. 왜냐하면 성령은 인간인 예수보다 더 위대하며 하느님의 손에서 나온 것이라고 믿기 때문입니다." "그는 그렇게 말했지만, 저는 다르게 믿고 있습니다." 메노키오는 기회가 닿을 때마다 거의 오만하게 보일 정도로 자신이 독자적인 판단과 입장을 고수할 권리를 가지고 있다는 사실을 이단 심문관에게 확인시켰다. 그리고 그는 계속해서 이단 심문관에게 "저는 사람들이 고백 성사를 마친 후에 영성체를 모시고 성령을 받아들여 영혼이 기쁨으로 충만하게 되는 성사를 좋아합니다. 성체 성사로 말하자면 이는 인간을 통제하는 것으로서 성령을 통해 사람들로부터 이끌어낸 것이지요. 미사를 보는 것은 성령의 계획이고, 성체를 숭배하는 것도 마찬가지입니다. 그리하여 인간이 야수와 같지 않게 되는 것이지요."[9] 제단의 미사와 성체 성사는, 메노키오가 무의식적으로 그리고 반어법적인 표현으로 폴체니고의 주교 대리에게 한 말들에서 암시되었듯이("성체는 〔……〕 큰 짐승입니다"), 거의 정치적인 관점에서 교화에 필요한 도구로 정당화되었다.

---

[9] ivi, cc. 28r∼v.

그러나 성체 성사에 대한 이 같은 극단적인 비판의 근거는 무엇이었을까? 분명히 성서는 아니다. 메노키오는 성서를 편견에 치우침 없이 철저히 조사하여 그 핵심적인 내용을 다음과 같이 간략하게 정리하였다. "성서는 하느님이 주신 것이지만, 후에 인간에 의해 내용이 첨가되었습니다. 사실 성서는 간단한 몇 마디로 충분하다고 믿습니다. 그러나 이것은 점점 그 규모가 확대되는 전쟁에 관한 기술과도 같습니다."[10] 메노키오에게는 신약 성서의 복음서들조차도 그 내용이 일치하지 않을 뿐만 아니라, 하느님 말씀의 간결함과 단순성과도 거리가 있는 것이었다. "복음서의 어떤 부분들은 사실이지만, 다른 일부는 이 사람이 이렇게 말하고 저 사람이 저렇게 말하는 성서의 여러 구절들에서도 보듯이 복음 선교사들의 머리에서 나온 것이라 생각합니다." 이로써 어떻게 메노키오가 동향 사람들에게 (그리고 재판 과정에서 확인된) "성서는 인간들을 속이기 위해서 재발견된 것에 지나지 않는다"는 말을 하게 되었는지 이해할 수 있다. 이와 같이 그는 교리를 거부하고 성서까지도 부정하였으며 종교의 실천적인 측면만을 중점적으로 고집하였던 것이다. 프란체스코 파세타는 재판에서 "메노키오는 선행만을 믿을 뿐이라고 저에게 말했습니다"[11]라고 증언하였다. 그리고 계속해서 프란체스코는 어느 날 메노키오가 자신에게 "나는 선행 이외에는 아무것도 원하지 않습니다"라고 소리쳤다고 하였다. 이러한 의미에서 볼 때, 메노키오에게 신성은 삶과 실질적인 행위의 기준일 뿐 그 이상 아무것도 아니었다. "나는 성인들이 선행을 행하는 훌륭한 사람들이고, 바로 이러한 사실 때문에 신이 그들을 성인으로 만들었으며 그 성인들이 우리를 위해 기도

---

10 ivi, cc. 28v∼29r.
11 cfr. ivi, c. 2v.

한다고 생각합니다."[12] 그러므로 그들의 유골이나 성상을 숭배할 필요가 없었다. "팔·몸·머리·손 그리고 다리와 같은 그들의 유골은 죽은 우리들의 그것과 다를 것이 없으며, 그렇기 때문에 성인들의 유골을 섬기거나 숭배해서는 안 됩니다. 다만 하늘과 땅을 창조하신 하느님만이 숭배될 수 있습니다." 메노키오는 재판관들에게 소리치면서, "모르시겠습니까? 아브라함도 모든 우상과 성상을 물리치고 오직 하느님만을 섬기지 않았습니까?"라고 역설하였다. "그리스도 역시 수난을 통해 우리 인간들에게 행위의 모범을 실천하셨습니다. 그리스도는 우리의 거울이었으며 우리 기독교인에 대한 사랑으로 고통을 받을 정도로 우리를 사랑하셨습니다. 그러므로 우리는 그에 대한 사랑을 위해 죽을 것이며 고통을 받을 것입니다. 또한 우리는 죽는다는 사실에 대해서 놀라지 않습니다. 그 이유는 하느님께서 그의 아들이 죽기를 원하신 것과 같습니다."[13] 그러나 그리스도는 단지 인간에 불과하고, 모든 인간은 "십자가에 못 박힌 그분과 똑같은 본성을 지닌"[14] 하느님의 자녀이다. 결과적으로 메노키오는 예수가 인류의 구원을 위해 죽었다는 것을 믿지 않고 있었다. 즉 그의 신념은 "만약 사람이 죄를 지었다면 죄를 지은 그 자신이 속죄를 해야 합니다"[15]라는 것이다.

메노키오가 한 이야기의 대부분은 단 한 번의 오랜 심문 과정에서 진술된 것이다. 메노키오는 동향 사람들에게 "나는 여러분이 놀랄 만한 이야기를 할 것이오"[16]라고 하였다. 그리고 실제로 이단 심문관, 주교 대리 그리고 포르토그루아로의 시장

---

12 cfr. ivi, c. 29r.
13 cfr. ivi, c. 33r('신 Dio'을 '그리스도 Christo'로 교정한다).
14 cfr. ivi, c. 17v.
15 cfr. ivi, c. 33r.
16 cfr. ivi, c. 4r.

은 그렇게 자신만만하고 설득력 있게 자신의 생각을 표현하는 한 방앗간 주인에 대하여 놀라움을 금할 수 없었다. 메노키오는 자신만의 독창적인 견해에 대해서 충분히 확신하고 있었다. 메노키오는 재판관들의 딱부러진 질문에 답하였다. "저는 결코 이단자와 교류한 적이 없습니다. 그러나 저는 생각할 머리를 가지고 있으며 보다 숭고하고 알려지지 않은 것들을 원하고 있습니다. 저의 말이 사실이라고는 믿지 않지만, 그래도 로마 교황청에 복종하고 싶습니다. 저는 사악한 생각들을 지니고 있었지만 성령이 그것을 깨우쳐주셨습니다. 전지전능하신 하느님, 우리의 주 예수 그리스도, 그리고 성령의 자비로 간청하오니, 제가 진실을 말하지 않는다면 저를 죽여주십시오."[17] 결국 메노키오는 아들의 충고를 받아들이기로 결심하였다. 그러나 그는 아들의 뜻을 수용하기에 앞서 오래 전부터 자신이 결심하였듯이, "권력자들에 대항하여 그들의 사악한 행위를 폭로"[18]하고 싶었다. 물론 그는 자신의 행동이 가져올 위험을 알고 있었다. 그는 감옥으로 돌아가기 전에 심문관들에게 자비를 간청하였다. "지체 높으신 분들이여, 그리스도의 사랑으로 저의 죄를 용서해주시기를 청합니다. 만약 제가 죽어 마땅하다면 죽음을 선고하시고 동정할 가치가 있다면 그 마음을 저에게 보여주십시오. 저는 올바른 기독교인으로 살기를 원합니다."[19] 그러나 재판은 곧바로 폐정되었다. 며칠 후에(5월 1일) 심문이 재개되었다. 시장은 포르토그루아로를 떠나 있었기 때문에 참석할 수 없는 상황이었지만 재판관들은 메노키오에 대한 호기심 때문에 시장의 귀환을 기다리지 않았다. 심문관이 "지난번 심문에

91

---

17 cfr. ivi, cc. 26v~27r.
18 cfr. ivi, c. 3r.
19 cfr. ivi, cc. 29v~30r.

서 우리는 그대의 마음이 온통 해학과 사악한 교리로 가득하다
고 말하였다. 그러나 본 신성한 법정은 그대가 마음속의 모든
생각을 말해주기를 바란다"[20]고 하였다. 재판관들의 요구에 메
노키오는 "저의 영혼은 숭고한 것을 추구하였으며 새로운 세상
과 새로운 삶의 방식을 원하였습니다. 그것은 교회가 올바르게
나아가지 못하고 그토록 많은 허식으로 넘쳐나고 있기 때문입
니다"라고 답하였다.

---

[20] cfr. ivi, c. 30r.

7. 고색창연한 사회[1]

93

'새로운 세상'과 '새로운 삶의 방식'의 의미에 대해서는 나중에 언급하기로 하자. 이보다는 우선 프리울리의 한 방앗간 주인이 어떻게 이러한 생각들을 표현할 수 있었는가에 대해서 살펴보는 것이 필요할 것이다.

16세기 후반의 프리울리는 고색창연한 사회였다. 봉건 귀족 가문들은 아직도 이 지역에서 상당한 영향력을 행사하고 있었다. 마스나다Masnada라는 농노제[2]와 같은 제도들이 지난 세기

---

1 이 기간의 프리울리에 대해서는 부분적으로 P. Paschini, *Storia del Friuli*, II(Udine, 1954) 참조. 본 인용된 저서는 주로 정치 변화들을 언급하고 있다. 또한 특별히 cfr. P. S. Leicht의 수많은 연구서들 참조: "Un programma di parte democratica in Friuli nel Cinquecento," *Studi e frammenti* (Udine, 1903), pp. 107~21; "La rappresentanza dei contadini presso il veneto Luogotenente della Patria del Friuli," ivi, pp. 125~44; "Un movimento agrario nel Cinquecento," in *Scritti vari di storia del diritto italiano*, I, (Milano, 1943), pp. 73~91; "Il parlamento friulano nel primo secolo della dominazione veneziana," *Rivista di storia del diritto italiano*, XXI, 1948, pp. 5~50; "I contadini ed i Parlamenti dell'età intermedia," in *IXe Congrès International des Sciences Historiques······ Etudes présentées à la Commission Internationale pour l'histoire des assemblées d'états* (Louvain, 1952), pp. 125~28. 최근의 연구서들 중에는 우선적으로 A. Ventura, *Nobiltà e popolo nella società veneta del '400 e '500*』(Bari, 1964), 특히 pp. 187~214 참조; 또한 cfr. A. Tagliaferri, *Struttura* cit.

2 cfr. A. Battistella, "La servitú di masnada in Friuli," *Nouvo archivio veneto*, XI, 1906, p. II, pp. 5~62; XII, 1906, p. I, pp. 169~91, p. II, 320~31; XIII, 1907, p. I, pp. 171~84, p. II, pp. 142~57; XIV, 1907, p. I, pp. 193~208; XV, 1908, pp. 225~37. 이 제도의 마지막 흔적들은 1460년경에 사라졌다: 그러나 한 세기 후의 프리울리의 법령들에서는 법 조항, 즉 '자유로운 판단에 따라 자유롭게 자궁으로부터 출생한 자에 대하여'(다음의 법 조항과 상관 관계를 가지고 있다: "노예 신분의 부인으로부터 출생한 자는 부친이 자유인인 경우에도 노예이다") 또는 노예 해방이 그대로 유지되고 있었다. Cfr. G. Sassoli de Bianchi, "La scomparsa della servitú di masnada in Friuli," *Ce Fastù?*, 32, 1956, pp. 145~50.

까지도 유지되고 있었는데 이는 이웃 지역들에 비해 상당히 오
랫동안 지속되었다는 사실을 의미한다. 비록 실질적인 권력은
오래 전부터 베네치아의 관리들이 장악하고 있었지만, 그럼에
도 중세 전통의 의회는 고유의 입법적 기능을 유지하고 있었
다.[3] 실제로, 1420년에 통치를 시작한 베네치아는 가능한 한도
내에서 이전의 상황을 그대로 유지하는 정책을 수행하였다. 베
네치아 통치자들의 유일한 관심은 프리울리의 일부 봉건 귀족
들이 가지고 있던 베네치아에 대한 적대적인 성향을 견제하는
데 필요한 균형 세력을 새로이 형성하는 일이었다.

16세기 초에 접어들면서 귀족들 간의 갈등은 한층 심화되었
으며 급기야 두 분파로 분열되었다. 한쪽에서는 베네치아에 우
호적인 성향을 표방하면서 강력한 세력가인 안토니오 사보르
냔Antonio Savorgnan(후에 제국의 진영으로 추방되어 사망한 것
으로 추정된다)을 중심으로 연합 세력을 구축한 잠베르라니
Zamberlani파가 그리고 다른 한쪽에서는 베네치아에 적대적이
면서 토레지아니 Torreggiani를 중심으로 한 스트루미에리
Strumieri파가 형성되었다. 더구나 극단적인 계급 갈등이 귀족
파벌들 간의 정치적 갈등에 더해졌다. 이미 1508년 의회 연설
에서 귀족 프란체스코 디 스트라솔도Francesco di Strassoldo는
프리울리의 여러 주변 지역에서 농민들이 '비밀 종교 집회'를
결성하였으며 그 수가 2천여 명에 이른다고 경고하였다.[4] 여기
에서 그들은 무엇보다도 "고위 성직자 · 귀족 · 봉건 영주 · 도

---

3 cfr. 이탈리아 베네토 지역의 관리들의 보고서 Relazioni dei rettori veneti in
Terraferma, I: 프리울리의 파트리아 La Patria del Friuli(우디네의 총독 luogotenenza
di Udine), Milano, 1973(그러나 이 책에 대해서는 *Rivista storica italiana*에 수록된
M. Berengo, LXXXVI, 1974, pp. 586~90의 서평 참조).

4 cfr. G. Perusini, *Vita di popolo in Friuli. Patti agrari e consuetudini tradizionali*
(Firenze, 1961)('도서관 Lares,' VIII), pp. XXI~XXII.

시민을 절단내자는 사악하고도 악마적인 발언과 심지어 시칠리아의 만종 사건Sicilian Vesper*을 따라하자는 등의 수많은 추악한 말들을 하였다"는 것이다. 농민들의 감정은 결코 말로만 끝날 것이 아니었다. 아냐델로Agnadello 전투에서 베네치아가 패배한 직후에 발생한 위기에서(1511), 즉 성목요일에 행하는 세족례(洗足禮) 날**에, 흑사병 확산과 겹치면서 사보르난에 충성하던 농민들이 폭동을 일으킨 것이다.[5] 폭동이 우디네를 시작으로 주변의 다른 지역들로 확산되면서 두 파의 귀족들이 살육되고 그들의 성이 파괴되었다. 심각한 도전에 직면한 귀족들은 서로간의 적대 관계를 잠시 접어두고 연합하여 철저하고 잔인한 방식으로 폭동을 진압하였다. 그러나 농민들의 폭력 행위는, 한편으로는 베네치아의 과두 정치 세력에 공포심을 안겨 주었으며, 또 다른 한편으로는 프리울리의 귀족들을 위압할 강력한 정책의 가능성을 암시하였다. 1511년의 농민 폭동이 진압된 이후 10여 년 동안 베네치아는 지역의 귀족 세력들에 대항하여 프리울리(와 내륙 지역)의 농민들에 대한 지원을 강화하였다. 이러한 균형 상태를 배경으로 베네치아의 지배 지역에서는 상당히 예외적이라고 할 수 있는 콘타디난차Contadinanza라는 제도가 성립되었다.[6] 재정과 군사의 기능을 수행하는 이 기구는 소위 말하는 '호구 대장(戶口臺帳)'을 수단으로 일련의 공물을 거둬들이고 '체르니데cernide'를 통해서 지역의 농민군

---

* 1282년 시칠리아에서 부활절의 만종을 신호로 섬의 주민들이 프랑스인들을 학살한 사건.

** 사순절 전의 마지막 목요일, 최후의 만찬을 기념하여 빈민의 발을 씻는 날. 「요한복음」 13장 5, 34절 참조.

5 1511년의 농민 폭동에 대해서는 Leicht, *Un movimento agrario* cit., 그리고 Ventura, *Nobiltà e popolo* cit.

6 콘타디난차에 대해서는 Leicht, "La rappresentanza dei contadini" cit. 참조. 이 주제에 대한 새롭고 근대적인 연구들이 부족하다.

을 조직할 목적으로 운영되었다. 특히 두번째 조치는 봉건 정신이 지배적인 파트리아Patria 법령(예를 들어, 법령에 따르면 밤에 덫을 놓아 산토끼나 꿩을 잡아 귀족들의 사냥을 방해하려는 농민들을 처벌할 수 있었다)의 법 조항으로, "농민들에게 무기 소지를 금지하는 것에 대하여De prohibitione armorum rusticis" 가 삽입되었다는 것을 생각한다면 프리울리의 귀족들에겐 진정 모욕이나 다름없었다.[7] 그러나 베네치아의 과두 정치 세력은 한쪽으로는 콘타디난차 제도를 계속해서 유지하는 한편, 다른 한쪽으로는 농촌 주민들의 이해 관계를 공식적으로 대변하려는 의지를 확고히하였다. 그리하여 베네치아의 과두 정치 세력은 주민 전체를 대표하는 기구인 의회의 법적 권한을 실질적으로 배제하였다.[8]

베네치아의 과두 지배 체제는 프리울리의 농민들을 위해 많은 조치들을 마련하였다.[9] 이미 1533년에 우디네 그리고 프리울리와 카르니아의 다른 여러 지역들의 장로들이 "파트리아 지역의 귀족들을 비롯한 세속 신분의 지주들에게 지불해야 하는 지대에 대한 부담과 이 지역에서 불과 몇 년 전부터 농작물의 가격이 급등한 관계로 심한 고통을 당하고 있다"는 진정서를 제출하자, 베네치아 과두 지배 체제는 영구 임대 소작지의 경우를 제외하고는, 고정 가격에 기초한 지대를 현물이 아닌 현금으로 지불하도록 해주었다. 이러한 조치는 단기간에 가격이 폭등하는 상황에서는 분명 농민들에게 유리하였다. 1551년에

---

7 cfr. *Constitutiones Patrie Foriiulii cum additionibus noviter impresse* (Venetiis, 1524), cc. LXv, LXVIIIv. 동일한 법 조항들은 1565년 재출판에서 재수록되었다.

8 cfr. Leicht, "I contadini ed i Paramenti" cit. 이 연구는 프리울리 시의 경우와 같은 예외적인 사례를 강조하고 있다. 즉 이 도시를 제외한 유럽의 그 어느 지역에서도 실제로 농민들의 대표가 의회 또는 통치위원회에 참석한 사례는 찾아볼 수 없었다.

9 cfr. *Leggi per la Patria* cit., pp. 638 sgg., 642 sgg., 207 sgg.

에는 "파트리아 콘타디난차의 요청에 따라," 1520년 이후에 결
정된 모든 지대를 7% 감면하는 조치를 단행하였다. 그리고 이
때 새로운 결정의 근거로 활용된 법령은 8년 후인 1528년에 재
확인되면서 내용 면으로도 확대되었다. 계속해서 1574년에 베
네치아의 과두 지배 체제는 농촌에서 성행하던 고리대금업을
제한하기 위해 "파트리아의 농민들에게 채무에 대한 담보로서
토지 경작에 필요한 크고 작은 가축을 요구하거나 소유주가 아
닌 경우에 농기구를 담보로 강요하는 행위를 금지한다"고 규정
하였다. 그외에도 "여러 물품들을 외상으로 빌려주고 추곡이
나오기 이전, 즉 일 년 중 가격이 가장 낮을 때 농작물을 강탈
해가는 채권자들의 탐욕으로부터 가난한 농민들을 보호하기
위해서" 채권자들에게 8월 15일 이전에는 채무에 대한 권리를
주장할 수 없도록 하였다.

특히 프리울리의 농촌 지역에 잠재된 긴장 상태를 완화하려
는 목적에서 마련된 이러한 보호 조치들은 지방 귀족들에 대항
하여 베네치아의 지배 권력과 이 지역의 농민들을 실질적인 유
대 관계로 결속시키는 결과를 가져왔다. 한편 지대가 계속 감
소하자 지방 귀족들은 장기 지대를 단순 지대(또는 단기 지대)
로 전환하려고 노력하였다.[10] 귀족들의 이러한 의도는 분명히
농민들의 형편을 악화시키는 데 일조하였다. 당시에는 일반적
이었던 이러한 경향은 프리울리의 경우, 중대한 장애, 특히 인
구 문제로 인한 장애에 직면하게 되었다. 인력이 부족할 때는
그만큼 토지 소유자들에게 유리한 농지 계약이 불가능하였다.
16세기 중반부터 17세기 중반까지 한 세기 동안 계속해서 창궐
한 흑사병과 외지로의 이민의 증가, 특히 베네치아로의 이민

---

10 cfr. Perusini, *Vita di popolo* cit., p. XXVI. 그리고 개론서로는 Giorgetti, *Contadini e
proprietari* cit., pp. 97 sgg. 참고.

때문에 프리울리의 전체 인구는 감소하였다.[11] 이 기간에 베네치아 과두 지배 체제의 대리 통치인이 작성한 보고서는 농민들의 비참한 삶을 집중적으로 언급하였다. 1573년, 다니엘레 프리울리Daniele Priuli는 자신의 편지에서 "(고리대금업자들이) 여자들의 옷을 강제로 벗기거나, 애들을 데려가거나, 대문을 폐쇄해버리는 등 부도덕하고 비인간적인 만행을 자행하고 있었다"는 사실을 강조하면서 "저는 수확 이전에 개인 채무의 집행을 금지하였습니다"[12]라고 하였다. 1587년에 카를로 코너 Carlo Corner는 파트리아가 "산악 지역이기에 불모지나 다름없으며 평야 지역은 자갈밭이어서 급류로 인한 홍수나 폭풍의 피해가 빈번하게 발생하는" 지역이라는 사실을 강조하면서, "그러므로 귀족들의 재력도 그리 대단하지 않으며 특히 농민들의 빈곤은 심각하기 이를 데 없습니다"라고 결론지었다. 16세기 말(1599)에 스테파노 비아로Stefano Viaro는 몰락과 침체의 전반적인 상황을 다음과 같이 묘사하였다. "몇 년 전부터 파트리아는 너무 황폐화되어 마을 집들의 3분의 2 이상 아니, 거의 4분의 3 정도가 폐허가 되거나 사람이 살지 않으며 농토의 거의 절반은 버려진 상태입니다. 이러한 상황이 계속된다면 매일같이 주민들은 다른 선택의 여지 없이 이곳을 떠날 수밖에 없으며, 이곳에는 오직 최악의 빈곤에 허덕이는 비참한 사람들만이 남게 되는 매우 비극적인 상황이 벌어지게 될 것입니다." 베네치아의 몰락[13]이 가시화되면서 프리울리의 경제는 한층 심각한 국면으로 접어들어갔다.

---

11 cfr. Tagliaferri, *Struttura* cit., pp. 25 sgg.(관련 참고 문헌 포함).

12 cfr. "Relazioni" cit., pp. 84, 108, 115.

13 cfr. AA. VV., *Aspetti e cause della decadenza economica veneziana nel secolo XVII* (Venezia-Roma, 1961); *Crisis and Change in the Venetian Economy in the Sixteenth and Seventeenth Centuries*, B. Pullan, ed., London, 1968.

8. 그들은 가난한 사람들을 억압합니다

도대체, 방앗간 주인 메노키오는 정치 · 경제 · 사회적인 모순들이 함께 뒤섞여 있는 이러한 상황에 대해서 무엇을 알고 있었을까? 그는 자신의 존재를 은밀하게 제약하고 있는 그 거대한 힘의 논리에 대해 어떤 상상을 하고 있었을까?

그는 이 모든 것에 대해서 촌스럽고 단순하지만 상당히 분명한 생각을 가지고 있었다. 세상에는 여러 단계의 '권위들'이 있다. 메노키오에게는 교황 · 추기경 · 주교, 몬테레알레의 교구 신부가, 그리고 심지어는 황제 · 왕 · 영주 들도 권위를 상징하는 인물이있다. 그러나 이러한 위계 질서의 이면에는 근본적인 대립 관계, 즉 '권력자들'과 '가난한 사람들'의 대립 관계가 존재한다. 메노키오는 자신이 후자에 속한다는 것을 알고 있다. 이것은 농촌 사회의 전형적인 계급 구조에 대한 그의 명백한 이분법적 사고를 의미한다.[1] 그럼에도 메노키오의 진술에서 우리는 그가 '권력자들'의 그것과는 다른, 보다 차별화된 생각을 가지고 있다는 느낌을 받는다. 최고의 종교 권력자들에 대한 맹렬한 공격은 "그런데 우리의 법에서 교황 · 추기경 그리고 주교는 너무나 위대하고 부자이기 때문에 모든 것이 교회와 신부의 것이며 또한 그들이 가난한 자들을 억압한다고 생각합니다"라는 말은 정치 권력자들에 대한 이전의 온건한 비판과 대조를 이룬다. "제가 보기에 베네치아의 지체 높으신 분들은 이 도시

---

1 cfr. S. Ossowski, *Struttura di classe e coscienza sociale*, 이탈리아 번역판(Torino, 1966), 특히 pp. 23 sgg.

에서 도둑질을 일삼고 있는데, 만약 한 사람이 무엇인가를 사려고 '이것은 얼마입니까?'라고 물어보면 3마르첼로의 값을 1두카토로 부풀려 더 많은 이익을 챙기려 들지요."[2] 물론 그의 말에서는 갑자기 낯선 도시의 현실에 접하게 된 한 농민의 반응을 엿볼 수 있다. 즉 몬테레알레 또는 아비아노와 같은 작은 마을과 베네치아와 같은 대도시는 여러 측면에서 차이가 큰 만큼 비약이나 과장도 심한 것이 사실이다. 그럼에도 메노키오는 교황·추기경 그리고 주교가 가난한 사람들을 '억압한다'고 직접적으로 비난하는 반면, "베네치아의 지체 높으신 분들"에 대해서는 단지 "이 도시에서 도둑질을 일삼고 있다"고 말할 뿐이다. 이러한 어조의 차이는 분명 그가 사려 깊었기 때문만은 아니다. 메노키오가 이런 말을 할 때 그의 면전에는 포르토그루아로의 포데스타와 아쿠일레이아의 이단 심문관 그리고 그의 대리인이 있었기 때문이다. 그가 판단하기에 억압의 가장 대표적인 주체는 로마 교회의 성직 계급이었다. 그 이유는 무엇일까?

메노키오 스스로가 그 첫번째 실마리를 제공하는 것처럼 보인다. 그는 말하기를 "모든 것이 교회와 사제들의 소유이며, 그들은 가난한 사람들을 억압합니다. 만약 그들이 두 필지의 토지를 임대하였다면 이는 틀림없이 교회나 주교 또는 추기경의 소유입니다"[3]라고 하였다. 이미 언급하였듯이, 메노키오가 이러한 상황을 경험하였는지에 대해서는 알지 못한다. 이러한 주장이 제기된 지 12년이 흐른 1596년의 어느 토지 대장에 의하면, 메노키오가 임대한 경작지들 가운데 하나가 지방 영주 가문의 한 사람인 오라치오 디 몬테레알레 Orazio di Montereale가

---

2 cfr. ACAU, proc. n. 126, cc. 27v~28r.
3 cfr. ivi, c. 27v.

자코모 마르냐노Giacomo Margnano로부터 임대하였던 토지에 인접한 것으로 밝혀졌다.[4] 또한 이 토지 대장에는 여러 지역과 그 주변의 교회들이 소유하고 있거나 임대 형식으로 제공된 토지들의 목록이 기록되어 있다. 즉 그 중에서 8개의 토지는 산타마리아 교회의 소유로, 하나는 산로코 교회(두 교회 모두 몬테레알레에 있다)의 재산으로 그리고 다른 하나는 포르데노네의 산타마리아 교회Santa Maria di Pordenone의 소유로 밝혀졌다. 몬테레알레의 상황도 예외는 아니었다. 16세기 말까지도 프리울리 지역에서 교회가 소유한 재산은[5] 베네토의 전 지역에서와 마찬가지로 상당한 수준이었다. 그리고 토지 면적이 적으면 그만큼 땅은 질적으로 더 비옥하였다. 이 모든 것은 메노키오가 개인적으로 교회의 방대한 토지 소유로 인해서 적지 않은 불편과 억울함을 경험하지는 않았다고 하더라도(교회가 소유한 토지는 베네치아가 소작료를 감면하기로 결정한 조치에서 항상 제외되었던 것이 분명하다) 쉽게 이해될 수 있다. 즉 이 모든 상황을 이해하기 위해서는——적어도 메노키오로서는——눈을 크게 뜨고 주위를 둘러보기만 하면 되었다.

그럼에도 몬테레알레와 그 주변 지역에서 교회 재산이 증가한 사실은 메노키오의 맹렬한 비난을 설명하긴 하지만, 그 비

---

4 cfr. ASP, Notarile, b. 488, n. 3785, cc. 17r sgg., 특히 c. 19v 참조. 이 기간에 프리울리 시의 교회 재산을 대상으로 1530년에 베네치아의 지사 조반니 바사도나Giovanni Basadona의 지시에 따라 상당히 분석적으로 작성된 총목록은 오늘날 전하지 않는다 (cfr. BCU, ms. 995): cc. 62v~64v에는 몬테레알레 산타마리아 교회 소작인들의 명단이 존재한다. 그러나 이 명단에서는 스칸델라Scandella라는 이름을 발견할 수 없었다.

5 cfr. A. Stella, "La proprietà ecclesiastica nella Repubblica di Venezia dal secolo XV al XVII," *Nuova rivista storica*, XLII, 1958, pp. 50~77; A. Ventura, "Considerazioni sull'agricoltura veneta e sull'accumulazione originaria del capitale nei secoli XVI e XVII," *Studi storici*, IX, 1968, pp. 674~722; 그리고 개괄서로는 Chittolini, *Un problema aperto* cit., pp. 353~93.

난의 함축적인 의미를 보다 일반적인 차원으로 확대시키지는 못한다. 교황·추기경 그리고 주교들은 가난한 사람들을 '억압한다.' 그러나 무엇의 이름으로? 그리고 무슨 권리로? 교황은 '무언가를 할 수 있는' 권력, 즉 좀더 높은 '권위'를 가지고 있다는 사실을 제외한다면 '우리와 같은 사람'이다. 성직자와 세속인들 사이에는 아무런 차이도 없다. 서품식과 같은 성사는 신부들을 더욱 살찌운 하나의 '사업'이고 '발명'이다. 가난한 사람들에 대한 착취를 기초로 건설된 거대한 구조물에 대항해서 메노키오는 성령이 모두에게 있음으로써 모든 사람이 평등할 수 있는, 즉 기존의 종교와는 다른 종교를 구상한다.

메노키오에게 있어서 자신의 권리에 대한 인식은 특별히 종교적인 근원을 가지고 있었다. 한 방앗간 주인은 자신의 마음 속에 하느님이 모든 인간에게 나누어준 영혼을 가지고 있기에 교황·왕 그리고 영주에게 신앙의 진리를 드러낼 것을 요구할 수 있다. 같은 이유로 어쩌면 그는 '권력자들에 대항하여 그들의 사악한 행위를 말할 수 있을 것이다.' 메노키오가 기존의 계급 질서를 그토록 열렬하게 비난한 것은 억압을 인식해서뿐만 아니라 종교적 이념, 즉 때로는 성령spirito Santo, 때로는 '신의 령spirito di Dio'으로 불리는 하나의 '정신'이 우리 각자의 마음 속에 존재한다는 바로 그 종교적인 신념에서 비롯된 것이다.

9. 루터파와 재침례파

언뜻 봐서도 이러한 모든 것의 배경에는 종교 분야 이외에도 정치·사회적인 영역에서 권력층에 심각한 충격을 준 종교 개혁(프로테스탄트 개혁)이 있었던 것으로 보인다. 그런데 메노키오는 종교 개혁으로 형성된 종교 단체들과 어떠한 관계에 있었을까?

한번은 메노키오가 "나는 루터파의 교인들이 나쁜 일을 가르치며 금요일과 토요일에 고기를 먹는 사람들이라고 믿습니다"[1]라고 자신을 심문하는 재판관들에게 설명하였다. 그러나 이것은 분명히 의도적으로 단순화되고 왜곡된 정의에 불과하다. 많은 세월이 흐른 후, 두번째 재판에서(1599), 메노키오가 시몬 Simon이라는 이름으로 개종한 유대인에게 당신이 죽으면 "일부 루터파 교인들은 당신의 죽음을 알고 당신의 재를 가지러 올 것이다"[2]라고 말했다는 사실이 밝혀졌다. 이것은 언뜻 보기에 중대한 의미를 가진 증언처럼 보인다. 그러나 사실은 그 반대이다. 메노키오가 예상한 것들의 타당성을 평가하는 어려움(우리가 다시 돌아가야 할 문제이다)은 차치하고라도 '루터파'라는 용어는 메노키오가 당시에 가지고 있던 '극단적인 불안감 estrema generecità'을 보여주는 전후 관계의 문맥에서 기원한 것이다. 실제로 시몬에 따르면, 메노키오는 복음서의 모든 가

---

1 cfr. ACAU, proc. n. 126, c. 27r. 메노키오의——보증인을 자처한——공범에 대해서는 앞의 글, p. 118 참조.

2 cfr. ivi, proc. n. 285, 페이지 번호가 없는 문서.

치를 부인하고 그리스도의 신성을 부정하였으며 아마도 코란
일 것으로 추정되는 책을 찬양하고 있었다. 우리의 관점에서
볼 때, 루터와 그의 교리는 상당히 다르다고 할 수 있다. 이 모
든 것 때문에 우리는 또다시 원점으로 되돌아가 조심스럽게 한
걸음씩 앞으로 나아가야 한다.

104 포르토그루아로의 심문 과정에서 메노키오가 진술한 것들을
기초로 재구성될 수 있는 이른바 메노키오의 교회학이라는 것
은 상당히 정확하다는 특징이 있다. 16세기 유럽의 전반적인
종교 상황에서[3] 메노키오의 교회학은 여러 측면에서 재침례파
적인 입장을 보여준다. 하느님의 말씀의 단순성에 대한 주장,
성상과 의식과 그리고 성찬식에 대한 거부, 그리스도의 신성
부정, 노동에 기초한 실천적 종교성의 옹호, 로마 교회의 호사
스러움을 반대하고 청빈주의를 옹호한 논쟁, 그리고 관용의 중
요성을 강조한 것 등은 모두가 재침례교도들의 종교적 급진주
의로 소급될 수 있는 요소들이다. 물론 메노키오가 성인 세례
를 옹호한 것으로는 보이지 않는다. 그러나 얼마 뒤에 이탈리
아의 재침례파 신자들은 다른 성사뿐만 아니라 세례까지도 거
부하였으며 유일하게 허용한 것은 개인의 내적 갱생에 기초한
영적인 세례였다. 메노키오는 개인적으로 세례를 백해무익한
것으로 생각하고 있었다. 즉 메노키오는 "우리는 태어나면서
곧바로 세례를 받는데, 그 이유는 만물을 축복하신 하느님이

---

3 물론 참고 문헌은 더 이상 없다. 급진적인 경향에 대한 개론서는 cfr. G. H. Williams,
The Radical Reformation (Philadelphia, 1962) 참조. 재침례교에 대해서는 C.-P.
Clasen, *Anabaptism, A Social History(1525～1618): Switzerland, Austria, Moravia,
South and Central Germany* (London: Ithaca, 1972) 참조. 이탈리아의 경우에 스텔라
는 연구를 통해서 많은 문서들을 집대성하였다: A. Stella, *Dall'anabattismo al
socinianesimo nel Cinquecento veneto* (Padova, 1967); Id., *Anabattismo e
antitrinitarismo in Italia nel XVI secolo* (Padova, 1969).

우리에게 세례를 주시기 때문입니다"[4]라고 하였다.

재침례파의 운동은 이탈리아의 북부와 중부의 대부분 지역, 특히 베네토 지역으로 널리 확산되었으나 지도자들 가운데 한 사람의 배신 직후에 시작된 정치·종교적 박해로 16세기 중반에 근절되었다.[5] 그러나 탄압의 와중에서 살아남은 소수의 생존자들은 프리울리에서도 비밀리에 활동하고 있었다.[6] 예를 들어, 1557년에 종교 재판소에 의해 투옥된 포르치아Porcia의 직인(職人)들은 재침례교도들이었던 것으로 보인다. 이들은 어느 피혁 직인과 양모 직공의 집에 모여 성서를 읽으면서, "재생, 복음서의 순수성 그리고 면죄" 등에 관해 토의를 하였다. 앞으로 살펴보겠지만, 한 증언자의 진술에 따르면, 메노키오의 이단적인 주장은 30년 전으로 거슬러 올라가며, 방앗간 주인이 이단자들과 접촉하였을 것이라고 하였다.

그러나 유사하다는 심증만으로 메노키오를 재침례파로 규정하는 것은 불가능할 것으로 생각된다. 미사, 성체 성사 그리고 제한적이긴 하지만 고백 성사에 대해 메노키오가 가지고 있던 긍정적인 판단은 재침례교도에게는 생각조차 할 수 없는 것이었다. 무엇보다도 교황을 반그리스도의 육화로 보는 재침례교도들은[7] 면죄에 대한 메노키오의 주장에 결코 동조하지 않을

---

4 cfr. ACAU, proc. n. 126, c. 28v.

5 cfr. Stella, *Dall'anabattismo* cit., pp. 87 sgg.; Id., *Anabattismo e antitrinitarismo* cit., pp. 64 sgg. 또한 cfr. C. Ginzburg, *I costituti di don Pietro Manelfi*, Firenze-Chicago, 1970('Corpus Reformatorum Italicorum' 도서관).

6 16세기 프리울리의 종교 상황에 대해서는 P. Paschini, "Eresia e Riforma cattolica al confine orientale d'Italia," *Lateranum*, nuova serie, XVII, nn. 1~4(Romae, 1951); L. de Biasio, "L'eresia protestante in Friuli nella seconda metà del secolo XVI," *Memorie storiche Forogiuliesi*, LII, 1972, pp. 71~154 참조. 포르치아Porcia의 수공인들에 대해서는 Stella, *Anabattismo e antitrinitarismo* cit., pp. 153~54 참조.

7 예를 들어 1552년 과거에 재침례교도였던 염색가 마르코는 이렇게 말하였다: "교황의 사면을 믿지 않는 재침례파 교도들이 저에게 설교를 하였습니다"(ASVen, Sant'Uffizio, b. 10).

것이다. "나는 그들이 선하다고 생각합니다. 왜냐하면 만약 하느님이 인간을 교황의 자리에 앉히고 인간의 죄를 용서해주신다면 이는 좋은 일이니까요. 또한 이러한 면죄가 하느님의 대리인으로 행동하는 사람에 의해 주어진 것이기 때문에, 그것은 하느님으로부터 받은 것과 다름없기 때문입니다."[8] 이 모든 것은 포르토그루아로에서 있었던(4월 28일) 첫번째 심문에서 드러난 사실이다. 그 심문에서 메노키오가 보인 때로는 교만하고 건방진 태도를 생각할 때, 그의 진술이 깊은 사려나 치밀한 계산에서 나온 것은 아니라는 사실을 금방 알 수 있다. 그외에도 앞으로 언급하겠지만, 메노키오가 자신의 종교적 신념의 '원천'으로 지적한 다양한 서적들은 재침례교의 엄격한 교파적 배타 성향과는 상당히 거리가 있었다. 재침례파에게 진리의 유일한 원천은 성서 또는 복음서였다. 이러한 사실은, 예를 들어 바로 위에서 언급한 포르치아의 무리들을 이끌던 양모 직공이 "복음서 이외에 그 어느 서적도 믿을 수 없으며, 복음서를 제외한 그 어떤 서적도 건전하지 않습니다"[9]라고 말한 것에서도 확인된다. 반면 메노키오에게 영감(靈感)은 여러 다양한 서적들, 즉 『데카메론』이나 『성서의 약술기』와 같은 서적에서도 찾아볼 수 있다. 결론적으로, 메노키오의 입장과 재침례파의 입장 사이에 실제적인 유사성이 있는 것을 부정할 수는 없지만, 그럼에도 이들은 완전히 다른 맥락에서 교차하고 있었다.

그러나 만약 메노키오의 경우가 재침례교적인 의미로 설명되기에 충분하지 않다면 좀더 일반적인 정의에 의존하는 것이

---

[8] cfr. ACAU, proc. n. 126, c. 29r.

[9] cfr. Stella, *Anabattismo e antitrinitarismo* cit., p. 154; cfr. 베르가모의 넝마장수인 보니첼로Bonicello는 재침례교도로 고발되어 재판을 받았다: "성경을 비롯한 다른 책들이 나에게 죄를 뒤집어씌웠다"(ASVen, Sant'Uffizio, b. 158, '두번째 책 libro secondo,' c. 81r).

바람직하지 않을까? 정황을 살펴보건대 메노키오는 자신이 '루터파'의 사람들(루터파는 당시에 매우 광범위한 의미의 이단을 가리키는 어휘로 사용되고 있었다)과 접촉하였다고 주장하였던 것으로 보인다. 그렇다면 처음에 생각한 것처럼 메노키오의 태도와 종교 개혁 간에는 적어도 초기에 막연하나마 관계가 있었다는 사실을 수용할 수도 있지 않겠는가?

실제로는 이것조차 거의 불가능한 것처럼 보인다. 어느 단계에 이르자, 메노키오는 이단 심문관과 함께 다음과 같은 흥미로운 대화를 시작하였다.[10] 이단 심문관은 "그대는 면죄를 어떻게 이해하는가?" 하고 메노키오에게 물었다. 항상 자신의 '견해'를 장황하게 피력할 준비가 되어 있던 메노키오도 이번에는 질문의 의도를 정확하게 이해하지 못하였다. 수사인 이단 심문관은 그에게 '면죄란 무엇인가?'를 설명해야만 했고, 메노키오는, 이미 알다시피, '그리스도는 인간을 구원하기 위해서 죽었다'는 것을 부정하면서, 그 이유로 "만일 어떤 사람이 죄를 지었다면 그 자신이 회개를 해야 하기 때문입니다"라고 답변하였다. 메노키오는 예정설에 대해서도 마찬가지로 대답하였다. 메노키오는 이 어휘의 의미를 모르고 있었으며, 이단 심문관의 설명을 들은 뒤에야 비로소, "나는 하느님이 누구에게나 영원한 삶을 예정했다고는 믿지 않습니다"라고 대답하였다. 종교 개혁 시대에 이탈리아에서 전개된 종교적 논쟁의 핵심을 이루었던 두 가지 어휘, 면죄와 예정설은 문자 그대로 프리울리의 방앗간 주인에게는 아무런 의미도 없었다. 앞으로 살펴보겠지만, 그는 독서하는 과정에서 적어도 한 번은 이 어휘들과 마주쳤을 것이다.

---

10 cfr. ACAU, proc. n. 126, cc. 37v~38r.

이것은 이탈리아에서도 이 주제에 대한 관심이 사회의 상류
층에 국한되지 않았던 만큼 더욱 의미하는 바가 크다고 할 수
있다.

    짐꾼 · 하녀 · 노예 들은

    예정설을 자유 의지로 해석하여

    엉망으로 만든다네.[11]

이 시는 16세기 중엽, 풍자시인 피에트로 넬리Pietro Nelli, 일
명 안드레아 다 베르가모Andrea da Bergamo의 것이다. 불과 몇
년 전에 나폴리의 제혁업자들은 베르나르디노 오키노Bernar-
dino Ochino의 설교를 들은 후에, 면죄의 교리와 사도 바울의
서한들에 대해 열띤 논쟁을 전개하였다.[12] 구원을 위한 노력과
신앙의 중요성에 대한 논쟁의 반향은 전혀 기대하지 않았던 분
야에서도 나타났다. 그 대표적인 사례는 밀라노 당국에 제출된
매춘부들의 탄원서였다.[13] 이 사례는 우연하게 선택된 것일 뿐,
그 이외에도 다른 수많은 사례들이 존재한다. 그럼에도 이러한
사례들에는 하나의 공통점이 존재한다. 다시 말해 거의 모든
사례들이 도시를 배경으로 한다는 것이다.[14] 이것은 이탈리아

---

11 cfr. Andrea da Bergamo(P. Nelli], *Il primo libro delle satire alla carlona*, in Vinegia(오
늘날의 베네치아), 1566, c. 31r.

12 cfr. P. Tacchi Venturi, *Storia della Compagnia di Gesù in Italia*, I(Roma, 1938), pp.
455~56.

13 cfr. F. Chabod, *Per la storia religiosa dello Stato di Milano*……, 또한 in ID., *Lo Stato e
la vita religiosa a Milano nell'epoca di Carlo V* (Torino, 1971), pp. 335~36.

14 로마 주재 베네치아 대사의 편지(1550년 6월 14일)에 삽입된 이하의 기록들은 매우
드문 것들이다: "여러 이단 심문관 수사들은 브레쉬아Brescia와 베르가모Bergamo
에서 벌어지는 이상한 일들에 대해서 언급을 하였는데, 수사들에 의해서 기록된 것
들에는 몇몇의 아르테사니artesani들이 여러 마을들의 축제에 참가하여 나무에 올라
가 루터파의 교리들을 민중들과 농민들에게 설교하였다는 소식이 있었다"(cfr.

에서 이미 오래 전부터 드러나고 있는 도시와 농촌의 차이가
한층 심화되고 있었다는 것을 보여주는 현상들 가운데 하나이
다. 정치·종교적 탄압과 압력으로 즉시 붕괴되지 않았을 경우
재침례교도들이 성공하였을지도 모르는 이탈리아의 농촌에 대
한 종교적 정복은 수십 년 후에 전혀 다른 깃발 아래, 즉 예수
회를 선두로 하는 반종교 개혁의 종교 단체들에 의해 실현되
었다.[15]

이러한 주장은 16세기 이탈리아의 농촌이 모든 형태의 종교
적 혼란과 무관하다는 것을 의미하지는 않는다.[16] 그러나 이 시
대에 전개된 논쟁들의 주제와 용어들을 가시적으로 반영하는
장막의 뒤편에는 서로 상이하고 보다 고전적인 전통들이 자리
잡고 있었다. 메노키오가 묘사한 것과 같은 우주 창조(구더
기—천사가 나온 원형[原形]의 치즈)는 종교 개혁과 무슨 관계
가 있었을까? 동향 사람늘이 메노키오가 말했다고 하는 이야
기들("우리가 보는 모든 것이 하느님이고 그리고 우리는 작은 신
들입니다." "하늘·땅·바다·공기·심연 그리고 지옥, 이 모든
것이 곧 하느님입니다.")이 어떻게 종교 개혁에 기원한다고 할
것인가? 잠정적이기는 하지만 수많은 세기들을 거치면서도 결
코 모두 지워지지는 않을 농민들의 믿음의 토대에 기인한다고
보는 것이 좋을 것이다. 종교 개혁은 종교적 획일성의 견고한
외피를 부수면서 이런 낡은 믿음들을 간접적으로나마 꽃피게
하였다. 반면 반종교 개혁은 통일성을 회복하려는 시도의 차원

Paschini, *Venezia* cit., p. 42).

15 이전의 저서에서 별로 강조하지 않았던 주제를 이번 기회에 다시 언급하기로 한다
("Folklore, magia, religione," *Storia d'Italia*, I, Torino, 1972, pp. 645 sgg., 656 sgg.).
그리고 이 주제를 다른 기회에 더 심도 있게 연구해보려고 한다.

16 보다 정확한 의미와 부분적인 내용 수정을 위해서는 필자의 "Folklore, magia,
religione," p. 645 참조.

에서 낡은 믿음들을 버리기 위해 이들을 현실의 세계로 이끌었던 것이다.

이러한 가설에 기초할 때, 당시에 메노키오가 주장한 급진적인 내용들은 재침례파로 또는 더 심각하게 일반적인 '루터파'로 소급될 경우 더 이상 설명되지 못할 것이다. 오히려 우리는 이러한 오래된 농민들의 믿음이 종교 개혁의 와중에서 수면 위로 부상하였지만 사실은 종교 개혁보다 훨씬 오래된 농민 급진주의[17]의 자치주의 노선[18]이라는 자율적 조류에 합류되는 것이

---

[17] cfr. W. L. Wakefield, "Some Unorthodox Popular ideas of the Thirteenth Century," *Medievalia et Umanistica*, nuova serie, n. 4, 1973, pp. 25~35. 이 참고 문헌은 톨로사 지역에서 벌어진 종교 재판의 문서들에 기초하고 있으며, 이 문서들에서 "진술 내용은 종종 합리주의, 회의론 그리고 유물론적인 성향을 반영하고 있었다. 또한 이 문서들은 사후에 영혼을 위한 지상 천국과 세례를 받지 못한 아이들의 구원을 언급하고 있는 반면, 하느님이 인간들에게 능력을 주셨다는 것에 대한 부정과 영혼을 소진하는 쓸데 없는 이야기들 the derisory quip about the consumption of the host, 영혼과 피를 동일시하는 것, 씨앗과 땅이 자연적으로 성장한다는 내용이 포함되어 있다"(pp. 29~30). 이러한 주장들은 카테키즘 Catarismo에 대한 선전보다는 오히려 자치주의적인 이념이나 믿음과 깊은 관련을 가지고 있다(카테키즘은 이러한 주장들을 직·간접적인 방법으로 공식화시키는 데 기여하였으며 그 결과로 종교 재판관들의 심문을 피할 수 없었다). 예를 들어 14세기 말에 카테키즘의 교도로서 공증인이었던 한 인물이 주장한 다음의 내용, 즉 "하느님이 땅에서 재배되는 과실, 곡물 그리고 풀과 다른 모든 것들을 자라도록 하는 것이 아니라, 오직 땅의 습기가 이러한 것들을 자라도록 한다"는 3세기가 지나 프리울리 지방의 한 농부가 기록한 서한에서 반복되었다: "주현절에 사제들이 땅과 물을 축복하는 것은 그 어떤 방식으로도 포도나무와 다른 여러 나무들로 하여금 과실을 맺게 하지는 않는다. 다만 거름과 인간의 근면만이 그렇게 할 뿐이다"(cfr. 각각 A. Serena, "Fra gli eretici trevigiani," Archivio veneto-tridentino, III, 1923, p. 173, 그리고 C. Ginzburg, *I benandanti* cit., pp. 38~39, 전술〔前述〕의 의미로 교정이 필요하다). 물론 카테키즘은 아무런 관계가 없으며, 오히려 "자신들이 처해 있는 삶의 현실과 일치하는 설명을 구하려는 남녀의 인식력을 통해 자연스럽게 발전할 수 있었을 것"이라는 주장을 언급하고 있다(Wakefield, "Some Unorthodox," p. 33). 이상에서 언급한 인용문들과 유사한 사례들은 어렵지 않게 찾아볼 수 있다. 이러한 문화 전통은 수세기가 지난 후에 다시 등장하며 '농민 급진주의, 또는 민중 급진주의'라는 어휘로 표현될 수 있다. Wakefield가 나열한 요인들에는——합리주의, 회의론, 물질주의——근본적인 평등에 기초한 이상주의와 종교적인 자연 생활 운동이 첨가될 필요가 있을 것이다. 이 모든 요인들 또는 적어도 대부분의 요인들의 결합은 농민 '혼합주의'의 빈번한 현상들에 여지를 제공한다. 농민 '혼합주의'의 여러 현상들은, 좀더 정확하게 정의하자면, 근본적인 현상이라고 정의될 수 있을 것이다: 예를 들어, J. Bordenave와 M. Vialelle가 수집한 고고학적 자료, *Aux*

아닌지를 자문해야 할 것이다.

---

racines du mouvement cathare: la mentalité religieuse des paysans de l'Albigeois médiéval(Toulouse, 1973) 참조.

18 필자는 용어 연구에 대한 불신에도 불구하고 '민중 합리주의razionalismo popolare' '민중 개혁 Riforma popolare' '재침례교anabattismo'라는 용어를 대신하여 '농민 급진주의radzicaalismo contradino'라는 용어를 사용하기로 하였으며, 그 배경을 구체적으로 설명하려고 한다. 첫째 '민중 합리주의'는 베렝고(Berengo, *Nobili e mercanti* cit., pp. 435 sgg.)에 의해서, 이 장에서 언급되고 있는 현상들과 근본적으로 일치되는 것들을 정의하기 위해 사용되었다. 그럼에도 이 용어는 스콜리오가 언급한(cfr. pp. 130 sgg.) '이성, 또는 합리성'의 개념과 부분적으로 타협될 수 있는 것으로 보여진다. 둘째 필자가 재구성하려는 농민 급진주의는 마첵에 의해서 제한된 '민중 개혁'의 근본적인 요인들 가운데 하나이다("15세기와 16세기의 유럽사에 등장하며 또한 일종의 민중 개혁이나 급진 개혁으로 이해될 수도 있는 자치 운동들") : J. Macek, *La Riforma popolare* (Firenze, 1973), p. 2; 그러나 농민 급진주의는 15세기 이전의 현상으로(이후의 주들을 참고) 그리고 공식적인 개혁에 대응되는 민중 개혁으로 축소될 수는 없다. 셋째 '재침례교'는 칸티모리에 의해서 16세기의 모든 종교적 급진주의 현상들을 이해하는 데 필요한 용어로서 제안되었다(*Eretici italiani del Cinquecento*, Firenze, 1939, pp. 31 sgg.). 그러나 칸티모리는 리터 Ritter의 비평을 수용하는 의미에서 더 이상 이 용어를 사용하지 않았다. 최근에 재침례교는 로톤도Rotondò에 의해서 "공증인들과 의사들과 문법학자들 사이에서 그리고 수도승과 상인들 사이에서, 16세기 이탈리아 도시의 수공인들과 농촌의 농민들 사이에서 확산되었던 예언주의 profetismo, 반(反)성직 급진주의, 반삼위일체주의 그리고 사회적 평등주의의 혼합을 의미하는 용어로 재선택되었다"(cfr. "I movimenti ereticali nell'Europa del Cinquecento," *Rivista storica italiana*, LXXVIII, 1966, pp. 138~39). 그러나 이러한 의미의 확장은 적절하지 못한 것으로 생각되는데, 그 이유는 민중의 종교와 식자들의 종교 사이에 그리고 농촌의 급진주의와 도시의 급진주의 사이에 존재하는 적지 않은 차이를 과소 평가하게 만들 수도 있기 때문이다. 물론 A. Olivieri("Sensibilità religiosa urbana e sensibilità religiosa contadina nel Cinquecento veneto: suggestioni e problemi," *Critica storica*, nuova serie, IX, 1972, pp. 631~50)가 강조한 바와 같이 명확하지 못한 '유형학(類型學) tipologie'과 '민감성'은 별로 도움이 되지 못하였는데, 왜냐하면 이들이, 예를 들면 마돈나를 기념하는 십자가 종교 행렬들과 같은 현상들까지도 재침례교의 범주에 포함시키기 때문이다. 연구 목적은 '민중 개혁'의 여러 구성 요인들 간에 아직도 분명하지 않은 연관성을 재구성하여 이탈리아를 비롯한 유럽 차원에서 16세기 농촌의 문화-종교적인 토대의 중요성(메노키오의 고백을 통해서 투명하게 나타나는 토대)을 강조하는 것이다. 이러한 목적에서 필자는 윌리엄의 급진 개혁 Radical Reformation(이에 대해서는 마첵의 결론들을 참고)보다는 마르크스의 논지를 생각하면서 '농민 급진주의'에 대하여 언급하였다.

10. 방앗간 주인, 화가, 광대

이단 심문관들에게 메노키오가 외부로부터의 아무런 영향도 없이 시대의 흐름과는 매우 다른 이념들을 가지게 되었다는 사실은 받아들이기 힘들었다. 증인들은 메노키오가 "성실하게 말했는지 혹은 냉소적으로 말했는지, 혹은 그가 타인들로부터 들은 것을 인용했는지"[1]에 관한 질문을 받았다. 그리고 메노키오는 '공범자'의 이름을 실토하라는 요구를 받았다. 그러나 두 경우 모두 대답은 부정적이었다. 특히 메노키오는 "심문관님, 저는 결코 이 같은 생각을 가진 사람을 본 적이 없습니다. 저의 생각은 제 머리에서 나온 것입니다"[2]라고 단호하게 말하였다. 그러나 그는 최소한 부분적으로는 진실을 말하지 않았다. 1598년 돈 오타비오 몬테레알레 don Ottavio Montereale[3](우리가 기억하듯이, 직접적이지는 않지만 그럼에도 종교 재판소의 개입을 유도한 인물이었다)는 메노키오가 포르치아의 화가인 니콜라 Nicola로부터 이단의 교리들을 배웠다는 사실을 알고 있었다고 말하였다. 당시에 니콜라는 돈 오타비오의 매형인 라차리 Lazzari의 집에서 그림을 그리기 위해 몬테레알레에 갔었다. 니콜라의 이름이 첫번째 심문에서 공개되자,[4] 메노키오는 크게

---

1 ACAU, proc. n. 126, cc. 2v~3r.

2 ivi, c. 21v.

3 ivi, proc. n. 285, 페이지 번호가 없는 문서(1598년 11월 11일).

4 ivi, proc. n. 126, c. 23v. 니콜라 다 포르치아 Nicola da Porcia라는 이름은 16세기 프리울리 지방의 회화에 대한 필자의 연구에서도 찾아볼 수 없다. 안토니오 포르니츠 Antonio Porniz는 친절하게도 프리울리(purliliesi) 자치 도시 회화에 대한 일련의 연구 결과들을 1972년 6월 5일의 서한을 통해 필자에게 제공해주었다. 이에 따르면 그

당황하는 모습을 보였다. 앞서 메노키오는 니콜라를 사순절 기간에 만났을 때 그가 단식을 하고 있었으며 그 이유가 '두려움' 때문이라는 말을 들었다고 증언한 바 있었다(반면 메노키오는 자신의 건강이 좋지 않다는 변명을 늘어놓으면서 "우유 조금, 치즈 그리고 계란 몇 개'를 먹었다고 하였다). 그러나 그는 당황한 표정으로 곧바로 화제를 바꾸면서, 니콜라가 가지고 있는 한 권의 책에 대하여 말하기 시작하였다. 니콜라도 교황청에 불려갔었지만 포르치아의 두 사제가 화가의 훌륭한 평판에 대해 증언함으로써 곧바로 풀려날 수 있었다. 그러나 두번째 심문에서 한 무명의 인물이 메노키오의 이단적인 발언에 영향을 주었다는 증거가 나타났다. 1599년 7월 19일에 있었던 심문에서 심문관들은 그에게 얼마 전부터——이제 알게 되겠지만『데카메론』의 짧은 이야기를 토대로——모든 사람이 그 자신의 신념에 따라 구원될 수 있으며, 따라서 이슬람교도는 기독교로 전향하지 않고 이슬람교도로 남아 있을 권리가 있다고 믿어왔는지에 대해서 질문하였다. 메노키오는 "제가 이러한 생각을 하게 된 것은 아마도 15년 또는 16년 전부터입니다. 지금 생각할 때 아마 그때부터 악마가 나의 머리에 그러한 생각을 집어

113

동안의 연구에서 '니콜라 다 포르치아'나 '니콜라 데 멜키오리 Nicola de Melchiori'라는 이름이 발견되지 않았다고 한다(cfr. 앞의 글). 화가와 제분업자의 만남은 종교적인 이유뿐만 아니라 직업적인 이유로 성사된 것이었다. 베네치아의 면허 등록집에는 물레의 건설에 필요한 독점권을 요구하는 화가, 조각가 그리고 건축가 들이 적지 않았다. 종종 조각가 안토니오 리치오 Antonio Riccio와 건축가 조르지오 아메데오 Giorgio Amedeo 또는 야코포 바사노 Jacopo Bassano와 같은 유명인들의 이름이 거론되기도 하였는데, 이들은 최고 회의에서 각각 1492년(전자의 두 명)과 1544년(후자의 한 명)에 물레의 제작에 필요한 독점권을 획득하였다: cfr. G. Mandich, "Le privative industriali veneziane(1450~1550)," *Rivista del diritto commerciale*, XXXIV, 1936, p. I, pp. 538, 545; cfr. p. 541. 필자는 이후 기간의 유사한 경우들을 ASVen(Senato Terra)에 보관된 사진들을 기초로 찾아낼 수 있었다. 이 사료들에 대한 검토는 카를로 포니 Carlo Poni의 적극적인 도움으로 가능하였다.

넣은 것으로 생각됩니다"[5]라고 대답하였다. "당신은 그것을 누구와 논의하기 시작하였습니까?"라고 이단 심문관이 묻자, 메노키오는 오랫동안 침묵을 지키다가 "잘 모르겠습니다"라고 대답하였다.

메노키오는 15년 혹은 16년 전인 1583년 누군가와 이러한 종교 문제에 대해서 논의를 한 것이 분명하다. 왜냐하면 그 이듬해 초에 그는 감옥에 보내져 재판을 받았기 때문이다. 모든 가능성을 살펴보건대, 메노키오에게 금서인 『데카메론』을 제공한 인물은, 그가 2주일이 지난 뒤에 이름을 밝혔듯이,[6] 바로 니콜라 데 멜키오리였다. 이름 이외에 (이단 심문관이 미처 눈치채지 못한) 날짜들도 이 인물이 바로 니콜라 다 포르치아라는 것을 말해준다. 게다가 메노키오는 이 화가를 일 년 동안 보지 못하였다.

사실 돈 오타비오 몬테레알레는 메노키오가 이러한 종교 문제에 대해서는 니콜라 다 포르치아와 논의를 했을 것이라는 사실을 잘 알고 있었다. 니콜라가 25년 남짓 이전부터 함께 모여 복음서를 읽었던 그 직인들의 일원이었는지에 대해서는 알 수 없다.[7] 어쨌든 1584년에 유리한 판결을 받았음에도 불구하고, 니콜라는 얼마 전부터 "명백한 이단주의자"[8]로 알려져 있었다. 이와 관련하여 포르데노네의 한 귀족인 풀비오 로라리오Fulvio Rorario는 8년 내지 10년 전의 이야기를 하면서 니콜라를 다음과 같이 묘사하였다. 그의 증언에 따르면 "니콜라는 포르치아

---

5 cfr. ACAU, proc. n. 285, 페이지 번호가 없는 문서(1599년 7월 19일).

6 cfr. ivi, 페이지 번호가 없는 문서(1599년 8월 5일).

7 포르치오의 그룹에 대한 재판 기록에서는 니콜라의 이름을 발견할 수 없었다. cfr. ASVen, Sant'Uffizio, b. 13과 b. 14, 안토니오 델로이오 문서철 fasc. Antonio Deloio.

8 cfr. ASVen, Sant'Uffizio, b. 34, 알렉산드로 만티카 문서철 fasc. Alessandro Mantica, 1571년 10월 17일. 니콜라는 'a tor alcune spaliere per dipenzer'한 로타리오 Rotario 의 집에 갔다.

에서 멀지 않은 어느 교회의 장식으로 걸려 있던 몇 장의 그림판을 깨뜨리면서, 이것들은 잘못된 것이며, 있어야 할 장소에 있지도 않다. 그리고 이것들은 사고 파는 물건에 불과하니까 교회에 둘 필요도 없다고 말하였다"는 것이다. 이 증언을 들어보면 성상을 날카롭게 비판한 메노키오가 머리에 떠오른다. 그러나 메노키오가 니콜라 다 포르치아로부터 배운 것은 이것만이 아니었다.

메노키오는 사제에게 다음과 같이 말했다. "저는 (니콜라)가 『잠폴로Zampollo』라는 제목의 책을 가지고 있었다는 것을 알고 있습니다. 그의 말에 따르면, 익살꾼 잠폴로는 죽어서 지옥에 떨어진 인물이라고 합니다. 그는 지옥에서 악마들과 함께 익살을 떨었다고 하더군요. 제가 기억하기로 잠폴로는 친구와 함께 있었는데, 악마가 그 익살꾼을 위해 지옥으로 데려왔다고 했습니다. 그리고 익살꾼 친구는 악마가 그 익살꾼을 좋아한다는 사실을 알고 익살꾼에게 불행한 척 행동할 것을 조언했습니다. 친구의 말대로 했을 때 악마는 익살꾼에게 '너는 불행하게 보이는데, 사실을 말해봐라. 주저하지 말고. 사람은 지옥에서조차도 정직해야 하니까'라고 말했습니다." 이단 심문관의 대리인에게 이 말은 매우 어리석은 내용이었을 것이다. 대리인은 더 이상 시간을 지체하지 않고 곧바로 진지한 문제, 예를 들면 메노키오에게 모든 인간들이 지옥에 간다고 주장한 적이 있는가에 대해서 질문하였는데, 이렇게 해서 심문관은 중요한 실마리를 놓쳐버리고 말았다. 메노키오는 니콜라 다 포르치아가 자신에게 읽도록 권하였던 책을 탐독하여 주제와 표현들을 유사하게 따라할 수 있을 정도가 되었다. 그러나 메노키오는 이 책

---

9 cfr. ACAU, Sant'Uffizio, proc. n. 126, c. 23v.

의 주인공 이름인 잠폴로를 『카라비아의 꿈 *Il sogno del Caravia*』[10]과 혼동하고 있었다.

베네치아의 보석상인 알렉산드로 카라비아Alessandro Caravia는 『카라비아의 꿈』에 자기 자신과 얼마 전 많은 나이로 사망한 친구로서 유명한 익살꾼이었던 잔폴로 롬파르디Zanpolo Lompardi를 등장시켰다.

> 그대는 나에게, 위대한 화가가 묘사한
> 고독한 사람으로 보인다네.[11]

익살꾼 잔폴로는 시작 부분에서 보석상인 카라비아(실제로 그는 겉표지의 판화에 뒤러Dürer의 '고독한 사람'으로 묘사되었다)에게 말한다. 카라비아는 슬프다. 그는 정의롭지 못한 것들로 가득한 주변의 세상을 바라보며 한없는 슬픔에 잠긴다. 잔폴로는 그를 위로하면서 이 세상에 참다운 삶은 존재하지 않는다는 사실을 상기시킨다.

> 오, 다른 세상 사람의 소식을

---

10 책 끝의 장식colophon: "베네치아, 조반 안토니오 디 니콜리니 다 사비오의 집들에서, 주님의 해 1541년, 5월In Vinegia, nelle case di Giovann'Antonio di Nicolini da Sabbio, ne gli anni del Signore, MDXLI, dil mese di maggio." 위의 인용문에 대한 전문적인 연구가 필요하다: 한편 cfr. V. Rossi, "Un aneddoto della storia della Riforma a Venezia," *scritti di critica letteraria*, III; *Dal Rinascimento al Risorgimento* (Firenze, 1930), pp. 191~222, 그리고 *Novelle dell'altro mondo. Poemetto buffonesco del 1513* 의 서문(Bologna, 1929)(*Nuova scelta di curiosità letterarie inedite o rare*, 2). 참고 문헌들은 표본적인 방법으로 카라비아라는 인물과 『카라비아의 꿈』의 내용이 부분적으로 삽입된 문학 작품들을 잘 보여준다. 익살 광대들이나 다른 코믹한 인물들의 지옥 여행에 관해서는 Bachtin, *L'oeuvre de François Rabelais* cit., p. 393 참조.

11 cfr. *Il sogno* cit., c. A III. 정면의 성화는 전통적으로 '우울한melanconico' 모습을 보여준다: 그러나 베네치아에 잘 알려진 뒤러의 판화에 의한 영향은 분명하다. Cfr. R. Klibansky, F. Saxl 그리고 E. Panofsky, *Saturn and Melancholy. Studies in the History of Natural Philosophy, Religion and Art* (London, 1964).

새롭게 듣는다면 얼마나 좋을까,[12]

라고 카라비아는 소리친다. 익살꾼 잔폴로는 자신이 죽은 후에 그에게 나타나겠다고 약속한다. 그의 말은 얼마 후 사실로 밝혀진다. 8행 시의 대부분은 보석상의 꿈을 서술하고 있으며, 그의 꿈 속에 익살꾼 잔폴로가 나타나 천국에서 성 베드로와 나눈 이야기들과, 처음에는 어릿광대 노릇으로 악마 파르파렐로Farfarello와 친분을 맺었으며 나중에는 다른 유명한 익살꾼 도메네고 타이아칼체Domenego Taiacalze를 만난 지옥에 대해서 말해준다. 익살꾼 타이아칼체는 잔폴로가 약속한 대로 카라비아에게 나타날 수 있도록 전략을 충고한다.

나는 악마 파르파렐로가 자네를 매우 좋아하는 것을 안다네.
그리고 곧 그가 자네를 만나러 오리라고 생각하지;
그는 자네가 비참한 심정인지 물을 것이고
자네가 그를 만날 때,
실제보다 더 불행한 척해야 하네.
그러면 그는 자네를 기쁘게 해주려 할 것이고
자네는 자신의 생각을 그에게 말하게 되겠지.
그러면 그는 자네의 모든 소망을 이루어줄 거야.[13]

잔폴로가 말했다. "그래서 나는 그런 척하기로 했다네."

극심한 고통 속에 있는 것처럼
구석에 주저앉아 있었다네.

12 cfr. *Il sogno del Caravia*, c. B IIr.
13 ivi, cc. Gv~G IIr.

악마 파르파렐로가 나를 방문하기 전에.

그러나 그의 계략은 성공하지 못하며 악마 파르파렐로는 그를 나무란다.

나는 당신의 척하는 행동을 간파하였소.
나의 마음은 당신으로 인해 이제 혼란스러워졌소,
당신이 나에게 속임수를 썼기 때문에.
당신은 모든 계율에 복종하겠다고 약속했었지,
지옥에서도 신의를 지키겠다고.

그럼에도 악마는 그를 용서한다. 그 결과 잔폴로는 잠자리에서 일어나 십자가 앞에 무릎을 꿇고 기도하는 보석상 카라비아에게 나타난다.

지옥에서도 진실을 말해야 한다며 메노키오를 사로잡은 악마 파르파렐로의 충고는 확실히 『카라비아의 꿈』의 핵심적인 주제들 중의 하나로서 위선, 특히 성직자의 위선에 대한 논쟁을 의미한다. 1541년 5월에 인쇄가 끝나고, 그동안 레겐스부르크 Regensburg에서 구교와 신교의 종교적 평화를 재건하기 위한 회담이 열리고 있던 당시에, 『카라비아의 꿈』은 사실상 이탈리아 복음주의의 전형적인 표현이었다. 악마, 벨체부 Belzebu의 법정에서도 "벌거벗은 엉덩이를 드러내 보이면서"[14] 춤을 추기 시작하는 두 익살꾼 잔폴로와 타이아칼체의 "삐죽한 코에 찡그리고 뒤틀린 얼굴"[15]은 광범위하고 집요한 종교적 담론을 수반하고 있다. 타이아칼체는 공개적으로 루터를 찬양한다.

---

[14] ivi, c. G. IIIr.
[15] ivi, c. G. IIv.

마르틴 루터라는 사람이 나타났는데

사제와 수사들을 낮게 평가하고,

독일인들에게 매우 사랑받았다네.

그는 종교 회의를 소집할 것을 끝없이 요구하였고 〔……〕

이 마르틴이라는 사람은,

모든 이론 분야에서 뛰어난 인물이었네.

그럼에도 그는 복음서를 내버리지 않았고,

많은 이들의 마음을 혼란스럽게 하였다네.

어떤 이는 오직 그리스도만이 우리를 용서한다고 말하고,

또 어떤 이는 바오로 3세와 클레멘트 교황이 그럴 수 있다고
하네.

누구는 이것을 공격하고 누구는 옳다고 한다네.

누구는 진실을 말하고, 누구는 목구멍 사이로 거짓말을 토한
다네.

모든 사람은 이 같은 이단자들을 밝혀내기 위해

한결같이 종교 회의를 소망한다네.

뜨거운 태양이 눈을 녹이듯,

그렇게 하느님도 슬픈 환상을 쫓아버린다네.[16]

요컨대 루터의 입장은, 스스로 교리의 명료함을 실현하기 위
해 종교 회의를 요구하고 '순수한 복음'을 주장하는 만큼 긍정
적으로 판단된다.

나는 마지못해 죽음이 오는 것을 보았네.

---

16 ivi, cc. F IVr~v.

내 보기에 그 의미가 분명하지 않은

지나치게 많은 주장들이 있어서,

각자 완전치 못하게 세상을 지배한다네.

사람은 자신의 굳은 믿음 속에 남기를 원하지.

그래서 공허한 말로 혼동되지 않으려 하네.

복음서의 내용을 잘 보고

마르틴에 관해서는 상관하지 않는다네.*

'순수한 복음'이 무엇인가는 잔폴로, 성 베드로, 타이아칼체가 순서대로 설명하였다. 무엇보다 그것은 그리스도의 희생 속에서 신앙을 통한 면죄를 의미한다.

기독교인이 구원받는 첫번째 이유는

사랑하는 마음으로 오직 하느님을 믿기 때문이네.

둘째로는 인간 예수가 자신을 믿는 모든 이를

자신의 피로 구원한다고 희망하기 때문이네.

셋째로는 자애로써 마음을 온건하게 지키고

성령의 빛 안에서 행동하기 때문이네.

그가 삼위일체인 하느님으로부터 보상을 원한다면

이 삼위일체가 그대를 지옥에서 구원할 것이네.[17]

결코 얄팍한 신학이 아니다. 따라서 이러한 양식의 구절들은 문맹인들 사이에서도 유행처럼 퍼져 있었으며 수사들도 설교하였다.

---

* 이하 인용된 글의 강조 부분은 필자에 의한 것이다.
17 ivi, c. Bv.

많은 무식꾼들은 스스로 학자를 자처하며,

성서에 관해 끝없이 말하지.

이발사, 대장장이, 재단사 들은

한계를 벗어난 신학론을 펼쳐,

사람들을 많은 실수에 빠지게 하면서

예정설에 관해서는 겁을 주고

최후의 심판과 자유 의지에 대해서도 그러하지.

바라건대 초석 가루로나 타버리라지.

이 하찮은 직인들은

사도 신경을 믿고 주기도문을 소리내어 읽는 것으로 충분하
리라.

잉크나 날카로운 펜으로

결코 씌어진 적이 없는 일들을 추구하여

믿음에 역행하는 수많은 실수를 범하지 말아야 하리.

복음서의 저자들은 천국에 가기를 원하는 이에게

옳고 손쉬운 길을 제시해왔다네. 〔……〕

잔폴로여, 암탉의 뱃속에 든 알의 얇은 막을 보기 위해

인간은 그렇게 예민할 필요가 없소. 〔……〕

오, 아무것도 모르는 수많은 수사들이

이 불쌍한 이들과 저들을

혼란시키기 위해

그들의 마음을 이용하는가.

그들은 순수한 복음이나 설교하면서

나머지는 내버려두는 것이 낫다는 것을 안다네.[18]

---

18 ivi, c. B IIIv. 'Stornire'는 'stordire, 즉 실신시키다'를 의미한다.

본질적인 핵심으로 집약된 종교와 얄팍한 신학 사이에 존재하는 분명한 대비는 메노키오의 주장을 상기시킨다. 그는 실제로 이 구절에서 '예정설'과 같은 어휘를 보기는 했어도, 그 의미는 몰랐다고 하였다. 보다 확실한 것은 '교회법과 율법'을 '상품'(알다시피, 이미 니콜라 다 포르치아도 사용하였던 용어이다)으로 비난한 것과, 『카라비아의 꿈』에서 성 베드로의 입을 빌려 사제와 수사를 매도한 것이 서로 정확하게 대비를 이룬다는 사실이다.

그들은 양털 자루나 후추 열매인 것처럼

죽은 자를 묻는 일을 업으로 한다네.

이 일을 할 때 그들은 매우 예민하다네.

만일 돈이 먼저 그들 손에 쥐어지지 않는다면

죽은 이의 시신을 받아들이려 하지 않지.

그러면 그들은 먹고 마시러 가서

수당을 건네준 이들을 비웃고

침대와 푸짐한 식탁의 쾌락을 즐긴다네.

가난한 이들을 상관하지 않고

자기 것처럼 소유한 교회를 가지고 제멋대로 행동하고

그들 속으로 모든 풍요로움을 끌어오며

가난에 고통받는 이들을 돌보지 않는다네.

교회를 **시장으로** 뒤바꾸고

더 많은 재산을 가질 수 있는 자를 축복하며

미사도, 목자의 임무도 없는 것,

이것은 내 보기에 사악한 관행이라네.[19]

---

19 ivi, c. B IVr.

여기서는 연옥에 대한 암묵적인 부정, 즉 죽은 자를 위한 미사의 공덕을 부정하고, 사제와 수사가 라틴어를 사용하는 것을 비난하고("그들은 모든 의식을 직업적으로 수행하며, 라틴어가 아닌 속어를 사용해야 한다"),[20] "사치스럽고 교만한 교회"[21]를 거부하며, 성인 숭배의 한계를 정확하게 묘사한다.[22]

123

> 아들아, 성인을 숭배해야 한다네.
> 그들이 예수의 계율을 따르는 사람들이기 때문이라네. 〔……〕
> 하느님은 그들처럼 행하는 자가
> 그의 최후에 천상에 오르기를 원한다네.
> 그러나 성인들은 그들의 은총을 나누어주지는 않는다네.
> 그러리라고 믿는 자는 잘못된 생각을 하는 것이라네.[23]

그리고 고백 성사에 대하여.

> 매시간 온 정신과 마음으로
> 모든 독실한 그리스도인은 고백 성사를 원한다네.
> 단지 유대인이 아니라는 것을 보여주기 위해
> 한 해에 한 번만 고백 성사를 해서는 안 된다네.[24]

---

20 잔폴로는 연옥을 서술하지 않았지만, 어느 시점에서는 애매한 방식으로 "저 밑 지옥 또는 연옥에 떨어질 죄 pene de l'inferno là giú, over purgatorio"를 강조하였다(ivi, c. IVr).

21 ivi, c. C IIv.

22 ivi, c. Er. 이 시점에서 카라비아는 Scuola di San Rocco 공장의 거대함을 비난하면서, 결코 자신의 고집을 꺾지 않았다.

23 ivi, c. D IIIv.

24 ivi, c. Er.

이들은 이미 알다시피, 메노키오의 자백에서 반복되는 주제이다. 그러나 메노키오는 『카라비아의 꿈』이 출판된 지 40년 이상이 지난 뒤, 전혀 다른 상황에서 이 책을 읽었다. "교황 절대주의자들"[25]과 루터의 반목, 즉 카라비아가 스트루미에리파와 잠베르라니파로 분리된 프리울리의 두 세력 간의 반목에 비유한 바로 그 대립 관계를 조종할 목적에서 종교 회의가 개최되기는 하였다. 그러나 실제로는 처벌을 위한 종교 회의로서 결코 화해를 위한 모임이 아니었다. 카라비아와 같은 사람들에게 트렌토 종교 회의에서 규정된 교회는 확실히 "바로 세워진" 교회도, 그들이 소망하던 "순수한 복음"에 기초한 교회도 아니었다.[26] 그리고 메노키오도 『카라비아의 꿈』을 이미 오랜 과거의 흔적들이 반영된 책으로서 읽어야만 하였다. 물론 반성직적이거나 반신학적인 논쟁들은 이미 앞서 살펴본 이유들로 인해서 항상 현실의 문제로 반복되고 있었다. 그러나 메노키오의 종교에 대한 보다 급진적인 생각들은 『카라비아의 꿈』의 한계를 초월하였다. 이 책에서는 그리스도의 신성에 대한 부정이나 그 흔적도, 성서의 완전한 통일성에 대한 거부도, 상품으로 정의된 세례에 대한 비난도, 그리고 관용에 대한 무차별적인 찬양의 흔적도 발견되지 않았다. 그렇다면 메노키오에게 이 모든 것을 이야기한 사람이 니콜라 데 멜키오리였다는 말인가? 관용에 대해서는 분명히 그러하다——만일 니콜라 다 포르치아와 니콜라 데 멜키오리가 동일한 사람이라면. 그러나 몬테레알레

---

25 ivi, c. B IVv.

26 『카라비아의 꿈』 이후의 작품들에 대해서는 Rossi, "Un aneddoto" cit. 1557년 카라비아는 종교 재판에 회부되었다. 재판 과정에서 그의 작품인 『카라비아의 꿈』도 비난의 대상이 되었는데, 그 이유는 이 작품이 "종교에 대한 조롱"으로 일관되었다는 사실이다(cfr. ivi, p. 220; 1563년 5월 1일의 날짜로 기록된 이 특징적인 유언은 부분적으로 pp. 216~17에서 재언급되었다).

주민들의 모든 증언에 따르면, 메노키오의 모든 생각이 첫번째 심문 그 훨씬 이전에[27] 형성되었다고 한다. 니콜라와 메노키오의 관계가 얼마나 과거로 소급되는지는 알려지지 않았다. 그러나 메노키오의 엄격함과 고집스러움을 볼 때, 그가 다른 사람의 생각을 수동적으로 수용하였다는 흔적은 찾아볼 수 없다.

---

27 메노키오의 이단적 성향이 드러나기 시작한 시기를 파악하는 것은, 이미 살펴보았듯이, 불가능하다. 어쨌든 20년 전부터 메노키오가 사순절을 지키지 않았다는 주장이 주목된다(ACAU, proc. n. 126, c. 27r) ── 날짜는 대략 그를 몬테레알레로부터 떠나게 만든 포고령의 그것과 일치한다. 메노키오는 카르니아에 거주하던 기간에 루터교의 신자들과 접촉하였을지도 모른다 ── 카르니아는 종교 개혁의 영향이 상당히 침투해 있던 국경 지역이다.

11. 이 모든 것은 저의 생각입니다

 "제가 여러분께 진실한 삶의 길을 가르쳐주기를 원합니까? 선을 행하고 우리의 조상들이 걸어온 길과 성모님의 교회가 우리들에게 시키는 것에 복종하려고 노력하세요."[1] 이 말은 알다시피 메노키오가 마을 사람들에게 했다고 주장하는 것이다(물론 거의 확실한 거짓말이다). 실제로 메노키오는 정확히 그 반대를 가르쳤다. 다시 말해 선행자들의 신앙을 멀리할 것과 사제가 성단에서 설교한 교리들을 거부할 것을 주장하였다. 처음에는 몬테레알레와 같은 작은 마을에서 그리고 후에는 종교 재판소의 법정에서 그토록 오랫동안(아마도 거의 30년 동안) 일탈한 입장을 유지한다는 것은 비상하다고밖에는 묘사할 길이 없는 정신적이고 지적인 힘을 요구하였다. 그의 친척들과 친구들의 불신도, 교구 사제의 비난도, 이단 심문관들의 위협도 결코 메노키오의 자기 확신을 꺾지는 못하였다. 도대체 무엇이 그토록 그에게 확신을 주었을까? 그는 누구의 이름으로 말하고 있었을까?

심문이 시작되었을 때, 메노키오는 자신의 의견들이 악마의 유혹으로 인한 것이었다고 하였다. "제가 앞서 말한 것은 악마의 유혹에 넘어갔기 때문이며 [……] 사악한 정령이 나로 하여금 그 같은 것을 믿도록 하였습니다." 그러나 이미 첫 심문이 끝나갈 무렵 그의 태도는 오히려 거만해졌다. "제가 말한 것은

---

[1] cfr. ivi, cc. 16r~v.

하느님이나 악마의 유혹 때문에 [······]"² 그리고 보름 후에는 다른 가능성을 제시하였다. "악마나 그 무엇이 저를 유혹하고 있었습니다."³ 이후 며칠이 더 지나자 그는 자신을 괴롭혔던 '그 무엇'을 다음과 같이 구체적으로 표현하였다. "제가 말씀드린 모든 것은 제가 생각한 것들입니다." 그후 메노키오는 첫번째 심문의 남은 시간 동안 이러한 자신의 입장을 고수하였다. 그리고 이단 심문관들에게 용서를 구하기로 결심했을 때에도 그는 자신이 저지른 과오를 '교묘한 마음'의 탓으로 돌렸다.

어쨌든 메노키오는 특별한 계시나 영감을 과시하지 않고 있었다. 오히려 그는 자신의 이야기에서 판단력을 가장 중요하게 생각하고 있었다. 이미 이러한 사실만으로도 메노키오는 15세기 말과 16세기 초 사이에 이탈리아 도시들의 광장에서 애매모호한 예언들을 일삼던 순회 설교자, 예언가⁴ 그리고 공상가와 확실하게 구분되었다. 1550년에도 전(前) 베네딕트 수도회의 인물이었던 조르지오 시쿨로Giorgio Siculo는 그리스도 자신이 '사람의 형상으로' 자신에게 나타나 계시한 진리를 트렌토에 다시 모인 신부들에게 전달하려고 했다. 그러나 트렌토 종교회의는 이미 20년 전에 종식되었으며 교회는 신자들이 믿을 수 있고 믿어야만 하는 것들에 대한 오랜 논쟁을 마감하였다. 그럼에도 프리울리에 살고 있는 한 방앗간 주인은 신앙에 대한 자

127

---

2 cfr. ivi, c. 19r.

3 cfr. ivi, c. 21v.

4 cfr. Chabod, *Per la storia* cit., pp. 299 sgg.; D. Cantimori, *Eretici italiani del Cinquecento* (Firenze, 1939), pp. 10 sgg.; M. Reeves, *The Influence of Prophecy in the Later Middle Ages. A Study in Joachimism* (Oxford, 1969); G. Tognetti, "Note sul profetismo nel Rinascimento e la letteratura relativa," *Bullettino dell'Istituto storico italiano per il Medio Evo*, n. 82, 1970, pp. 129~57. 조르지오 시쿨로에 대해서는 Cantimori, *Eretici* cit., pp. 57 sgg.; C. Ginzburg, "Due note sul profetismo cinquecentesco," *Rivista storica italiana*, LXXVIII, 1966, pp. 184 sgg. 참조.

신만의 생각에 집착하면서 교회의 결정에 반대하고 '숭고한 것들'에 대해 계속해서 고심하고 있었다. 말하자면, "저는 ……라고 믿으며…… 제가 생각하고 믿는 바에 따르면……"

그의 판단력은 책들에 기초하였다. 『카라비아의 꿈』도 예외는 아니었다. 메노키오는 첫번째 심문에서 "바르치스 신부에게 여러 번 고백 성사를 하면서," "예수 그리스도는 성령의 개념으로서 동정녀 마리아에게서 태어났다는 것이 가능할까요?"[5]라고 말하였다. 그러나 그는 계속해서 "나는 이 사실을 믿지만, 그러나 때로는 악마가 저를 유혹하였습니다"라고 하였다. 메노키오가 자신의 의심을 악마의 유혹으로 돌리는 것은 심문 초기에 상대적으로 조심하려는 그의 태도를 반영하였다. 실제로 그는 자신의 입장을 받쳐주는 이중적인 근거를 곧바로 제시하였다. "이러한 저의 생각은 많은 사람들이 이 세상에 태어났지만 그 누구도 처녀의 몸에서 태어나지 않았다는 사실에 기인합니다. 영광의 마리아가 성 요셉과 결혼하였다는 것을 읽었을 때, 저는 우리 주 예수 그리스도가 성 요셉의 아들이라고 생각하였습니다. 왜냐하면 제가 읽은 역사책에서 성 요셉이 우리 주 예수 그리스도를 아들이라고 불렀기 때문입니다. 저는 이 이야기를 『성서의 약술기』라는 책에서 읽었습니다." 이것은 선택된 한 가지 사례였을 뿐, 메노키오는 여러 차례 자신의 '견해'에 대한 근거로 여러 서적들을 언급하였다(특별히 이번 경우만이 아니었다). 메노키오가 읽은 책은 무엇이었을까?

---

5 cfr. ACAU, proc. n. 126, c. 16r.

12. 서적

안타깝게도 우리는 메노키오가 읽은 모든 책의 목록을 가지고 있지 않다. 그가 체포된 당시에 이단 심문관의 대리인은 그의 집을 수색하였다.[1] 그 과정에서 몇 권의 서적들이 발견되었지만 의심이 가거나 금지된 서적들이 아니었기에 목록이 작성되지는 않았다. 우리는 메노키오 자신이 심문 과정에서 강조한 내용만을 기초로 그가 읽은 책들의 목록 일부를 가장 신빙성 있게 재구성해볼 수 있다. 첫번째 심문에서는 다음의 서적들이 언급되었다.

1) 속어로 씌어진 『성서 *Bibbia*』.[2] 대부분이 붉은 글씨로 기록되었다(인쇄 여부는 확인되지 않았다).

2) 『성서의 약술기 *Il fioretto della Bibbia*』[3] (이 책은 라틴어 번

---

1 cfr. ivi, c. 14v, 1584년 2월 2일: "그는 의심받거나 금지되지 않은 책들을 발견하였다. 이단 심문관은 이 책들을 그에게 반환하였다."

2 스피니 G. Spini가 수집한 참고 문헌에 기초하여 판단할 때, 브루치올리 Brucioli의 번역은 언급되지 않은 것으로 생각된다(cfr. *La Bibliofilia*, XLII, 1940, pp. 138 sgg.).

3 cfr. H. Suchier, *Denkmäler Provenzalischer Literatur und Sprache*, I(Halle, 1883), pp. 495 sgg.; P. Rohde, *Die Quellen der Romanische Weltchronik*, ivi, pp. 589~638; F. Zambrini, *Le opere volgari a stampa dei secoli XIII e XIV*(Bologna, 1884), col. 408. 이미 언급하였듯이 출판물들은 상당히 방대하다: 몇몇은 출판 당시에 또 몇몇은 출판 직후 또는 그리스도의 성주간에 금지되었다. 필자가 발견한 출판물들은, 비록 이들에 대한 체계적인 연구를 하지는 못하였지만, 1473년부터 1552년 사이에 출판된 것들이었다. 거의 대부분은 베네치아에서 출판되었다. 메노키오가 정확하게 언제 『성서의 약술기』를 구입하였는지는 알 수 없다. 이 작품은 오랫동안 사람들에 의해서 읽혀졌다: 1569년의 목록에는 'Flores Bibliorum et doctorum'(cfr. F. H. Reusch, *Die Indices librorum prohibitorum des sechszehnten Jahrhunderts*, Tübingen, 1886, p. 333)이 포함되어 있다. 1576년 교황청의 심의관인 사제 다미아노 루베오 Damiano Rubeo

역 성서 이외에도 이시오도로 Isiodoro의 『연대기 *Chronicon*』, 오노리오 디 아우툰 Onorio di Autun의 『제사해명(諸事解明) *Elucidarium*』, 그리고 별로 신빙성이 없는 수많은 복음서들을 포함하여 여러 출처가 뒤섞여 있는 중세 카탈루냐의 한 연대기를 번역한 것이다. 그리고 14세기와 15세기에 필사본의 형태로 널리 유포된 이 서적에 대해서는 『성서의 약술기』 『두 성서의 약술기 *Fiore di tutta la Bibbia*』 『신초술기 *Fiore novello*』라는 다양한 표제로 인쇄된 20여 권의 판본이 남아 있다──마지막 판본은 16세기 중반의 것이다).

3) 『성모의 루치다리오 *Il Lucidario della Madonna*』[4](또는 『성모의 로사리오 *Rosario della Madonna*』. 이 책은 16세기에 여러 번 출판되었던 도미니크 수도회의 수사 알베르토 다 카스텔로 Alberto da Castello의 『영광스런 성처녀 마리아의 로사리오 *Rosario della gloriosa Vergine Maria*』와 같은 것으로 추정된다).

4) 『성인들의 전설 *Il Lucendario de santi*』[5](원문 그대로, Legendario de santi. 이 책은 니콜로 말레르미 Niccolò Malermi의

는 볼로냐 이단 심문관의 질문에 『성서의 약술기』(cfr. A. Rotondò, "Nuovi documenti per la storia dell' 'Indice dei libri proibiti' [1572~1638]," *Rinascimento*, XIV, 1963, p. 157)를 금지하는 것이 좋겠다는 의견을 제시하였다.

4 메노키오는 먼저 『성모의 루치다리오』에 대하여 말하였지만, 그 이후에는 다음과 같이 자신의 말을 수정하였다: "난 그 책이 로사리오인지 루치다리오인지 잘 기억을 할 수가 없지만, 분명 출판된 것이었습니다"(cfr. ACAU, proc. n. 126, cc. 18r, 20r). 로사리오 디 알베르토 다 카스텔로 Rosario di Alberto da Castello에 대해서 필자는 1521년부터 1573년 사이에 출판된 15권의 책을 알고 있다. 이 경우에도 다른 경우들에서와 마찬가지로 필자는 체계적인 연구를 하지 못하였다. 만약 메노키오가 읽은 책이 로사리오 Rosario라면(나중에도 언급하겠지만, 분명하게 확인되지는 않았다), 그럼 '루치다리오 Lucidario'에 대하여 설명하기로 하자: 이 책은 오노리오 다 아우툰의 루치다리오에서 유래된 것으로 추측되는 몇몇의 루치다리오에 대한 무의식적인 기억일까?(이 서적에 대해서는 Y. Lefèvre, *L'Elucidarium et les lucidaires*, Paris, 1954 참조).

5 또한 이 책에서도 몇몇의 루치다리오에 대한 강독의 흔적이 보인다(cfr. 앞의 글). 당시의 방언으로 씌어진 『황금 전설』은 수없이 많다. 메노키오는, 예를 들어, 1565년 베네치아에서 방언으로 출판된 『황금 전설』을 읽었을 것이다.

감수 하에 『모든 성인 전기의 전설 *Legendario delle vite de tutti li santi*』이라는 표제로 출판되었던 야코포 다 보라지네Jacopo da Voragine의 그 유명한 『황금 전설 *Legenda aurea*』의 번역본이다).

5) 『최후 심판의 역사 *Historia del Giudicio*』[6](이 책은 16세기에 씌어진 작자 불명의 8행시로 된 작은 시집으로서 다양한 크기의 판본으로 출판되었다).

6) 『맨더빌의 기사 *Il cavallier Zuanne de Mandavilla*』[7](14세기 중반, 공상 인물인 기사 존 맨더빌John Mandeville 경의 여행기로서, 16세기 말까지 수차례에 걸쳐 출판되었다. 이 책은 이탈리아어 번역본이다).

7) '『잠폴로 *Zampollo*』[8]라는 이름의 서적'(이 책은 실제로 1541년 베네치아에서 인쇄된 『카라비아의 꿈』이다).

---

6 cfr. *La poesia religiosa. I cantari agiografici e le rime di argomento sacro*, A. Cioni, ed., Firenze, 1963(Biblioteca bibliografica italica, 30), pp. 253 sgg. 메노키오가 읽은 책은 심판의 역사에 대한 노래가 반그리스도의 출현에 대한 짧은 노래 이후에 등장하는 그룹의 주제들로 구성되었다(inc.: "A te ricorro eterno Creatore"). 이들 가운데 네 종류가 알려져 있다. 세 가지는 Biblioteca Trivulziana di Milano에 보관되어 있고(cfr. M. Sander, *Le livre à figures italien depuis 1467 jusqu' à 1530*, II, Milano 1942, nn. 3178, 3180. 3181), 다른 하나는 볼로냐 대학의 도서관에 있다(*Opera nuova del giudicio generale, qual tratta della fine del mondo*, 파르마에서 출판되었으며 다시 종교 재판소의 허가로 알렉산드로 베나치에 의해 재출판되었다, 1575; 이 사례에 대해서는, pp. 44 그리고 sgg. 참조). 이상의 네 가지에는 「마태복음」서로 주석을 붙인 ─ 메노키오가 기억하고 있는 ─ 구절들이 있다(cfr. pp. 44 그리고 sgg.). 그러나 이 구절은 베네치아의 마르치아나 도서관에 소장되어 있는 보다 간략한 구절들에서는 찾아볼 수 없다(cfr. A. Segarizzi, *Bibliografia delle stampe popolari italiane della R. Biblioteca nazionale di S. Marco di Venezia*, I, Bergamo, 1913, nn. 134, 330).

7 이 작품에 관련하여 적지 않은 문학 작품들이 존재한다. 필자가 알고 있는 최근의 출판물(*Mandeville's Travels*, M. C. Seymour, ed., Oxford, 1967)과 반대되는 해석의 M. H. I. Letts(*Sir John Mandeville. The Man and His Book*, London, 1949)와 J. W. Bennett(*The Rediscovery of Sir John Mandeville*, New York, 1954)는 맨더빌이 역사적으로 존재한 인물이라는 사실을 별로 신빙성이 없는 주제들을 이용하여 증명하려고 노력하였다. 라틴어로 번역된 뒤에 다시 유럽의 언어들로 번역된 『여행기 *I Viaggi*』는 필사본이나 책의 형태로 상당히 확산되었다. 현재 영국 박물관에는 1480년과 1567년 사이에 이탈리아어로 번역된 20여 권의 출판본들이 소장되어 있다.

8 『카라비아의 꿈』에 대해서는, V. Rossi의 책, p. 162 참조.

책들의 목록에는 두번째 심문에서 언급된 다른 책들도 포함
된다.

8)『연대기 보유 *Il Supplimento delle cronache*』[9](15세기 말 베
르가모의 아우구스티누스 교단의 수사 야코포 필립포 포레스티
Jacopo Filippo Foresti에 의해 편집된 속어 번역문이다. 이 책은
16세기 말까지 수정 작업을 거쳐『연대기(에 추가된) 보유 *Supple-
mentum Supplementi delle croniche……*』라는 제목으로 수 차례
에 걸쳐 출판되었다).

9)『마리노 카밀로 데 레오나르디스가 페사로 시(市)에서 저
술한 이탈리아의 역서(曆書) *Lunario al modo di Italia calculato
composto nella città di Pesaro dal eccelentissimo dottore Marino
Camilo de Leonardis*』[10](이 책도 수차례에 걸쳐 출판되었다).

10) 검열을 받지 않은 보카치오의『데카메론 *Decameron*』.[11]

---

9 포레스티의 연대기 속어판에 대해서 필자는 15권의 출판본을 알고 있는데, 이들은
1488년과 1581년 사이에 출판된 것이다. 저자에 대해서는 E. Pianetti, "Fra' Iacopo
Filippo Foresti e la sua opera nel quadro della cultura bergamasca," *Bergomum*,
XXXIII, 1939, pp. 100~09, 147~74; A Azzoni, *I libri del Foresti e la biblioteca
conventuale di S. Agostino*, ivi, LIII, 1959, pp. 37~44; P. Lachat, "Une ambassade
éthiopienne auprès de Clement V, à Avignon, en 1310," *Annali del pontificio museo
missionario etnologico già lateranensi*, XXXI, 1967, p. 9, n. 2 참조.

10 il Sander(*Le livre à figures* cit., II, nn. 3936~43)는 1509년과 1533년 사이에 출판된 8
권의 작품을 기록하였다.

11 메노키오가 반종교 개혁의 검열을 거치지 않은『데카메론』을 읽었을 것이란 사실에
대해서는 앞의 글, pp. 58~60 참조. 반종교 개혁에 대해서는 F. H. Reusch, *Der
Index der verbotenen Bücher*, I(Bonn, 1883), pp. 389~91; Rotondò, *Nuovi documenti*
cit., pp. 152~53; C. De Frede, "Tipografi, editori, librai italiani del Cinquecento
coinvolti in processi d'eresia," *Rivista di storia della Chiesa in Italia*, XXIII, 1969, p. 41;
P. Brown, "Aims and Methods of the Second 'Rassettatura' of the Decameron," *Studi
secenteschi*, VIII, 1967, pp. 3~40 참조. 개괄적인 내용에 대해서는 A. Rotondò, "La
censura ecclesiastica e la cultura," *Storia d'Italia*, vol. V, tomo II(Torino, 1973), pp.
1399~1492 참조.

11) 앞서 언급하였듯이 한 증인이 『코란』[12]이라고 증언하였지만 제목과 저자가 확실하게 밝혀지지 않은 책이다. 이 책은 1547년 베네치아에서 출판된 이탈리아어판이다.

133

---

12 cfr. C. De Frede, *La prima traduzione italiana del Corano sullo sfondo dei rapporti tra Cristianità e Islam nel Cinquecento* (Napoli, 1967).

13. 마을의 독자들

우선 어떻게 메노키오가 이 책들을 손에 넣게 되었는지를 살펴보자. 그가 『성서의 약술기』를 구입하였다는 것은 분명한데, 이 사실은 "그 책은—메노키오가 말하기를—베네치아에서 2솔디를 주고 샀습니다"[1]라는 메노키오의 말을 통해 알 수 있다. 그러나 다른 세 권의 책, 즉 『최후 심판의 역사』『성모의 로사리오』 그리고 『코란』으로 추정되는 책에 대해서는 알려진 사실이 전혀 없다. 반면 『연대기 보유』[2]는 토마소 메로 다 말민스 Tomaso Mero da Malmins가 메노키오에게 선물로 준 것이다. 그리고 11권 가운데 절반이 넘는 6권은 빌린 책들이다. 이상의 모든 것은 이 작은 마을 공동체에서 일련의 독자들이 경제적으로 넉넉하지 못하였기에 책들을 서로 돌려가며 읽고 있었다는 사실을 보여주는 중요한 증거이다. 『성모의 루치다리오(또는 로사리오)』[3]는 메노키오가 추방되어 아르바Arba에 머물고 있던 1564년에 안나 데 체코Anna de Cecho라는 한 여성에게서 빌린 것이다. 그녀의 아들 조르지오 카펠Giorgio Capel[4]은 증언하는 자리에서(그의 모친은 사망하였다) 자신은 『성인 전기 *La vita de santi*』라는 이름의 책 한 권을 가지고 있었으며, 다른 책들은 전에 아르바의 교구 사제에 의해 압수되었다가 2~3권의 책들만을 돌려받았고 나머지는 "그들이(물론 이단 심문관들이)

---

1 cfr. ACAU, proc. n. 126, c. 20r.
2 cfr. ivi, proc. n. 285, 페이지 번호가 없는 문서(1599년 7월 12일).
3 ivi, proc. n. 126, cc. 18r, 20r.
4 cfr. ivi, 페이지 번호가 없는 문서(1584년 4월 28일).

불태워버리기를 원하였다"고 말하였다. 『성서』[5]와 『성인들의 전설』은 메노키오가 자신의 삼촌인 도메니코 제르바스Domenico Gerbas로부터 빌린 것들이다. 한편 후자는 "물에 젖어서 파손되었다." 반면에 『성서』는 결국 바스티안 스칸델라Bastian Scadella의 손에 들어갔는데, 사촌인 메노키오는 그에게서 종종 빌려 보고 있었다. 그런데 심문이 열리기 여섯 내지 일곱 달 전에 바스티안의 아내 피오르Fior는 『성서』를 가져다가 화덕의 땔감으로 사용하였다. 이때 메노키오는 "이 책을 태워버린 것은 죄악입니다"라고 고함쳤다고 한다. 『맨더빌의 기사』[6](또는 맨더빌의 『여행기』)는 몬테레알레의 사제인 안드레아 비오니마 Andrea Bionima가 마니아고Maniago의 '공증인 문서들'을 뒤지다가 우연하게 발견하였으며, 메노키오는 이 책을 5~6년 전에 빌려 보았다(어쨌든 비오니마는 이 책이 처음으로 발견되었을 때 '조금 읽을 줄 아는' 빈첸초 롬바르도Vincenzo Lombardo가 집으로 가져간 것이 틀림없으며, 그렇기 때문에 메노키오에게 이 책을 빌려준 것은 자신이 아니라 바로 롬바르도였다고 조심스럽게 주장하였다). 『카라비아의 꿈』[7]은 메노키오가 과거 자신에게 몬테레알레의 루나르도 델라 미누사Lunardo della Minussa를 통해 『데카메론』을 빌려주었던 니콜라 데 멜키오리[8]와 같은 인물로 추정되는 니콜라 다 포르치아로부터 빌린 것이다. 그리고 『성서의 약술기』는 메노키오가 바르티아에 사는 티타 코라디나 Tita Coradina라는 한 젊은이에게 빌려주었는데,[9] 후에 그 젊은이는 이 책이 금서라는 교구 사제의 말을 듣고 불태워버렸다고

---

5 cfr. ivi, c. 21v.

6 cfr. ivi, cc. 22r, 25v.

7 cfr. ivi, c. 23v.

8 cfr. ivi, proc. n. 285, 페이지 번호가 없는 문서(1599년 8월 5일).

9 cfr. ivi, proc. n. 126, 페이지 번호가 없는 문서(1584년 4월 28일).

진술하였다.

이같이 서적들이 여러 사람을 통해 돌아다니는 과정에는——
충분히 예상할 수 있듯이——사제들과, 심지어는 여성들도 관
련되어 있었다. 16세기 초부터 우디네에는[10] 지롤라모 아마세
오Girolamo Amaseo의 지도 하에 "아무런 납부금도 받지 않고,
직인들과 낮은 신분의 자식들 그리고 돈 없는 빈민들은 물론,
젊은이에서 노인에 이르기까지 아무런 차별과 예외를 두지 않
고 읽기와 쓰기를 가르치기 위한" 학교가 세워졌었다. 당시 몬
테레알레에서 멀지 않은 아비아노와 포르데노네와 같은 마을
에도 기초적인 라틴어까지도 가르치는 초등 수준의 학교들이
있었다.[11] 그렇다고는 해도 구릉 지대의 이 조그만 마을에 글을
읽을 줄 아는 사람이 그토록 많았다는 사실은 놀라운 일이 아
닐 수 없다.[12] 그러나 불행히도 이들에 대해서는 사회적 신분을
알 수 있는 정보들만이 전해질 뿐이다. 화가인 니콜라 다 포르
치아에 대해서는 이미 설명하였다. 메노키오의 사촌인 바스티
안 스칸델라가 이 지역에서 많은 토지를 소유하고 있었으며
1596년에는 몬테레알레의 시장직을 맡았었다는 사실을 같은
해의 토지 대장 기록에서 찾아볼 수 있다. 그러나 다른 인물들
에 대해서는 단지 이름만을 알 수 있을 뿐이다. 어쨌든 이러한
상황에서 분명한 것은 책이 이들의 생활에서 공통 분모를 구성
하고 있었다는 사실이다. 다시 말하면 이들에게 있어서 책은
지나친 관심의 대상이라기보다는 물에 젖거나 파손될 위험에
노출된 일상적인 물품과 같았다. 반면, (의심할 바 없이 종교 재

---

10 cfr. A. Battistella, cit. in Tagliaferri, *Struttura* cit., p. 89.

11 cfr. Chiuppani, *Storia di una Scuola* cit. 이 문제에 대해서는 최근의 연구가 부족한
이유로 마나코르다의 오래된 저서가 항상 유익한 형편이다: G. Manacorda, *Storia
della scuola in Italia*, I: *Il Medioevo* (Milano-Palermo-Napoli, 1914).

판소가 발견하지 못하도록 하기 위해서) 불구덩이 속으로 사라져버린 『성서』에 대한 메노키오의 예민한 반응에는 중요한 의미가 있다. 메노키오는 『성서』를 '논쟁을 증가시키는 책들'과의 풍자적인 비유에도 불구하고 하느님이 주신 핵심을 포함하고 있다는 이유로 다른 모든 책들과는 다르다고 생각하였다.

137

---

12 알파벳의 역사가 아직도 초기 단계에 있다는 사실이 강조된다. C. Cipolla, *Literacy and Development in the West* (London, 1969)의 복합적인 상황 설명은 이미 낡은 언급에 불과하다. 최근의 연구들 중에서는 L. Stone, "The Educational Revolution in England, 1560~1640," *Past and Present*, n. 28, 1964년 7월, pp. 41~80 참조; Id., "Literacy and Education in England, 1640~1900," ivi, n. 42, 1969년 2월, pp. 69~139; A. Wyczanski, "Alphabétisation et structure sociale en Pologne au XVIᵉ siècle," *Annales: ESC*, XXIX, 1974, pp. 705~13; F. Furet et W. Sachs, "La croissance de l'alphabétisation in France: XVIIIᵉ~XIXᵉ siècle," ivi, pp. 714~37이 있다. 우리들이 조사하고 있는 경우와 비교할 때 Wyczanski의 저서는 특별히 흥미롭다. 1564~1565년으로 거슬러 올라가는 크라코비아 Cracovia 지역에 대한 조세 문서들을 통해서 알 수 있는 사실은 조세 문서에 언급된 농민들의 22%가 자신들만의 고유한 서명을 할 줄 알았다는 것이다. 저자는 이 수치에 대한 평가가 조심스러워야 한다고 주장하였는데, 그 이유는 이 지역의 농민들이 종종 마을에 적지 않은 재산을 소유한 유복한 자들로 구성되어 있었으며(그 대표적인 것이 바로 메노키오의 경우이다), 통계의 견본으로는 상당히 적은 수치에 불과하기 때문이었다. 그럼에도 저자는 결론적으로 "초등 수준의 교육이 농민들 사이에서 보편화되었다"고 주장하였다("Alphabétisation" cit., p. 710). 이 시점에서 우리는 아직 진행 중인 B. Bonnin의 연구("Le livre et les paysans en Dauphiné au XVIIᵉ siècle")와 J. Meyer의 연구("Alphabétisation, lecture et écriture: essai sur l'instruction populaire en Bretagne du XVIᵉ siècle au XIXᵉ siècle")에 많은 기대를 걸고 있다.

14. 인쇄본들과 '환상적 견해'

  메노키오가 인용한 서적들의 절반 이상이 빌린 것이었다는
사실은 그 목록의 특성을 분석하는 데 중요한 단서를 제공한
다. 다만 메노키오가 『성서의 약술기』를 읽었다는 사실을 전제
할 때, 베네치아에 있는 이름을 알 수 없는 한 서점 주인의 가
게에 아무렇게나 쌓여 있는 책들 중에서 바로 이 책을 구입한
것은 오직 그의 의지에 따른 선택이었다는 사실을 입증한다.
곧 알게 되겠지만, 메노키오에게 있어서 『성서의 약술기』가 침
대 곁에 놓고 보는 책 livre de chevet의 일종이었다는 것은 의미
심장한 사실이다. 반대로 안드레아 비오니마가 마니아고의 '공
증인 문서들'에서 발견한 『맨더빌의 기사』를 손에 넣게 된 것
은 우연이었다. 반면 메노키오는 특별한 호기심보다는 읽고 싶
은 순수한 욕망으로 그 책을 수중에 넣었을 것이다. 이것은 아
마 마을의 다른 사람들로부터 빌린 모든 책들에 대해서도 마찬
가지라고 생각된다. 재구성된 서적 목록은 메노키오가 읽을 수
있었던 책들을 나타낼 뿐이지, 애착을 가지거나 의도적으로 선
택한 것이었다고는 할 수 없다.

　게다가 이 목록은 불완전하다. 이 목록을 구성하는 11권 가
운데 절반이 넘는 6권이 종교 서적이었다는 사실이 이를 뒷받
침한다. 메노키오는 두 차례의 심문에서 자신의 생각을 정당화
하기 위해 무엇보다도 이런 유형의 책들에 대해서 언급하였을
것이 분명하다. 그가 가지고 있거나 읽었을 책들로 구성될 완
전한 목록은 아마도 그의 생각에 대한 보다 다양한 측면들을

제시해줄 수 있었을 것이다. 예를 들면 메노키오가 도발적인 방식으로 성서에 접근시킨 그 '논쟁의 책들(『피오라반테라는 이름의 전쟁서 Libro che tratta di bataglia, chiamato Fioravante』, Venezia. M. Sessa, 1506)'이나 다른 유사한 책들이 언급되었을 것이다. 그러나 단편적이고 획일적이기는 하지만 목록에 언급된 책들은 고찰해볼 가치가 있다. 목록에는 성서 이외에도 종교서, 운문이나 산문 형식의 저서들, 성인 전기, 달력, 준희극시, 여행기, 연대기, 소설집(『데카메론』) 들이 있다. 속어로 씌어진 모든 책[1](메노키오의 라틴어 실력은, 그가 말했듯이, 미사를 보면서 습득한 것이 전부였다)들의 일부는 2~3세기 전에 씌어져 사회의 각 계층에 널리 알려져 있었다.[2] 한 예로 『연대기 보

139

---

1 cfr. ACAU, proc. n. 126, c. 16r: "대답하기를: 나는 믿음에 대하여 말할 수 있습니다. 그리고 나는 미사에서 믿음이 언급되는 것을 들은 적이 있으며 몬테레알레 교회에서 찬양을 하였습니다. 묻기를: 너는 '우리 주님의 유일하신 아들이며 성령으로 잉태하시어 성처녀 마리아에게서 출생하신 예수 그리스도'라는 말을 하는 것으로 보아 믿음을 알고 있다. 과거에 당신이 믿었던 것은 무엇이며 현재 당신이 믿는 것은 무엇인가? 너는 주님이 '성령으로 잉태하시어 성처녀 마리아에게서 출생하신' 것을 말하려 하는가? 대답하기를: 예 심문관님 '저는 그렇게 믿고 있습니다.'" 교황청 종교재판소의 공증인이 기록한 이 대화에서, 메노키오가 나는 믿는다(또는 생각한다)를 의미하는 크레도 Credo라는 용어를 반복적으로 사용한 것을 볼 때, 단지 이 표현('Credo')만을 이해하고 있었던 것으로 생각된다. 또한 메노키오가 '우리의 하느님 Pater noster'(ivi, proc. n. 285, 페이지 번호가 없는 문서, 1599년 7월 12일)이라는 용어를 알고 있었다는 사실은 우리가 설정한 가설과 상충하지 않는다. 반면에 메노키오가 그리스도가 도둑에게 한 말을 인용하였다는 것은 분명하지 않다("오늘 너는 나와 함께 천국에 있게 될 것이다": cfr. proc. n. 126, c. 33r): 그러나 메노키오가 라틴어에 능통하였을 것이라는 한 가지 사실에 기초하여 결론을 도출하는 것은 상당히 위험하다.

2 불행히도 16세기 하층민들 사이에서 확산된 책들에 대한 체계적인 조사를 하지 못하였다. 좀더 정확하게 언급하자면, 이 계층에서 글을 읽을 줄 아는 사람들은 소수에 불과하다. 따라서 유언 목록 post mortem과 증언들과 종교 재판에 대한 연구(특히 상업 분야에 대한 Bec의 연구)는 상당히 유익하다고 할 것이다. Cfr. H.-J. Martin, *Livre, pouvoirs et société à Paris au XVIIe siècle (1598~1701)*, I(Genève, 1969), pp. 516~18, 그리고 이후의 기간에 대해서는, J. Solé, "Lecture er classes populaires à Grenoble au dix-huitième siècle: le témoignage des inventaires après décès," *Images du peuple au XVIIIe siècle—Colloque d'Aix-en-Provence, 25 et 26 octobre 1969* (Paris, 1973), pp. 95~102.

유』와 『맨더빌의 기사』[3]는 메노키오와는 전혀 다른 '문맹인 omo sanza lettere,' 즉 라틴어를 모르는 레오나르도의 서고에 있었다. 『최후 심판의 역사』[4]는 저명한 자연과학자인 울리세 알드로반디Ulisse Aldrovandi가 소장하고 있는 책들 중의 하나였다(알드로반디는 젊은 시절 이단 그룹과 관계를 맺었다는 이유로 종교 재판을 받은 적이 있었다). 물론 메노키오의 목록에는 『코란』이 언급된다(그러나 이 책은 다른 측면에서 고찰될 것이다). 그 나머지는 어떻게 메노키오가 동향 사람들이 정의한 "환상적 견해들"[5]을 가지게 되었는가에 해답을 줄 수 없는 부류의 책들이다.

---

3 포레스티에 대해서는 Leonardo da Vinci, *Scritti letterari*, A. Marinoni, ed., 신판 (Milano, 1974), p. 254 참조(이는 추측에 불과하지만, 어느 정도의 근거는 가지고 있다). 둘째, 즉 맨더빌에 대해서는 E. Solmi, *Le fonti dei manoscritti di Leonardo da Vinci* (Torino, 1908), suppl. n. 10~11 del *Giornale storico della letteratura italiana*, p. 205 참조(맨더빌에 대한 레오나르도의 반응에 대해서는 앞의 글, pp. 54 참조). 개론적인 내용에 대해서는, Marinoni, pp. 239 sgg.; E. Garin, "Il problema delle fonti del pensiero di Leonardo," *La cultura filosofica del Rinascimento italiano* (Firenze, 1961), pp. 388 sgg.; C. Dionisotti, "Leonardo uomo di lettere," *Italia medioevale e umanistica*, V, 1962, pp. 183 sgg. 참조(이 연구서는 방법론적인 차원에서도 유익하다).

4 볼로냐 대학의 도서관에 보관되어 있는 『신작 최후의 심판 *Opera nuova del giudicio generale*』이 그 대표적인 사례이다(표시: Aula V, Tab. I, J.I., vol. 51.2). 정면에는 'Ulyssis Aldrovandi e amicorum'이라는 글이 씌어져 있다. 이 글 이외에도 정면과 문서의 마지막 페이지에 씌어진 글은 알드로반디Aldrovandi의 글씨체가 아닌 것으로 생각된다. 알드로반디에 대한 종교 재판의 진행 상황에 대해서는 A. Rotondò, "Per la storia dell'eresia a Bologna nel secolo XVI," *Rinascimento*, XIII, 1962, pp. 150 sg., 참고 문헌 포함.

5 cfr. ACAU, proc. n. 126, c. 12v.

15. 막다른 골목?

다시 한 번 메노키오에 대한 연구가 막다른 골목에 다다른 느낌이 든다. 우리는 먼저 메노키오의 색다른 우주 창조론 앞에서, 이단 심문관의 대리인과 마찬가지로 잠시 동안 이것이 한 미치광이의 말인지를 자문하였다. 설득력이 없는 이 가설 다음으로는 메노키오의 교회학에 대한 연구를 통해 또 다른 가설, 즉 그가 재침례파일지도 모른다고 생각해보았다. 그러나 이러한 생각도 의미가 없다는 판단 하에, 이번에는 그가 '루터파'의 순교자를 자처하였다는 정보를 근거로 종교 개혁과의 관계에 대한 문제를 연구하였다. 이 경우에도 메노키오의 이념과 믿음을 종교 개혁을 계기로 폭발한(그러나 이와는 무관한) 농민들의 뿌리 깊은 급진주의에 끼워넣으려는 제안은 심문 기록들을 기초로 재구성된 도서 목록과 분명한 모순 관계를 구성하는 것처럼 보인다. 글을 읽고 쓸 줄 알았으며 별로 평범하지 않았던 한 방앗간 주인을 어느 정도까지 이 시대(16세기)의 전형으로 간주할 수 있을 것이며, 그럴 수 있다면 무엇의 전형으로 볼 것인가? 메노키오 자신이 출판된 많은 책들을 자신의 사고의 원천으로 지적한 것을 보면 그가 농민 문화의 흐름을 대표하지 않는 것은 확실하다. 결국 이러한 미궁의 벽 앞에 이르자 메노키오에 대한 연구는 출발점으로 되돌아왔다.

말하자면 거의 그런 셈이다. 우리는 메노키오가 읽었던 책들을 살펴보았다. 그런데 그는 이 책들을 어떻게 읽었을까?[1]

메노키오가 이 책들에서 인용한 모든 구절들을 그가 도출한 결론들과 (그리고 심지어는 그가 심문관들에게 증언한 방식과) 하나씩 차례대로 비교하면서, 때로는 모순되고, 때로는 상당한 차이가 있다는 사실을 발견하게 된다. 이 책들을 '원천'이라는 용어의 기계적 의미로 생각하려는 그 어떠한 시도도 메노키오의 공격적이고 독창적인 독서 활동 앞에서는 의미를 상실한다. 메노키오가 자신과 인쇄된 지면 사이에 무의식적으로 설치한 칸막이, 즉 그의 독서의 열쇠는 정작 책들의 내용보다 더 중요한 것으로 보인다. 메노키오는 이 칸막이를 이용해 어떤 단어는 강조하고 또 어떤 단어는 배제하였다. 그러므로 이 칸막이는 하나의 어휘를 본 내용에서 뽑아내고 그 의미를 과장하였으며 또한 그의 기억 속에서 본 내용의 의미를 변형시키는 데 활용되고 있었다. 그리고 이 칸막이는 책에 언급된 문화와는 다른 문화, 즉 구전 문화를 이끌어낸다.

그렇다고 메노키오에게 책이 중요하지 않다거나 구실에 불과하다는 것은 아니다. 앞으로 살펴보겠지만, 그의 말에 따르면, 적어도 책 한 권은 자신에게 깊은 감동을 주어 생각지도 않았던 의지로 새로운 생각을 가지게 해주었다고 하였다. 이는 책과 구전 문화의 만남이었으며, 메노키오는 이러한 만남의 순간에 처음에는 자신에게 그리고 계속해서 동향 사람들과 이단 심문관들에게, "자신의 머리에서 나온 의견들"[2]을 말하였던 것이다.

---

1 강독의 문제에, 대해서는——학자들이 이 문제를 항상 소홀하게 취급하였다는 사실에 놀라지 않을 수 없다——에코(U. Eco, "Il problema della ricezione," *La critica tra Marx e Freud*, A. Ceccaroni, G. Pagliano Ungari, ed., Rimini, 1973, pp. 19~27 참조)의 정확한 분석은 대부분의 경우, 이 책에서 언급한 것과 동일하다. 로시와 스텔라(A. Rossi, S. Piccone Stella, *La fatica di leggere*, Roma, 1963)의 연구는 상당히 흥미롭다. 방법론적으로는 중요한 경험이라 할 수 있는(예를 들어 메노키오에 대한 문서를 강독하는 과정에서 발생하는) '실수'에 대해서는 C. Ginzburg, "A proposito della racolta dei saggi storici di Marc Bloch," *Studi medievali*, 3 serie, VI, 1965, pp. 340 sgg. 참조.

2 cfr. ACAU, proc. n. 126, c. 21v.

16. 처녀들의 신전

그럼 메노키오의 독서법에 대한 일련의 사례들을 살펴보기로 하자. 첫번째 심문에서, 그는 예수가 성 요셉과 성모 마리아 사이에서 태어났으므로 모든 다른 사람들과 마찬가지로 인간이었다는 사실을 강조하였다. 그리고 그는 마리아가 "12명의 처녀들이 머물고 있던 처녀들의 신전에 있었다는 이유로 처녀로 불리고 있었고, 그녀들은 나이가 들면서 혼인을 하였다고 합니다. 저는 이것을 『성모의 루치다리오』에서 읽었습니다"[1]라고 설명하였다. 메노키오가 『성모의 로사리오』라고도 불렀던 이 책은 십중팔구 도미니크 수도회의 수사, 알베르토 다 카스텔로의 『영광스런 성처녀 마리아의 로사리오』였을 것이다. 메노키오는 이 책에서 다음의 사실을 읽었을 것이다. "열성적인 영혼을 지닌 성 요아킴St. Joachim과 성 안나St. Anne가 하느님과 성직자에게 어떻게 복종하였는지를 생각해보라. 이들은 자신들이 애지중지하는 딸을 하느님의 신전에 보냈다. 딸은 그곳에서 하느님께 봉사하는 다른 처녀들과 함께 머물렀다. 그녀는 신성한 것들을 생각하며 숭고한 헌신의 삶을 살았고, 마치 여왕 또는 황녀처럼 천사들의 방문을 받으며 기도 속에서 살았다."[2]

아마도 메노키오는 1566년 포르데노네의 제자 칼데라리

---

1 cfr. ivi, cc. 17v~18r.

2 필자는 1575년에 베네치아에서 출판된 문헌을 인용하였다(Dominico de' Franceschi 출판사, in Frezzaria al segno della Regina), c. 42r.

Calderari[3]가 몬테레알레의 성 로코San Rocco 교회에 그린 벽화, 즉 마리아와 추종자들과 함께 성전에 있는 요셉에 대한 그림을 여러 차례 보았을 것이며, 바로 이러한 이유로『성모의 로사리오』의 이 부분을 오랫동안 정독하게 되었을 것이다. 어쨌든 메노키오는 글자를 변형시키지 않고도 그 의미를 역전시켜 놓았다. 본문에 따르면, 천사들의 출현으로 동료들로부터 분리된 마리아에게는 초자연적인 영의 기운이 주어졌다. 반면에 메노키오에게는 '다른 처녀들'이 결정적인 요인이었다. 마리아를 그들과 연결시킴으로써, 그녀에게 주어진 칭호를 가장 단순하게 설명할 수 있었다. 이렇게 해서 하나의 평범한 줄거리는 그 의미 전체가 뒤바뀌면서 이야기의 핵심으로 등장하였다.

---

3 cfr. J. Furlan, "Il Calderari nel quarto centenario della morte," *Il Noncello*, n. 21, 1963, pp. 3~30. 화가의 본명은 조반니 마리아 자포니 Giovanni Maria Zaffoni이다. 주세페 Giuseppe의 그림에서 오른쪽에 자원자들과 함께 위치한 한 그룹의 여성들은, 로토 Lotto가 트레스코레 Trescore에 그린 성녀 키아라가 등장하는 그림에 함께 묘사된 한 그룹의 여성들과 비슷하게 모방되었다.

17. 마리아의 장례식

4월 28일에 열린 심문의 끝에서 메노키오는 교회·사제·성사 그리고 교회 예식을 거침없이 비난한 후에 이단 심문관의 질문에 대한 답변으로 다음과 같이 단언하였다. "제 생각에 이 세상에서는 황후가 성모 마리아보다 더 높지만, 그곳에서는 성모 마리아가 더 높고 우리들은 미천한 존재에 불과합니다."[1] 한 증인의 이야기를 근거로 한 이단 심문관의 질문은 메노키오에 의해서 곧바로 확인되었다. "물론입니다. 심문관님, 황녀에 대해서 말할 때 저는 그녀가 마리아보다 더 높은 존재라고 했지요. 그렇지만 그것은 이 세상에서 그렇다는 것이었고, 그 성모에 대한 책에서는 성모에 대한 그 어떤 존경의 표현도 언급되지 않았으며, 더구나 그녀의 시신이 묘지로 옮겨질 때 어떤 사람은 사도들의 어깨로부터 끌어내리기 위해 팔로 잡아당기기도 하였지요. 이것이 마리아의 생애의 일부였습니다."[2]

이 부분에서 메노키오는 어떤 책을 연상하고 있었을까? 여기서도 '성모에 대한 책'이라는 표현은 다시 한 번 『영광스런 성처녀 마리아의 로사리오』를 시사할 수도 있을 것이다. 그러나 인용문이 이를 증명하지는 않는다. 오히려 이 구절은 메노키오가 읽은 또 다른 책인 야코포 다 보라지네의 『모든 성인 전기의 전설』(즉 『황금 전설』)의 한 장(章)인 「복된 성처녀 마리아의 승천에 대하여」에서 찾아볼 수 있다. 이 장은 복된 자의

---

[1] cfr. ACAU, proc. n. 126, c. 29v.
[2] cfr. ivi.

반열에 오른 복음서의 저자 요한이 저술한 것으로 추정되는 소책자를 개정한 것이다. 그럼 마리아의 장례식에 대한 보라지네의 서술을 살펴보자.

사도들과 함께 천사들은 (마리아의) 숭고한 삶에 대한 이야기로 세상을 가득 채우면서 찬양하였다. 아름다운 노랫가락에 잠을 깬 모든 사람들은 도시에서 몰려나와 하나같이 무슨 일이냐고 물었다. 그때 누군가 대답하기를, "사도들이 죽은 마리아의 시신을 운반하면서, 당신도 듣고 있는 것처럼 그녀에 대한 노래를 부르고 있답니다." 그러자 사람들은 무기를 찾으려 우왕좌왕하였고, 여기저기에서 "모든 사도들을 죽여버립시다. 그리고 그 사기꾼(예수)을 낳은 저 육신을 불로 태워버립시다"라고 소리쳤다. 이 광경을 목격한 사제들의 우두머리도 경악을 금치 못하고 분노에 찬 목소리로 이렇게 소리쳤다. "여기 우리와 우리 세대에 고통을 안겨준 자의 육신이 있다. (보라) 지금 그녀가 어떤 영광을 받는지." 이같이 소리친 뒤에 그는 자신의 손으로 시체가 들어 있는 관을 땅에 내팽개치려고 하였다. 그러나 관을 잡는 순간 그의 손은 바짝 말라버린 채 그 위에 붙어버렸다. 그는 고통으로 신음하였고 이를 지켜보던 다른 사람들은 구름 속의 천사들에 의해 시력을 잃어버렸다. 그러자 사제들의 우두머리가 소리쳤다. "성 베드로여, 간청하오니 나를 이 고난에 방치하지 말아주시오. 나의 기도를 하느님께 전해주시오. 하녀가 당신을 고소했을 때 내가 얼마나 많이 당신을 용서했는지 잊어버렸소?" 그러자 베드로가 제사장에게 응답했다. "우리는 성모의 장례식에서 소란스러움을 당했소. 그러니 지금은 당신을 구제해줄 수가 없소. 그렇지만 만약 당신이 주 예수를 믿고 그를 낳으신 분을 믿는다면 당신의 몸이 즉시 낫게 되리라고 생각하오." 사제가 대답했다. "나는 주 예수가 하느님의 진정한 아들이며 성모 마리아께서 그의 성스러운 모친이라는 것을 믿습니다." 그러자 그의 손이 관에서 떨어졌다. 그러나 그의 팔은 여전히 메말라 있었고 심한 고통이 사라지지 않았다. 베드로가 이를 보고 말하기를 "관에 입맞추고 나는 주 예수 그리스도를 믿으며 그분이 자궁에서 출생하였으며 마리아는 출산 후에도 처녀로 남아 있었다고 말하시오." 베드로가 시키는 대로 하자, 손이 정상으로 회복되었다.[3]

『황금 전설』을 기술한 야코포 다 보라지네는 마리아의 시신에 대한 제사장의 무례함을 기적적인 치료, 그리고 마침내는 그리스도의 모친인 성처녀 마리아를 찬양하는 것으로 해결한다. 그러나 메노키오에게 기적에 대한 설명은 분명 중요하지 않으며 그가 여러 차례 부정하였던 마리아의 처녀성에 대한 재확인은 더더욱 중요하지 않다. 메노키오가 관심을 가진 유일한 것은 사제들의 우두머리의 행동, 즉 장례식에서 있었던 마리아에 대한 '불경스런 행동'이다. 그리고 이 사실은 메노키오에게 그녀의 미천한 신분을 확신시켜주는 증거이다. 메노키오는 자신의 기억을 통해 보라지네의 이야기를 정반대의 의미로 해석한 것이다.

---

3 필자는 1566년 베네치아에서 출판된 것을 인용하였다(Girolamo Scotto 출판사), p. 262. 칼데라리가 산 로코San Rocco 교회에 그린 그림들 중에는 마리아의 죽음에 관한 그림도 포함되어 있다는 사실을 우연히 알게 되었다.

18. 그리스도의 아버지

(야코포 다 보라지네의) 『모든 성인 전기의 전설』의 구절이 언급된 것은 거의 우연이었다. 오히려 보다 중요한 것은 『성서의 약술기』에서 인용된 내용이다. 메노키오는 이미 첫번째 심문에서 언급하였듯이, "많은 사람들이 이 세상에 태어났지만 그 누구도 처녀의 몸에서 태어나지 않았다는 사실에"[1] 그리고 『성서의 약술기』라는 책에서 "성 요셉이 우리 주 예수 그리스도를 아들이라고 불렀기 때문에" 성령에 의한 마리아의 임신을 믿지 못하겠다고 주장하면서, 그리스도가 성 요셉의 아들이라고 주장한 바 있었다. 『성서의 약술기』의 제166장, 「어떻게 예수가 학교를 다니게 되었는가에 대해서」[2]는 어떻게 예수가 자신을 '체벌'한 선생을 저주하고 그 자리에서 죽어 넘어지도록 했는지를 묘사하고 있다. 주변에 있던 사람들의 분노를 눈치챈 요셉은, "내 아들아 너는 이미 처벌을 하였다. 너는 얼마나 많은 사람들이 우리를 증오하는지 보이지 않느냐?"고 말하였다. "내 아들아," 메노키오는 이 말을 주목하였다. 그러나 그는 「예수가 다른 아이들과 놀면서, 어떻게 죽은 아이를 다시 살렸는가에 대해서」에서 예수가 그녀의 아들인지를 묻는 한 여인에게 마리아가 다음과 같이 대답한 것을 읽을 수 있었을 것이다. "나의 아들입니다. 그리고 그의 아버지는 오직 하느님이십니다."

---

1 cfr. ACAU, proc. n. 126, c. 16r.

2 필자는 1517년에 베네치아에서 출판된 것을 인용하였다(per Zorzi di Rusconi milanese ad inistantia de Nicolò dicto Zopino et Vincentio compagni), c. O vv.

메노키오의 강독은 확실히 편파적이고 임의적인데, 이는 이미 가지고 있던 신념과 이념을 확인하려는 노력으로 풀이된다. 이 경우에 분명한 것은 "그리스도가 우리와 같은 인간이었다"[3]는 사실이고 비합리적인 것은 그리스도가 처녀의 몸에서 출생하였으며 십자가에서 죽었다는 것을 믿는 것이다. "만약 그가 영원한 하느님이라면, 그는 태어나지도 십자가에 못 박히지도 말았어야만 했을 것이다."[4]

---

3 cfr. ACAU, proc. n. 126, c. 9r.
4 cfr. ivi, c. 16v.

19. 최후의 심판일

메노키오가 『모든 성인 전기의 전설』과 『성서의 약술기』의 구절들을 인용한 것처럼, 성서 외전(聖書外典)에서도 일부를 인용하였다는 사실은 그리 놀라운 일이 아니다. 하느님의 간결한 말씀, 즉 '오직 한마디'와 쓸데없이 긴 성서의 모순적인 관계 앞에서 성서 외전에 대한 개념 자체는 사실상 의미를 상실한다. 성서 외전의 복음서나 성서 내전의 복음서, 이 모두는 같은 차원에 있었으며, 순수하게 인간이 저술한 책으로 간주되었다. 몬테레알레의 주민들이 증언한 내용으로부터 밝혀질지도 모르는 것과는 대조적으로("[메노키오는] 항상 이 사람 저 사람과 논쟁을 하고 다니며, 속어 성서를 가지고 있는데, 그 자신이 성서에 근거한다고 생각합니다"),[1] 메노키오는 수차례의 심문에서 성서에 대한 정확한 언급은 거의 하지 않았다. 오히려 그에게는 『성서의 약술기』같이 성서를 유사하게 바꾼 각색본들이 속어로 된 성서보다 더 잘 알려진 것같이 보인다. 이와 같이 메노키오는 3월 8일에 있었던 심문에서 이단 심문관의 대리인이 던진—정확하게 그 내용을 알 수 없는—질문에 대하여 "저는 하느님을 사랑하는 것보다 이웃을 사랑하는 것이 더 위대하다고 생각합니다"[2]라고 대답하였다. 이러한 그의 진술도 (그가 읽은 책의) 내용에 근거하고 있었다. 계속해서 메노키오는 다음과 같이 덧붙였다. "최후의 날이 되면 (하느님은) 한 천사에게

---

1 cfr. ivi, c. 11v.

2 cfr. ivi, cc. 22v~23r.

다음과 같이 말씀하실 것이라는 것을 『최후 심판의 역사』에서 읽었습니다. '너는 사악하여 나를 위해 한 번도 선한 일을 행하지 않았다.' 이 말에 천사가 대답하기를, '주님이시여, 당신을 한 번도 보지 못하였기에 선한 일을 하지 못하였나이다.' '(하느님이 말씀하시길) 내가 굶주렸으나 너는 나를 먹이지 않았고, 내가 목말랐으나 너는 내게 마실 것을 주지 않았고, 내가 헐벗었으나 너는 나를 입히지 않았으며, 내가 감옥에 있을 때도 너는 나를 보러 오지 않았다.' 이것 때문에 저는 주님이 바로 저 불쌍한 이웃이라고 믿었습니다. 주님이 '바로 내가 그 거지였다'고 하셨기에."

그럼 이와 관련된 내용을 『최후 심판의 역사』에서 인용해보자.

아아! 나의 아버지의 축복을 받은 너희는
나의 영광을 얻을 것이다.
내가 굶주리고 목마를 때
너희는 먹을 것과 마실 것을 주었고
내가 감옥에서 고통스러워할 때
너희는 나를 보러 왔고
내가 아플 때 위문을 하였으며
내가 죽었을 때 너희는 나를 묻어주었다.

서로가 기뻐한 후
그들은 예수 그리스도에게 와서 물을 것이다.
"주여, 언제 당신이 주렸으며
우리가 당신께 먹을 것과 마실 것을 주더이까?
아플 때 언제 우리가 방문하였습니까?

그리고 돌아가셨을 때 우리가 언제 당신을 묻어드렸습니까?
언제 감옥에 있는 당신을 위문했으며
언제 우리가 당신께 의복을 주더이까?"

그리스도가 기뻐하며 답할 것이다.
"굶주리고 상처 입고 지친 거지가
너희 문간에 와서
내 이름으로 자비를 구했을 때
너희는 쫓아내지 않고
먹을 것과 마실 것을 주었으며
너희는 그에게 하느님의 사랑을 주었노라.
그 거지가 바로 나이니라."

그때 왼편의 사람들이 말하려 할 것이다.
그러나 주님은 노여움으로 그들을 물리치시며
말씀하시기를, "악의 죄인들아,
지옥의 영원한 불길 속으로 들어가 살거라.
너희로부터 나는 먹을 것도 마실 것도 얻지 못했으며
너희는 내가 가르친 사랑을 위해 한 일이 아무것도 없다.
지주받은 자들아, 영원한 불 속으로 들어가
영원히 슬퍼하며 지내거라."

슬픔에 잠긴 그들은 대답할 것이다.
"언제 당신이 굶주리고 고통당하고 어려움 속에 있는 것을
우리가 보았나이까.
언제 감옥에서 고통을 당하셨는지요?"
그때 영광의 그리스도는 답하실 것이다.

"너희가 불쌍한 거지를 내몰았을 때이다.

너희는 신음하는 이를 동정하지 않았으며

그에게 자비도 보여주지 않았다."[3]

이 조잡한 8행시는 진부하게도 「마태복음」의 한 부분(25장
41~46절)을 흉내내고 있다. 메노키오가 언급한 것은 복음서의
내용이 아니라, 바로 이 같은 운문들이다. 저주받은 자들의 항
의를 '천사'에게 돌리는 실수를 제외한다면 근본적으로 정확하
다고 할 수 있는 위의 시는 사실상 원문을 개작하여 번역한 것
이다. 그러나 이전의 경우들에서 의미의 왜곡이 기본적으로 생
략을 통해 발생한 반면, 이번 경우에는 그 절차가 훨씬 복합적
이다. 본문과 비교할 때, 메노키오의 생각은 겉으로 보기에는
작은 것 같지만 사실은 한 걸음 크게 앞서나갔다. 만약 주님이
이웃이라면, "주님이 '내가 바로 그 거지였다'고 말했기 때문
에," 주님을 사랑하는 것보다 이웃을 사랑하는 것이 더 중요하
다는 것이 메노키오의 확신이었다. 바로 이러한 연역을 통해서
당시 이탈리아의 거의 모든 이단들은, 급진적인 의미에서, 실
천적이고 효과적인 종교성에 집착하고 있었다. 재침례파의 주
교 베네데토 다솔로Benedetto d'Asolo[4]도 "유일하신 하느님, 유
일하신 중재자 우리 주 예수 그리스도"의 의미로 신앙을 가르
쳤으며 "최후의 날 〔……〕 우리는 주린 자에게 음식을 주었는
지, 목마른 자에게 물을 주었는지, 헐벗은 자에게 입을 것을 주
었는지, 병든 자를 위로하고 외부 사람에게 침식을 제공했는지

3 필자는 열람하지 못한 몇 가지의 자료에 대한 수정과 더불어서——트리불치아나 도
서관에 소장된——"Iudizio universal overo finale," Firenze(바디아 Badia의 계단 근처
에 있다), s. d.(그러나 1570~1580)를 인용하였다. 1575년의 볼로냐에서 출판된 것
(앞의 글, p. 167 참조)은 어느 정도 다른 측면을 가지고 있다.

4 cfr. Stella, *Anabiattismo* cit., p. 75.

에 대한 질문만을 받을 것이기 때문에 〔……〕 이것이 자비이기 때문에," 이웃에 대한 자비를 설교하였다. 그러나 메노키오는 ─적어도 그가 들었을 것으로 보이는─이런 종류의 설교에 쉽게 영향받을 인물은 아니었다. 그는 종교를 도덕으로 끌어내리는 것에 대해 비록 잠재되었지만 단호한 확신을 자신의 입을 통해 여러 번 말하였다. 늘 그러했던 것처럼 메노키오는 구체적인 이미지로 가득한 훌륭한 주제 토론에서 이단 심문관에게 욕하는 것은 죄가 아니라고 말하면서 그 이유를 다음과 같이 설명하였다. "(욕하는 것은) 단지 자신에게만 해가 될 뿐이며 이웃에게는 아무런 해를 주지 않습니다. 이는 마치 제가 저의 옷을 찢어버리면 오직 제 자신에게만 해가 될 뿐 다른 사람들에게는 해가 되지 않는 것과 같습니다. 그러므로 이웃에게 해를 끼치지 않는 사람은 죄를 범하는 것이 아닙니다. 그리고 우리는 모두 하느님의 자녀이기 때문에 우리가 서로를 해하지 않는다면, 예를 들어 여러 자녀를 둔 한 아버지가 있는데, 한 아들이 '빌어먹을 우리 아버지'라고 한다면 아버지는 그 아들을 용서할 것입니다. 그러나 만약 그 아이가 다른 집 아이의 머리를 다치게 했다면 대가를 지불하지 않는 한 용서받지 못할 것입니다. 따라서 저는 불경스러운 말을 하는 것은 다른 사람에게 해를 주는 것이 아니기 때문에 죄가 아니라고 말했습니다."[5] 어쨌든 이웃에게 나쁜 짓을 하지 않는 사람은 죄를 범하는 것이 아니다. 말하자면 이 말은 하느님과의 관계가 이웃과의 관계보다 덜 중요하다는 것을 의미한다. 그러나 만약 하느님이 우리의 이웃이라면, 왜 굳이 하느님이란 말인가?

물론 메노키오는 모든 종교적 의미가 배제된 정의로운 인류

---

5 cfr. ACAU, proc. n. 126, c. 21v.

의 공존이라는 이념을 가지게 되었을지도 모르는 이러한 단계
까지는 나아가지 않았다. 그에게는 이웃에 대한 사랑은 종교적
계율, 좀더 정확하게 말하자면 종교의 본질 그 자체였다. 그리
고 일반적으로 메노키오의 이러한 입장은 그리 확고한 것만은
아니었다(바로 이러한 이유 때문에, 메노키오의 경우 종교를 도
덕으로 끌어내리는 것에 대한 '잠재된' 성향이 있었다고 말할 수
있다). 그는 자신의 마을 사람들에게 종종 이렇게 말하였다(바
르톨로메오 단드레아Bartolomeo d'Andrea가 증언하였듯이). "나
는 자네들에게 악을 행하지 말며 남의 것을 취하지 말라고 말
하고 싶네. 이것이 바로 (우리가) 할 수 있는 선행이라네."[6] 그
러나 5월 1일 오후에 속개된 심문에서,[7] 우리를 천국으로 인도
하시는 '하느님의 사업,' 바로 그것이 구체적으로 무엇인가를
묻는 심문관의 질문에 메노키오는 단순히 '좋은 일'이라고만
답하였다. 계속해서 그는 '하느님의 사업'은 "(하느님을) 사랑
하고, 숭배하고, 거룩하게 하고, 영접하고, 감사하며 그리고 관
대하고, 자비로우며, 평화롭고, 사랑스러우며, 명예로우며, 자
신의 웃어른들에 복종하고, 죄를 용서하고, 약속을 지키는 것
입니다. 그러므로 이러한 것들을 행하면 하늘에 오르게 되며
그곳에 가기에는 이것으로 충분합니다"라고 말하였다. 이 경우
이웃에 대한 의무는 하느님에 대한 의무와 병행하고 있었다.
그러나 곧이어 언급된 '사악한 일'의 목록은——"강도 행위, 암
살, 고리대금업, 잔혹 행위, 수치스러운 행위, 모욕 행위, 살인
행위, 하느님이 좋아하지 않으며 세상에 해를 주고 악마가 좋
아하는 이 7가지 (사악한) 일"——사람들의 관계, 이웃을 해롭
게 할 수 있는 인간의 능력에 대해서만 언급하고 있었다. 메노

---

6 cfr. ivi, c. 9r.
7 cfr. ivi, cc. 33v~34r.

키오의 단순한 종교("이러한 것들을 행하면 하늘에 오르게 되며 그곳에 가기에는 이것으로 충분합니다")는 이단 심문관에게는 수용될 수 없었다. "(이단 심문관이) 하느님의 계율이 무엇인가?" 하고 묻자, 메노키오는 "앞서 언급한 것들입니다"라고 하였다. 그리고 "하느님의 이름을 부르는 것과 축제를 성축하는 것은 하느님의 계율이 아니란 말인가?"라는 질문에, "그건 잘 모르겠습니다"라고 답하였다.

사실 메노키오의 이같이 극단적인 연역은 극히 단순화된 복음서의 메시지에 집착함으로써 빚어진 결과였다. 이러한 위험은 이탈리아 복음주의를 대표하는 작품들 가운데 하나로 거의 50여 년 전에 베네치아에서 익명으로 출판된 소책자인, 『용서해야 할 몇 가지 이유 *Alcune ragioni del perdonare*』[8]를 통해 예고된 바 있었다. 이 책자는 저자인 툴리오 크리스폴디 Tullio Crispoldi가 자신의 절친한 동료로서 당시 베로나의 유명한 주교였던 잔 마테오 지베르티 Gian Matteo Giberti의 설교 내용들을 편집한 것이다. 크리스폴디는 이 책에서 기독교의 핵심이 '용서의 계율'이라는 것, 즉 이웃을 용서하는 것이 하느님의 죄사함을 얻는 것이라는 사실을 다양한 논지를 통해서 제시하려고 하였다. 그러나 어느 시점에 이르자 이 '용서의 계율'이 지나치게 인간적인 의미로 해석되어 하느님에 대한 숭배를 '위험에 빠뜨리는 것'으로 해석될 수 있다는 사실이 드러나게 되었다. "용서의 규정은 지나치게 강력하고 널리 보급되어 이를 만든 하느님은 자신에게 예속되어야 할 기독교 전체를 위험에 노

---

8 베네치아에서 스테파노 다 삽비오 Stephano da Sabbio의 경우에는 1537년이다. 크리스폴디에 대해서는 A. Prosperi, *Tra evangelismo e Controriforma : G. M. Giberti(1495~1543)* (Roma, 1969), index 참조. 소책자에 대해서는 C. Ginzburg, A. Prosperi, *Giochi di pazienza. Un seminario sul 'Beneficio di Cristo'* (Torino, 1975 참조).

출시켰습니다. 사실 이 법은 인간에 의해서 모든 인간의 구원을 위해 만들어진 계율처럼 보이며, 이것 때문에 사람들은 우리가 하느님께 아무리 많은 죄를 저지른다 해도 우리가 서로를 용서하고 사랑한다면 우리의 죄를 물으려 하지 않으신다는 것을 공공연하게 말하고 다닙니다. 그리고 정말로 하느님이 서로를 용서하는 사람들에게 죄에서 벗어나 선한 사람이 될 은총을 주시지 않는다면, 사람들은 이것이 인간을 다스리기를 원하시는 하느님의 계율이 아니라, 평화로운 삶을 위해 은밀함 또는 세상의 평화와 삶을 방해하지 않는 방식과 타협을 통해 자행되는 범죄나 죄악에 상관하지 않는 인간들의 법이라고 판단하게 될 것입니다. 그러나 사람이 하느님의 영광을 위해서 (타인을) 용서하여 신이 원하시는 것을 획득하고 하느님의 총애를 받으며 선행으로 악행을 멀리한다면 사람들은 우리를 향한 하느님의 선한 의지를 인정하게 될 것입니다."[9]

오직 초자연적 하느님의 은총만이 그리스도의 말씀의 핵심('용서의 계율')을 단순히 인간적이고 정치적인 고리로 간주하는 것을 예방한다. 이와 같이 이 소책자의 저자는 종교에 대한 세속적 해석의 가능성을 분명히 인식하고 있다. 저자는 그 한 가지 대표적인 사례로서 마키아벨리의 글을 알고 있었으며 부분적으로는 그 영향을 받기도 하였다.[10] 다시 말해 그가 알고

---

9 [Crispoldi], *Alcune ragioni* cit., cc. 34r~v.

10 cfr. ivi, cc. 29 sgg., 특히 cc. 30v~31r: "물론 군인들과 영주들 그리고 모든 계층의 사람들과 모든 공화국과 왕국은 영원한 전쟁을 벌이면서 쉬지 못한다. 이들 중에는 용서하는 것을 증오하고, 용서하는 자를 형편없는 사람으로 몰아가는 사람이 많다. 반대로 복수를 하고 스스로 자신의 행위를 합리화시키는 것을 당연시한다. 뿐만 아니라 판사도 공공 관리도 없기에 자신만의 정당성을 주장하는 것은 자신에게 큰 해를 가져온다. 대중 생활의 선과 평화에 복수하는 것은 선한 법을 집행하는 공공 관리에게 저질러지는 죄악이다. 선한 자들에게 용서하는 것은 정직한 행위로서 공화국의 선과 선을 행하는 다른 개인들의 선을 위한 최고의 행위이다. 이는 마치 누군가가 아버지를 용서할 경우 그 자식들이 도움을 받게 되는 것과 마찬가지다. 이렇게 해야

있는 마키아벨리는 이탈리아의 사상가로서, 『통치 수단으로서의 종교 *religio instrumentum regni*』의 이론가로 단순화된 그 전통의 마키아벨리가 아니라, 『대화론 *Discorsi*』의 저자로서 종교에서 정치적 응집력이라는 강력한 요인을 찾아낸 마키아벨리이다.[11] 그러나 위의 인용된 구절의 공격 대상은 다른 것이라 생각된다. 즉 공격 대상은 외부에서 아무런 편견 없이 종교를 바라보는 경향이 아니라, 내부에서 종교의 기초들을 부식시키는 경향이다. 크리스폴디의 걱정, 즉 '용서의 계율'은 "모든 사람을 구원하기 위해 인간에 의해 만들어졌을 뿐이며 바로 이러한 사실 때문에 사람들은 하느님께 아무리 많은 죄를 저지른다 해도 사람들이 서로를 용서하고 사랑한다면 사람들의 죄를 물으시지 않을 것이라고 공공연하게 말하고 다닙니다"로 이해될 수도 있다. 이 불안은 메노키오가 심문관에게 한 말을 연상시킨다. "이웃에게 해를 끼치지 않는 사람은 죄를 범하는 것이 아닙니다. 그리고 우리는 모두 하느님의 자녀이기 때문에 우리가 서로를 해하지 않는다면, 예를 들어 여러 자녀를 둔 한 아버지가 있는데, 한 아들이 '빌어먹을 우리 아버지'라고 한다면 아버지는 그 아들을 용서할 것입니다. 그러나 만약 그 아이가 다른 집 아이의 머리를 다치게 했다면 대가를 지불하지 않는 한 용서받지 못할 것입니다."

물론 메노키오가 『용서해야 할 몇 가지 이유』를 알고 있었을지도 모른다고 생각할 근거는 전혀 없다. 어쨌든 16세기 이탈리아에는 많은 분야에서 종교를 순수한 세속적 현실로——그리

할 가장 큰 원인은 신이 원하기 때문이다. 이와 같이 대중이 잘살아야만 하는 이유는 그 어디에서도 그리고 많은 사람들에 의해 회자된다." 그리고 1531년에 첫 출판된 『대화론 *Discorsi*』의 1권 11장~15장 참조.

11 cfr. N. Machiavelli의 *Il Principe e Discorsi sopra la prima deca di Tito Livio* 에 대한 G. Procacci의 서문(Milano, 1960), pp. LIX~LX.

고 도덕적 또는 정치적 고리로——끌어내리려는 (크리스폴디가
날카롭게 간파한) 경향이 형성되어 있었다. 이러한 경향은 다양
한 전제로부터 출발하여 다양한 언어로 표현되었다. 그러나 역
시 이러한 경우에도 보다 앞서가는 상류 문화와 급진적인 성향
을 추구하는 민중들 간에 부분적으로 일치하는 내용이 있음을
엿볼 수 있다.

이 단계에서 만약 메노키오가 자신의 주장을 합리화시킬 목
적으로 인용하였던 『최후 심판의 역사』의 8행시로 되돌아가본
다면("하느님을 사랑하는 것보다 이웃을 사랑하는 것이 더 위대
하다고 생각합니다"), 다시금 그의 해석이 '출처'보다 훨씬 더
중요했었다는 사실을 알게 된다. 비록 메노키오의 해석이 본문
에서 유래된 것이기는 하지만, 그의 확신의 뿌리는 더 깊은 곳
에 자리잡고 있었다.

20. 『맨더빌의 기사』

그 이외에도 메노키오가 중요하게 생각하던 책들이 있다. 그 가운데—스스로 인정하였듯이—첫번째는 『맨더빌의 기사』 (또는 맨더빌의 『여행기 *Viaggi*』)이다. 포르토그루아로에서 심문이 재개되자, 이단 심문관들은 이전과는 달리 상당히 위협적인 태도로, "본 종교 재판소는 동료들도 없이 혼자서 그 많은 것을 배웠다는 사실을 믿지 않는다. 따라서 거부할 때에는 보다 엄격한 처벌을 할 것이니 동료들의 이름을 말하라"는 통상적인 권고를 되풀이하였다.[1] "심문관님, 전 제가 누구를 가르쳤다는 사실에 대해서 정말 아무것도 모릅니다." 계속해서 메노키오가 말하기를, "결코 저의 생각을 동료들과 공유하지 않았습니다. 제가 말한 것은 전에 읽었던 『맨더빌의 기사』를 염두에 두고 한 증언입니다." 좀더 정확하게 말하자면, 메노키오는 감옥에서 어느 심문관에게 보낸 편지를 통해 자신이 저지른 두번째 잘못으로 '세대의 수많은 운명과 수많은 법들이 소개된 책으로서 서에게 많은 고통과 번뇌를 제공한 『맨더빌의 기사』를 읽은 것'을 지적한 바 있었다.[2] 왜 메노키오는 고통과 번뇌에 사로잡혔던 것일까? 그 해답을 알기 위해서는 무엇보다 이 책이 실제로 어떠한 내용을 언급하고 있는지를 살펴볼 필요가 있다.

이 『여행기』는 14세기 중반에 리그 Liege에서 불어로 씌어졌을 것으로 추정된다. 존 맨더빌 경의 상상을 통해 씌어진 이

---

1 cfr. ACAU, proc. n. 126, c. 27r.
2 cfr. p. 104.

『맨더빌의 기사』[3]는 지리 서적들과 빈첸조Vincenzo di Beauvais 의 『스페쿨룸 *Speculum*』과 같은 중세의 백과사전들에 기초하 여 작성되었다. 이 작품은 라틴어를 비롯한 유럽의 주요 언어 들로 씌어진 인쇄본의 형태로 알려지기에 앞서 이미 필사본으 로 널리 확산되어 있었다.

『맨더빌의 기사』는 서로의 내용이 상당히 다른 두 부분으로 나뉜다. 제1부가 성지를 향한 여정으로서 순례자를 위한 일종 의 여행 가이드라고 한다면, 제2부는 동방 여행에 대한 서술로 서 인도, 카세이Cathay, 즉 중국에 이르기까지 지리적으로 멀 리 떨어진 섬들을 묘사하고 있다. 이 책은 지상 천국과 전설 속 의 기독교 왕 존Prester John의 왕국에 인접한 섬들에 대한 서 술로 끝이 난다. 두 부분 모두 직접적인 증언의 형태로 기술되 었지만, 제1부는 정확하고 문서에 입각한 관찰이 풍부한 반면, 제2부는 거의 환상적인 내용으로 일관하고 있다.

제1부의 내용 때문에 이 책이 크게 성공했다는 것은 분명하 다. 16세기 말까지 성지를 기술한 서적은 신세계에 대한 책보 다 더 확산되어 있었다. 독자들은 이 책에서 성지들과 이러한 장소들에 보존되어 있는 유골들 이외에도 원주민들의 관습과 풍속에 대한 일련의 특별한 정보들을 얻을 수 있다.[4] 메노키오 는 유골들에 대해서는 거의 완벽할 정도로 무관심하였지만, 성 지의 그리스 교회들과 '다른 지역의 기독교 교회들(사마리아 종파, 야코보파, 시리아 가톨릭 교회, 그루지아 정교회)'[5]의 예식 이나 신학적 특징들 그리고 로마 가톨릭과의 차이점들에 대해

---

3 cfr. 앞에서 언급한 필수 참고 문헌, p. 165.

4 cfr. G. Atkinson, *Les nouveaux horizons de la Renaissance française*(Paris, 1935), pp. 10~12.

5 필자는 1534년 베네치아에서 출판된 판본을 인용하였다(Joanne de Mandavilla, *Qual tratta delle più maravigliose cose*, c. 45v.).

서는 관심을 보였다. 메노키오가 고백 성사의 신성한 가치를 부정한 것은 성 자코모에 의해 개종되었다고 해서 '야코보파'로 불리는 교파의 교리에 대한 맨더빌의 기술을 통해 얻어진 확신(내지는 자극)이었다. "그들은 사람들이 오직 하느님에게만 자신들의 죄를 고백하고 회개할 것을 약속해야 한다고 말합니다. 그러나 사람들은 고백 성사를 원할 때 한쪽에 불을 지펴 향과 다른 향료들을 그 불 속에 던져넣고, 연기 속에서 하느님께 고백을 하고 자비를 구합니다."[6] 맨더빌은 이러한 고백 방식을 '자연스럽고' '원시적'(이 두 형용사는 16세기의 독자들에게는 중요한 의미를 지니고 있었다)이라고 정의하였다. 그럼에도 맨더빌은 "후에 나타난 성스러운 교부들과 교황들이 고백 성사를 지시하면서, 그 합당한 이유로 만약 사람이 먼저 병의 성질을 모른다면 어떤 병도 고칠 수 없고 좋은 약도 쓸 수 없듯이, 죄가 다르고 죄의 시간, 장소가 다르기 때문에 죄의 본질을 알지 못하면 훌륭한 참회도 있을 수 없다. 따라서 죄의 본질과 장소, 시간 등을 알고 적절한 참회를 행하는 것이 필요하다"는 사실을 서둘러 인정하였다. 그러나 메노키오는——사제에게 행하는 고백 성사를 경멸하면서, 이를 나무에 하는 고백 성사와 같은 차원으로 간주하였지만—— '참회에 대한 인식'이 부족한 사람에게 사제가 모사라는 부분을 채워줄 수 있다는 사실을 인정하였다. "만약 그 나무가 참회에 대한 인식을 제공할 수 있다면 그것으로 충분할 것입니다. 그리고 만약 어떤 사람들이 자신들의 죄에 대한 참회를 할 줄 몰라서 사제를 찾는다면 사제는 그것을 가르쳐주면 그만입니다. 그러나 만약 그들이 고백 성사를 할 줄 안다면 사제에게 갈 필요가 없을 것입니다. 이미 알고 있

---

6 cfr. ivi, cc. 46r~v.

는 자는 (사제에게) 갈 필요가 없습니다."[7] 이것이 정말 맨더빌
의 머리에서 나온 것일까?

그러나 메노키오의 더 큰 관심을 사로잡은 것은 마호메트의
종교(이슬람교)에 대한 맨더빌의 긴 해설일 것이다. 두번째 심
문에서는 16세기 중반에 메노키오가 이탈리아어로 번역된 코
란을 직접 읽어 이 논제에 대해 자신의 호기심(말했듯이 증언이
확실한 것은 아니다)을 만족시키려고 했다는 사실이 드러났다.
그러나 메노키오는 『맨더빌의 기사』로부터 자신의 주장과 부
분적으로 일치하는 마호메트 추종자들의 몇 가지 교리를 이해
할 수 있었다. 맨더빌이 『코란』에 근거해 말한 것에 따르면,
"모든 예언자들 가운데 예수는 가장 훌륭하고, 하느님에 가장
근접한 존재"[8]였다. 메노키오는 거의 비슷한 말을 반복하면서,
"나는 예수가 하느님이 아닐지도 모른다는 의심을 가지고 있습
니다. 그러나 그는 적어도 예언가 또는 설교를 위해 하느님이
이 세상에 보낸 위대한 사람이었다고 생각합니다"라고 말하였
다.[9] 메노키오는, 역시 맨더빌의 책에서, 예수의 십자가 처형이
하느님의 정의에 모순된다는 이유로 불가능하다고 간주하여
이를 명백히 거부하였다는 사실을 알게 되었을 것이다. "그는
사람들의 말과는 다르게 십자가에 못 박히지 않았다.[10] 오히려
하느님은 그가 죽지 않고 아무런 오점 없이 승천하도록 했다.
그의 육체는 유대인들이 예수라고 생각했던 유다 이스카리옷
Iuda Scarioth*으로 변했다. 유대인들은 그를 예수로 착각하여
십자가에 못 박았지만, 예수는 세상을 심판할 목적으로 부활하

---

7 cfr. ACAU, proc. n. 126, c. 38r.

8 cfr. Mandavilla, *Qual tratta* cit., c. 51v.

9 cfr. ACAU, proc. n. 126, c. 16v.

10 cfr. Mandavilla, *Qual tratta* cit., c. 52r.

* 예수를 배반한 제자.

여 승천하였다." 그러나 사람들은 "이 대목에서 우리가 실수했
다. 하느님의 정의는 그런 고통을 주지 않을 것이기 때문이다"
라고 하였다. 한 동향 사람의 증언에 의하면 메노키오는 이와
유사한 것을 믿은 것 같다. "그리스도가 십자가에 못 박힌 것은
사실이 아닙니다. 못 박힌 것은 시몬 치로네오Simon Cironeo
였습니다."[11] 물론 메노키오도 십자가 처형을 인정할 수 없었
다. "왕 스스로 이런 식의 대접을 받는 것은 이상합니다. 따라
서 십자가에 못 박혔다면 그는 하느님이 아니라 예언자일 것이
며 [……]"[12]

이것은 부분적이기는 하지만 명백히 유사하다. 그러나 이 구
절들이 메노키오의 마음을 혼란스럽게 만들 수 있었을 것으로
는 생각되지 않는다. 더구나 술탄이 기독교 세계를 신랄하게
비판하였다고 하는 맨더빌의 주장에 대해서도 당혹스러워하지
않았다. "그들(기독교인들)은 평범한 사람들을 위한 모범이 되
어야 한다. 그들은 하느님을 섬기기 위해 교회에 가야만 할 것
이다. 그렇지만 그들은 매일 선술집에서 동물처럼 노름하고,
술 마시고, 사기 행각을 일삼는다. 그들은 자신들이 믿는 예수
그리스도처럼 단순하고 겸손하며 온화하고 모범적이며 자비로
워야 한다. 그러나 그들은 오히려 그 반대로 행동하고 사악한
것을 따르며, 너무 탐욕스러운 나머지 얼마의 이득을 위해 자
신의 자식들을 팔고, 누이들과 아내에게 매춘을 강요하며, 그
리고 아내들을 교환하고, 약속을 지키지 않는다. 아직도 그들
은 예수 그리스도가 구원을 위해 남겨준 모든 계율을 조금도
지키려 하지 않는다. [……]"[13]

---

11 cfr. ACAU, proc. n. 126, c. 13r.

12 cfr. ivi, c. 16v.

13 cfr. Mandavilla, *Qual tratta* cit., cc. 53r~v.

분명히 메노키오는 200년 전에 기록된 기독교의 부패한 상
황을 읽고 자신의 시대와 유사한 현실을 떠올렸을 것이다. 사
제와 수사들의 탐욕과 자신을 그리스도의 추종자로 자부하는
자들의 특권과 끝없는 부정 행위들은 그가 일상적으로 목격하
는 것들이었다. 메노키오는 술탄의 말에서 교회에 대한 자신의
신랄한 비판이 정당하고 합법적이었음을 확인할 수 있었다. 그
러므로 이것은 메노키오가 느끼는 고통의 이유가 되지는 못한
다. 오히려 그 고통의 원인은 다른 곳에서 찾아야 할 것이다.

21. 피그미와 식인종

"이 땅의 사람들은 각자 자신들의 법에 따라 살고 있다. 그러나 일부는 태양을, 일부는 불을, 일부는 나무를, 일부는 뱀을, 일부는 아침에 만난 첫번째 대상을, 일부는 환영(幻影)을 그리고 일부는 우상들을 숭배한다. [……]"[1] 맨더빌은 자신의 『여행기』 제2부에서 인도 근처의 작은 섬인 카나에 대해서 이와 같이 기술하였다. 이 인용문에서는 메노키오를 몹시 괴롭힌 '상이한 법'과 다양한 신앙 그리고 종교적 관습이 강조되었는데, 이것은 이후에도 여러 번에 걸쳐 반복되었다. 맨더빌이 묘사한 먼 나라에 대한 대부분이 우화적인 서술로 이루어져 있었으며, 이를 통해 메노키오의 정신 세계는 크게 확장되었다. 이제 한 방앗간 주인의 정신 세계는 몬테레알레나 포르데노네 그리고 베네치아에 머물지 않고 인도, 중국 그리고 식인종, 피그미족, 개의 머리를 한 사람들이 살고 있는 섬들에까지 미쳤다. 맨더빌은 후에 상당히 유명해진 피그미에 관한 자신의 소감을 다음과 같이 서술하였다. "그들은 키가 작아 대략 세 뼘 정도이며, 남자나 여자 모두 체구가 작기 때문에 아름답고 우아하다. 그들은 태어난 지 6개월 만에 결혼하고, 2~3세에 아이를 낳으며, 대체로 6~7세 이상 살지 못하고, 8세까지 살면 장수한 것으로 간주된다. 이 피그미인들은 재주가 비상하여 비단이나 면

---

1 cfr. ivi, c. 63r. '카나 Channe'는 타나 Thana로서 봄베이의 북동부에 위치한 살세테 Salsette 섬의 작은 마을이다(맨더빌이 이름 붙인 이 작은 마을에 대한 정보를 위해서는 M. C. Seymour의 저서 참조).

뿐만 아니라 이 세상의 모든 일에 훌륭한 기술자이다. 그리고 그들은 자신들의 땅에 살고 있는 새들과 싸우며 때로는 그들에게 잡혀가 먹히기도 한다. 이 작은 인간들은 직접 농사짓거나 포도원을 가꾸지는 않고 땅을 경작하는 키 큰 사람들을 많이 데리고 살고 있다. 피그미족은 우리들 사이에서라면 자신들이 무시당하였을 것처럼 그 키 큰 사람들을 무시하였다."[2]

'우리처럼 키 큰 사람'에 대한 피그미족의 경멸에는 맨더빌의 책을 읽고 메노키오가 경험한 혼란스런 상태를 이해할 수 있는 단서가 숨어 있다. 맨더빌이 기록한 신앙과 관습의 다양성은 메노키오에게 자신의 행위와 신앙의 근본에 대한 자문의 기회를 제공하였다. 대부분이 상상 속에서나 존재할 이러한 섬들은 그가 태어나서 살아온 세상에 대한 아르키메데스적인 관점을 제공하였다. '그렇게 많은 종족과 다양한 법들'[3] '상이한 방식의 삶을 꾸려가는 많은 섬들' '사람들마다 믿는 방식이 다른 수많은 종족들의 다양한 운명.' 바로 이러한 관점들을 메노키오는 심문 과정에서 거듭 강조하였다. 같은 시기에 페리고르드Périgord의 귀족인 미셸 드 몽테뉴Michel de Montaigne[4]는 신세계의 원주민들에 대한 보고서를 읽고 이와 유사한 상대주의적인 충격을 경험하고 있었다.

그러나 메노키오는 몽테뉴가 아니었으며 독학으로 공부한 한 사람의 방앗간 주인에 불과하였다. 메노키오는 삶의 대부분을 몬테레알레에서 보내고 있었다. 그는 그리스어도 라틴어도 몰랐다(기껏해야 약간의 기도문 정도만 알 뿐이었다). 그는 겨우

---

2 cfr. ivi, c. 79v. 스위프트에 대한 자료로서, 이 구절에 대해서는 Bennett, *The Rediscovery* cit., pp. 255~56 참조.

3 cfr. ACAU, proc. n. 126, 페이지 번호가 없는 문서; ivi, c. 22r.

4 몽테뉴의 상대주의가 가지는 한계에 대해서는 S. Landucci, *I filosofi e i selvaggi, 1580~1780*(Bari, 1972), pp. 363~64, 그리고 이곳저곳 참조.

몇 권의 책만을, 그것도 우연한 기회에 읽었을 뿐이다. 그러나 그는 이 책들을 여러 번 숙독하여 모든 단어들의 의미를 파악하려고 노력하였다. 그는 자신이 읽은 것들에 대해서 수년 동안 되새김하였으며 단어와 구절들은 수년 동안 그의 기억 속에서 숙성되었다. 메노키오의 길고도 힘겨운 노력의 메커니즘을 확실하게 보여주는 단적인 사례가 있다. 즉「도망갈 수 없을 때는 서로 잡아먹는 사람들의 돈디나Donddina 섬과 다른 54개의 섬을 통치하는 왕의 권력 그리고 이들 섬에 거주하는 사람들의 여러 유형에 관하여」라는 『맨더빌의 기사』 제148장에서 메노키오는 다음과 같은 글을 읽었다.

"이 섬에는 참으로 다양한 사람들이 살고 있다. 아버지가 아들을, 아들이 아버지를, 남편이 아내를, 아내가 남편을 잡아먹기 때문이다. 아버지나 어머니 혹은 친구 하나가 병에 걸리면, 아들이나 그들 가운데 누군가가 즉시 신관에게 달려가 우상에게 물어볼 것을 간청한다. 우상은 뒤에 숨어 있는 악마의 도움으로 이번에는 죽지 않을 것이라고 대답하고 치료 방법을 알려준다. 그러면 아들이 돌아와 아버지를 돌보며 나을 때까지 성심으로 치료법을 행한다. 남편은 아내를 위해, 친구들은 서로를 위해 이런 식으로 한다. 그러나 만약 우상이 병자가 죽을 것이라고 말하면, 사제는 아들과 부인 또는 환자의 친구들과 함께 가서 환자가 숨을 쉬지 못하도록 천으로 입을 틀어막아 질식시켜 죽인다. 그리고는 친구들을 초대하여 환자의 몸을 조각내서 그 육신을 먹고 가능한 한 피리 부는 사람들을 많이 초대하여 대단히 기쁘고 엄숙하게 잔치를 벌인다. 식사를 마친 후에는 뼈를 추려 매장한다. 이때 노래를 동반한 큰 축제가 열린다. 참석하지 않은 친지나 친구들은 이 축제에서 그 이름이 호명되는데, 이때 이들은 상당한 수모와 슬픔을 겪게 된다. 친구들은 죽은 자의 고통을 없애주기 위해 그의 살을 먹었다고 말한다. 또한 만약 죽은 자의 육신에 살이 너무 없으면 그를 특별한 이유 없이 고통 속에 방치하는 죄를 범하였다고 말한다. 반면 살이 많으면 그것은 잘된 것이며 그를 천국에 빨리 보내 죽은 자가 고통을 겪지 않았다고 말한다."[5]

식인 관습에 대한 서술은 메노키오에게 강한 영향을 주었다 (그것은 인간의 악행을 독설적으로 비난하였던 레오나르도가 받은 충격과 같은 것이었다).[6] 이것은 2월 22일에 있었던 심문에서 확실하게 밝혀졌다. 이단 심문관의 대리인은 다음과 같은 질문을 되풀이하였다. "너와 같은 생각을 가지고 있던 친구들이 누구인지 말하라."[7] 이 질문에 메노키오는 "심문관님, 저는 이같이 생각하는 사람을 결코 본 적이 없습니다. 단지 저의 의견은 저의 머리에서 나왔을 뿐입니다. 한번은 현재 몬테레알레에 살고 있는 안드레아 다 마렌Andrea da Maren이 빌려준 책을 읽은 적이 있습니다. 이 책의 제목은 『맨더빌의 기사』인데 아마도 본래는 프랑스어로 씌어졌지만, 제가 본 것은 이탈리아 속어로 번역하여 출판된 것이었습니다. 정확하지는 않지만 한 5~6년 전에 빌렸다가 2년 전에 돌려준 것으로 생각됩니다. 이 책은 예루살렘을 여행한 이야기로서, 그리스인들이 교황에 대하여 갖고 있는 약간의 잘못된 관념을 다루었습니다. 또한 위대한 징기즈 칸과 바빌론의 도시, 전설의 기독교 왕 존과 예루살렘 그리고 이런저런 방식으로 생활하는 사람들이 살고 있는 많은 섬들에 대한 이야기도 언급하고 있습니다. 한번은 술탄이 자신을 방문한 기사에게 사제·추기경·교황 그리고 로마 교

---

5 cfr. Mandavilla, *Qual tratta* cit., cc. 76v~77r. 돈디나(Dondina 또는 Dondun)는 아마도 안다마네Andamane를 구성하는 섬들 중의 하나로 생각된다고 하였다.

6 cfr. Solmi, *Le fonti* cit., p. 205.

7 cfr. ACAU, proc. n. 126, cc. 21v~22r.

회 등에 대해서 물어보면서, 예루살렘이 한때는 기독교인들의 것이었지만, 이들과 교황의 잘못된 통치로 인해 하느님이 거두어가셨다고 말했습니다. 그리고 계속해서 이 책은 사람이 죽으면 〔……〕 한다는 장소에 대해서 언급하고 있었습니다." 여기서 이단 심문관의 대리인은 메노키오의 말을 끊으면서, "이 책이 혼돈에 대해서는 언급하지 않았는가"를 질문하였다. 메노키오는 대답에서 "아닙니다. 심문관님, 지금 말한 것은 『성서의 약술기』에서 읽은 것입니다. 그리고 혼돈에 대해서 지난번에 말한 것은 모두 저의 머리에서 나온 것들입니다"라고 말하면서, 곧바로 조금 전에 중단하였던 이야기의 뒷부분을 이어갔다. "맨더빌의 기사가 쓴 이 책에서 병으로 죽음을 앞둔 사람은 사제에게 달려가고, 사제가 우상에게 간청하면 우상은 병든 자가 죽을지 살지를 말하지요. 만약 그 병든 자가 죽을 것이라고 하면 사제는 그를 질식시켜 죽여서 친구들과 함께 그 육신을 먹습니다. 이때 사자(死者)의 살이 맛있으면 죄가 없고 맛이 없으면 죄가 많아서 그렇다고 하면서 그토록 오랫동안 살게 한 것이 잘못이었다고 말합니다. 이 부분에서 저는 육신이 죽으면 영혼도 함께 죽는다는 생각을 하게 되었습니다. 국가의 수가 많고 다양하다 보니 사람들의 신념도 다르기 때문입니다."

다시 한 번 메노키오는 자신의 생생한 기억을 통해 단어들과 문장들을 섞어 반죽한 후에 전혀 다른 것으로 만들어버렸다. 지나치게 말라서 살이 없는 시신은 (먹기에) 나쁜 것이고, 살이 많은 시신은 (먹기에) 좋은 것이 된 것이다. '좋은' 그리고 '나쁜'이라는 용어가 식도락과 도덕의 개념과 뒤섞이면서 죄의 속성이 살인자에게서 피살자로 옮겨졌다. 그러므로 (먹기) 좋은 사람은 죄가 없고, (먹기) 나쁜 사람은 죄가 많다는 것이 된다. 이 시점에서 메노키오의 연역이 시작되었다. 즉 내세는 없으며 미래의 속죄와 고통도 존재하지 않는다. 천국과 지옥은 이 세상에 존재한다. 영혼은 불멸의 대상이 아니다. 이전과 마찬가지로, 메노키오는—비록 분명히 의도적이지는 않지만—본문을 도발적인 방식으로 왜곡시켰다. 메노키오가 이 책에 대해서 가지게 된 수많은 의문들은 그 속에 기록된 내용을 훨씬 초과하는 것이었다. 그러므로 이 경우에 본문의 기능은 부차적인 것에 불과하다. "이 부분에서 저는 육신이 죽으면 영혼도 함께 죽는다는 생각을 하게 되었습니다. 국가의 수가 많고 다양하다 보니 사람들의 신념도 다르기 때문입니다."

22. 자연의 하느님

그럼에도 불구하고 수많은 법과 관습의 다양성을 고집하는 것은 맨더빌의 서술에서 볼 수 있는 오직 하나의 논점에 불과하였다. 그 반대에 위치한 논점의 핵심은 그렇게 왜곡과 변형이 심한 상황에서도 지속적인 요인을 인정한다는 것이다. 즉 그것은 세상을 창조하신 하느님, '자연의 하느님'에 대한 믿음이 반드시 동반된 합리성이었다. 이와 같이 카나Chana 섬의 우상과 환영을 숭배하는 자들에 대해서 말하고 난 뒤에 맨더빌은 다음과 같이 서술하였다. "그러므로 여러분은 모든 사람이 헤라클레스처럼 과거의 용감한 사람이나, 그들의 시대에 위대한 기적을 행한 사람들에 대한 존경심에서 우상을 숭배한다는 사실을 알아야 한다. 그러나 그들 스스로는 과거의 용감한 사람들이 신은 아니며 모든 것을 만들고 하늘에 있는 분은 하느님 한 분밖에 없음을 알고 있다고 말한다. 또한 그들은 영웅들이 하느님의 사랑을 받고 인간에게 숭배받기 때문에 특별한 하느님의 은총이 아니고는 기적을 행할 수 없었을 것이라는 사실을 알고 있다. 그들은 태양에 대해서도 비슷한 말을 한다. 다시 말해서, 태양이 시간을 변화시키고 지상의 것들에게 온도와 양분을 주며 또한 그다지도 많은 힘을 지닐 수 있는 것은, 그것이 다른 어떤 것들보다도 하느님의 사랑을 많이 받아 이 세상에서 가장 커다란 가치를 부여받았다는 사실에 기인한다는 것을 그들은 충분히 알고 있다. 그러므로 그들도 말하듯이, 태양이 숭배받고 존경받는 것은 당연하다."[1]

"이 말은 합리적이다." 맨더빌은 절제되고 초연하며 거의 민
속학자와 같은 어조로 이국의 사실들과 신앙들에 주의를 기울
이면서 이들의 겉으로 드러난 괴이함과 어리석음의 이면에 감
추어져 있는 합리적 사고의 핵심을 보여주었다. 사실 카나 섬
의 주민들은 반인반우(半人半牛)의 신을 경배하고 있었다. 그
들은 소를 "지상에서 가장 신성하고 다른 동물들에 비해 가장
유익한 동물"[2]로 확신하였다. 반면 인간은 "가장 고귀한 피조
물로 모든 동물들의 주인"이라고 믿었다. 미신에 사로잡혀 선
악의 힘이 이들 동물들에게 있다고 생각하던 기독교인은 없었
을까? "자, 오직 자연의 교리만을 가지고 있는 이교도들이 그
토록 단순하여 여러 동물들에 믿음을 가지는 것에 놀랄 필요는
없다." 나쿠메라(영어의 Nacumera 또는 이탈리아어의 Honga-
mara) 섬의 주민들은 남녀를 불문하고 "개의 머리를 닮아, 모
두 견두인(犬頭人) ynocephales이라 불린다"[3]고 맨더빌은 설명
하였다. 그러나 그는 계속해서 다음과 같은 설명을 추가하였
다. "그들은 이성적이고 지적인 사람들이다." 그리하여 맨더빌
은 저서의 마지막 장에서 자신의 특별한 여행을 마감하면서 독
자들에게 다음과 같이 엄숙하게 선언하였다. "여러분은 알아야
한다. 이제까지 내가 이야기한 모든 나라(카세이 또는 카타이
오)와 섬들에는 다양한 법과 신앙을 가진 수많은 사람들이 존
재한다는 것을. 그들은 이성과 지적인 능력을 가지고 있지만,
우리의 신앙이나 세상을 창조하신 하느님을 믿지 않으며 이 하
느님을 이레타르제 Iretarge, 즉 예언자가 말한 '세상 모든 것의
종말을 두려워하고' 그리고 '모든 인간들이 (하느님께) 봉사하

173

---

1 cfr. Mandavilla, *Qual tratta* cit., c. 63v.

2 *Ibid.*, cc. 63v~64r.

3 *Ibid.*, c. 75r. 제노체팔리 Genocefali의 설명은 Vincenzo di Beauvais의 *Speculum
 histororiale*에서 인용한 것이다.

는' 자연의 하느님으로 부른다. 그러나 그들은 성부와 성자와 성령에 대해서, 성서 특히 「창세기」와 모세의 여러 서적들과 「출애굽기」, 예언서들에 대해서도 알지 못한다. 그들은 이 모든 것을 가르쳐줄 선생이 없기에 오직 타고난 지성을 통해서만 알 수 있을 뿐이다."[4] 맨더빌은 이러한 사람들에 대한 끝없는 관용을 당부하였다. "나는 비록 메시다라타Mesidarata와 제노사파Genosaffa[5]의 섬 주민들이 우리와 동일한 믿음을 갖지 않았더라도, 그들은 천성적으로 선한 믿음과 선한 의지로, 욥과 같이 하느님의 사랑과 환영을 받았을 것이라고 믿는다. 우리의 주 하느님은 바로 이러한 이유로 예언자 호세아의 입을 통해 다음과 같이 말씀하셨다. '나는 그들에게 나의 수많은 법을 부과하였느니라.' 그리고 성서 어딘가에는 '그는 모든 도시들을 (자신의) 법에 복속시켰다'는 구절이 있고 또한 하느님은 복음서에서도 '나는 이 무리에 속하지 않은 다른 양들을 가지고 있다'고 하셨다. 하느님은 기독교의 법 안에서 태어나지 않은 사람들도 당신을 믿는 자들과 마찬가지로 당신의 종으로 삼으셨다. 기독교인들은 자신들과 다른 신앙을 가졌다는 이유로 그들을 증오하거나 경멸해서도 그리고 심판해서도 안 된다. 오히려 우리는 그들을 위해 기도해야 한다. 왜냐하면 하느님은 증오하

---

4 cfr. Mandavilla, *Qual tratta* cit., cc. 118v~119r. 'Et metuent': Salmi 66 8. 'Omnes gentes': Salmi 71 11.

5 고전 전통에서 언급된 두 개의 마을은 옥시드라체스Oxydraces와 짐노소피스테 Gymnosophistae이다. 맨더빌의 이 구절들은 마달레나 디 베첼라이Maddalena di Vézelay 교회의 문 앞에 몰려 있는 구원받은 자들의 무리에 끼어 있는 거대한 발과 거대한 귀를 가진 남자들의 모습에 대한 묘사와 비슷하다(cfr. E. Mâle, *L'art religieux du XIIᵉ siècle en France* (Paris, 1947), p. 330; 그리고 산 크리스토포로 치노체팔로 San Cristoforo cinocefalo의 성화, in L. Réau, *L'iconographie de l'art chrétien*, vol. III, tomo I(Paris, 1958), pp. 307~08; 두 개의 증언 모두에 대한 열람은 키아라 세티 프루고니 Chiara Settis Frugoni의 도움으로 가능하였다). 그러나 이 증언들에서 중요한 사항은 그리스도의 말씀이 괴물같이 생긴 주민들에게도 전파되었다는 사실이다.

는 자들을 사랑하지 않으며, 당신이 창조하신 그 어떤 피조물
도 미워하지 않기 때문이다. 그리고 우리는 하느님이 누구를
사랑하고 미워할지를 알지 못하기 때문이다."[6]

이와 같이 맨더빌의 『여행기』는 순수하고 우화적인 이야기
로 가득하다. 그럼에도 이 저서는 수많은 번역과 출판을 통해
서 중세의 종교적 관용의 반향을 종교 전쟁과 파문 그리고 이
단에 대한 대대적인 탄압의 시대로 전달하였다. 이것은 16세기
를 통해 그 흔적을 찾아볼 수 있는——지금까지 거의 알려지지
않은——관용을 지지하는 민중들의 성향을 자극하는 여러 경로
들 가운데 하나였을 것으로만 추정된다.[7] 반면 또 다른 경로는
세 개의 반지에 대한 중세의 전설이 많이 알려지게 된 행운에
기인한다.[8]

---

6 cfr. Mandavilla, *Qual tratta* cit., cc. 110r~v. 기록문의 인용에 대해서는 (구약의) 「호
세아서 Osea」 8장 12절; (구약의) 「전도서 Sapienza」 8장 14절; 「요한복음 Giovanni」
10장 16절 참조.

7 cfr. 예를 들어 C. Vivanti, *Lotta politica e pace religiosa in Francia fra Cinque e
Seicento* (Torino, 1963), p. 42.

8 M. Penna, *La parabola dei tre anelli e la tolleranza nel Medio Evo* (Torino, 1953, 절판
됨). 이외에도 U. Fischer, "La storia dei tre anelli: dal mito all'utopia," *Annali della
Scuola Normale Superiore di Pisa: Classe di Lettere e Filosofia*, 3ª serie, 3, 1973, pp.
955~98.

23. 세 개의 반지

　　메노키오는 세 개의 반지에 대한 전설에 깊은 감명을 받았다. 그리고 그는 이러한 자신의 심정을 제2차 심문 과정(1599년 7월 12일) 때 이단 심문관인 프란체스코 수도회의 제롤라모 아스테오Gerolamo Asteo[1] 앞에서 다음과 같이 토로하였다. 먼저 그는 자신이 과거에 ("누구에게 말했는지는 모르지만") "기독교인으로 태어났고 그래서 기독교인으로 살기를 원했습니다. 그러나 만약 제가 터키인으로 태어났다면 터키인으로 남기를 원했을 것입니다"라고 증언하였다는 사실을 인정하였다. 그리고 계속해서 말하기를, "심문관님, 제발, 제 말에 귀기울여주십시오. 옛날에 한 위대한 군주가 자신의 귀중한 반지를 갖게 되는 사람이 자신의 후계자가 될 것이라 말했습니다. 임종을 앞둔 왕은 자신의 반지와 똑같은 다른 두 개의 반지를 더 만들어 세 아들에게 나누어 주었습니다. 그들은 각기 자신이 왕위 계승자이며 진짜 반지를 가졌다고 생각했습니다. 그러나 그들이 받은 반지들은 너무나 비슷하여 진짜를 구분하기가 불가능하였습니다. 이와 동일한 방법으로 아버지 하느님은 기독교인과 터키인 그리고 유대인과 같이 당신을 사랑하는 많은 자녀를 거느리셨고 그들 각각에게 자신의 계율에 의해 살도록 하셔서 우리는 어떤 것이 옳은 것인지 모릅니다. 이것이 제가 기독교인으로 태어났으므로 기독교인으로 살기를 원하고 만약 터키인

---

[1] cfr. Ginzburg, *I benandanti* cit., index.

으로 태어났다면 터키인으로 살기를 원했을 이유입니다."² "그러면 그대는 우리가 어느 것이 올바른 계율인지 모른다고 생각하는가?" 하고 심문관이 반박하자, 메노키오는 "그렇습니다, 심문관님. 제가 믿기로 모든 사람은 자신의 신앙만이 옳다고 생각하지만, 진정 어떤 것이 좋은 것인지는 알지 못합니다. 그러나 저의 조부와 아버지 그리고 친지들이 기독교인이었기에 저도 기독교인으로 남기를 원합니다. 그리고 이것이 옳다고 믿습니다."

이것은 처음부터 끝까지 특별했던 재판의 가장 특별했던 순간이다. 양측의 입장이 전도되자 메노키오는 먼저 기선을 잡아 심문관을 설득하려고 노력하였다. "제발, 제 말을 들어보십시오." 여기서 지배 문화를 대표하는 이는 누구인가? 그리고 민중 문화를 대표하는 이는 누구인가? 결코 대답이 쉽지 않은 질문들이다. 메노키오가 세 개의 반지에 대한 이야기를 알게 된 경로로 인해 상황은 보다 역설적으로 전개되었다. 메노키오는 그 내용을 "어떤 것인지 잘 모르는 책에서" 읽었다고 하였다. 심문관은 다음 심문에 가서야 그것이 어떤 종류의 책인지 알게 되었다. 즉 그것은 '금지된 서적'이었다. 메노키오는 거의 한 달이 지난 뒤에 비로소 책의 제목을 고백하였다. "저는 그 내용을 보카치오의 『데카메론』에서 읽었습니다." 이 책은 고인이 된 '니콜라 데 멜키오리'에게서 빌린 것이다. 이와 마찬가지로 화가 니콜라 다 포르치아와 동일인으로 생각되는 멜키오리는, 어느 증인에 의하면, 메노키오에게 "자신의 이단적인 생각을 가르쳤다"고 한다.

그러나 이제까지 우리가 보아온 모든 것은 메노키오가 다른

---

2 cfr. ACAU, proc. n. 285, 1599년 7월 12일, 7월 19일, 8월 5일.

사람들의 의견이나 생각을 앵무새처럼 읊조린 것이 아니라는
사실을 말해준다. 메노키오가 책에 접근하는 방식과 난해하고
어려운 진술은 독창적인 재구성의 확실한 증거이다. 물론 그의
독창적인 재구성은 무가치한 것이 아니었다. 비록 방식과 형태
를 좀더 명확하게 살펴볼 여지가 없는 것은 아니지만, 지식인
들의 논점과 민중들의 논점이 그의 독창적인 재구성을 통해서
어떻게 접목되는가를 더욱 명확하게 이해할 수 있다. 메노키오
에게 『카라비아의 꿈』과 『데카메론』의 한 복사본을 건네준 것
은 니콜라 다 포르치아였을 것이다. 그러나 『데카메론』 또는
적어도 이 책의 일부——세 개의 반지의 전설은 이 책의 첫날
세번째 이야기에 나온다——는 메노키오의 마음에 깊은 반향을
불러일으켰다. 안타깝게도 그가 보카치오의 작품들을 읽고 어
떤 반응을 보였는지는 알 수 없다. 분명한 사실은 고백 성사의
규약을 그토록 참을 수 없어하던 메노키오가 유대인 멜키세덱
Melchisedec의 이야기에서 자신의 종교적 신념을 확인하게 되
었을 것이라는 사실이다. 그러나 세 개의 반지의 전설이 언급
된 『데카메론』의 내용은 외설적인 측면보다는 종교적으로 미
묘한 내용에 더 촉각을 곤두세운 악명 높은 반종교 개혁 검열
관들의 가위질에 희생되었다.[3] 메노키오는 가장 오래된 판본

---

3 cfr. 앞의 책, p. 165. 살비아티Salviati가 수정하고 증편한 새로운 판본에서 유대인
멜키세덱이 세 개의 반지에 대한 이야기 소설로 살라딘의 큰 위험에서 빠져나온다
(첫날의 세번째 이야기)는 이야기는 세 반지에 대한 별다른 언급을 생략하였다
(Firenze, 1573, pp. 28~30; Venezia, 1582 등). 『아드리아의 장님, 루이지 그로토가
수정한 출판본 *riformata da Luigi Groto cieco d'Adria*』(Venezia, 1590, pp. 30~32)에
서는 상당히 위험한 구절이 제외되었으나("당신에게 말씀드리건대, 아버지 하느님
께서는 세 종족에게 각자의 법을 주셨습니다: 각 종족은 상속권, 고유의 법 그리고
직접적인 질서 체계를 마련해주셨습니다. 그러나 이들은 세 반지의 이야기와 마찬가
지로, 어느 것이 진정한 것인지에 대한 의문에서 헤어나지 못하고 있습니다"[cfr. G.
Boccaccio, 『*Il Decameron*』, V. Branca, ed., I, Firenze, 1951, p. 78], 이야기 전체는 제
목부터 다시 씌어졌다(젊은 폴리필로가 세 반지에 대한 이야기로 세 여인의 의도적
인 질책을 모면한다).

또는 검열되지 않은 판본을 읽은 것이 분명하다. 이 시점에서 심문관이며 동시에 교회법 학자인 제롤라모 아스테오와 일명 메노키오로 불리는 방앗간 주인 도메니코 스칸델라의 만남은 세 개의 반지의 전설과 그 속에서 찬양된 관용을 통해서 상징적인 의미를 띠는 듯하다. 이 당시에 가톨릭 교회는 두 개의 전선에서 투쟁하고 있었다. 한편에서는 반종교 개혁의 여러 도식에 저항하는 신구의 지배 문화에, 그리고 다른 한편에서는 민중 문화에 대항하여 투쟁 전선을 구축하고 있었다. 이미 살펴보았듯이, 메노키오와 제롤라모 아스테오의 은밀한 만남은 바로 이 두 가지 이질적인 적들 사이에서 가능할 수 있었다.

"그대는 어느 법이 가장 올바른지 알 수 없다고 믿는가?" 심문관이 묻자, "그렇습니다, 심문관님. 제가 믿기로 모든 사람은 자신의 신앙만이 옳다고 생각합니다. 그리고 우리는 어떤 것이 옳은지 모릅니다." 메노키오의 답변은 간단하였지만, 관용을 지지하는 자들의 주장을 전적으로 반영하고 있다. 메노키오는 세바스티아노 카스텔리오네Sebastiano Castellione의 경우처럼,[4] 관용을 3대 종교(불교, 기독교, 이슬람교)의 범위를 넘어 이단들에게도 확대하였다. 또한 종교적 관용을 역설하는 동시대의 이론가들과 마찬가지로 관용을 찬양하는 메노키오의 주장은 나름대로 긍정적인 내용을 담고 있다. "하느님은 기독교인, 이단자, 터키인, 유대인 모두에게 성령을 주셨습니다. 그리고 이들 모두를 사랑하시고 똑같이 구원하십니다." 이것은 좁은 의미의 관용이 아니라, 교리로부터 자유로운 단순화된 종교의 이름으로 모든 (종교의) 신앙이 동등하다는 것을 의미하였다. 그것은 맨더빌이 모든 인간들, 심지어 가장 멀리 있고, 가장 괴이

---

4 cfr. D. Cantimori, "Castellioniana(et Servetiana)," *Rivista storica italiana*, LXVII, 1955, p. 82.

하고 기형적인 종족들 사이에서도 찾아볼 수 있었던 '자연의 하느님'에 대한 믿음과 유사한 그 무엇이었다. 그러나 나중에 밝혀지겠지만, 메노키오는 하느님이 세상을 창조하였다는 이념을 사실상 거부하고 있었다.

그러나 맨더빌의 경우 이러한 인식은 다른 여러 종교의 부분적 진리에 비해 기독교가 우월하다는 주장을 동반하였다. 메노키오는 맨더빌이 구축한 인식의 범위를 끝없이 벗어나고 있었다. 메노키오의 종교적 급진주의는 비록 우연한 기회에 중세적 관용이라는 주제를 계기로 형성되기는 하였지만, 그보다는 당시의 인문주의적 사고를 갖춘 이단자들의 세련된 종교 이론으로 기울고 있었다.

24. 기록 문화와 구전 문화

우리는 메노키오가 어떻게 책을 읽었는가를 살펴보았다. 그는 단어나 구절을 떼어내거나 때로는 왜곡시키고 다른 문장을 끌어들여 유사한 비유들을 만들었다. 매번 책들과 이에 대한 메노키오의 반응을 비교하면서 우리는 이런저런 이단 집단과의 관계만으로는 설명될 수 없는,[1] 그만이 가지고 있는 독서의 열쇠를 찾아보려고 노력하였다. 메노키오는 거의 모든 기존의 틀에서 벗어나 자신만의 독서에 대해 곰곰이 생각하고 다듬어갔다. 그 결과 메노키오의 가장 비상한 주장들은 맨더빌의 『여행기』나 『최후 심판의 역사』와 같은 무해한 책들과의 접촉을 통해 형성되었다. 메노키오의 생각은 책 그 자체가 아니라, 그 속에 기록된 내용들과 구전 문화가 만난 결과였다.

---

1 일반적으로 '접촉 contatti' '영향 influenze'을 고려할 때, 방법론상의 지적에 대해서는 L. Febvre, "Le origini della Riforma in Francia e il problema delle cause della Riforma," *Studi su Riforma e Rinascimento e altri scritti su problemi di metodo e di geografia storica*, 이탈리아어판(Torino, 1966), pp. 5~70 참조.

25. 혼돈

그러면, 처음에는 해석이 불가능해 보이던 메노키오의 우주론으로 관심을 돌려보자. 이제 우리는 그의 우주론의 복잡한 단계들을 재구성할 수 있다. 메노키오는 자신의 우주론을 통해 「창세기」의 내용과 교회의 정통적 해석에서 벗어나 최초의 혼돈이 존재했음을 주장하였다. "제가 생각하고 믿는 바에 따르면, 흙·공기·물 그리고 불, 이 모든 것은 혼돈 그 자체입니다"[1](2월 7일). 이후에 계속된 심문에서 이단 심문관은 맨더빌의 『여행기』에 대해 말하고 있는 메노키오의 증언을 가로막으면서 "이 책이 혼돈에 대해서 언급하고 있는가"[2]를 물었다. 메노키오는 그렇지 않다고 대답하면서 (이번에는 의식적으로) 이전에 언급했던 기록 문화와 구전 문화의 결합에 대해서 다시 이야기하였다. "아닙니다 심문관님. 그러나 저는 혼돈의 내용을 『성서의 약술기』에서 읽었습니다. 하지만 혼돈에 대해서 제가 말한 다른 내용들은 저의 생각입니다."

사실 메노키오는 정확히 기억하고 있지 않았다. 『성서의 약술기』에는 혼돈에 대한 언급이 없다. 그럼에도 불구하고 이 책에서 성경의 천지 창조는 일관성이 고려되지 않은 상태로 대부분이 오노리오 디 아우툰의 『제사해명 *Elucidarium*』에서 인용된 일련의 장들에 이어서 언급되었다. 아우툰의 저서에서 형이상학은 점성학과, 신학은 4원소의 학설과 혼합되어 있었다.

---

1 cfr. ACAU, proc. n. 126, c. 17r.
2 cfr. ivi, c. 22r.

『성서의 약술기』, 제4장 「어떻게 하느님이 4원소로 인간을 만들었는가에 대하여」는 다음과 같이 시작된다. "말하였다시피 태초에 하느님은 형태도 방식도 없이 원하는 모든 것을 만들 수 있을 만큼 많은 물질을 만드셨다. 그래서 그것을 나누고 분할해서 4원소로 구성된 인간을 만드셨다."[3] 이 내용은 태초에 원소들이 구분되지 않았다는 사실을 뒷받침하면서, 동시에 무에서의 창조를 배제하고 있다. 그렇지만 혼돈은 언급되지 않았다. 아마도 메노키오는 그가 두번째 재판 당시에 우연히 언급한 책에서 이 학술 용어를 인용한 것으로 보인다(그러나 다음에 이야기할 기회가 있겠지만, 1584년에 그는 이미 알고 있었다). 그 책은 아우구스티누스 교단의 은자인 야코포 필립포 포레스티의 『연대기 보유』이다. 이 연대기는 15세기 말에 씌어졌지만 그 골격은 여전히 중세에 기반을 두고 있다. 연대기의 내용은 우주의 창조로 시작된다. 포레스티는 먼저 자신이 속한 교단의 수호 성인인 어거스틴을 인용한 뒤에, "태초에 하느님은 하늘과 땅을 만드셨다고 한다. 그러나 이것은 이미 존재한 것이 아니라 존재할 수 있는 것들이었다. 그것은 하늘이 만들어졌다고 씌어 있는 것을 보면 알 수 있다. 그건 마치 우리가 나무의 씨앗을 보고 여기가 뿌리·줄기·가지·열매 그리고 잎이라고 말하는 것과 같다. 이는 그것들이 이미 존재한다는 뜻이 아니라, 이것으로부터 자라야만 한다는 것을 의미한다. 마찬가지로 태초에 하느님은 하늘과 땅을 만드셨다고 하는데, 실질적으로는 이들의 씨앗을 만든 것이다. 왜냐하면 하늘과 땅의 물질은 여전히 혼란 상태에 있었기 때문이다. 그러나 이것이 하늘과 땅이 될 것이기 때문에 이 물질은 이미 하늘과 땅이라고 불릴

---

3 cfr. *Fioretto* cit., c. A IIIIr.

수 있었다." 오비디오Ovidio는 자신의 저술의 시작 부분에서, 다른 철학자들도 구체적인 형상을 갖추지 못한 거대한 물질을 혼돈이라고 불렀다. 이 물질에 대해 오비디오는 앞서 언급한 책에서 다음과 같이 설명하였다. "세상의 모든 것을 구성하는 땅·바다·하늘이 존재하기 전에 자연은 그 공간 속에 하나의 형태를 가지고 있었다. 철학자들은 거대한 미완의 형태를 가진 이 물질을 혼돈이라고 불렀다. 그 무게를 알 수 없는 이 물질은 느리게 움직일 뿐이며 내부의 동일한 공간에 모여 있다. 그리고 완벽한 결합을 이루지 못하여 조화를 상실한 씨앗들이다."[4]

포레스티의 생각은 성서와 오비디오의 이념을 결합시키려는 것에서 출발하였지만, 전자보다는 후자의 생각에 근접된 우주론을 제시하기에 이르렀다. 태초의 혼돈과 '거대하고 미완의 형태를 가진 물질'에 대한 이념은 메노키오에게 강한 인상을 심어주었다. 그는 오랜 심사숙고 끝에, '자신의 머리 속에서 형성된 [······] 이 혼돈에 관한 [······] 다른 사실들'을 유추하였다.

메노키오는 '이러한 것들'을 마을 사람들에게 설명하려고 하였다. "내가 듣기로는 — 조반니 포볼레도가 말하기를 — 태초에 이 세계는 아무것도 아니었습니다. 거품과 같은 것이 바닷물에 부딪혀 마치 치즈처럼 엉켜 있다가 후에 그 속에서 헤아릴 수 없이 많은 구더기들이 태어나서 인간이 되었지요. 이 구더기들 중에서 가장 강력하고 현명한 것은 하느님이었고 나머지 사람들은 모두 그에게 복종하게 된 것입니다."[5]

이것은 적어도 여러 사람의 입을 통해 걸러진 매우 간접적인 증언이었다. 포볼레도는 8일 전에 '포르데논의 장터로 걸어가

---

4 cfr. Foresti, *Supplementum* cit., c. 1v(필자는 1553년에 베네치아에서 출판된 책을 인용하였다).
5 cfr. ACAU, proc. n. 126, c. 6r.

면서' 한 친구가 말해준 것을 증언하였다. 그리고 그 친구의 이야기도 메노키오와 대화를 나눈 다른 친구로부터 들었던 것이다. 사실 메노키오는 첫번째 심문에서 초점이 약간은 빗나가는 진술을 하였다. "제가 생각하고 믿는 바에 따르면, 흙·공기·물 그리고 불, 이 모든 것은 혼돈 그 자체입니다. 이 모든 것이 함께 하나의 큰 덩어리를 형성하는데 이는 마치 우유에서 치즈가 만들어지고 그 속에서 구더기가 생겨나는 것과 같습니다. 이 구더기들은 천사들입니다. 한 지고지선한 존재는 아들이 하느님과 천사이기를 원하였고, 그 수많은 천사들 중에는 **같은 시간대에 그 큰 덩어리에서 만들어진 신도 있었지요.**"[6] 겉으로 보기에도 메노키오의 이야기는 입에서 입으로 빠르게 전달되면서 단순화되고 왜곡된 것임에 틀림없다. '혼돈'이라는 어려운 말은 사라지고 정통 교리적인 다른 말, 즉 '태초에 이 세상은 아무것도 아니었다'로 대체되었다. 치즈—구더기—천사—위대한 권위—하느님(천사와 인간들 중에서 가장 강력한 권력자)으로 이어지는 계열은 치즈—구더기—인간—하느님(인간들 중에 가장 강력한 자)이라는 별도의 계열로 단축되었다.

다른 한편 메노키오의 설명에서 바닷물에 부딪힌 거품은 전혀 언급되지 않았다. 포볼레도가 거품에 대한 이야기를 꾸몄다는 것은 불가능하다. 반대로 재판이 진행되면서 메노키오가 자신이 생각한 우주 진화론의 주요 부분은 건드리지 않은 채 그 요소들을 다양하게 변화시켰다는 사실이 점차 분명하게 드러났다. "위대한 권위는 무엇인가"[7]를 묻는 이단 심문관의 대리인의 반문에, 메노키오는 "저는 그 위대한 권위가 항상 존재한

---

6 cfr. ivi, c. 17r.
7 cfr. ivi, c. 20r.

하느님의 영(靈)이라고 생각합니다"[8]라고 대답하였다. 계속된 심문에서 메노키오는 보다 상세하게 설명하였다. "최후의 날에 인간들은 제가 조금 전에 말했던 혼돈이 존재하기 이전부터 존재하였던 위대한 권위에 의해 심판될 것입니다." 그리고 최종적으로는 위대한 권위를 하느님으로, 하느님을 성령으로 대체하였다. "앞서 설명한 그 혼돈의 영원한 하느님이, 치즈를 만드는 가장 완벽한 방식으로, 가장 완벽한 빛을 만들었습니다. 그리고 그 빛으로 우리가 천사라고 부르는 정령들을 만들었으며 그들 가운데 가장 존귀한 자를 선출하여 세상의 모든 지식, 모든 의지와 권력을 주었습니다. 이것이 바로 우리가 성령이라 부르는 것입니다. 이 성령이 하느님에게 세상의 모든 것을 만들도록 하였다고 믿습니다."[9] 메노키오는 하느님이 혼돈에 앞서 존재한다는 생각을 바꾸었다. "이 하느님은 혼돈 속에 있으면서, 물 속에서 육신이 팽창하는 것처럼, 혹은 숲속에서 몸이 부풀려지는 사람처럼 계셨습니다. 마찬가지로 이 지성은 지식을 부여받으면서 세상을 창조하기 위해 부풀려지고 싶어했습니다."[10] 그러나 그때 심문관이 "하느님은 영원했고 늘 혼돈과 같이 계셨는가?"라고 묻자, 메노키오는 "저는 그 둘이 늘 함께 있었고 한 번도 분리된 적이 없으며 하느님이 없는 혼돈, 혼돈이 없는 하느님은 결코 존재할 수 없다고 믿습니다"라고 대답하였다. 이단 심문관의 대리인은 이 같은 극심한 혼란에 직면하자, 심문을 모두 마치기 이전에 대화의 일부분이라도 이해하려고 노력하였다(5월 12일).

---

8 cfr. ivi, c. 23r.

9 cfr. ivi, cc. 30r~v.

10 cfr. ivi, c. 31v.

26. 대화

이단 심문관: 그대는 하느님에 대해 증언한 지난번 심문에서 서로 모순되는 말을 하였네. 한 번은 하느님이 혼돈과 더불어 영원하다고 하였고 또 한 번은 하느님이 혼돈에서 만들어졌다고 했네. 그러니 이 상황에 대한 자네의 입장을 좀더 상세하게 말해보게.

메노키오: 하느님은 혼돈과 더불어 영원하셨지만, 그는 스스로를 인식하지도 살아 있지도 않으셨습니다. 다만 나중에서야 비로소 이 사실을 알게 되셨지요. 이것이 바로 제가 의도한 것입니다.

이단 심문관: 그대는 전에 하느님이 지성을 지녔다고 했네. 그렇다면 하느님이 처음에는 스스로를 인식하지 못하였다가 나중에서야 자신을 인식하게 된 이유는 무엇인가? 또한 무슨 일이 있었기에 처음에는 살아 있지 않다가 나중에 살게 된 것이란 말인가?

메노키오: 어머니의 자궁 속에 있을 때는 이해하지도 살아가지도 못하던 유아가 자궁 밖으로 나와 성장하면서 이해하기 시작하는 것처럼, 세상의 모든 것이 불완전에서 완전으로 나아가는 것이지요. 하느님도 그렇다고 믿습니다. 따라서 혼돈과 함께 있는 동안 하느님은 불완전했습니다. 이해하지도 살아가지도 못했던 것입니다. 그러나 나중에 이 혼돈 속에서 성장하면서 그는 살아가게 되고 이해하기 시작한 것입니다.

이단 심문관: 그렇다면 태초에 신적(神的) 지성은 모든 것을

확실하게 그리고 상세하게 알고 있었다는 말인가?

메노키오: 하느님은 이루어져야 할 모든 것을 알고 있었습니다. 인간들에 대해 알았고 또한 그들로부터 다른 사람들이 태어날 것이란 사실도 알고 있었습니다. 그러나 그는 태어날 모든 사람들을 알지는 못하였습니다. 예를 들어 가축을 돌보는 자들은 짐승들로부터 새끼들이 태어나리라는 것을 알고 있지만, 구체적으로 어떤 새끼들이 태어날지에 대해서는 알지 못합니다. 이처럼 하느님은 모든 것을 보고 있었지만 앞으로 진행될 모든 특정한 일들을 보고 있는 것은 아닙니다.

이단 심문관: 이 신적 지성이 최초에 모든 것들에 대한 인식력을 지니고 있었다고 해보세. 그렇다면 어디에서 그가 이러한 정보들을 얻었다는 말인가? 그 자신의 실체로부터인가 아니면 다른 어떤 방법으로부터인가?

메노키오: 신적 지성은 모든 것이 혼합되어 있는 혼돈으로부터 인식력을 얻었습니다. 후에 혼돈은 신적 지성에게 질서와 인식을 주었습니다. 이는 마치 우리가 흙·공기·물 그리고 불을 알고 난 후에 이들을 서로 구분한 것과 마찬가지입니다.

이단 심문관: 그럼 하느님은 모든 것들을 만들기 전에 의지와 권력을 가지고 있지는 않았는가?

메노키오: 가지고 있었습니다. 인식력이 그의 안에서 증가하듯이 의지와 권력도 마찬가지로 커졌습니다.

이단 심문관: 의지와 권력은 하느님 안에서는 같은 것인가?

메노키오: 우리에게 그렇듯이 이들은 같은 것이 아닙니다. 의지와 함께 무엇인가를 해야 할 권력도 필요합니다. 예를 들어 목수가 긴 의자를 만들기 위해서는 도구들이 필요합니다. 만약에 그가 나무를 가지고 있지 않다면 그의 의지는 무용지물이지요. 따라서 우리가 하느님에 대해서 말할 때 의지 이외에

권력도 필요하다고 하는 것입니다.

이단 심문관: 하느님의 이러한 권력은 무엇인가?

메노키오: 숙련된 일꾼을 부리는 것입니다.

이단 심문관: 당신이 하느님이 세상을 창조할 때에 보좌 역할을 했다고 생각하는 이 천사들은 하느님이 직접 창조하신 것인가? 아니라면 누가 이들을 만들었다는 말인가?

메노키오: 치즈에서 구더기가 생겨나듯이 그들은 자연에 의해서 세상의 가장 완벽한 물질로 만들어졌습니다. 그들이 나타나자 하느님은 그들을 축복하고 의지와 지성과 기억을 주었습니다.

이단 심문관: 하느님은 천사들의 도움 없이도 혼자서 모든 것을 행할 수 있었을까?

메노키오: 그렇습니다. 집을 짓는 사람은 일꾼들을 쓰지만, 우리는 그가 집을 지었다고 말하는 것과 같습니다. 이와 마찬가지로 하느님은 세상을 만들 때 천사들을 동원하였지만, 세상은 하느님이 창조하셨다고 말합니다. 주인인 목수는 혼자서도 집을 지을 수 있지만 시간이 좀더 걸리겠지요. 이처럼 하느님은 혼자서도 세상을 창조하실 수 있지만 다만 좀더 오랜 시간이 걸렸을 것입니다.

이단 심문관: 만약 천사들을 창조해낸 그 물질이 없었더라면, 또 혼돈이 없었더라면 하느님은 혼자서 세상의 모든 구조들을 창조하실 수 있었을까?

메노키오: 저는 재료 없이 어떤 것을 만든다는 것은 불가능하다고 생각합니다. 아무리 하느님이라 할지라도 재료가 없었더라면 그 어떤 것도 만들어내지 못했을 것입니다.

이단 심문관: 당신이 성령이라고 부르는 정령 또는 최상의 천사들은 하느님과 같은 본성과 본질을 가지고 있는가?

메노키오: 하느님과 천사들은 혼돈과 같은 동일한 본질로 구성되었지만 완벽함에 있어서는 차이가 있습니다. 보다 완벽한 빛인 하느님의 실체는 성령의 그것보다 더 완벽하기 때문입니다. 저는 그리스도에 대해서도 이렇게 말했는데, 그는 하느님과 성령의 실체보다 작은 실체를 가졌습니다.

이단 심문관: 이 성령은 하느님만큼이나 강력한가? 그리고 그리스도 역시 하느님과 성령만큼 강력한가?

메노키오: 성령은 하느님만큼 강력하지 않고, 그리스도 역시 하느님과 성령만큼 강력하지 않습니다.

이단 심문관: 당신이 하느님이라고 부른 것은 다른 누군가에 의해 만들어지고 창조된 것인가?

메노키오: 그는 다른 누군가에 의해 창조되지는 않았습니다. 하느님의 움직임은 혼돈 속에서 시작되었으며 불완전에서 완전으로 나아갑니다.

이단 심문관: 누가 혼돈을 움직이는가?

메노키오: 혼돈은 스스로 움직입니다.[1]

---

1 cfr. ivi, cc. 36v~37v. 해당 부분 전체를 이서(移書)하였다. 필자는 '묻기를 Interrogatus 〔……〕 대답하기를 respondit'을 두 명의 대화자로 교체하였을 뿐이다.

27. 신화적 치즈와 현실의 치즈

이와 같이 메노키오는 침착함과 확신을 가지고 일상 생활의 은유와 밀도 있는 언어로 자신의 우주론을 설명하여 심문관들을 깜짝 놀라게 했고 그들의 호기심을 자극하였다. (만약 그렇지 않다면 어째서 그들은 이 심문을 이토록 세밀하게 진행하였을까?) 이렇듯 다양한 신학적 용어들이 동원된 상황에서도 하나의 일관된 관점이 있었다. 이는 신성이 천지를 창조하였다는 것에 대한 거부였다. 또한 이 점과 더불어 가장 기이한 것은 메노키오가 치즈와 이 식품에서 생겨난 구더기, 즉 천사들을 고집스럽게 되풀이하였다는 사실이다.

어쩌면 이 부분은 단테 알리기에리Dante Alighieri의 『신곡』(연옥편, 10장, 124~25)의 영향을 반영하고 있는지도 모른다.

〔……〕 나비 천사로 태어난
구더기들,

특히 이 구절에 대한 벨루텔로Vellutello의 주석, 즉 "하늘에서 쫓겨난 검은 천사들의 빈자리를 채우기 위해 하느님이 창조하신 천사, 즉 신성"[1]은 문자 그대로 메노키오가 가지고 있는 우주관의 또 다른 여정을 반영하고 있다. 메노키오는 "그리고

---

[1] cfr. *Dante con l'espositioni di Christoforo Landino et d'Alessandro Vellutello*(Venezia, 1578), c. 201r. 천사들의 몰락에 대한 대안으로서 인간을 창조하였다는 주장은 『신곡』의 「천국편」, XXX, 134 sgg.에 언급되어 있다: cfr. B. Nardi, *Dante e la cultura medievale. Nuovi saggi di filosofia dantesca* (Bari, 1949), pp. 316~19.

이 하느님은 하늘에서 추방된 천사들의 빈자리를 채우기 위해 아담과 이브, 그리고 수많은 종족들을 만드셨습니다"[2]라고 하였다. 만약 같은 페이지에서 두 개의 일치되는 문구가 유래된 것이 우연이라면 이는 정말 이상하다고 할 수 있다. 그러나 만약 메노키오가 적어도 종교적·도덕적 진리의 위대한 스승인 단테를 읽었다면,[3] 왜 하필이면 이 구절("나비 천사로 태어난 구더기들")이 그의 머리 속에 각인되었을까?

실제로 메노키오는 자신의 우주관을 책에서 취하지 않았다.[4]

---

2 cfr. ACAU, proc. n. 126, c. 17v.

3 민중이 단테의 작품을 읽었다는 한 가지 사례(도시, 특히 피렌체에서)에 대해서는 V. Rossi, "Le lettere di un matto," *Scritti di critica letteraria*, II: *Studi sul Petrarca e sul Rinascimento* (Firenze, 1930), pp. 401 sgg., 특히 pp. 406 sgg. 참조. 메노키오의 경우와 가장 유사한 경우는 루카 출신인 스콜리오의 경우에서 찾아볼 수 있다: 그의 시에 끼친 단테의 영향에 대해서는 같은 글, p. 184 참조.

4 메노키오가 디오도로 스쿨로 Diodoro Sculo의 작품인 『역사 도서관 *Biblioteca storica*』을 속어로 읽었는지에 대해서는 알 수 없다. 이 작품의 첫 장은, 비록 살아 있는 생명들이 부패로부터 재생되었다고 하더라도 치즈에 대해서는 언급하고 있지 않다. 이 구절은 반복적으로 사용되었다. 그러나 분명하게 알 수 있는 것은 메노키오가 포레스티의 『연대기 보유』를 가지고 있었다는 사실이다. 이 책에는 요약 과정에서 고대 또는 중세로 거슬러 올라가는 우주론들이 언급되어 있다: "이 모든 것들은 창세기로부터 간략하게 요약한 것이다. 이러한 사실 때문에 몇 명의 신자들은 인간들의 신학은 모두 헛된 것이 되었다는 사실을 이해할 수 있었다. 더구나 사람들은 신학이 무자비하다고 말한다. 어떤 사람은 신이 존재하지 않는다고 말하며, 또 어떤 사람들은 하늘의 별이 불이라고 말한다. 또한 사람들은 이 불이 정해진 궤도를 따라 주변을 돌며 신을 대신하여 숭배받고 있다고 한다. 또 어떤 사람들은 세상에는 그 어떤 신의 십리도 존재하지 않으며 나만 합리적인 자연에 의해 지배되고 있다고 말한다. 어떤 사람들은 세상에는 시작이 없으며 오직 영원할 뿐이라고 말한다. 그 어떤 세상도 신에 의해서 시작되지 않았으며 우연히 행운에 의해 질서 있게 움직이고 있다고 말한다. 궁극적으로 세상은 원자와 섬광 그리고 영혼이 깃든 육신들로 구성되어 있다"(『연대기 보유』, c. 11r). '우연히 창조된 세계'에 대한 이 같은 강조는 폴체니고 Polcenigo의 교구 사제인 조반 다니엘레 멜키오레가 증언을 위해 콘코르디아의 종교 재판소에 참석한 자리에서 한 말에서 반복되었다(*Inferno*, IV 136). 15년 전에 같은 교구의 사제인 한 친구가 다음과 같이 탄식하였다: "이 산들과 평원 그리고 세상의 이처럼 아름다운 기계를 창조함에 있어서 주님의 선한 의지는 위대합니다." 그와 함께 있던 메노키오는 말하기를: "당신은 이 세계를 창조한 사람이 누구라고 생각합니까?" "신입니다." "당신은 잘못 알고 있습니다. 왜냐하면 이 세상은 우연히 만들어진 것입니다. 그리고 이 문제에 대하여 더 이상 말하고 싶지 않습니다"(ACAU, proc. n. 126, cc. 24v~25r).

"치즈에서 구더기가 만들어진 것과 마찬가지로, (천사들은) 자연에 의해 세상의 가장 완벽한 물질로 창조되었습니다. 그러나 그들이 나타나자 하느님은 그들을 축복하고 의지와 지성과 기억을 주었습니다."[5] 메노키오의 이러한 대답을 참고할 때, 그가 치즈와 구더기를 반복적으로 언급한 것은 단지 비유적인 설명을 위한 것이라는 사실을 알 수 있다. 메노키오는 살아 있는 생명체들이—이들 가운데 가장 완전한 존재는 천사들이다—신의 개입에 의존하지 않고 혼돈과 '무질서하고 거대한' 물질로부터 탄생하였다는 사실을 설명하기 위해 치즈에서 구더기들이 발생하는 일상의 경험을 인용하였다. 혼돈은 더 이상 이상적으로 정의되지 않는 '성스러운 권위'에 우선한다. 혼돈으로부터 최초의 생명체들, 즉 천사들과 이들의 위대한 존재인 하느님이 "자연에 의해 자연스럽게 생겨났다." 메노키오의 우주관은 근본적으로 유물론적이며 그리고 과학적인 경향을 띠고 있다. 무생물로부터 생명체가 자연스럽게 발생한다는 학설은 이 시대의 모든 지식인들이 공감하던 이론이었다(이것은 한 세기 이상이 지난 뒤에 프란체스코 레디Francesco Redi의 실험을 통해 반박될 때까지는 확고하였다).[6] 사실 이 이론은 구약의 창세기에 기초한 로마 교회의 창조설에 비해 훨씬 과학적이었다. 월터 랄레이Walter Raleigh[7]와 같은 과학자는 '기술이 뒷받침되지 않은 경험'의 이름으로, 치즈(그 유명한 치즈!)를 만드는 여성과 철학자를 연결시킬 수 있었을 것이다. 두 사람 모두, 비록 그 이유는 알 수 없지만, 효소가 통 속의 우유를 응고시켜 치즈가 된다는 사실을 알고 있다.

193

---

5 ivi, c. 37r.

6 1688년 레디는 공기와 접촉되지 않은 유기체들은 썩지 않으며 이 때문에 '자연스러운 생산'은 불가능하다는 사실을 제시하였다.

7 cit. in H. Haydn, *The Counter-Renaissance* (New York, 1960), p. 209.

메노키오의 일상 경험을 듣는 것으로도 모든 것이 설명되지는 않는다. 오히려 아무것도 설명되지 않는다고 할 수 있다. 치즈의 응고와 지구를 형성시킨 혼돈 상태의 응고가 우리에게는 유사하게 보이지만, 메노키오에게는 분명히 그렇지 않았다. 그리고 그것뿐만이 아니다. 이러한 비유를 제시하면서 메노키오는 자신도 모르게 먼 시대[8]의 신화들을 도입하였다. 이미 『베다』에서 언급된 인도의 신화에 따르면 우주는 그 기원이 우유의 응고와 비슷하여 창조주들이 휘저어놓은 태초의 응고된 바닷물에 의해 덮여 있었다고 한다. 칼무키족* 사람들에 의하면, 태초에 바닷물은 우유의 표면에 형성되는 얇은 막과 같은 견고한 층으로 덮여 있었고 그 표면 위로 식물·동물·인간 그리고 신들이 뚫고 나왔다. "태초에 이 세상은 아무것도 아니었고, 그리고 〔……〕 그것은 바닷물에 의해 거품처럼 휘저어졌고, 치즈처럼 응고되면서 그 속으로부터 엄청난 양의 구더기들이 태어났다. 이 구더기들은 인간이 되었고, 이들 가운데 가장 강력하고 지혜로운 자가 하느님이었다."[9] 앞서 언급하였듯이 단순화되었을 가능성만 제외한다면 이것은 메노키오가 한 말이나 다름없었다.

이것은 기막힌 우연이 아닐 수 없다. 이는, 말하자면, 확실하게 설명할 수 없는 사람에게는 집단 무의식의 경우처럼 수용될 수 없거나 불안 심리까지도 조장할 수 있을 것이다. 그러나 의외로 쉽게 해석될 가능성도 없는 것은 아니다. 물론 메노키오는 실제의 치즈에 대해서 언급하고 있었다. 이는 전혀 신화와

---

8 cfr. U. Harva, *Les représentations religieuses des peuples altaïques*, 프랑스어판(Paris, 1959), pp. 63 sgg.

* 이탈리아어의 Calmucchi, 영어의 Kalmucks: 중앙아시아의 스텝 지역에 사는 몽고의 유목 민족.

9 cfr. ACAU, proc. n. 126, c. 6r(그리고 cfr. pp. 62~63).

는 관계없는 것으로서 메노키오는 만드는 것을 수없이 보았거
나 또는 직접 만들어본 바로 그 치즈에 대해서 말하고 있었다.
반면에 알타이족의 목동들은 동일한 경험을 우주론적인 신화
로 해석하였다. 그러나 이러한—결코 무시되어서는 안 되는
—차이에도 불구하고 일치하는 부분이 없는 것은 아니다. 그
것은 언어의 차이를 넘어서 과학에 신화를 접목시킨 우주론의
천년 전통이—비록 단편적이고 부분적이기는 하지만—존재
한다는 것을 증명하는 하나의 명백한 증거이다.[10] 치즈에 대한
비유가 메노키오에 대한 심문이 있은 지 거의 한 세기가 지난
뒤에 커다란 논쟁을 불러일으킨 한 서적을 통해 재등장한 것은
흥미로운 사실이다. 이 책에서 영국의 신학자 토머스 버넷
Thomas Burnet[11]은 성서와 자신이 살던 시대의 과학을 조화시
키려고 노력하였다. 이는 반드시 의도적이지는 않지만, 어쨌든

195

---

10 cfr. G. De Santillana, H. Von Dechend, *Hamlet's Mill* (London, 1970), pp. 382~83, 두
명의 저자는 이러한 우주 전통에 대한 방대한 연구가 집대성될 필요가 있다고 주장
하였다. 우리는 모르지만, 누군가는 둥근 하늘의 이미지를 상징하는 물레방아의 둥
근 바퀴에 대한 위대한 저서를 남겼을지도 모른다. 위의 두 저자는 한 제분업자가
고대의 우주관을 다시 제안한 것이 우연한 일이 아니라고 생각하였다. 불행히도 햄
릿의 방앗간과 같은 연구를 평가할 능력이 필자에게는 없다. 과거 문화들의 계속성
에 대한 연구를 위해서는 기존의 알려진 사실들에 대한 재검토가 반드시 선행되어야
만 한다.

11 "성스러운 세계와 세속 세계의 유물들이 증명하는 바와 같이, 땅의 신 텔루루스
Tellurus는 카오스에서 분리되어 출현한 것으로 생각한다. 카오스에 대해서 내가 이
해하고 있는 것은 모든 물질이 미분화된 채로 반은 액체 상태로 머물고 있는 덩어리
에 지나지 않는다는 것이다. 잘 알려진 바와 같이, 거대한 유동성 물질과 빈약한 유
동성 물질은 서로 섞여 있다가 우연히 공기와 접촉하는 경우, 서로 분리되어 떨어져
유동성의 거대한 덩어리는 왜소한 유동성 물질의 위를 흐르는 것이다. 나는 여기에
물과 기름의 혼합, 또는 꽃과 꿀과 마른 우유와의 분리에서, 그외의 많은 사례를 통
해 다음의 것을 확인하고자 한다. 즉 카오스인 액체 상태의 덩어리는 거대한 부분과
왜소한 부분의 두 덩어리로 분리된다고 믿는 것이 옳다"(T. Burnet, *Telluris theoria
sacra, originem et mutationes generales orbis nostri, quas aut jam subiit, aut olim
subiturus est, complectens,* Amstelaedami, 1699, pp. 17, 22. 필자는 인용 구절을 알려
준 니콜라 바달로니에게 감사를 표한다). 인도인들의 우주관에 대해서는 ivi, pp.
344~47, 541~44 참조.

고대 인도의 우주관을 반영하고 있다. 그러나 메노키오의 경우에는 직접적인 전달, 즉 세대와 세대 간의 구두 전달이라는 생각이 불가피하다. 이 가설은 같은 시기, 바로 프리울리 지방에서 베난단티의 그것과 같은 샤머니즘 숭배 의식[12]이 확산되어 있었다는 것을 생각할 때 결코 불가능해 보이지는 않는다. 어쨌든 이 분야는 메노키오의 우주론이 접목되어 있는 문화적 전이와 관계들이 조사되지 않은 미탐험의 연구 지평인 셈이다.

196

---

12 cfr. Ginzburg, *I benandanti* cit., p. XIII. 이 주제에 대해서는 앞으로의 연구에서 보다 심도 있게 다루어질 것이다.

28. 지식의 독점

메노키오의 이야기에서는 이해가 불가능할 정도로 독특하고 심오한 문화의 꽃이 대지의 표면을 뚫고 나와 꽃피고 있음을 알 수 있다. 이 경우는 지금까지 살펴본 것들과는 다르게 단순히 기록 문헌들을 통해서 여과된 반응만이 아니라, 구전 문화의 핵심적인 부분에 대해서도 언급하고 있다. 이러한 색다른 문화가 세상의 빛을 보기 위해서는 종교 개혁과 인쇄술의 보급[1]이 필요하였다. 소박한 방앗간 주인은 전자의 덕분으로 교회와 세상에 대한 자신의 생각을 감히 말할 수 있었으며 그리고 후자의 도움으로 마음속에서 숙성되고 있던 모호하고 불분명한 세계에 대한 자신의 명확하지 못한 견해를 마음껏 표현할 수 있는 수단, 즉 언어를 소유하게 되었다. 메노키오는 책에서 발췌한 문장들과 문장의 부분들에서 수년 동안에 걸쳐 형성된 자신의 이념들을 처음에는 동향 사람들과의 대화를 통해 체계화하였고, 이후에는 권력과 이론으로 무장한 심판관들로부터 자신을 방어하기 위한 수단으로 활용하였다.

이 같은 방식으로 메노키오는 책의 단조롭고 논리적인 형태로 정리된 기록 문화의 언어로부터 몸짓으로 말하고 떠벌리며 고함치는 구전 문화의 언어를 분리시키는 중요한 역사적 도약[2]

---

1 두 개의 현상 사이에 존재하는 관계에 대해서는 E. L. Eisenstein, "L'avènement de l'imprimerie et la Réforme," *Annales: ESC*, XXVI, 1971, pp. 1355~82.

2 이 모든 것에 대해서는 J. Goody, J. Watt, "The Consequences of Literacy," *Comparative Studies in Society and History*, V, 1962~1963, pp. 304~45) 참조. 그러나 이 저서는 어떤 이유에서인지는 모르지만 인쇄술의 발명에 따른 중간 휴지 cesura

을 경험한 첫번째 인간으로서의 삶을 살았다. 구전 문화의 언어가 물질적인 것의 연장이라면, 기록 문화의 언어는 '정신적인 것'의 연장이다. 구전 문화에 대한 기록 문화의 승리는 무엇보다도 경험에 대한 추상의 승리로 해석된다. 기록과 권력을 항상 확고하게 묶어온 관계의 뿌리는 특수한 상황들에서 빠져나올 가능성을 전제로 한다. 이것은 수천 년 동안 신관이나 관료층이 상형 문자와 표의 문자를 독점한 이집트와 중국의 경우에서 명백하게 드러난다. 그러나 기원전 15세기경 처음으로 이러한 독점 상황을 붕괴시킨 알파벳의 발명도 모든 사람들에게 기록 문자를 제공하는 데는 역부족이었다. 다만 인쇄술만이 이러한 가능성을 좀더 구체화했을 뿐이다.

메노키오는 자신의 독창적 이념들에 상당한 자부심을 가지고 있었다. 이러한 이유로 메노키오는 자신만의 이념들을 종교나 세속권의 최고 권력자들에게 제시하고 싶어했다. 그러나 이러한 메노키오의 심리의 다른 한편에서는 자신의 적들이 갖고 있는 문화까지도 습득할 필요성이 강하게 자리잡고 있었다. 그는 문자와 기록 문화를 습득하고 전달하는 능력이 권력의 원천임을 이해하고 있었다. 때문에 그는 관료(그리고 성직자의) 언어로 라틴어를 사용하는 것을 "가난한 사람들에 대한 배신"[3]이라고 비난하였다. 그의 논쟁의 영역은 보다 광범위하였다. 몇 년 뒤에 메노키오는 동향 사람인 다니엘 야코멜Daniel Iacomel에게 "자네 도대체 왜 그래, 심문관들은 자신들이 알고 있는 것

를 무시하였다. E. L. Eisenstein, "The Advent of Printing and the Problem of the Renaissance"(*Past and Present*, n. 45, 1969년 11월, pp. 66~68)는 인쇄술로 가능해진 독학의 가능성을 주장하였다.

3 cfr. ACAU, proc. n. 126, c. 27v. 1610년에 베네치아의 지사인 그리마니 A. Grimani는 프리울리 시의 농민들을 대상으로 진행된 모든 재판 기록이 속어로 씌어졌을 것이라고 주장하였다(cfr. *Leggi* cit., p. 166).

을 우리가 알기를 원하지 않는다는 것을 모르는가!"[4]라고 소리
쳤다고 한다. '우리'와 '그들'의 대립적인 입장은 명확하다.
'그들'은 힘 있고 권력 있는 자들이다. 사실 성직 계급의 정점
에 있는 자들은 그들만이 아니었다. 반면 '우리'는 얼뜨기 농부
들이었다. 다니엘이 문맹이었다는 것은 거의 확실하다(두번째
심문에서 메노키오에 대한 증언을 기록한 진술서에 서명하지 않
았다는 사실이 이를 뒷받침한다). 반면에 메노키오는 읽고 쓸 줄
알고 있었다. 그러나 그는 이것 때문에 권위에 대한 자신의 기
나긴 투쟁이 오직 혼자만의 문제라고 생각하지는 않았다. 12년
전에 포르토그루아로의 심문관 앞에서 조금은 애매하게 증언
하였던 "보다 고귀한 것들을 찾으려는"[5] 열망은 합법적일 뿐만
아니라 모든 사람들에게 도달할 수 있는 강력한 것으로 보였다.
그러나 베네치아의 서점 진열대에서 '2솔디'만 주면 살 수 있는
지식을 독점하려는 사제들의 의도는 그에게 비합법적이고, 더
나아가 어리석은 것으로 보였을 것이다. 문화를 특권으로 간주
하는 관념은 인쇄술의 발명에 의해——비록 완전히 제거되지는
않았다고 할지라도——심각한 도전에 직면하고 있었다.

---

4 cfr. ivi, proc. n. 285, 페이지 번호가 없는 문서(1599년 7월 6일).
5 cfr. ivi, proc. n. 126, c. 26v.

29. 『성서의 약술기』의 용어

메노키오는 자신이 일상적인 언어로 진술한 증언에 사용했던 박식한 어휘들을 베네치아에서 '2솔디'에 구입한 『성서의 약술기』로부터 인용하였다. 그 한 가지 사례로, 5월 12일에 진행된 심문 과정에서는 '산모의 자궁 속의 유아' '떼거리' '목수' '긴 의자' '직공' '치즈' '구더기' 이외에도, '불완전' '완전' '실체' '물질' '의지, 지성 그리고 기억'의 용어들이 언급되었다. 처음 보면 『성서의 약술기』의, 특히 전반부에서는 유사한 의미의 천하면서도 세련된 어휘들이 뒤섞여 사용되고 있다. 한 가지 사례로 제3장 「어떻게 하느님은 악을 원할 수도, 받아들일 수도 없는가에 대하여」를 살펴보자. "하느님은 악을 원할 수도, 받아들일 수도 없는데, 그 이유는 당신께서 이들이 서로에 개입하지 않고 세상이 끝날 때까지 그렇게 유지될 것을 명령하셨기 때문이다. 비록 어떤 이들은 세상이 영원할 것이라고 말한다. 그리고 그 이유를 다음과 같이 제시한다. 하나의 육신이 죽으면 살과 뼈는 창조된 물질로 돌아간다. 우리는 모든 다양한 것들을 하나로 통합하고 이들을 모아 하나의 물질, 하나의 실체로 결합하는 방식으로 무질서한 사물을 조율하는 자연의 역할을 공개적으로 볼 수 있다. 그리고 자연은 이 모든 것을 결합하여 식물과 씨앗을 만들고 남성과 여성의 결합으로 자연의 여정에 따라 세대를 이어가도록 한다. 주피터 신은 다른 창조물들을 생산하고, 이 창조물들은 주피터를 통해 자신들의 법에 따라 또 다른 창조물을 만들어낸다. 이러한 결과로 자연이 하느님에 예속되어 있음을 알 수 있다."[1]

'물질' '자연' '통합' '요소들' '실체' 그리고 악의 근원, 천체의 영향, 창조주와 피조물의 관계. 이러한 사례들은 얼마든지 있다. 고대와 중세의 문화 전통에서 중요한 몇 가지 개념들, 즉 가장 활발하게 논의되었던 주제들은 『성서의 약술기』와 같은 빈약하고 개념적이며 무질서한 형태의 요약문을 통해서 메노키오에게 전달되었다. 이 책의 중요성은 과대 평가될 수 없다. 오히려 이 책은 메노키오에게 세상에 대한 그의 전망을 형성하고 표현하기 위한 언어적이고 개념적인 수단들을 제공한다. 그 외에도 이 책은 잘못된 견해들에 대한 추후의 반박과 학자적 진술 방식에 기초한 표현 기법으로 메노키오의 왕성한 지적 호기심을 자극하는 데 이바지했다. 몬테레알레의 교구 사제가 견고한 난공불락의 구조물에 비유한 『성서의 약술기』는 상호 모순된 해석의 가능성을 공개적으로 드러내고 있었다. 이 책의 제26장 「어떻게 하느님은 육체에 영혼을 불어넣는가에 대하여」에서 메노키오는 다음과 같은 내용을 발견할 수 있었다. "요즘 많은 철학자들이 영혼의 창조에 대하여 속아왔으며 심각한 오류에 빠져왔다. 어떤 사람은 모든 영혼이 영원히 지속되는 것으로 만들어졌다고 한다. 또 다른 사람은 모든 영혼이 하나이며 그 원소들은 다섯 가지인데, 이들 가운데 네 가지의 원소는 이미 위에서 언급되었으며 나머지 하나는 원orbis이다. 그들이 말하기를, 하느님은 이 원으로 아담과 다른 모든 것들의 영혼을 만드셨다고 한다. 그리고 계속해서 그들은 이러한 이유로 세상이 끝나지 않을 것이라고 한다. 그 이유는 사람이 죽으면 다시 자신의 원소로 환원되기 때문이라고 한다. 다른

201

1 cfr. *Fioretto* cit., cc. A IIIv~A IVr.

철학자들은 영혼이 사악하고 타락한 것으로서 인간의 신체에 들어간다고 말하면서 자신이 들어 있는 한 육신이 죽으면 다른 사람의 신체로 들어가며, 이렇게 함으로써 그 영혼이 살게 된다고 말한다. 또 어떤 사람들은 말하기를, 세상은 결코 멸망하지 않으며 첫 34,000년 동안 지속되고 종국에는 다시 새로운 삶의 주기가 시작되어 모든 영혼이 자신의 육신으로 귀환할 것이라고 한다. 그러나 이 모든 주장은 잘못된 것이다. 이러한 것들을 주장한 사람들은 이교도, 이단, 진실과 믿음을 분열시키고 신성한 것을 알지 못하는 적들이다. 〔……〕라고 말하는 사람들에 대답하면서 〔……〕"[2] 그러나 메노키오는 『성서의 약술기』의 이 같은 독설에 의기소침해질 인물이 아니었다. 그는 이 문제에 대해서도 자신의 생각을 말하는 데 주저하지 않았다. 메노키오는 '많은 철학자들'의 사례를 교회의 해석에 의존하지 않고, 오히려 '보다 고귀한 것들을 찾으려는' 의욕에 이끌려 자신의 고유한 사고로 해석하려고 하였다.

그리하여 메노키오의 머리 속에서는 오래된 요인들과 그리 오래되지 않은 요인들이 함께 섞이면서 새로운 형태의 사고가 형성되고 있었다. 메노키오라는 한 인간의 머리 속에 존재하는 벽에서는 거의 형태를 알아볼 수 없는 기둥 위의 단편이나 반쯤 마모된 뽀족한 아치의 조각들이 튀어나올 수도 있었다. 그러나 건물 전체의 그림은 그만의 고유한 것이었다. 메노키오는 비의도적이고 개방된 정신으로 다른 사상의 파편들을 돌이나 벽돌 같은 재료로 활용하였다. 그러나 그가 소유한 언어적이고 개념적인 도구들은 중립적이지도 않고, 그렇다고 순수한 것도 아니다.[3] 바로 여기에 그의 주장에서 드러나는 대부분의 반목

---

2 cfr. *Fioretto* cit., cc. Cr~v.
3 (서론〔p. XXIII〕에서 언급하였듯이, 배경이 다르다는 사실에도 불구하고) 필자는 페

과 불확실성 그리고 모순이 기원한다. 메노키오는 농민들이 수 세대에 걸쳐 형성한 유치한 유물론과 본능을 기독교와 신플라톤주의 그리고 스콜라 철학이 뒤섞인 용어들을 사용하여 표현하려고 노력하고 있었다.

브르가 구상한(cfr. Febvre, *Le problème de l'incroyance* cit., pp. 328 sgg.) '정신의 도구outillage mental'의 개념을 활용하였다.

30. 비유의 기능

 메노키오의 머리 속에서 활발하게 움직이고 있는 생각들을 겉으로 드러나게 하기 위해서는 메노키오가 사용한 용어 체계의 표면을 꿰뚫을 필요가 있다. 하느님, 가장 신성한 하느님의 권위, 하느님의 영과 성령과 영혼에 대해 이야기할 때 메노키오가 의도한 핵심은 무엇이었을까?

이러한 의문을 해결하기 위해서는 메노키오의 언어에서 가장 명백한 요소, 즉 그의 풍부한 비유로부터 시작할 필요가 있다. 메노키오가 빈번하게 사용한 비유는 이미 언급하였듯이 일상적으로 경험할 수 있는 것들, 즉 '산모의 자궁 속의 유아' '떼거리' '목수' '치즈' 등이다. 『성서의 약술기』가 담고 있는 이미지는 분명 교훈적인 성격을 띠고 있다.[1] 말하자면 그 이미지들은 쉽게 이해될 수 있는 실례를 통해 독자들에게 전달하려는 주제를 제시한다. 그러나 메노키오의 이야기에서 비유는 이와는 전혀 다른 기능을 가진다. 오히려 어떤 의미에서는 정반대이다. 메노키오의 경우처럼, 가장 엄격한 축어직(逐語的) 태도에 의해서 형성된 언어와 정신의 보편 세계에서는 비유들도 엄격하게 문자 그대로 표현되어야 한다. 그리고 결코 우연한 것이 아닌 비유의 내용은 메노키오의 이야기에서 충분히 드러나지 않은 진실의 실마리를 보여준다.

---

1 예를 들어, pp. 81~82 참조.

31. 주인, 관리인, 일꾼

하느님에 관한 이야기부터 시작해보자. 메노키오에게 하느님은 무엇보다도 아버지와 같은 존재이다. 하지만 은유의 유희를 통해 이렇게 낡고 전통적인 명칭에 새로운 내용이 첨가된다. 인간들에게 하느님은 아버지이다. "우리 모두는 하느님의 자녀이고 또 십자가에 못 박힌 이와 동일한 본성을 지니고 있습니다."[1] 여기서 우리 모두는 기독교인·이단자·이슬람교도·유대인을 의미한다── "하느님은 이 모두를 사랑하시고 모두는 동일한 방법으로 구원받을 것입니다."[2] 원하든 원하지 않든, 이들은 언제나 하느님의 자녀로 남을 것이다. "하느님은 이슬람교도·유대인·기독교인·이단자 모두를 돌보십니다. 마치 여러 자녀를 거느린 아버지가 모두를 똑같이 돌보는 것처럼 말입니다. 비록 그들 가운데는 자녀이기를 원하지 않는 자들이 있을지라도 이들 역시 아버지의 자녀들입니다."[3] 아버지는 사랑의 마음으로 자녀들의 불경스러운 말에 개의치 않는다. 욕을 하는 것은 "자신에게만 해가 될 뿐이며 이웃에게는 아무런 해를 주지 않습니다. 이는 마치 제가 저의 옷을 찢어버리면 오직 제 자신에게만 해가 될 뿐 다른 사람들에게는 해가 되지 않는 것과 같습니다. 그러므로 이웃에게 해를 끼치지 않는 사람은 죄를 범하는 것이 아닙니다. 그리고 우리는 모두 하느님

---

1 cfr. ACAU, proc. n. 126, c. 17v.

2 ivi, c. 28r.

3 ivi, c. 37v.

의 자녀이기 때문에 우리가 서로를 해하지 않는다면, 예를 들어 여러 자녀를 둔 한 아버지가 있는데, 한 아들이 '빌어먹을 우리 아버지'라고 한다면 아버지는 그 아들을 용서할 것입니다. 그러나 만약 그 아이가 다른 집 아이의 머리를 다치게 했다면 대가를 지불하지 않는 한 용서받지 못할 것입니다. 그러나 저는 불경스러운 말을 하는 것은 다른 사람에게 해를 주는 것이 아니기 때문에 죄가 아니라고 말했습니다."[4]

이처럼 모든 것은 이웃을 사랑하는 일이 하느님을 사랑하는 것보다 더 중요하다는 진술과 연결되어 있다. 그리고 이 진술에서 이웃의 의미는 가능한 구체적이고 문자 그대로 이해되어야 한다. 하느님은 사랑이 넘치는 아버지이지만 자식의 삶과는 멀리 떨어져 있다.

하지만 메노키오는 하느님을 한 아버지의 이미지를 초월하여,[5] 권위의 이미지 그 자체로 보고 있다. 여러 차례 그는 '성스런 위엄santissima maestà'[6]에 대해 말했는데, 이것은 때로는 하느님과 구별되었고, 때로는 '성령' 혹은 하느님 그 자체와 동일시되었다. 더욱이 하느님은 '이 세상의 인간들을 위해 자식을 사절로 파견한' '위대한 선장gran capitano'[7]에 비유되었다. 혹은 '시뇨레'[*]에 비유되기도 하였다. 천국에서 "모든 만물을 볼 수 있는 그 자리에 앉아 계신 그분, 그리고 자신의 모든 것을

---

4 ivi, c. 21v.

5 두 개의 이미지는 전통적인 것이다: cfr. K. Thomas, *Religion and the Decline of Magic* (London, 1971), p. 152.

6 예를 들어, ivi, c. 20r 등.

7 ivi, c. 6r.

[*] 이탈리아어의 'Signore,' 독일어의 'Edelmann,' 영어의 'Gentlman'을 번역한 것이다. 독일어와 이탈리아어판에서 사용된 이 단어들의 보다 정확한 의미는 귀족 혹은 영주에 가까운 뜻이다. 더욱이 17세기의 의미로 볼 때 Gentlman이라는 용어는 귀족이라는 의미를 내포하고 있다.

보여주시는 신사와 유사한 그분."[8] '우리 하느님'은 우선, 말 그대로 주인이다. "저는 만약 예수 그리스도가 영원한 하느님이라면 자신을 잡아가 십자가에 못 박도록 하지 말았어야 했다고 말하였습니다. 그리고 이렇게 말한 것은 제가 잘 알지 못해서가 아니라, 이미 말한 바와 같이 의심하고 있었기 때문입니다. 왜냐하면 주인이 자신을 잡아가도록 스스로를 방치했다는 사실은 저로서는 납득할 수 없었기 때문입니다. 이와 같이 저는 그가 십자가에 못 박혔다는 사실로 인해서 하느님이 아닐 것이라고 생각했습니다."[9]

어쨌든 주인들의 주요한 특성은 일을 하지 않는다는 것이다. 그 이유는 그들에게는 일해줄 사람이 있기 때문이다. 하느님의 경우도 이와 마찬가지다. "사면에 관해서 이야기한다면, 저는 그것이 좋은 것이라 믿습니다. 왜냐하면 만약 하느님이 자신의 자리에 한 사람, 즉 교황을 임명하여 그를 통해 죄를 사한다면 좋은 일이기 때문입니다. 그리고 이 사면이 대리인을 통해서 제공되지만, 이는 하느님이 주시는 것과 같은 것이므로 역시 좋은 것입니다."[10] 그러나 교황은 하느님의 유일한 대리인이 아니다. 즉 성령도 "하느님의 대리인과 같은 존재이며, 이 성령은 천사들 가운데 우리가 대리인들이라고 부르는 네 명의 지도자를 선택했습니다."[11] 인간들은 "하느님의 의지에 따라, 성령에 의해 그리고 그의 대리인들에 의해서 창조되었습니다. 이것은 한 대리인이 자신의 종들이 하는 일에 동참하듯이 성령도 자신의 일에 개입하였음을 의미합니다."[12]

---

8 ivi, c. 35v.
9 ivi, c. 16v.
10 ivi, c. 29r.
11 ivi, c. 30v.
12 ivi, c. 34r.

어쨌든 하느님은 아버지일 뿐만 아니라 주인이기도 하다. 즉 지상의 토지 주인들은 자신의 손을 더럽히기보다는 힘들고 어려운 일들을 자신의 대리인들에게 떠맡긴다. 게다가 대리인들도 특별한 경우가 아니면 "직접 노동하지 않는다." 예를 들어 성령은 "자신의 일꾼들인 천사들을 통해서"[13] 땅·나무·동물·사람·물고기 그리고 다른 모든 피조물을 만들었다. 사실 메노키오는——이 주제에 대한 심문관들의 질문에 대답하면서——하느님이 천사들의 도움 없이도 이 세상을 창조할 수 있었을 것이라는 사실을 배제하지 않는다. "집을 짓는 사람은 일꾼들을 쓰지만, 우리는 그가 집을 지었다고 말하는 것과 같습니다. 이와 마찬가지로 하느님은 세상을 만들 때 천사들을 동원하였지만, 세상은 하느님이 창조하였다고 말합니다. 주인인 목수는 혼자서도 집을 지을 수 있지만 시간이 좀더 걸리겠지요."[14] 하느님은 '권력'을 가지고 계시다. "무슨 일을 할 의지가 있다면 그 일을 해낼 권력이 필요합니다. 예를 들어 목수가 등받이가 있는 긴 의자를 만들려고 한다면 제작을 위한 도구들이 필요합니다. 그리고 나무가 없다면 그의 의지는 헛된 것이 됩니다. 이와 마찬가지로 하느님에 대해서도 의지뿐만 아니라 권력도 필요합니다."[15] 그러나 이 '권력'은 "숙련된 일꾼들을 통해 일을 추진하는 것입니다."

이러한 반복적인 비유들은 기독교의 핵심적인 인물들을 일상의 삶 속에 녹여 이들에게 좀더 친숙하게 다가가고 이해하려는 욕구를 반영하고 있다. 심문관들에게 자신의 직업이 방앗간 주인 이외에 "목수,[16] 벌목꾼, 석공"이라고 대답하였던 메노키

---

13 ivi.

14 ivi, c. 37.

15 ivi.

16 ivi, c. 15v.

오에게 하느님은 목수나 석공과 유사한 것이다. 하지만 그의 풍부한 비유에서는 보다 심오한 의미가 드러난다. '세상을 창조하는 것'은 다시 한 번 말 그대로 물리적인 행위——"재료 없이 어떤 것을 만든다는 것은 불가능하다고 생각합니다. 아무리 하느님이라 할지라도 재료가 없었더라면 그 어떤 것도 만들어 내지 못했을 것입니다"[17]——즉 육체 노동이다. 그러나 하느님은 주인이며 주인들은 직접 노동하지 않는다. "이 하느님이 직접 피조물들을 창조하거나 만들어냈는가?"[18]를 묻는 심문관들의 질문에 메노키오는 "하느님은 모든 것을 만들었던 바로 그 의지를 주시려고 계획하셨습니다"라고 답하였다. 비록 하느님은 목수나 석공에 비유되었을 때에도 언제나 자신을 위해 봉사할 '조수'나 '일꾼'을 거느리고 있다. 오직 한 번 메노키오는 우상 숭배를 맹렬히 비난하던 중 감정을 억제하지 못하고 "하늘과 땅을 만드신 분은 오직 하느님입니다"[19]라고 소리친 적이 있었다. 그러나 메노키오는 하느님이, 자신의 '대리인'인 성령이 아무 일도 하지 않았던 것과 마찬가지로, 아무 일도 하지 않았다고 생각하였다. '세상을 창조하는 일'에 참여한 것은 '조수들'과 '일꾼들,' 즉 천사들이었다.[20] 그렇다면 천사들은 누가

209

---

[17] ivi, c. 37r.

[18] ivi, c. 31v.

[19] ivi, c. 29r.

[20] 만약 메노키오가 우리들의 추측대로 『크리스토퍼 란디노와 알렉산드로 벨루텔로의 시각에서 바라본 단테 *Dante con l'espositioni di Christoforo Landino et d'Alessandro Vellutello*』를 가지고 있었다면, 란디노가 주석을 붙인 「지옥편」의 9곡을 읽었을 것이라는 사실을 주목할 필요가 있다: "메난드리아니 Menandriani는 시몬의 제자인 마술사 메난드로 Menandro에서 유래한 이름이다. 사람들은 세상이 주님이 아니라 천사들에 의해서 창조된 것이라고 말한다"(c. 58v). 이 구절이 혼란스럽게 변형된 결과는 메노키오의 다음과 같은 말에서 반복되는 것 같다: "이 책에서 만다빌라 Mandavilla가 마술사 시몬이 천사의 형태를 하고 있다는 사실을 읽은 것으로 생각된다." 실제로 맨더빌은 마술사 시몬이란 이름을 거론하지 않는다. 아마도 실수로 인한 메노키오의 당혹스런 순간을 보여주고 있는 것 같다. 자신의 생각들이 '5년 또는 6년 전'에

만들었을까? 그것은 자연이었다. "(천사들은) 치즈에서 구더기가 생겨나듯이 자연에 의해서 세상의 가장 완벽한 물질로 만들어졌습니다."[21]

메노키오가 『성서의 약술기』에서 읽은 것에 따르면 "이 세상 최초의 창조물은 천사들이다. 그리고 천사들은 세상에 존재하는 가장 고귀한 재료들로 만들어졌기 때문에 그들은 교만하여 죄를 범했고 그들의 자리에서 쫓겨났다"[22]고 한다. 또한 메노키오가 읽은 내용에는 "그리고 자연은 하느님에 예속되어 있다. 그리고 이것은 마치 자신이 원하는 것이면 ― 때로는 장검, 때로는 단검, 때로는 그 밖의 다른 것 등 ― 무엇이든지 새로이 만드는 대장장이에게 망치와 모루가 예속되어 있는 것과 같다. 그리고 이러한 물건들을 만드는 데 망치와 모루가 사용되지만, 정작 물품을 만드는 것은 대장장이이다"[23]라는 대목도 있었다. 하지만 메노키오는 이 내용을 수용할 수 없었다. 그의 철저한 물질주의적 관점은 창조주 하느님의 존재를 인정하지 않았다. 물론 어떤 한 하느님의 존재는 인정하지만,* (이때의) 하느님은 멀리 떨어져 있는 하느님으로서 마치 대리인들과 '일꾼들'에게 자신의 밭을 맡긴 토지 주인과 같았다.

멀리 떨어져 있으나 ― 혹은 (그리고 그것은 동일한 존재였

맨더빌의 『여행기』를 읽은 후에 형성되었다는 사실을 말한 후에, 메노키오는 종교재판관의 다음과 같은 반론에 직면하였다: "아마도 당신이 이러한 생각을 가지게 된 것은 30년 전으로 추정된다"(ACAU, proc. n. 126, c. 26v). 궁지에 몰리자, 메노키오는 자신이 오래 전에 어느 책에서 읽은 것이 맨더빌의 책이었을 것이라고 말하면서 화제를 바꾸었다. 그러나 이것은 단순한 추측일 뿐이다.

21 ivi, c. 37r.

22 cfr. *Fioretto* cit., c. B VIIIr.

23 ivi, c. A IIIv.

* 메노키오는 하느님의 존재를 인정한다. 다만 그가 부정하는 것은 하느님이 세상을 직접 창조하였다는 사실이다. 세상을 창조하는 것과 같은 '일'은 주인이 직접 나서는 것이 아니라, 일꾼들을 시켜서 해야 할 일이다. 그에게 있어서 '창조주 하느님'의 의미는 직접 자신이 나서서 창조 행위를 수행하는 하느님이라는 뜻을 내포하고 있다.

다)──아주 가까이 계시는 하느님은 재료들과 용해되어 세상
과 하나가 되었다. "저는 이 세상 전체, 즉 공기와 흙 그리고
이 세상의 모든 아름다운 것이 하느님이라고 믿습니다. 〔……〕
인간은 하느님의 이미지와 형상으로 만들어졌고, 인간 내부에
는 공기·불·흙 그리고 물이 존재하며, 이러한 사실로부터 공
기·불·흙 그리고 물이 하느님이라는 사실을 알 수 있습니
다."[24]*

　　"이러한 사실로부터 〔……〕 알 수 있습니다"라는 대목을 통
해서 다시 한 번 성서나 『성서의 약술기』와 같은 문헌을 자유
롭게 해석한 메노키오의 놀라운 추리력을 엿볼 수 있다.

---

[24] cfr. ACAU, proc. n. 126, c. 17r.
　* 메노키오는 다음과 같은 삼단 논법을 전개한다. 첫째 인간은 하느님의 형상(모상)
　에 따라 창조되었다. 둘째 인간은 공기·물·불·흙으로 만들어졌다. 따라서 메노키
　오는 인간을 구성하는 이 원소들도 역시 하느님의 원소로 볼 수 있기 때문에 이 네
　가지 원소를 하느님 그 자체라고 주장하는 것이다.

32. 하나의 가설

그러나 메노키오는 마을 사람들과 논쟁을 벌이면서 너무 성급한 주장을 전개하였다. "이 전능한 하느님이란 도대체 누구란 말인가? 우리를 현혹시키기 위해 성서를 만든 것은 배신이라네. 만약 하느님이 진정으로 존재한다면, 그는 자신을 드러내보여야 할 것이네."[1] "당신들은 하느님의 존재를 어떻게 생각하는가? 하느님은 한 줄기의 작은 숨결에 지나지 않으며 또한 인간이 상상하는 그 무엇이라네."[2] 그리고 "이 성령이란 도대체 무엇인가? 〔……〕 이 성령은 어디에서도 찾을 수 없는 것이네."[3] 심문 과정에서 이러한 말들이 쏟아지자 메노키오는 격앙된 목소리로 이렇게 소리쳤다. "내가 성령이 없다고 주장한 것에 대한 증거는 그 어디에서도 찾을 수 없을 것입니다. 오히려 제가 이 세상에 대해서 가장 확신하고 있는 것은 성령은 존재한다는 사실과 온 세상을 밝게 비추는 것은 가장 숭고하신 하느님의 말씀이라는 사실입니다."[4]

몬테레알레 주민들의 증언과 심문 기록 간에는 명백한 상호 모순이 존재한다. 아마도 이러한 모순을 메노키오의 고백이 종교 재판소의 유죄 판결을 두려워하거나 피하려는 의도에서 기인한다는 것으로 해석할 수도 있을 것이다. 정말로 메노키오는 하느님의 존재를 부정하면서 몬테레알레의 거리들을 배회하는

---

1 ivi, c. 11v.
2 ivi, c. 8r.
3 ivi, c. 12r.
4 ivi, c. 24r.

그런 인물이었을지 모른다. 그렇다면 반대로 법정에 선 메노키오는 철저한 위선자의 모습이었을 것이다. 그러나 이러한 가설은 하나의 근본적인 문제에 직면하게 된다. 만일 메노키오가 실제로 자신의 머리 속에 들어 있는 보다 급진적인 측면을 심문관에게 감추려고 했다면, 왜 그는 영혼의 불멸성을 그토록 집요하게 부인했을까? 왜 그는 그리스도의 신성을 철저하게 부인했을까? 사실 첫 심문에서 쉽게 말문을 열지 않을 것 같은 신중한 태도를 보였다는 사실을 제외한다면 심문의 전 과정에서 드러난 메노키오의 행동은 실제로 교활했다거나 위선적이지는 않았던 것으로 보인다.

그렇다면 지금부터는 메노키오 자신의 진술에서 드러난 단서들을 추적하여 다른 가설을 설정해보자. 그는 단순하고 평이한 자신의 견해를 무지한 마을 사람들에게 제시하였다. "기회가 주어진다고 해도 말하고 싶지 않아요."[5] 반면에 그는 보다 해박하고 전문적인 자신의 견해를——그가 대상으로 선택한——교회와 세속의 권력자들을 위해 남겨두고 있었다. 메노키오는 포르토그루아로의 심문관들에게 말하기를, "저에게 교황이나 왕이나 영주를 배알할 기회가 주어진다면 많은 것들을 말했을 것입니다. 그런 다음이라면 저를 처형시킨다 할지라도 결코 두려워하지 않을 것입니다."[6] 따라서 메노키오의 생각은 심문 과정에서 가장 잘 표현되었다고 보아야 할 것이다. 그러나 이와 동시에 어떤 방식으로 메노키오가 몬테레알레의 주민들에게 앞뒤가 맞지 않는 이런 모순된 이야기들을 하였는지를 설명할 수 있어야 한다.

불행히도 이 경우에 제시할 수 있는 유일한 대안은 다음과

---

5 ivi, c. 25r.
6 ivi, c. 27v.

같은 완전한 추측에 근거하고 있다. 다시 말해 메노키오는 세르베투스Servetus의 『잘못된 삼위일체에 대하여 *De Trinitatis errolibus*』를 간접적으로 알고 있었거나 투르카Turca 혹은 투르케토Turchetto(작은 터키인)라고 불렸던 조르지오 필라레토 Giorgio Filaletto가 약 1550년경에 소개한, 지금은 없어진 이탈리아어 번역판[7]을 읽었을 것이라고 추정해볼 수 있다. 분명히 이러한 설명은 위험하기 짝이 없는 추측이다. 왜냐하면 메노키오가 읽었던 책들보다 훨씬 더 난해하고 철학적이며 신학적인 용어로 가득한 저술, 즉 매우 복잡한 내용의 저술에 관계되는 문제이기 때문이다. 하지만 메노키오의 증언들에서 이 저술의 영향을 찾아내는 것은, 비록 그 흔적이 매우 희미하고 변형되어 거의 알아볼 수 없다고는 하더라도 결코 불가능한 것은 아니다.

세르베투스의 첫번째 저서에 담긴 핵심적인 내용은 그리스도가 완전한 인간, 즉 성령에 의해 성화(聖化)된 인간이라는 사실이다.[8] 첫 심문에서 메노키오는 "저는 (예수 그리스도가) 하느님이 아니라 예언자로서 이 세상에 가르침을 주기 위해 하느님이 보낸 위대한 인물이라고 의심하고 있었습니다"[9]라고 주장하였다. 그리고 그는 이 점을 다음과 같이 보다 상세하게 설명하였다. "저는 그분이 저희와 같은 인간이고 저희와 마찬가지로 남자와 여자 사이에서 태어났으며, 그분이 소유한 모든 것이 남자와 여자로부터 주어진 것에 불과하다고 믿습니다. 하지만 하느님이 자신의 아들로서 그분을 선택하기 위해 성령을

---

7 cfr. Stella, *Anabattismo e antitrinitarismo* cit., pp. 7, 135~36.

8 세르베투스에 대해서는 Cantimori, *Eretici* cit., pp. 36~49; *Autour de Michel Servet et de Sébastien Castellion*, B. Becker, ed.(Haarlem, 1953); R. H. Bainton, *Michel Servet hérétique et martyr*(Genève, 1953).

9 ACAU, proc. n. 126, c. 16v.

보냈다는 것은 분명한 사실입니다."[10]

그런데 세르베투스에게 성령*이란 어떤 존재였는가? 그는 우선 성서에서 성령에 부여된 다양한 의미들을 열거하였다. "성령이라는 표현은 때로는 하느님 자체를 의미하고, 또 어떤 때는 천사, 인간의 영, 일종의 본능(영의 신성한 상태, 즉 영감이거나 혹은 숨결)을 의미한다. 가끔씩 영과 숨결의 차이가 드러나기는 하지만 말이다. 그리고 어떤 사람에게 성령은 단지 인간이 지닌 올바른 이해력과 분별력을 의미하기도 한다."[11] 이러한 다양한 의미는 메노키오의 증언에서도 거의 동일하게 반복된다. "저는 하느님께서 천사에게 당신의 의지를 주었다고 생각합니다. 저는 주 하느님께서 당신의 자유 의지와 성령을 인간의 육체에 불어넣으셨다고, 〔……〕 그리고 저는 영이 하느님으로부터 왔으며, 우리가 무엇인가를 해야 할 때 영은 이것을 해야 할지 혹은 저것을 해야 할지, 아니면 그것을 해야 할지

215

---

10 ivi, c. 32r.

*독자들은 이해를 위해서 몇 가지 용어들에 주목해야 한다. 옮긴이는 성령(der heilige Geist: 독일어, Holy Spirit: 영어), 영(der Geist: 독일어, Spirit: 영어), 영혼(die Seele: 독일어, Soul: 영어)이라는 용어를 구분해서 사용할 것이다. 범신론적 사상을 지닌 메노키오에 있어서 실은 이 세 가지 용어의 구분이 그다지 중요하지 않다. 실제로 그도 이 세 가지 용어의 차이를 무시하고 사용하기도 한다. 물론 재판이 무르익는 동안 메노키오는 분명히 이 세 용어를 구별해서 사용하고 있다. 독자들은 성령과 영은 거의 같은 뜻으로 생각해도 무리는 없으리라 본다. 옮긴이가 성령이라고 번역할 때는 신적인 지평에서 이야기되는 것이고, 영이라고 번역할 때는 다분히 인간적인 상황에 초점을 맞추는 것이다. 특히 영은 "사람으로부터 분리되어 사람과 같은 동일한 의지를 지니고 그 사람을 지탱시켜주고 다스리는" 것으로서 '제2의 자기 실체 double' 개념을 뜻한다. 전체적으로 볼 때 동일 실체가 초점을 천상계에 두느냐, 지상계에 두느냐에 따라 이름이 달리 불려질 따름이다. 메노키오의 진술에서 대체로 성령 또는 영은 영혼과는 분명히 구별되어야 한다. 영혼은 신체의 죽음과 함께 사라진다고 한다면, 성령 또는 영은 영원성을 확보한다. 하지만 "영혼인 우리의 영이 하느님께로 되돌아간다"는 메노키오의 일부 진술에서 성령, 영 그리고 영혼의 경계가 무너진다. 이러한 모순성이 메노키오의 범신론적 종교관을 단적으로 드러내 주는 대목인 것이다.

11 cfr. M. Serveto, *De Trinitatis erroribus* (Haguenau, 1531), rist. anast. Frankfurt am Main, 1965, c. 22r.

하지 말아야 할지를 선택하도록 영감을 준다고 믿습니다."[12]

세르베투스에게 있어서 이러한 용어에 대한 논쟁은 아버지와는 구별되는 '인격'으로서의 성령이 존재하지 않는다는 사실을 증명한다. "마치 성령은 분리된 개체가 아닌 하느님의 활동, 하느님의 권능으로부터 오는 어떤 에너지 혹은 영감을 나타내는 것처럼 보인다."[13] 세르베투스의 범신론은 성령이 인간과 모든 실체의 내부에서 살아 숨쉬며 존재한다는 주장을 전제로 한다. 세르베투스는 자신이 철학자들의 오류에 여전히 매달리고 있었던 시절을 회상하며 다음과 같이 기술하였다. "하느님의 영에 대해서 말하자면, 나는 제삼자의 존재가 있었다는 사실을 이해하는 것으로 만족하고 있었다. 하지만 이제 나는 그가 직접 '나는 가까이 있는 하느님이고 멀리 떨어져 있는 하느님이 아니다'라고 말한 것을 알고 있다. 그리고 또한 하느님의 보편적 영이 세상을 가득 채우고, 모든 사물을 에워싸고 있으며, 모든 사람들에게서 권능이 나타나도록 한다는 것을 알고 있다. 하느님의 영이 없는 곳은 하늘과 이 땅 그 어디에서도 찾을 수 없기에 나는 예언자로서 '나의 주인이시여, 당신의 성령 앞에서 나는 어디로 가야 합니까?'라고 외칠 것이다."[14] 메노키오는 다시 한 번 마을 사람들에게 반복해서 말하기를 "하느님의 존재를 어떻게 생각하는가? 보여지는 모든 것은 하느님일세. 하늘·땅·바다·공기·심연 그리고 지옥, 이 모든 것이 하느님이라네"[15]라고 하였다.

세르베투스는 천년 이상 지속되어온 철학적이고 신학적인

---

12 ACAU, proc. n. 126, cc. 16v, 29v, 21v. '영 spirito'의 해석에 대해서는 이 책의 36장 참조.

13 cfr. Serveto, *De Trinitatis erroribus*, c. 28v.

14 *ibid.*, cc. 60r~v.

15 ACAU, proc. n. 126, cc. 2r, 5r.

사상 체계를 해체하기 위해 자신의 이용 가능한 모든 수단(그리스어와 히브리어, 로렌초 발라Lorenzo Valla의 서지학과 카발라Cabala, 테르툴리아누스Tertullianus의 물질주의와 오캄Occam의 유명론, 신학과 의학)을 활용하였다. 그는 '영'이라는 단어가 가지고 있는 수많은 의미의 외피들을 벗겨냄으로써 마침내 '본래의 의미'를 재발견할 수 있었다. 메노키오에게 '영spiritus' '숨결flatus' '입김ventus'의 차이는 언어적 활용에 관련된 단순히 관습적인 것으로 보였다. 영과 숨결 사이에는 깊은 유사점이 존재하였다. 세르베투스에 의하면 "하느님의 능력에서 생성된 모든 것은 하느님의 숨결 혹은 영감으로 생성된다. 왜냐하면 영의 숨결 없이는 어떠한 말도 할 수 없기 때문이다. 우리가 숨을 쉬지 않고서는 어떤 말도 할 수 없는 것처럼 말이다. 그런 까닭에 우리는 입의 숨결과 입술의 숨결에 대해서 말하고 있는 것이다. 〔……〕 따라서 나는 우리 속에 있는 영이야말로 바로 하느님 그 자신이고 그것은 우리 속에 있는 성령이라고 말한다. 〔……〕 오직 인간에게만 성령이 존재한다."[16] 이 말은 메노키오의 다음과 같은 표현과 비교된다. "하느님의 존재를 어떻게 생각하는가? 하느님은 한 줄기 숨결에 지나지 않으며, 〔……〕 공기는 하느님이라네. 〔……〕 그리고 우리는 신들이지. 〔……〕 나는 (성령)이 세상의 모든 인간들 속에 존재한다고 믿고 있지. 〔……〕 이 성령이란 도대체 무엇인가? 이 성령은 어디에서도 발견되지 않는다네."[17]

스페인 의사(세르베투스)의 말을 프리울리의 한 방앗간 주인의 말과 비교하는 것은 분명히 지나친 비약이다. 한편, 세르베

---

16 cfr. Serveto, *De Trinitatis erroribus*, cc. 66v~67r, 85v(또한 cfr. Cantimori, *Eretici* cit., p. 43, n. 3).
17 ACAU, proc. n. 126, cc. 8r, 3r(그리고 10r, 12v 등), 2r, 16v, 12r.

투스의 저술들이 16세기 이탈리아에서 식자들뿐만 아니라 대중에게도 널리 알려져 있었다는 것은 사실이다.[18] 아마도 메노키오의 진술은 당시의 사람들이 세르베투스의 저서들을 어떻게 읽고, 이해하였으며 그리고 오해할 수 있었는가에 대한 이해의 실마리를 제공한다고 할 수 있다. 이러한 가설을 통해서 몬테레알레 주민들의 증언과 재판 기록 간의 내용적 불일치가 해소될 수 있을지도 모른다. 증언과 재판 기록들 사이에는 모순이 아니라 오히려 분명한 수준의 차이가 존재할 것이다. 메노키오가 마을 사람들에게 설명하였던 수많은 내용들에서는 세르베투스의 난해한 사상을 자신이 이해한 범위 내에서 무식한 대화 상대자들에게 알기 쉽게 이해시키려고 노력한 흔적들을 살펴볼 필요가 있다. 그러나 메노키오는 이론 전체에 대한 포괄적인 설명을 다른 청중, 즉 교황·왕·영주 혹은—더 높은 지위를 가진 사람이 없을 경우에—아쿠일레이아의 이단 심문관과 포르토그루아로의 시장을 위해 남겨놓고 있었다.

---

18 cfr. 1539년 베네치아의 원로회의에 보내진—멜란토니오 Melantonio의 것으로 잘못 알려진—편지의 내용에 대해서는 K. Benrath, "Notiz über Melanchtons angeblichen Brief an den venetianischen Senat(1539)," *Zeitschrift für Kirchengeschichte*, I, 1877, pp. 469~71 참조; 만토바의 금은세공사로서 라틴어로 씌어진 『잘못된 삼위일체에 대하여』를 가지고 있던 에토레 도나토 Ettore Donato는 "나는 그가 어떤 인물인지 잘 모른다"고 주장하였다(Stella, *Anabattismo e antitrinitarismo* cit., p. 135); 모데나에서 확산된 이유에 대해서는 J. A. Tedeschi, 그리고 J. von Henneberg, "Contra Petrum Antonium a Cervia relapsum et Bononiae concrematum," *Italian Reformation Studies in Honor of Laelius Socinus*, J. A. Tedeschi, ed.(Firenze, 1965), p. 252, n. 2 참조.

33. 농민 종교

우리는 메노키오가 읽었던 책들을 통해 그의 독서 성향을 알게 되었다. 그리고 그러한 성향을 통해서 그가 확고한 기반의 구전 문화를 가지고 있다는 사실을 발견하였다. 적어도 우리는 이 구전 문화가 우주 창조론의 경우에 직접 표출되고 있었다는 사실을 목격하였다. 그러나 메노키오가 한 말들의 일부가 『잘못된 삼위일체에 대하여』와 같은 상당한 수준의 문헌을 반영하고 있다는 가설을 설정한다고 해서, 이미 시작된 여정을 반대로 되돌리는 것을 의미하지는 않는다. 만일 그 영향이 존재한다면 이는 유물론적 색채가 지배적인 학술적인 개념이 서민적 물질주의(동향 사람들을 위해 더욱 단순화된)라는 용어로 번역된 것으로 간주될 수 있다. 하느님·성령·영혼은 분리된 실체로서 존재하지 않는다. 오히려 네 가지 원소의 혼합물로서, 오직 신성과 결합된 물질만이 존재한다. 우리는 다시 한 번 메노키오의 머리 속에 형성된 구전 문화의 기반을 언급하고 있다.

메노키오의 물질주의는 종교적 색채를 띠고 있었다. 메노키오의 신에 대한 주장, 예를 들어 "하느님이 성서를 만들었다는 주장은 우리를 현혹시키기 위한 하나의 사기극입니다. 만약 하느님이 진정으로 존재한다면, 그는 자신을 드러내 보여야 할 것입니다"[1]는 사제들과 그들의 책에서 이야기하고 있는 하느님을 단순히 부인하는 것이다. 메노키오는 자신이 생각하는 하느

---

1 ACAU, proc. n. 126, c. 11v.

님을 어디에서든지 보고 있었다. 그리고 그는——계속해서 증
인으로 출두한 사제 안드레아 비오니마의 증언에 따르면——곧
바로 다음과 같이 말하였다. "이 전능한 하느님은 누구인가요?
그는 흙·물 그리고 공기입니다." 메노키오에게 하느님과 인
간, 인간과 세계는 계시적인 관계망 속에 짜여진 것이었다. "저
는 (인간이) 흙으로 만들어졌다고 믿습니다. 그런데 그것은 이
세상에서 볼 수 있는 가장 아름다운 금속으로도 만들어졌는데,
이 때문에 인간은 금속들 특히 무엇보다도 금을 탐욕스럽게 갈
구하게 되었습니다. 우리는 네 가지 원소들로 만들어졌습니다.
이 원소들은 일곱 개 행성의 일부를 구성하고 있습니다. 그래
서 어떤 사람은 한 행성보다 다른 행성에 더 깊이 관계하고 있
으며, 그가 어떤 별자리에서 태어났는가에 따라 수성에 관계하
거나 목성에 더 깊이 관계하기도 합니다."[2] 신성으로 가득한 이
러한 현실에 대한 이미지에서는 심지어 사제들의 축성조차도
정당화되고 있었는데, 그 이유는 "악마는 대개 사물의 내부로
잠입해 들어가 그곳에 독소를 남기고,"[3] "사제들이 축복한 성
수(聖水)는 악마를 몰아내기 때문입니다." 그리고 메노키오는
계속해서 "저는 모든 물이 하느님에 의해서 축복된 것이라 믿
고 있으며," "만일 어떤 평신도가 말을 안다면 그 말은 사제의
말만큼이나 가치 있을 것입니다. 왜냐하면 하느님은 당신의 지
혜를 모든 사람들에게 동등하게 주었으며, 어떤 사람에게 다른
사람보다 더 많이 준 것이 아니기 때문입니다"라는 조건을 첨
부하였다. 결국 말하자면 이것은 농민 종교로서,[4] 설교대에서
사제들이 강론하는 종교와는 거의 어긋나는 것이다. 물론 메노

---

2 ivi, c. 34r.

3 ivi, cc. 38r~v.

4 "농민들의 세계에는 이성, 종교 그리고 역사를 위한 공간이 존재하지 않는다. 종교

키오는 고백 성사를 보았고, 비록 다른 지역이기는 하지만 영성체를 했으며, 의심의 여지 없이 그의 자녀들에게 세례를 받도록 하였다. 그럼에도 메노키오는 하느님의 창조, 하느님의 육화, 구속 사업을 거부하였다. 그는 구원을 위한 성사의 효능을 부정하였으며, 이웃을 사랑하는 것이 하느님을 사랑하는 것보다 더 중요하다고 주장하였다. 다시 말해 메노키오는 세상 전체가 하느님이라고 믿고 있었다.

그러나 이러한 복합적이고 일률적인 사상 체계에도 하나의 틈새가 존재하였는데, 그것은 다름 아닌 영혼이었다.

에 헌신할 여지가 없는 이유는 모든 것에 신성이 자리잡고 있기 때문이다. 뿐만 아니라, 실제로 그리고 비상징적으로 모든 것이 신성한 것이다. 하늘이 신성하듯이 짐승들도 신성한 존재이며, 그리스도가 신성하듯이 암양도 신성한 짐승으로 간주되기 때문이다. 모든 것이 자연의 마술이다. 교회의 모든 의식들조차도 이교도 의식이 되어가고 있으며, 마을의 무한한 지신(地神)들과 사물들을 무차별적으로 찬양하고 있다" (C. Levi, *Cristo si è fermato a Eboli*, Torino, 1946).

34. 영혼

　　그럼 이번에는 세계와 하느님을 동일시하는 그의 견해에 대해서 살펴보기로 하자. "흔히 사람들은," 메노키오가 소리 높여 말하기를, "인간은 하느님의 이미지와 형상으로 만들어졌고, 인간 내부에는 공기·불·흙 그리고 물이 존재하며, 이러한 사실로부터 공기·불·흙 그리고 물이 하느님이라는 사실을 알 수 있습니다."[1] 이러한 주장의 출처는 『성서의 약술기』였다. 메노키오는 비록 수용 과정에서 수정된 부분이 없지는 않지만, 이 저서에서 인간과 세계, 소우주와 대우주와의 합일에 관한 고대 사상을 유추하였다. "그래서 가장 나중에 만들어진 남자와 여자는 교만하지 않고 겸손한 마음으로 천국에 갈 수 있도록 흙과 저급한 물질로 만들어졌습니다. 그 때문에 흙은 매일같이 밟히는 저급한 물질이며 달걀처럼 함께 묶이고 섞이며 둘러싸여 다른 요소들의 한가운데에 있습니다. 달걀의 경우 중앙에 노른자가 있고 그 주위에 흰자위가 있으며 껍질은 그 주변을 둘러싸고 있습니다. 세상에도 이와 같은 구성 물질들이 함께 존재합니다. 노른자는 흙에, 흰자위는 공기에, 흰자위와 껍질 사이에 있는 얇은 막은 물에, 껍질은 불에 해당합니다. 그리고 그것들은 이러한 방식으로 함께 결합하여 차가움과 뜨거움, 건조함과 습함이 함께 어우러지게 됩니다. 그리고 우리의 육체는 이러한 네 가지 원소들로 만들어지고 구성되어 있습니

---

1 ACAU, proc. n. 126, c. 17r.

다. 우리의 육신의 살과 뼈는 흙에, 피는 물에, 호흡은 공기에, 체온은 불에 해당합니다. 이처럼 우리의 육체는 이상의 네 가지 원소들로 구성되어 있습니다. 우리의 육체는 이 세상의 사물들에 속하는 것입니다. 그러나 우리의 영혼은 오직 하느님에게만 예속되어 있습니다. 왜냐하면 우리의 영혼은 **하느님의 형상에 따라 만들어졌고** 육체보다 더 고귀한 물질로 만들어졌기 때문입니다."[2] 이러한 주장에 따르면 사람 안에 비물질적인 원리, 즉 육체와 이 육체의 작용과는 구별되는 원리인 영혼이 존재한다는 가설은 설득력을 잃는다. 뿐만 아니라 인간과 세상을, 세상과 신을 동일시하려는 메노키오의 노력도 헛수고가 되고 말 것이다. "사람은 한 마리의 짐승처럼, 한 마리의 파리처럼 죽습니다"[3]라고 메노키오는 마을 사람들에게 되풀이해서 말하곤 했는데, 그러한 그의 행동의 이면에는 아마도 의식적으로 「전도서 Ecclesiaste」의 구절들,[4] 즉 "그리고 [……] 사람이 죽으

223

---

2 cfr. *Fioretto* cit., cc. B VIIIr∼v.

3 ACAU, proc. n. 126, c. 10v.

4 cfr. "Ecclesiaste," 3 18 sgg.: "하느님은 인간의 후손들에 대해서 내게 말씀하셨으며, 이를 증명하셨고 그리고 동일한 것을 짐승들에게도 적용하셨다. 그러므로 인간의 죽음이나 짐승의 죽음은 같은 것이며 두 경우 모두 동일한 조건을 가지고 있다. 인간이 죽듯이 짐승도 죽는다." 이 점에 있어서 주목할 가치가 있는 것은 포르데노네의 귀족인 알렉산드로 만티카에 대한 10년 전의 고발 내용들 중에는(물론 이 당시에 만티카는 종교 재판소로부터 '상당히 의심스런' 이단으로 처벌을 받았다[그러나 확실한 증거는 없었다]), 이 구절을 기초로 영혼의 필연적인 죽음을 주장하였다는 죄목도 포함되어 있었다. 1573년 5월 29일자 판결문에 따르면, "알렉산드로는 박식한 사람으로써 위선자들과 왕래하지는 않았지만 "합리적인 영혼은 죽는다 [……]"는 주제를 제기하면서 "인간과 가축의 죽음은 같은 것이다"라는 말을 여러 차례 하였다" (ASVen, Sant'Uffizio, b. 34, fasc. "Alessandro Mantica," cc. 21v∼22r, 그리고 판결문). '위선적인 인물들' 중에 메노키오가 포함되어 있었을 것이라는 추측은 그럴듯한 가설이기는 하지만 확실한 물증은 없다──어쨌든 본 맥락에서 필요한 것은 아니다. 이 기간에 만티카 가문의 사람들은 몬테레알레 가문과 인척 관계를 맺고 있지 않았다: cfr. A. Benedetti, *Documenti inediti riguardanti due matrimoni fra membri dei signori castellani di Spilimbergo e la famiglia Mantica di Pordenone*, s. l., s. d.(ma Pordenone, 1973).

면 그의 영혼과 그를 둘러싼 모든 것들이 함께 죽습니다"라는 내용을 상기시키려는 의도가 있었던 것으로 생각된다.

그럼에도 재판 초기에 메노키오는 이와 같은 것들을 말한 적이 없다고 부인하였다. 그는 자신의 오랜 친구인 폴체니고 교구의 주교 대리의 신중한 충고를 따르려고 했지만 큰 성과는 없었다. 메노키오는 "독실한 기독교인의 영혼에 대해서 어떻게 생각하는가?"[5]라는 질문에 "저는 우리의 영혼이 지존하신 하느님께 되돌아간다고 말했습니다. 하느님은 영혼이 어떻게 행동하는가에 따라서 영혼을 대하십니다. 즉 선한 이들에게는 천국을 주실 것이고 나쁜 이들에게는 지옥을 그리고 누군가에게는 연옥을 주실 것입니다"라고 대답했다. 그는 자신이 전혀 공감하지 않는 교회의 정통 교리를 방패막이로 삼았다고 생각하고 있었다. 그러나 이러한 의도로 인해서 메노키오는 엄청난 미로에 빠져들고 있었다.

---

[5] ACAU, proc. n. 126, c. 18v.

35. "모르겠습니다"

2월 16일에 속개된 심문에서 교구의 주교 대리는 정면 공격의 의도를 드러내는 의미에서 메노키오에게 '지존하신 하느님'에 대해 좀더 자세하게 설명할 것을 요구하였다. "그대는 우리의 영혼이 지존하신 하느님에게 되돌아간다고 말했다. 그리고 그대는 이전에 하느님은 다름 아닌 공기·흙·불·물이라고 주장하였다. 그렇다면 이 영혼들은 어떻게 지존하신 하느님께로 되돌아갈 수 있는가?"[1] 분명 두 가지 주장은 상호 모순된 내용을 내포하였다. 메노키오는 어떻게 대답해야 할지를 몰랐다. "제가 공기·흙·불·물이 하느님이라고 말한 것은 사실입니다. 그리고 제가 말한 것을 부인할 수는 없습니다. 영혼에 관해서 말한다면, 영혼은 성령으로부터 왔고 그래서 성령으로 되돌아가야만 합니다." 주교 대리는 계속 재촉하면서 물었다. "성령과 하느님은 같은 것인가? 그리고 성령은 그 네 가지 원소들을 통해서 한 몸이 된 것인가?"

"모르겠습니다"라고 메노키오는 대답하였다. 그는 잠시 침묵을 지켰다. 어쩌면 그는 지쳐 있었는지도 모른다. 혹은 '한 몸이 되었다'*는 말이 무엇을 의미하는지 몰랐을 수도 있다. 마

---

1 ivi, cc. 20r~v. 이서 작업은 본문에 충실하게 진행되었다. 그러나 단지 다음의 경우들에서는 직접 화법으로 수정되었다: "그에게 말하기를, 만약 하느님의 영이 Ei dictum, se il spirito de Dio…… 그리고 만약 하느님의 이 영이 et se questo spirito de Dio……" "그가 하느님의 이 영이 〔……〕하다는 사실을 의도하는가를 물었다 interrogatus se lui intende che quel spirito de Dio……"; "그에게 진실을 고백하라고 말하였다 ei dictum che confessi la verità et rissolva……" 그 밖에도 'alliego'를 'alliegro'로 수정하였다.

침내 그는 "우리 인간들은 모두 하느님의 영을 가지고 있는데, 만일 우리가 선한 일을 행하면 성령은 즐거워할 것이고, 만일 우리가 악한 일을 행하면 선하지 못한 의지를 가지게 될 것이라고 믿습니다"라는 답변을 하였다.

"그렇다면 그대는 성령이 카오스, 즉 혼돈으로부터 태어났다는 것을 의도하는가?"

"모르겠습니다."

"진실을 고백하라"——주교 대리는 무자비하게 심문의 강도를 높이면서 말했다——"그러면 이 질문에 대답하라. 그대가 이미 말한 대로 영혼들이 지존하신 하느님께 되돌아가고, 하느님은 공기·흙·불·물이라고 한다면 영혼들은 어떻게 지존하신 하느님께 되돌아가는가?"

"저는 우리의 영이 곧 영혼이며 하느님께서 주신 그 방법에 따라 하느님께로 되돌아간다고 믿습니다."

이 농부는 실로 다루기 힘든 인물이었다. 그 자신의 모든 인내심과 매서운 논리로 무장한 주교 대리이자 로마법과 교회법에 정통한 지안바티스타 마로는 다시 한 번 그에게 잘 생각하고 진실을 말하도록 권고하였다.

그러자 메노키오는 "저는 세상에 존재하는 모든 것이 하느님이라고 말하였습니다. 그리고 제가 보기에 우리의 영혼은 세상에 존재하는 모든 것으로 되돌아가며, 하느님이 기뻐하시는 대로 은총을 받는다고 생각합니다"라고 답변했다. 그는 다시 한 번 잠시 동안 침묵한 후에 "이 영혼들은 신의 곁에 모여 있는 존재들로 묘사된 천사와도 같은 것입니다. 하느님은 천사들을 공적에 따라 자신의 곁에 두고 있으며, 악한 일을 행한 천사들을 세상으로 흩어지게 하셨습니다."

---

* incorporato: 이탈리아어; einverleiben: 독일어.

36. 2개의 영, 7개의 영혼, 4개의 원소

이단 심문은 메노키오의 수많은 모순들이 밝혀지는 상황에서 종결되었다. 보다 적절한 용어가 부족한 관계로 우선 범신론적("세상에 존재하는 모든 것은 하느님이다")[1]이라고 정의될 수 있는 주장, 즉 개체로 살아남을 수 있는 가능성을 명백하게 부정하는 주장("우리의 영혼은 세상에 존재하는 모든 것으로 되돌아간다고 [……] 믿습니다")을 되풀이하고 난 뒤에, 메노키오는 한 가지 의문에 사로잡히게 되었다. 그는 두려움 또는 불확실로 인한 불안으로 잠시 침묵하였다. 다음 순간 그의 기억의 심연으로부터 교회, 어쩌면 시골의 어느 예배당에서 보았던 장면이 주마등처럼 스쳐갔다. 천사들의 합창에 둘러싸인 하느님. 주교 대리가 원했던 것이 바로 이것은 아니었던가?

그러나 주교 대리는——더욱이 그리스도 이전 시대의 토속 신앙[2]을 통해 '세상에 흩어진' 사자(死者)들의 영혼에 반영된——전통적인 천국의 이미지와는 전혀 다른 것을 요구하고 있었다. 계속되는 심문에서 그는 이전에 영혼의 불멸성에 대해 부인하였다는 사실을 조목조목 따지면서 메노키오를 궁지에 몰아넣었다. "그러니까 진실을 말하여 그대가 이전의 심문에서 진술했던 것을 보다 분명하게 설명해보라."[3] 이때 메노키오는

---

1 '범신론 panteismo'이라는 용어는 1705년에 John Toland에 의해서 사용되었다(cfr. P. O. Kristeller, *La tradizione classica nel pensiero del Rinascimento*, 이탈리아어판, Firenze, 1965, p. 87, n. 5).

2 cfr. Ginzburg, *I benandanti* cit., p. 92.

3 ACAU, proc. n. 126, c. 21r.

이전의 두 번 심문에서 자신이 증언했던 것과는 모순되는 뜻밖의 내용을 진술하였다. 그는 주변의 친구들(줄리아노 스테파누트, 멜키오레 가르바스, 프란체스코 파세타)과 영혼의 불멸성에 대해서 이야기했다는 것을 시인하였다. 그럼에도 메노키오는 "육신과 함께 영혼도 죽지만 영은 남아 있다는 바로 이런 말을 했습니다"라고 자신의 말을 명확하게 설명하였다.

이때까지 메노키오는 이러한 구분을 무시하고 있었다. 오히려 그는 "영혼인 우리의 영"[4]이라고 분명하게 말하고 있었다. 이제 메노키오는 "사람에게 육신·영혼·영이 존재하며, 이들이 서로 구별되고, 영혼은 영과는 각각 다른 것이라고 생각하고 있는가"[5]를 묻는 주교 대리의 뜻하지 않은 질문에 다음과 같이 주장하였다. "그렇습니다, 주교님. 영혼은 영과는 다른 것이라고 생각합니다. 저는 영이 하느님으로부터 왔으며, 우리가 무엇인가를 해야 할 때 영은 이것을 해야 할지 혹은 저것을 해야 할지, 아니면 그것을 해야 할지 하지 말아야 할지를 선택하도록 영감을 준다고 믿습니다." 영혼, 아니 더 정확하게 표현한다면(메노키오는 재판이 진행되는 과정에서 영혼을 보다 명확하게 설명하였다), 영혼들은 정신의 다양한 작용에 지나지 않으며 육신과 함께 사멸한다. "인간의 내부에는 지력·기억력·의지·사고·신념·믿음·희망이 존재한다고 말씀드리고 싶습니다. 하느님은 이 일곱 가지를 인간에게 주었으며, 이들은 영혼들과 마찬가지이며 이들을 통해 일들이 행해지는 것입니다. 육신이 죽으면 영혼도 죽는다고 말한 저의 진의가 바로 이것입니다."[6] 반면에 영은 "사람으로부터 분리되어 사람의 그것과

---

4 ivi, c. 20v.

5 ivi, cc. 21r~v.

6 ivi, cc. 32r~v.

동일한 의지를 지니고 그 사람을 지탱시켜주고 다스립니다."[7]
그리고 사람이 죽으면 영은 하느님에게 되돌아간다. 이것이 선한 영이다. 메노키오는 설명한다. "제가 보기에 세상의 모든 사람들은 유혹을 받습니다. 왜냐하면 우리의 마음은 두 부분으로 나뉘어 있는데, 하나는 밝고 다른 하나는 어둡고, 어두운 부분에는 악한 영이, 밝은 부분에는 선한 영이 자리잡고 있기 때문이라고 믿습니다."

2개의 영,[8] 7개의 영혼, 그리고 4개의 원소들로 구성된 육신. 어떻게 이렇게 난해하고 복잡한 인류학이 메노키오의 머리에서 형성되었을까?

---

7 ivi, c. 34v.

8 일반적으로 이 사실과 관련하여 페브르의 결정적인 주장에 대해서는 Febvre, *Le problème de l'incroyance* cit., pp. 163~94 참조.

37. 사상의 궤적

230 육신과 네 개의 원소들 간의 관계와 마찬가지로, 다양한 '영혼들'의 목록도 이미 『성서의 약술기』에서 찾아볼 수 있었다. "또한 영혼이 육신 속에서 다양하게 작용하는 만큼 많은 이름을 가진다는 것은 사실이다. 그래서 영혼이 육신에 생명을 불어넣을 때에는 실체로, 의지를 불어넣을 때에는 마음이라 불린다. 그리고 영혼은 육신이 호흡할 때에는 영이라 하고, 영혼이 무엇을 상상하고 사고할 때는 상상력 혹은 기억력이라 한다. 그래서 지력은 영혼의 가장 높은 단계에 위치해 있다. 여기에서 우리는 하느님의 형상에 따라 만들어졌기 때문에 판단력과 예지력을 갖게 되었다."[1] 이 목록은 극히 일부분만 메노키오의 그것과 일치한다. 그럼에도 이들의 유사성은 의심의 여지 없이 분명히 존재한다. 가장 결정적인 차이점은 영혼의 명칭들 속에 ─더욱이 어원적으로 호흡이라는 육신의 행위로까지 거슬러 올라갈 수 있는─영이라는 용어가 존재한다는 점이다. 그렇다면 필멸(必滅)의 영혼과 불멸의 영을 구분하는 메노키오의 생각은 어디에서 유래했을까?

메노키오는 길고 복잡한 과정을 통해[2] 이들을 구분하게 되었다. 그 기원은 16세기 초반에 아베로이즘averroism을 배경으로

---

1 cfr. *Fioretto* cit., cc. B IIv ~ B IIIr.

2 포스텔이 불멸의 영혼(animus: 불어로 anime)과 영혼(anima: 불어로 âme)으로 구분한 것에 대해서는 Febvre, *Le problème de l'incroyance* cit., p. 178 참조. 그러나 포스텔에게 있어서 영혼은 영 Spirito과 관련된 것인 반면에, 불멸의 영혼은 정신 mente에 의해 조명되는 것이다.

성립된 논쟁으로 거슬러 올라가야 한다.[3] 이 논쟁은 특히 피에트로 폼포나치 Pietro Pomponazzi의 사상에서 영향을 받은 파도바 대학의 교수들 사이에서 영혼의 불멸성에 대한 문제를 중심으로 시작되었다. 철학자들과 의사들은 육신이 죽으면,——아베로에 Averroè가 가정한 활동적인 지력과는 구별되는——개인의 영혼은 소멸된다고 공공연하게 주장하였다. 반면 프란체스코회 수도사인 지롤라모 갈라테오 Girolamo Galateo(파도바에서 대학 교육을 받았으며 후에 이단으로 고소되어 종신형을 선고받았다)는 이 주제를 종교적 맥락에서 정교하게 수정하면서, 축복받은(구원된) 사람들이 죽게 되면 그들의 영혼은 심판의 날까지 잠들어 있다고 주장하였다. 아마도 이러한 그의 사상적 발자취를 따라 과거 프란체스코회 수도사였던 파올로 리치 Paolo Ricci(후에 카밀로 레나토 Camillo Renato라는 이름으로 알려졌다)는 육신의 소멸과 운명을 같이하는 영혼 anima과 마지막 날에 부활할 운명의 영 animus을 구분함으로써 영혼 수면설을 재정립하였다. 이 교리는 발텔리나 Valtellina로 유배된 레나토의 직접적인 영향을 통해,[4] 비록 부분적으로 반론이 없지는

3 이 모든 것에 대해서는 G. H. Williams, *The Radical Reformation* cit., indice, sub voce 'Psychopannychism'; ID., "Camillo Renato(c. 1500?~1575)," *Italian Reformation Studies* cit., pp. 106 sgg., 169~70, passim; Stella, *Dall'anabattismo* cit., pp. 37~44 참조.

4 비첸차 Vicenza의 주민으로서 재침례교도인 '야코메토(가죽끈 판매인)'의 친구이며, 레나토 Renato(레나토는 타바키노와 '같은 부류의 신앙'을 가지고 있다고 선언하였다)를 추종하는 발텔리나의 주민인 조반바티스타 타바키노 Giovanbattista Tabacchino의 약정서들을 예로 들 수 있다: cfr. Stella, *Anabattismo e antitrinitarismo* cit., indice, sub voce 'Tabbachino.' 그러므로 이 주제와 관련하여 로톤도가 주장한 이론의 신빙성이 약화된다(cfr. C. Renato, "Opere, documenti e testimonianze," A. Rotondò, ed., *Corpus Reformatorum Italicorum*, Firenze-Chicago, 1968, p. 324). 그러나 베네치아의 종교 재판에 대한 문서들에는 소책자의 형태로서 지금까지 야코메토의 것으로 잘못 평가되었던 *La revelatione*가 필사본의 형태로 보관되어 있는데(cfr. Stella, *Dall'anabattismo* cit., pp. 67~71, 이 중에 상당 부분이 출판되었다; C. Ginzburg, "I costituti di don Pietro Manelfi," *Biblioteca del Corpus Reformatorum*

않았지만, 베네치아의 재침례파에 의해 수용되었다. 이들은 "영혼은 생명이고, 비록 사람이 죽더라도 평소에 사람을 살아 움직이게 지탱해주는 영은 하느님에게 돌아간다는 사실과 생명은 흙으로 돌아가서 더 이상 선악을 알지 못하나, 우리 주님이 모든 이를 부활시킬 심판의 날까지 잠들어 있게 된다는 사실을 믿었다"[5]——물론 미래의 삶을 전혀 보장받을 수 없는 악인들은 제외된다. "죽은 자의 무덤 이외에는 그 어떤 다른 지옥도 존재하지 않기"[6] 때문이다.

파도바 대학의 교수들과 프리울리의 한 방앗간 주인이 상호 영향과 접촉의 가능성을 가지고 있다는 것은 극히 예외적이라 할 수 있다. 그럼에도 역사적인 맥락에서 볼 때 전혀 설득력이 없는 것은 아니다. 왜냐하면 우리는 마지막 연결 고리인 메노키오의 어린 시절 친구이자 폴체니고의 주교 대리[7]인 조반 다니엘 멜키오리를 잘 알고 있기 때문이다. 그는 메노키오에 대한 재판이 시작되기 불과 몇 년 전인 1579~1580년 사이에 콘코르디아의 종교 재판소에 의해 이단으로 기소되었고 약간은 혐의 사실이 있는 것으로 밝혀진 인물이었다. 그에 대한 교구 신자들의 고소가 많이 접수되었으며, 고소 내용도 각양각색이었다. 그에 대한 평가는 '호색가이며 포주'에서 준(準)성사*

Italicorum, Firenze-Chicago, 1970, p. 43, n. 22), 이 필사본은 실제로 타바키노의 것이다: cfr. ASVen, Sant'Uffizio, b. 158, 'liber quartus,' c. 53v. 터키로 피신한 비밀 단체의 구성원들을 위해 작성한 이 소책자에 대해서는, 저자와 레나토의 긴밀한 관계를 고려하여, 좀더 심도 있는 분석이 필요하다. 적어도 지금까지 반성삼위일체 이론의 주체는 레나토가 아니었다(cfr. Renato, "Opere" cit., p. 328). 반면에 타바키노의 *La revelatione*는 확실히 반성삼위일체론적으로 씌어졌다.

5 cfr. Stella, *Anabattismo e antitrinitarismo* cit., p. 61.

6 cfr. Ginzburg, "I costituti di don Pietro Manelfi" cit., p. 35.

7 cfr. ASVen, Sant'Uffizio, b. 44(다니엘레 데 멜키오리 De Melchiori don Daniele).

* 가톨릭 용어로서 성사를 모방하여 교회가 신자들에게 영적이고 현세적인 은혜가 주어지도록 하는 행위나 물건, 즉 성수·성유를 사용하거나 성호를 긋는 행위를 말한

(예를 들어 성체)를 존중하지 않는 인물로까지 다양하였다. 그런데 우리의 흥미를 자극하는 것은 마을 광장에서 주변 사람들에게 "사람은 심판의 날에 비로소 천국에 간다"[8]고 한 멜키오리의 주장이었다. 멜키오리는 재판 도중에 이 말을 한 적이 없다고 부인했으나, 이름을 기억하지 못하는 '파노Fano의 한 사제'가 지은 『그리스도적 삶을 위한 강론서 *Discorsi predicabili per documento del viver christiano*』라는 책에서 읽었던 것을 토대로 육신의 죽음과 영적인 죽음의 차이에 대해서 말한 적은 있다고 시인하였다. 그리고 그는 심문관들에게 확신을 가지고 아무런 가식 없이 있는 그대로의 강론을 들려주었다. "저는 죽음의 두 가지 종류, 즉 육신의 죽음과 영적인 죽음에 관해서 이야기하면서 이들이 서로 완전히 다르다고 말했던 것을 기억합니다 왜냐하면 육신의 죽음은 모든 사람에게 공통된 것이지만, 영적인 죽음은 오로지 악인에게만 해당됩니다. 육신의 죽음은 우리의 생명을 앗아가는 반면 영적인 죽음은 우리의 생명과 은총을 앗아갑니다. 또한 육신의 죽음이 친구들을 앗아간다면 영적인 죽음은 성인과 천사를 앗아갑니다. 그리고 육신의 죽음은 지상의 재물들을 앗아가지만, 영적인 죽음은 천상의 재물을 앗아갑니다. 육신의 죽음은 우리에게서 지상의 이익을 앗아가지만, 영적인 죽음은 우리의 구세주인 예수 그리스도의 모든 공적을 앗아갑니다. 육신의 죽음은 지상 왕국을 앗아가지만, 영적인 죽음은 천상의 왕국을 앗아갑니다. 육신의 죽음은 우리의 감각을 앗아가지만, 영적인 죽음은 우리의 감각과 지력을 앗아갑니다. 육신의 죽음은 육신의 활동을 앗아가지만, 영적인 죽

다. 그러나 이러한 행위와 대상들을 준성사라 부르는 것은 이것들이 어떤 면으로는 성사와 비슷하기 때문이다.

8 ivi, c. 39v, c. 23v 등.

음은 우리를 돌처럼 움직이지 못하게 만듭니다. 육신의 죽음은 몸에서 악취를 풍기게 하지만, 영적인 죽음은 영혼에서 악취를 풍기게 합니다. 육신의 죽음은 육신을 땅으로 돌려보내지만, 영적인 죽음은 영혼을 지옥에 떨어뜨립니다. 다윗의 「시편」에 언급된 '죄인의 죽음은 추하도다'에서도 알 수 있듯이, 악한 자들의 죽음은 추한 것이라 합니다. 마찬가지로 「시편」 중 '야훼께 충실한 자의 죽음은 그분께 귀중하다'라는 구절에서도 알 수 있듯이, 선한 자들의 죽음은 귀중한 것이라 합니다. '우리의 친구 나자로가 잠들어 있으니' 그리고 다른 구절에서 '그 소녀는 죽은 것이 아니라 잠들어 있다'라고 적은 성 요한 사도의 글에서 볼 수 있듯이, 악한 자들의 죽음은 죽음이라 하고, 선한 자들의 죽음은 잠들어 있는 것이라 합니다. 악한 자들은 죽음을 두려워하고 죽고 싶은 마음이 없지만, 선한 사람은 죽음을 두려워하는 것이 아니라 '탐욕을 버리고 그리스도와 함께 있고자 합니다'라는 성 바오로의 말을 하게 됩니다. 이것이 육신의 죽음과 영적인 죽음의 차이이며, 여기에 대해서 저는 말하고 강론했습니다. 그리고 제가 만일 어떤 잘못을 범했다면 회개할 준비가 되어 있습니다."[9]

멜키오리는 비록 책을 갖고 있지는 않았지만, 그 내용을 매우 상세하게—더욱이 글자까지도—기억하고 있었다. 실제로 그는 아우구스티누스 수도회 수사(사제가 아님)인 세바스티아노 암미아니 다 파노Sebastiano Ammiani da Fano에 의해서 편집되었으며 설교자들의 강론 안내서로 유명해진 『그리스도적 삶을 위한 강론서』[10]의 제34장을 잘 기억하고 있었다. 그러

---

9 ivi, cc. 66r~v.

10 필자는 이 어휘를 1589년 베네치아에서 출판된 것에서 인용하였다(cc. 46r~v). 최초의 출판은 1562년으로 거슬러 올라간다. 암미아니 Ammiani 혹은 아미아니 Amiani

나 멜키오리는 단순한 수사학적인 대조 방식을 이용한—철저
히 계산된—각본에 따라 이단적인 해석으로 오해될 수 있는
문장을 제외하였던 것이다. "악한 자들의 죽음은 죽음이라 하
고, 선한 자들의 죽음은 잠들어 있는 것이라 합니다." 멜키오리
가 이 말의 함축된 의미를 잘 알고 있었다는 것은 의심의 여지
가 없다. 왜냐하면 그는 "사람은 오로지 심판의 날에 천국에 간
다"는 주장으로까지 과감하게 전개시켜나갔기 때문이다. 이와
는 대조적으로 심문관들은 이것을 제대로 의식하지도 알지도
못하였다. 멜키오리의 입장은 어떤 종류의 이교와 연관되어 있
는가? 그가 "음흉하고, 하느님을 부인하며, 미혹하고, 그릇되
고, 저속한 이교 집단 〔……〕 분명히 발드교와 요한 비클리크
교 집단과 같은 아르메니아교 집단"[11]과 내통했다는 고소 내용
이 무지한 그들의 당혹스러움을 반영하고 있었다. 콘코르디아
의 이단 심문관들은 영혼 수면설이 재침례파의 교리와 연관되
어 있다는 사실을 잘 몰랐던 것 같다. 의심스러운 구석은 있지
만 그 출처가 불분명한 교리들에 직면하자 이단 심문관들은 수
백 년 동안 신학적 쟁점이 되어온 안내 책자들을 면밀하게 재
검토하는 작업에 착수하였다. 우리가 앞으로 보게 되겠지만 메
노키오의 경우에도 똑같은 일이 반복되었다.

멜키오리에 대한 재판에서는 필멸의 '영혼'과 불멸의 '영'에
대한 구분이 언급되지 않았다. 그럼에도 불구하고 이 구분은

는 교단의 서기장으로서 트렌토 종교 회의에 참석하였다(cfr. G. Alberigo, *Dizionario biografico degli italiani*, II, Roma, 1960, pp. 776~77). 이 어휘를 통해, 반(反)프로테스탄트 논쟁에 적대적이지만, 반면에 특히 교부 전통에는 우호적인 암미아니의 태도를 짐작할 수 있다. 이러한 사실은 루터교에 대한 비판적인 논쟁이 40번째 대화에 언급되어 있는 강론서(몇 년 후에 다른 두 개의 부가 첨가되었다)에도 분명하게 나타난다(*Che cosa habbia fatto il scelerato Luthero con I suoi seguaci*, cc. 51r~v).

11 cfr. ASVen, Sant'Uffizio, b. 44, c. 80r. 위클리프에 대한 언급은 이 기간에 진행된 종교 재판의 판결문에서 분명하게 언급되었다.

심판의 날까지 영혼이 잠들어 있게 된다는 그의 주장의 전제 조건이었다. 분명한 것은 메노키오가 폴체니고의 주교 대리의 한 강론을 통해 이러한 구분에 접하게 되었다는 사실이다.

38. 모순들

2월 16일에 벌어진 2차 심문에서 메노키오는 "영혼인 우리의 영을 하느님으로부터 받았듯이 그것은 하느님에게로 돌아간다고 믿습니다"[1]라고 증언하였다. 그러나 3차 심문이 있던 2월 22일에는 "육신이 죽으면 영혼도 죽지만 영은 남아 있습니다"라고 자신의 말을 정정하였다. 그리고 6차 심문이 있던 5월 1일 아침에는 "영혼과 영은 같은 것입니다"라는 말을 반복함으로써 본래의 주장으로 돌아간 것처럼 보였다.

그는 예수 그리스도에 대한 질문을 받았다. "아들은 누구였는가? 인간이었는가 천사였는가 아니면 하느님이었는가?"[2] 메노키오는 "인간이었습니다"라고 답하였다. "그러나 그 안에는 영이 존재했습니다." 그는 이렇게 대답한 후에 덧붙이기를 "그리스도의 영혼은 오래 전에 만들어진 천사들 중의 하나였거나 혹은 성령에 의해서 네 개의 원소로 새로이 만들어졌거나 또는 자연에 의해서 직접 만들어졌습니다. 사물은 세 개가 모여야 잘 만들어질 수 있습니다. 그래서 하느님은 성령에게 지식·의지·능력을 주었던 것처럼 그리스도에게도 그것들을 주었습니다. 후에 그것들은 서로를 기쁘게 해줄 수 있었습니다. 〔……〕둘 사이에서 견해가 일치되지 않을 때, 나머지 하나가 있어 둘이 합의한다면 그 나머지 하나도 따라오게 됩니다. 그래서 아버지께서는 지식·의지·능력을 그리스도에게 주었는데, 왜냐

---

1 cfr. 앞의 책, p. 83.
2 ACAU, proc. n. 126, cc. 31v~32r.

하면 그는 심판해야 할 임무를 가지고 있기 때문입니다"라고
하였다.

　오전이 거의 끝나가고 있었다. 잠시 뒤 심문은 점심 식사로
인해 중단되었고, 같은 날 오후에 속개될 상황이었을 것이다.
메노키오는 속담들과 『성서의 약술기』의 말들을 인용하면서
끝없이 말하고 있었는데, 마치 말에 취한 사람처럼 보였다. 그
는 틀림없이 지쳐 있었을 것이다. 그는 겨울과 봄의 일부를 감
옥에서 보냈다. 이미 근 3개월이나 끌고 있는 재판의 결정을
초조하게 기다리고 있었을 것이다. 그럼에도 불구하고 그 이전
에는 거의 반문맹인 농부들과 수공인들만을 대상으로 자신의
생각을 설파하였던 메노키오에게 그토록 학식 있는 성직자들
(더군다나 자신의 답변을 받아 적는 공증인도 있었다)이 상당한
관심을 가지고 질문을 하면서 자신의 말을 경청했다는 사실은
분명히 흥분되는 경험이었을 것이다. 물론 그의 청중들이 교
황 · 왕 · 영주──그는 이들 앞에서 말할 수 있는 기회를 학수
고대하고 있었다──는 아니었지만, 그럼에도 흥분된 마음을
갖기에는 충분한 대상이었다. 메노키오는 이전에 이미 말했던
것들을 되풀이하면서 새로운 내용을 첨가했고, 다른 것들을 빠
뜨렸으며, 모순된 말을 내뱉기도 하였다. 그리스도는 "우리처
럼 남자와 여자의 몸에서 태어난 우리와 같은 인간"이었으며,
"그렇지만 하느님이 그를 자신의 아들로 선택하기 위해서 성령
을 보내신 것은 분명한 사실입니다. 〔……〕 하느님이 그를 예
언자로 선택했고 그에게 심오한 지혜를 주었으며 그에게 성령
을 보냈기 때문에 그는 기적들을 행했다고 믿습니다. 〔……〕
영혼과 영은 같은 것이기 때문에 그도 우리와 같은 영을 가지
고 있다고 믿습니다." 그러나 영혼과 영이 같은 것이라는 진술
은 도대체 무엇을 의미하는 걸까? 이때 한 심문관이 "전에 그

대는 말하지 않았는가"라고 하면서 메노키오의 증언을 가로막
았다. 그는 계속해서 "육신이 죽으면 영혼도 죽게 된다. 그렇다
면 그리스도가 죽었을 때 그리스도의 영혼도 죽었는지를 알고
싶네"라고 물었다. 메노키오는 잠시 동안 머뭇거리다가 하느님
이 인간에게 제공한 일곱 가지의 영혼을 열거하였다. 지력·기
억력…… 오후에 속개된 심문에서 이단 심문관들은 그리스도
의 지력·기억력·의지가 그의 육신의 죽음과 함께 사멸하는
지에 대해서 집요하게 파고들었다. "예, 그렇습니다, 심문관님
들. 왜냐하면 저 위에서는 그것들이 활동할 필요가 없기 때문
입니다."[3] 그렇다면 메노키오는 육신과 함께 사멸될 수밖에 없
는 영혼을 영과 동일시하면서도 영은 살아남는다는 자신의 생
각을 포기해버렸던가? 그것은 아니었다. 왜냐하면 그 직후, 심
판의 날에 대해 말하면서 그는 "자리들은 천상의 영들로 가득
채워져 있었지만, 그것들은 가장 정선되고 지적인 지상의 영들
에 의해 다시 채워질 것입니다"라고 주장하였다. 그리고 그 가
운데에는 그리스도의 영도 있는데 "왜냐하면 그의 아들 그리스
도의 영은 지상의 것이기 때문입니다"[4]라고 하였다. 그렇다면?

　이러한 혼란스러운 말들에서 어떤 일정한 방향을 찾아낸다
는 것은 불가능한──아마도 무의미한──것으로 보인다. 그럼
에도 불구하고 메노키오를 궁지에 몰아넣었던 모순된 주장의
이면에는 하나의 실질적인 모순이 자리잡고 있었다.

---

[3] ivi, c. 32v.
[4] ivi, c. 33v.

39. 천국

　　그는 어떤 피안의 삶을 생각하지 않을 수 없었다. 그는 인간은 죽어서 자신을 구성하고 있던 원소들로 되돌아간다고 확신했지만, 억누를 수 없는 벅찬 열망에 이끌려 사후의 어떤 생존 방식을 생각하게 되었다. 바로 이러한 이유로 필멸의 '영혼'과 불멸의 '영' 사이의 복잡한 대조가 그의 머리 속에서 고정되었다. 그래서 주교 대리의 교묘한 질문——"그대는 이전에 하느님은 다름 아닌 공기·흙·불·물이라고 주장하였다. 그렇다면 이 영혼들은 어떻게 지존하신 하느님께로 되돌아갈 수 있는가?"[1]——에 메노키오는 침묵하였다. 답변하고, 논박하고, 장황한 말을 늘어놓을 태세가 항상 되어 있었던 그가 이번에는 아무 말도 하지 않았다. 분명 그에게 육신의 부활은 모순되고 이치에 맞지 않는 것이었다. "아닙니다. 저는 우리가 심판의 날에 육신으로 부활할 수 있다는 것을 믿지 않습니다. 그것은 저에게 불가능하게 보입니다. 왜냐하면 만일 우리가 이런 식으로 부활하게 된다면 육신들이 지상과 천상을 가득 채우게 될 것이기 때문입니다. 그리고 지존하신 하느님은 지력으로 우리의 육신을 바라보실 것입니다. 이와 마찬가지로 우리도 눈을 감고 그 어떤 것을 만들고자 할 때 그것을 우리의 마음과 지력에다 두고 지력으로 그것을 바라볼 것입니다."[2] 메노키오에게 있어서 지옥은 사제들이 만든 것이었다. "인간이 평화롭게 살아야

---

1 cfr. 앞의 책, p. 82.
2 ACAU, proc. n. 126, c. 29v.

한다는 강론은 저에게 기쁨을 줍니다. 하지만 지옥에 대한 강론에서 사도 바울은 이렇게 이야기하고, 베드로는 저렇게 이야기합니다. 그래서 저는 이것이 다른 사람들보다 더 많이 알고 있는 사람들의 발명품이며 장사라고 생각합니다——그리고 그는 진정한 지옥이 여기 이 지상에 존재한다는 것을 납득시키려는 의도에서 덧붙여 말하기를——저는 다윗이 사울에게 박해를 당했을 때「시편」을 썼다는 것을 성경에서 읽었습니다"[3]라고 증언하였다. 그러나 그 이후에 메노키오는 자신의 입장과 모순되게도 면죄부("면죄부는 좋은 것이라 믿습니다")[4]와 죽은 자를 위한 봉헌 기도("왜냐하면 하느님이 그러한 사람에게 좀더 혜택과 깨달음을 주시기 때문입니다")[5]의 정당성을 수용했다. 특히 그는 천국에 대해 공상하기를 좋아하였다. "그것은 세상 전체를 둘러싸고 있는 장소이며, 거기에서는 바다의 물고기에 이르기까지 세상에 존재하는 만물이 보인다고 생각합니다. 그리고 그곳에 있는 사람들에게 그것은 축제를 하는 것과 마찬가지입니다."[6] 천국은 하나의 잔치로서, 노동의 끝, 일상의 피로에 대한 거부이다. 천국에서 "지력 · 기억력 · 의지 · 사고 · 신념 · 믿음 · 희망,"[7] 즉 "목수가 도끼, 톱을 들고 나무와 그 밖의 다른 연장들을 사용하여 일을 하는 것처럼, 그렇게 하느님이 일을 하는 인간에게 주신 것들"은 불필요하다. "저 위에서는 일할 필요가 없습니다." 천국에서 물질은 유연하고 투명하게 된다. "육신의 눈으로는 모든 것을 볼 수 없지만, 영의 눈으로는 모든 것을 꿰뚫어볼 수 있습니다. 그리고 산과 성벽과 모든 것들이

---

3 ivi, c. 28v.

4 ivi, c. 29r.

5 ivi, c. 35r.

6 ivi.

7 ivi, cc. 32r~v.

투명해질 것입니다."[8]

"그것은 마치 잔치를 벌이는 것과 같습니다." 메노키오의 농민 천국관은 아마도 기독교 천국론보다는 마호메트의 천국론에 더욱 기울어져 있었다. 메노키오는 이러한 마호메트의 천국론에 대한 생생한 묘사를 맨더빌의 『여행기』에서 읽었다. "천국은 계절마다 온갖 종류의 과일을 맛볼 수 있으며, 그리고 우유·꿀·포도주, 달콤한 음료수가 영원히 흐르는 강을 접할 수 있는 온화한 장소이다. 그곳에는 아름답고 품위 있는 집들이 세워져 있고 그 집들은 각 개인들의 선행 공적에 따라 보석·금·은으로 장식되어 있다. 각 개인들은 젊은 여성들을 소유하며, 그들로부터 시중을 받고, 그들을 보다 아름답게 여긴다."[9] "그대는 지상의 천국이 존재한다고 믿는가"[10]라는 심문관들의 질문에, 메노키오는 "지상의 천국은 일하지 않고서도 충분한 재산을 가지고 살아가는 귀족들이 있는 곳이라 믿습니다"라고 신랄한 풍자로 대답하였다.

---

8 ivi, c. 35v.

9 cfr. Mandavilla, *Qual tratta* cit., c. 51r.

10 ACAU, proc. n. 126, c. 38v.

40. 새로운 '삶의 방식'

천국에 대해 공상하는 일 이외에도 메노키오는 '새로운 세계'를 갈망하고 있었다. "교회가 제 갈 길을 가지 않고 있기에 또 그렇게 많은 허식들이 없어져야 하기 때문에 저의 영은 당당하게 새로운 세계와 새로운 삶의 방식을 원하였습니다"[1]라고 심문관에게 말하였다. 이러한 증언을 통해 메노키오는 과연 무엇을 말하려고 하였을까?

구전 전통이 자리잡은 사회에서[2] 공동체의 기억은 부지불식간에 변화들을 덮어버리거나 재흡수하는 경향을 보인다. 과거의 이미지가 담고 있는 명백한 경직성은 물질적인 삶의 상대적인 유연성에 상응한다. 일은 언제나 이런 식이었고 세상은 원래 있는 그대로이다. 오직 사회적 격변기에만 하나의 이미지가 등장하는데 그것은 일반적으로 지금과는 다르고 더 나은 과거의 신화적인 이미지, 즉 타락과 퇴폐로 점철된 현재와는 달리 완벽성을 향한 모델인 것이다. "아담이 땅을 파고 이브가 실을 타고 있을 때에 누가 귀족이었던가?"[3] 그래서 사회 질서를 변

---

1 ivi, c. 30r.

2 cfr. Goody-Watt, *The Consequences* cit.,; F. Graus, "Social Utopias in the Middle Ages," *Past and Present*, n. 38, 1967년 12월, pp. 3~19; E. J. Hobsbawm, *The Social Function of the Past: Some Questions*, ivi, n. 55, 1972년 5월, pp. 3~17; M. Halbwachs, *Les cadres sociaux de la mémoire*, Paris, 1952(1925년에 첫 출판).

3 이는 "When Adam delved and Eve span / Who was then a gentleman?"라는 유명한 속담으로서 1381년 영국의 농민이 일으킨 봉기를 통해 확산되었다(cfr. R. Hilton, *Bond Men made Free. Medieval Peasant Movements and the English Rising of 1381*, London, 1973, pp. 222~23).

화시키기 위한 투쟁은 이러한 신화적인 과거로 되돌아가기 위한 의도적인 노력인 것이다.

메노키오도 그가 목격했던 배부르고 부패한 교회를 신화적이라 할 수 있는 원시 교회[4]의 청빈함과 순수함에 대비시켰다. "저는 (교회가) 우리 주 예수 그리스도에 의해서 세워졌을 때처럼 사랑으로 통치되기를 바랍니다. [……] 지금은 화려한 미사가 있지만 우리 주 예수 그리스도는 화려함을 원하지 않을 것입니다."[5] 그러나 그는 대부분의 동향 사람들과는 다르게 글을 읽을 수 있는 능력이 있었으며 이로 인해 이러한 요약적인 대비의 한계를 초월하여 과거에 대한 이미지를 이용할 가능성을 가지게 되었다. 부분적으로는 『성서의 약술기』가 그러했지만, 특히 포레스티의 『연대기 보유』에서는 그리스도의 수난사와 세속사, 신화와 신학, 전쟁에 관한 기술과 여러 지역들에 대한 서술, 군주들과 철학자들 그리고 이단자들과 예술가들의 명단이 장황하게 언급되었지만 실제로는 세계 창조에서 당시에 이르기까지 인류사의 흐름이 분석적으로 기술되어 있었다. 이러한 저서들에 대한 메노키오의 반응은 별로 알려지지 않았다. 이 저서들은 맨더빌의 『여행기』가 그러했던 것처럼 그를 '곤혹스럽게' 하지는 않았다. 16세기(그리고 그 이후로도 오랫동안)에 야기된 자민족 중심주의(또는 타민족 배타주의)의 위기는 역사학을 통해서가 아니라, 비록 환상적이긴 하지만 지리학을 통해 등장하였다.[6] 그럼에도 불구하고 거의 인지할 수 없는 흔적을 통해 메노키오가 어떠한 심정으로 포레스티의 연대기를 읽

---

4 일반적으로, G. Miccoli, "Ecclesiae primitivae forma," *Chiesa gregoriana*(Firenze, 1966), pp. 225 sgg. 참조.

5 ACAU, proc. n. 126, c. 35r.

6 cfr. Landucci, *I filosofi* cit.; W. Kaegi, "Voltaire e la disgregazione della concezione cristiana della storia," *Meditazioni storiche*, 이탈리아어판(Bari, 1960), pp. 216~38.

었는가를 알 수 있다.

『연대기 보유』는 저자가 사망한 1520년을 전후한 기간에 여러 차례 인쇄되었고 속어로도 번역되었다. 메노키오가 가지고 있던 것은 저자 사후에 출간된 속어본으로서, 한 미지의 인물에 의해 불과 몇 년 전의 사건들까지 언급된 수정본이었다. 그러므로 메노키오는 미지의 인물, 즉 아마도 아우구스티누스회의 수도사인 포레스티의 동료일 가능성이 매우 높은 한 인물이 "루터로 불리고 있었으며 성 아우구스티누스회 수도사였던 마르틴"[7]에 의한 교회 분열을 서술한 부분을 읽을 수 있었다. 비록 끝에 가서는 명백한 비난으로 돌변하기는 했지만 이 부분에서의 어조는 분명히 눈에 띌 정도로 호의적이었다. 미지의 인물은 "루터가 이러한 소요에 빠져들게 된 원인이 겉으로는 교황에 의해서 비롯된 것으로 보이지만, 실제로는 성스러움을 가장하여 극악무도한 일을 자행한 적대적이고 사악한 사람들에 의해서 비롯되었다"고 적고 있었다. 이들은 프란체스코회 소속의 수도사들로서, 처음에는 교황 율리우스 2세에 의해 그 다음에는 교황 레오 10세의 지시로 면죄부에 대한 강론을 수행하였다. "그리고 무지는 모든 오류의 근원이고, 돈맛을 알게 되어 아마도 이 탁발 수도사들의 마음은 재물을 긁어모으는 데 지나치게 혈안이 되었기 때문에 거대한 광기에 빠져들게 되었다. 그들이 이러한 면죄부에 대해 강론하는 과정에서 언급한 몰상식한 내용은 사람들로부터 적지 않은 분노를 사게 된 원인이 되었다. 그들은 특히 독일 지역에서 면죄부에 대한 강론을 더욱 확대하였다. 그리고 그들이 일련의 몰상식한 내용을 설교하였을 때 올바른 양심과 교의를 가진 사람들은 이것을 비난하였

---

7 cfr. Foresti, *Supplementum* cit., cc. CCCLVr~v(페이지 번호가 잘못 표기됨).

고, 그 결과 수도사들은 이들을 곧바로 파문하였다. 파문을 당한 사람들 중에는 진정으로 박식하고 교양 있는 인물이었던 마르틴 루터가 포함되어 있었다." 이 무명의 편집자가 볼 때에는 적대적 관계에 있는 수도회의 '몰상식한 (강론) 내용'이 교회 분열에 원인을 제공했으며, 그 수도회는 루터의 정당한 반발에 직면했을 때 그를 파문토록 하였다. "따라서 앞서 말한 마르틴 루터, 즉 귀족 가문 출신으로서 모든 사람들로부터 큰 존경을 한 몸에 받고 있던 그는 공개적으로 면죄부에 반대하는 강론을 시작하였다. 그리고 면죄부는 날조되고 부당한 것이라고 역설하였다. 그 결과 그는 짧은 시간에 모든 것을 뒤집어놓았다. 그리고 거의 대부분의 재산이 성직자들의 손에 있어서 성직자 계층과 세속인 계층 사이에 마찰이 있었기 때문에 그는 후자의 범주에서 어렵지 않게 추종자를 확보하였으며, 가톨릭 교회의 분열을 가속화시킬 수 있었다. 그리고 자신이 대대적인 지지를 얻고 있다는 것을 목격했을 때, 그는 로마 가톨릭과 완전히 단절하고 자신의 다양하고 독특한 견해와 상상력을 통해 새로운 종파와 새로운 삶의 방식을 창시하였다. 그 결과 이 지역들 중 상당수가 가톨릭 교회에 반기를 들었고 교회에 복종하려고 하지 않았다."

"그는 새로운 종파와 새로운 삶의 방식을 만들었습니다," 그리고 "교회가 올바른 길을 가지 않고 그토록 많은 허식이 사라지지 않기에 저는 새로운 세계와 새로운 삶의 방식을 원하였습니다." 메노키오가 자신의 '숭고한 영'이 지시한 종교 개혁에 (앞으로 우리는 '새로운 세계'에 대해 그가 암시하는 바를 이야기하게 될 것이다) 대한 열망을 표명한 순간에 그는 의식하고 있었든 의식하지 않았든 간에 포레스티의 연대기에서 읽었던 루터의 주장을 되풀이하고 있었다. 분명히 그는 이 연대기가 자세히 설명하지 못한 종교적인 이념들을 반영하지는 않았다. 사실 이 연대기는 루터가 제안한 '새로운 종류의 교리'를 비난하는 데 많은 지면을 할애하였던 관계로 루터의 종교적인 이념을 자세히 다루지는 못하였다. 그러나 그는 무엇보다도 미상의 저자가 내린 조심스럽고 아마도 애매모호하다고 할 수 있는 결론에 만족할 수 없었다. "그리고 이러한 방법으로 루터는 무지한 서민들, 그리고 학식과 교의를 지닌 사람들을 현혹시켰다. 그리고 이들은 교회의 악행에 대해 듣게 되었을 때 다음과 같은 결론, 즉 사제들과 고위 성직자들은 방탕한 생활을 계속하고 그래서 로마 교회가 선하지 못하다는 사실이 무가치하다고는 간주하지 않으면서 맹목적으로 루터의 말만을 추종하였다. 왜냐하면 로마 교회의 악행들에 대해서 듣고 있던 학식과 교양을 갖춘 자들은 사제들과 성직자들이 타락한 생활을 하고 있었으며 따라서 로마 교회는 선하지 않다는 루터의 주장이 타당하지 않다는 사실을 고려하지 않은 채 (루터에) 동조하고 있었기 때문이다." 카라비아의 주장을 고려할 때, 메노키오는 '교회의 법과 계명'을 사제들을 살찌우기 위해 고안된 '순전히 장삿속'으로 간주하였다. 메노키오는 성직자들의 도덕적인 쇄신과 교리의 근본적인 개혁을 병행의 관계로 이해하였다. 메노키오에게 포레스티의 연대기는 예상치 못한 매개 수단으로 작용하였다. 이 수단을 통해 메노키오는 루터를 교회 반도(叛徒)의 원형으로서, '거의 대부분의 재산이 성직자들의 손에 있었기 때문에' 이들 계층에 대해 '세속인 계층'이 품고 있던 '증오심'을 이용하면서, 교회의 위계 질서에 대항하여 '무지한 서민들, 그리고 학식과 교의를 지닌 사람들'을 조직할 줄 알고 있던 인물로 이해하고 있었다. "모든 것이 교회와 성직자들의 것입니다"라고 메노키오는 이단 심문관에게 소리쳤다. 어쩌면 메노키오는 프

리울리의 상황과 종교 개혁이 승리한 알프스 이북의 상황에 유
사성이 있음을 숙고하고 있었을지도 모른다.

리울리의 상황과 종교 개혁이 승리한 알프스 이북의 상황에 유
사성이 있음을 숙고하고 있었을지도 모른다.

41. 사제 죽이기

메노키오가 '학식과 교의를 지닌 사람들'과 접촉하였을 가능성에 대해서는, 앞으로 검토하게 될 한 가지 사례를 제외하고는 알려지지 않았다. 반면에 우리는 메노키오가 '무지한 서민들'에게 자신의 생각을 알리려고 부단히 노력하였다는 사실은 이미 알고 있다. 그러나 겉으로는 아무도 그의 생각에 동조하지 않았다. 그리고 첫번째 재판의 판결문에서 메노키오의 노력이 성공하지 못한 것은 몬테레알레 주민들의 순진한 영혼이 타락하는 것을 막기 위해 하느님이 개입한 징조로 간주되었다.

그러나 사실, 멜키오레 제르바스Melchiorre Gerbas라고 하는 "지극히 평범한"[1] 문맹의 목수가 있었는데, 그는 메노키오의 이야기를 귀담아들었다. "주막에서 떠돌던 말에 따르면, 그는 하느님을 믿지 않고 불경스러운 말들을 지껄이는"[2] 인물이었다고 한다. 여러 증인들은 멜키오레와 메노키오를 함께 언급하였는데, 그 이유는 이들이 "교회를 모독하고 교회에 대한 험담을 늘어놓았기"[3] 때문이었다. 당시에 주교 대리는 멜키오레가 얼마 전에 감옥에 갇힌 메노키오와 어떤 관계를 맺고 있었는지에 대해서 알려고 하였다. 처음에 멜키오레는 그와의 관계가 일로 맺어진 통상적인 것이었다고 주장하였다("메노키오는 저에게

---

1 ACAU, proc. n. 132, 교구의 주민인 오도리코 보라이Odorico Vorai의 진술, 1584년 2월 15일.

2 ivi, proc. n. 126, c. 9r.

3 ivi; 그리고 cfr. cc. 7v, 11r 등.

목재를 공급하고 저는 그에게 돈을 지불합니다").[4] 그러나 후에
그는 자신이 몬테레알레의 여러 주막들에서 불경스러운 말을
했으며, 이때 메노키오로부터 들었던 어떤 문장 하나를 되풀이
하였다는 것을 시인하였다. "메노키오는 저에게 하느님은 다름
아닌 공기라고 했으며, 저 역시 이것을 아직도 믿습니다."

250 맹목적으로 복종하는 이러한 태도가 전혀 이해가 되지 않는
것은 아니다. 왜냐하면 멜키오레에게 메노키오의 읽고 쓰고 연
설하는 능력은 마치 메노키오의 주위에 신비한 기운이 감돌고
있는 것처럼 보였기 때문이다. 멜키오레는 집에 가지고 있던
성경책을 메노키오에게 빌려준 뒤에 기묘한 표정으로 주변을
돌아다니며 메노키오가 "이적을 행하는"[5] 책을 가지고 있다고
떠벌리고 다녔다. 그러나 마을 사람들은 두 사람의 차이를 쉽
게 이해하였다. "그는 이단으로 의심은 가지만 도메네고
Domenego와는 다른 사람입니다"[6]라고 누군가가 멜키오레에
대해 증언하였다. 그리고 또 어떤 이는 "그는 미친 사람이나 할
수 있는 말들을 떠벌리고 다니며 더구나 주정까지 합니다"[7]라
고 말하였다. 그리고 주교 대리도 방앗간 주인과는 매우 다른
부류의 사람이 자기 앞에 서 있다는 것을 곧바로 알아차렸다.
주교 대리는 비교적 부드러운 태도로 "그대는 하느님이 존재하
지 않는다고 말하는데, 그대는 진정 마음속으로 하느님이 없다
고 믿는가?"[8]라고 질문하였다. 멜키오레는 아무런 주저 없이,
"아닙니다, 주교님. 저는 하늘과 땅에 하느님이 계시며, 원하신
다면 언제든지 저를 죽게 할 수 있다고 믿습니다. 그리고 제가

---

4 ivi, proc. n. 132, 페이지 번호가 없는 문서(1584년 2월 18일).

5 ivi, proc. n. 126, c. 13v.

6 ivi, c. 10v.

7 ivi, c. 12v.

8 ivi, proc. n. 132, 페이지 번호가 없는 문서(1584년 4월 25일).

그런 불경스러운 말들을 떠벌리고 다닌 것은 메노키오가 저에
게 이런 말들을 가르쳐주었기 때문입니다"라고 대답하였다. 그
는 비교적 가벼운 보석*으로 풀려났다. 이 사람은 몬테레알레
에서 메노키오의 유일한 추종자였으며, 적어도 유일하게 자백
했던 추종자였다.

　　메노키오는 그의 아내와 자식들조차도 믿으려고 하지 않았
다. "주여, 그들이 이러한 생각을 하지 않도록 해주옵소서."[9]
그는 마을 사람들과의 모든 관계에도 불구하고 심한 외로움을
느껴야만 하였다. "이단 심문관 신부님께서 저에게 '내일 마니
아고로 오게나'라고 말씀하셨던 그날 저녁 저는 심한 자포자기
상태였습니다. 그리고 세상을 돌아다니며 무작정 사악한 짓을
하고 싶었습니다. 〔……〕 사제들을 죽이고 교회를 불지르고 광
분하고 싶었습니다. 하지만 저의 어린 두 아이들 때문에 제 자
신을 억눌렀습니다"[10]라고 고백하였다. 이러한 엄청난 절망감
의 분출은 그가 처해 있는 고립무원의 상태를 잘 말해주고 있
다. 자신을 괴롭히는 부당함에 직면해서 그가 드러낼 수 있었
던 유일한 반응은 개인적인 폭력 행사, 즉 자신을 박해하는 자
들에게 복수하며 억압의 상징들을 공격하는 반란자가 되는 것
이다.[11] 한 세대 전에 농민들은 프리울리 귀족들의 성을 불 질
렀다. 하지만 시대는 변하였다.[12]

---

* 가톨릭 용어로서 고백 성사 뒤에 사제가 주는 일종의 참회 수단이다. 예를 들어 사
제가 고백 성사를 마친 신자에게 주기도문을 열 번 외우라는 보석을 줄 수 있다.

9 ivi, proc. n. 126, c. 27v.

10 ivi, cc. 23v~24r.

11 cfr. E. J. Hobsbawm, *I Banditi*, 이탈리아어판(Torino, 1971).

12 cfr. 앞의 책, p. 17.

42. 새로운 세계

  메노키오에게는 오직 '새로운 세계'에 대한 열망만이 남아 있을 뿐이었다. 이것은 마치 수많은 사람들의 손을 거치면서 닳아져버린 동전처럼 시간의 흐름으로 무디어지게 된 말이다. 그 본래의 의미를 다시 찾아보도록 하자.

이미 언급하였듯이 메노키오는 이 세계가 하느님에 의해 창조되었다는 것을 믿지 않았다. 게다가 그는 인간은 "자궁을 빠져나와 처음으로 어머니의 젖을 빨게 될 때 비로소 죄악을 범하기 시작한다"[1]고 주장하면서 원죄를 단호하게 부인하였다. 그리고 그에게 예수 그리스도는 단순히 한 사람의 인간이었다. 이러한 차원에서 종교적 천년왕국설에 대한 그 어떠한 표상도 그에게는 이질적이었다. 그는 자백하는 과정에서 그리스도의 재림에 대해 결코 한마디도 하지 않았다. 따라서 그가 갈망해왔던 '새로운 세계'는 오로지 인간적인 현실이며, 인간적인 수단들을 통해서 실현될 수 있었다.

우리는 이러한 표현이 통상 은유적으로 사용된다는 것을 지극히 당연하다고 생각하지만, 메노키오가 사용했을 때는 원래의 언어적 충만함을 고스란히 담고 있었다. 그것은 실제로 어떤 한 은유에 대한 또 하나의 강력한 은유였다. 그 세기 초엽에 아메리고 베스푸치Amerigo Vespucci라는 이름으로 한 편지가 인쇄되었다. 로렌조 디 피에트로 디 메디치Lorenzo di Pietro di

---

1 ACAU, proc. n. 126, c. 34v.

Medici에게 발송된 이 편지의 제목은 '새로운 세계Mundus novus'였다. 이 편지를 이탈리아어에서 라틴어로 번역했던 줄리아노 디 바르톨로메오 델 조콘도Giuliano di Bartolomeo del Giocondo는 서문에서 이 제목의 의미를 다음과 같이 설명하였다. "며칠 전 나는 자네에게 그 새로운 지역에서 돌아온 일에 대해 자세히 적어보냈네. 〔……〕 그 지역은 **새로운 세계**라고 불릴 수도 있는데, 왜냐하면 우리 선조들에게는 그곳에 대한 지식이 전무해서 그 지역은 모든 독자들에게는 전혀 생소한 곳이기 때문이네."² 그곳은 콜럼버스의 생각과는 다르게 서인도 제도도 아니었고 그렇다고 그 어떤 새로운 육지도 아니었다. 그곳은 당시까지 알려지지 않았던 완전히 새로운 세계였다. '~라고 불릴 수도 있는,' 이 은유는 매우 새로운 것이었고 그는 독자들에게 변명을 늘어놓았던 것이다. 이러한 의미에서 은유는 일상적인 언어 사용권에 포함되면서 광범위하게 확산되기 시작하였다. 그러나 메노키오는 우리가 보아왔던 것처럼 그것을 다른 의미로 사용하였다. 즉 그는 이 은유를 새로운 대륙이 아니라 앞으로 건설되어야 할 새로운 사회에 적용하고 있었다.

누가 이러한 전환을 가장 먼저 시도하였는지는 알 수 없다. 왜냐하면 이러한 전환의 배후에는 급진적이고 격렬한 사회 변동의 이미지가 자리잡고 있었기 때문이다. 1527년 에라스무스는 마르틴 부서Martin Bucer에게 보낸 한 편지에서³ 루터의 종교 개혁으로 인해 발생한 폭동의 비극적 결과에 대하여 언급하였다. 그는 먼저 영주들과 주교들의 동의를 구하여 그 어떠한 전복 행위도 사전에 방지되었어야 한다고 보았다. 게다가 많은 것들, 그 가운데에서도 미사는 '폭동 없이 수정'되었어야 한다

---

2 *Mundus novus*, s. l., s. d.(1500?), 페이지 번호가 없는 문서.
3 cfr. *Opus epistolarum Des. Erasmi*……, P. S. Allen, ed., VII(Oxonii, 1928), pp. 232~33.

고 보았다. 오늘날에는 마치 새로운 세상이 순식간에 건설될 수 있을 것처럼 생각하면서 전통과 관련된 모든 것을 거부하는 사람들이 있다고 그는 결론지었다. 한편에서는 점진적이고 단계적인 변화가, 다른 한편에서는 신속하고 폭력적인 (혁명적이라고 말할 수 있는) 전복이 존재하는데 이들은 매우 대조적이라고 그는 보았다. 이들 간의 대조적인 관계는 보다 분명하였다. 그러나 에라스무스가 사용한 '새로운 세계'라는 표현에는 지리적 위치와 관계된 그 어떤 암시도 존재하지 않았다. 오히려 도시들의 건설을 지칭하기 위해서 사용된 'condere(건설하다)'라는 용어가 강조되었다.

그러나 '새로운 세계'라는 은유가 지리적인 맥락에서 사회적인 맥락으로 전환된 것은 다양한 수준의 유토피아적 문학에서 보다 분명하게 드러난다. 그 대표적인 사례는 16세기 중엽에 모데나Modena에서 익명으로 된 아름답고 즐거운 이야깃거리인, 즉 대양에서 발견된 새로운 세계에 관해 모든 것을 이야기하고 있는 『카피톨로Capitolo』[4]에서 찾아볼 수 있다. 이것은 게으름뱅이와 탐식가가 모여 사는 『동화의 나라』[5](시기적으로 『카

---

4 부록에 『해학 대 기발한 착상 Begola contra la Bizaria (Modena s. a.)』이 있다. 필자는 아르키진나시오 시립 도서관 Biblioteca Comunale dell'Archiginnasio(Bologna, n. 8. Lett. it., *Poesie varie*, Caps. XVII, n. 43)에 보관 중인 사례를 사용하였다.

5 cfr. Graus, *Social Utopias* cit., pp. 7 sgg. 그러나 저자는 이러한 주제의 확산과 이에 대한 민중의 반응을 지나치게 과소 평가하였다. 개론적인 성격의 도서로는 Bachtin, *L'oeuvre de François Rabelais* cit., passim 참조. (우연히 알게 된 사실은 저자가 팡타그뤼엘의 말 속에서 찾을 수 있을 것으로 생각하고 있던 '새로운 세계'라는 어휘에는 이상향의 의미가 담겨 있었다는 것이다. 이상향에 대한 정확한 정보를 위해서는 E. Auerbach, *Mimesis. Il realismo nella letteratura occidentale*, 이탈리아어판[Torino, 1970], II, pp. 3 sgg., 특히 p. 9 참조.) 이탈리아의 경우에는, 기본 참고서로서 V. Rossi, *Il paese di Cuccagna nella letteratura italiana*, 부록의 *Le lettere di messer Andrea Calmo* (Torino, 1888), pp. 398~410 참조. 몇 가지의 유익한 정보를 위해서는 코키아라G. Cocchiara의 저술(*Il paese di Cuccagna*, Torino, 1956, p. 159 sgg.)을 참조. 프랑스의 경우에는 A. Huon, "'Le Roy Saint Panigon' dans l'imagerie populaire du XVIe siècle," François Rabelais, *Ouvrage publié pour le quatrième centenaire de sa*

피톨로』에 앞서 씌어진 『해학 대 기발한 착상 *Begola contra la Bizaria*』에서 보다 명확하게 언급되었다)에 관한 단골 주제를 담고 있는 수많은 이야기들 가운데 하나였다. 설명에 따르면 이 나라는 대양의 반대편에 위치한 미지의 땅에 있다고 하였다.

255

대양을 항해하는 선원들에 의해서
아직까지 그 누구도 본 적이 없고, 들은 적도 없는 곳 〔……〕
그 아름다운 육지가 또다시 새로이 발견되었다.

이러한 묘사는 농민들의 위대한 유토피아가 담고 있는 통상적인 동기들로 이어진다.

치즈 가루로 된 산이
광야 한가운데에 홀로 우뚝 서 있는 것이 보이고
그 정상으로 솥이 하나 옮겨졌다.
우유의 강이 동굴로부터 시작되어
마을 가운데로 흐르고 있다.
제방은 생크림으로 만들어져 있고 〔……〕
그곳의 왕은 부갈로소Bugalosso라고 불렸으며,
그는 가장 게으른 자이기에 〔……〕 왕이 되었다.
그는 건초 더미처럼 크고 뚱뚱하다. 〔……〕
그리고 그의 항문에서 만나Manna*가 쏟아져나오고,

---

mort(1553~1953) (Genève-Lille, 1953), pp. 210~25 참조. 개론적인 성격의 연구로는 E. M. Ackermann, "Das Schlaraffenland," *German Literature and Folksong……with an Inquiry into its History in European Literature* (Chicago, 1944) 참조.
* 이스라엘 민족이 아라비아 사막에서 방황하던 중 야훼로부터 받은 음식물. 구약성서 「출애굽기」 16장 14~36절 참조.
** 아몬드와 설탕으로 속이 채워진 과자.

그가 침을 뱉으면 마르차파니 Marzapani**가 튀어나온다.
그의 머리에는 이 대신에 물고기가 노닐고 있다.

그러나 이러한 '새로운 세계'는 풍요로움이 넘쳐흐르는 땅일 뿐만 아니라 사회적인 제도의 굴레로부터도 벗어난 곳이다. 이곳에서는 완전한 성 해방이 보편화되어 있기 때문에 가족이라는 것은 존재하지 않는다.

그곳에서는 치마나 외투가 필요하지 않으며,
내의와 바지가 필요한 때도 전혀 없다.
젖먹이와 젊은이들 모두 나체로 다닌다.
그곳에는 덥거나 추운 때가 없으며,
원할 때는 언제든지 상대방을 보고 만진다.
오 얼마나 행복한 삶인가! 오 얼마나 아름다운 시대인가!……
이곳에 사는 우리들처럼
그곳에서는 우리가 돌보아야 할 자식을
많이 가졌다고 걱정할 필요도 없다.
그리고 라비올리 ravioli*가 비처럼 내린다.
그 누구도 딸들을 결혼시킬 걱정을 하지 않는다.
사방에서 딸들을 차지하려고 덤벼드는 사람들이 있어서,
각자가 자기의 입맛을 충족시키기 때문이다.

일할 필요가 없으며 모든 것이 공동의 소유이기에 소유권도 존재하지 않는다.

---

* 양념한 고기로 속을 채운 이탈리아식 만두.

모든 사람은 언제나 자신이 원하는 것을 가지고 있으며,

그리고 일에 대해 감히 말을 꺼내는 사람은

목매달려 처형될 것이다. 하늘이 그를 구원해주지 않기 때문

이다. 〔……〕

그곳에는 농촌 사람도 도시 사람도 없다.

모두가 부유하며, 모두가 자신이 원하는 것을 가지고 있다.

들판에 양식이 가득하기 때문이다.

논밭도 땅도 분할되어 있지 않다.

양식이 도처에 넘쳐흐르기 때문이다.

그래서 그곳은 완전한 자유에 젖어 있다.

이러한 요소들은[6] ──비록 자세하게 설명되지는 않았지만──
16세기 게으름뱅이와 탐식가가 모여 사는 『동화의 나라』에 관
한 거의 대부분의 이야기에서 등장한다. 또한 이 요소들은 십
중팔구 대양 너머에서 발견된 미지의 땅들과 그곳 원주민들을
최초로 탐험한 항해자들이 제공한──이미 신화가 되어버린──
이미지를 과대 포장하고 있다. 즉 나체와 성의 해방, 특별히
비옥하고 쾌적한 자연 환경에서 사유 재산과 모든 사회적 차별
이 없는 것. 이러한 묘사 방식으로 이미 중세에도 존재했던 젖
과 꿀이 흐르는 땅인 벤고디Bengodi에 대한 신화에 원시적인
유토피아주의라는 강력한 요소가 자리잡게 되었다. 진지할 뿐

---

6 이러한 요인들을 강조하는 저서로는 코키아라Cocchiara의 저서 참조. 그러나 코키
아라의 저서는 이 요인들을 아메리카 원주민들에 대한 묘사와 결부시키지 않았다
(개인 소유의 개념이 없었다는 것에 대해서는 R. Romeo, *Le scoperte americane nella
coscienza italiana del Cinquecento*, Milano-Napoli, 1971, pp. 12 sgg. 참조). 이상에서
언급한 두 사실들의 결합에 대한 언급은 Ackermann, "Das Schlaraffenland" cit., pp.
82, 특히 p. 102 참조.

7 "도덕이나 종교, 삶의 개념의 전제들 〔……〕 제도들. 이들은 (장애물에 직면한 영의
제명〔題銘〕이 아니라) 영의 제명이라는 명분으로만 강조될 수 있는 복종보다 더 존

만 아니라 금지된 내용들이[7] 외투에 똥을 싸는 올빼미나 소시
지로 묶인 당나귀처럼 익살스럽고 모순되며 과장된 내용을 통
해서 자유롭게 통용되고 있었다. 그리고 마침내 이 내용들은
관습을 통해 적절하게 풍자되었다.

258 　．　 그곳에 가기를 원하는 사람에게 내가 길을 가르쳐줄 것이다.

바보들 Mamalucco의 항구에서 배를 타서,

거짓말의 바다로 항해를 하다가,

그곳에 도착하는 사람은 모든 얼간이들의 왕이다.

16세기 이탈리아의 유명한 초기 유토피아 문학 작품들 중의
하나로서 『다양한 세상 *Mondi celesti, terresti et infernali de gli
academici pellegrini……*』(1552)에 삽입된 대화편인 「새로운
세상 Un mondo nuovo」에서 안톤 프란체스코 도니 Anton
Francesco Doni[8]는 전혀 색다른 언어를 사용하였다. 이 대화편
의 어조는 매우 진지하고 내용도 다르다. 도니의 유토피아는
『동화의 나라』와 같은 농민들의 유토피아가 아니라,[9] 별 모양

중을 받는다"에 대립되는 정신적인 격언들에 대한 프로이트의 계층화를 기억할 필
요가 있다(cfr. F. Orlando[의 주석], *Per una teoria freudiana della letteratura,*
Torino, 19730, pp. 46 sgg.). 이와 같이 17세기 토머스 모어의 유토피아는 천박하거
나 농담적인 패러독스들 중의 하나로 이해되고 있었다.

8 cfr. P. F. Grendler, *Critics of the Italian World(1530~1560). Anton Francesco Doni,
Nicolò Franco, and Ortensio Lando* (Madison, Wisconsin, 1969). 여러 종류의 세계(학
자들과 순례자들과의 천상의 세계, 지상의 세계 그리고 지옥의 사계)들에 대해서 필
자는 1562년에 출판된 것을 사용하였다: '새로운 세계'에 대한 대화는 pp. 172~84
에 있다.

9 cfr. Graus, *Social Utopias* cit., p. 7. 그라우스는 동화의 나라 Cuccagna의 분위기가 결
코 도시의 모습이 아니라고 주장한다. 한 가지 예외적인 것에 대해서는 『동화의 도
시들의 새로운 역사 *l'Historia nuova della città di Cuccagna*』(15세기 말에 시에나에
서 출판되었으며 로시에 의해서 인용되었다(*Le lettere* cit., p. 399); 그러나 필자는 이
책을 그 어디에서도 찾을 수가 없었다.

으로 건설된 한 도시에 위치한 엄격한 도시의 유토피아이다. 게다가 도니가 묘사했던 '새로운 세계'의 주민들은 게으름뱅이와 탐식가가 모여 산다는『동화의 나라』의 탐욕스런 생활과는 매우 동떨어진 소박한 생활을 영위하고 있다("술에 잔뜩 취해 있고〔……〕대여섯 시간씩 식탁에 눌러앉아 게걸스럽게 배가 터지도록 먹어대는 악덕을 근절시킨 질서 있는 제도가 내 마음에 든다"[10]). 그럼에도 불구하고, 도니 역시 황금 시대에 관한 고대 신화를[11]—아메리카 대륙에 대한 최초의 보고서에서 묘사된—원시적인 순수성과 천진난만함의 이미지에 접목시켰다. 그러나 이러한 땅들에 대한 묘사는 단지 함축적으로만 암시되었을 뿐이다. 도니가 그려낸 세계는 단순히 "이 세상과는 전혀 다른 새로운 세계"[12]였다. 이러한 모호한 표현 덕분에 처음으로 유토피아 문학에서는 완전한 사회의 모델이 공간, 즉 도달할 수 없는 육지보다는 시간, 즉 미래에 투영될 수 있었다.[13] 그러나 이러한 '새로운 세계'의 가장 두드러진 특징 가운데 여성들의 공유와 재산의 공유[14]에 관한 내용은 항해자들의 보고서에서—그 밖에 도니가 직접 서문을 덧붙여 출판한 토머스 모어의 『유토피아 *Utopia*』에서도—인용된 것들이다. 이미 살펴본 바와 같이 이러한 특징들도 "게으름뱅이와 탐식가가 모여 산다

259

---

10 cfr. Doni, *Mondi* cit., p. 179.

11 cfr. A. O. Lovejoy, G. Boas, *Primitivism and Related Ideas in Antiquity* (Baltimore, 1935); H. Levin, *The Myth of the Golden Age in the Renaissance* (London, 1969); 그리고 H. Kamen, "Golden Age, Iron Age: a Conflict of Concepts in the Renaissance," *The Journal of Medieval and Renaissance Studies*, n. 4, 1974, pp. 35~155.

12 cfr. Doni, *Mondi* cit., p. 173.

13 이러한 구분을 위해서는 N. Frye, "Varieties of Literary Utopias," *Utopias and Utopian Thought*, F. E. Manuel, ed., Mass.: Cambridge, 1966, p. 28.

14 cfr. Doni, *Mondi* cit., p. 176: "모든 것이 공동의 소유이며, 농민들은 도시인들의 그것과 동일한 복장을 하고 있는데, 그 이유는 이들이 노력의 대가를 받고 있으며 필요한 모든 것을 가지고 있었기 때문이다. 사람들은 팔고 또 팔고, 구입하고 또 구입하고 있다."

는 『동화의 나라』의 일부를 구성하고 있다.

메노키오는 포레스티가 『연대기 보유』에서 언급한 내용들 중에서 간략하지만 아메리카의 발견에 대해 읽을 수 있었다.[15] 메노키오는 신대륙의 발견에 대해서 심사숙고하면서도 평소처럼 편견에 치우침 없이 다음과 같이 주장하였다. "저는 많은 부류의 종족들이 있다고 읽었기 때문에 세계의 다른 지역들에서는 더 많은 사람들이 창조되었다고 믿습니다."[16] 그러나 아마도 메노키오는 도니가 말한 소박하고 도시적인 '새로운 세계'[17]에 대해서는 잘 알지 못했던 것으로 보인다. 그렇지만 적어도 그는 『카피톨로』 또는 이와 유사한 다른 문헌들에 언급된 시골 사육제와 같은 '새로운 세계'의 메아리를 접하였을 것이다. 그러나 이 상반된 두 세계에서도 그의 마음에 드는 요소들이 있었다. 도니가 묘사한 세계에서는 교회가 도시의 중앙에 거대한 모습으로 위치하고 있음에도 불구하고 의례와 전례가 종교에서 제외되어 있었다.[18] 이것은 메노키오가 재판을 받는 동안 열정적으로 묘사하였던 것과 같은 바로 그러한 종교, 즉 "하느님을 인식하고 감사하며 이웃을 사랑하라"[19]는 계명으로 축소된

---

15 cfr. Foresti, *Supplementum*, cit., cc. CCCXXXIXv~CCCXLr.

16 cfr. ACAU, proc. n. 126, c. 34r.

17 도니Doni가 서술한 도시적 유토피아의 의미에 대해서는, 비록 형식적으로 언급하고 있기는 하지만, G. Simoncini, *Città e società nel Rinascimento*, I(Torino, 1974), pp. 271~73, 그리고 이곳저곳.

18 cfr. Grendler, *Critics* cit., pp. 175~76(일반적인 내용에 대해서는 pp. 127 sgg.). Grendler의 주장이 항상 설득력을 가지는 것은 아니다: 예를 들어 도니의 주장을 '물질주의'로 묘사하는 것은 의도적이라 생각된다(의미 있는 망설임에 대해서는 pp. 135와 176 참조). 모든 면에서 도니는 분명히 종교적인 고민을 가지고 있었다: A. Tenenti, "L'Utopia nel Rinascimento(1450~1550)," *Studi storici*, VII, 1966, pp. 689~707. 이 연구서는 '이상적인 신정 정치'의 새로운 세계에 대하여 언급하고 있다(p. 697).

19 cfr. Doni, *Mondi* cit., p. 184. Grendler(p. 176)는 'orthodox religious coda'에 대해서 말하고 있다: 실제로, 이 어휘는 도니가 주장하는 단순화된 종교를 의미한다. cfr. ACAU, proc. n. 126, c. 28r.

종교였다. 그리고 『카피톨로』에 묘사된 세계에서 행복의 이미지는 풍요로움이 넘쳐흐르고 재화를 마음껏 향유하며, 아무런 일도 하지 않는 지복의 상태로 서술되었다. 메노키오는 사순절의 계율을 어겼다는 이유로 고발되었음에도 불구하고 종교 문제로서보다는 식이 요법의 차원에서 단식을 정당화하였다. "저는 홍겨운 기분을 억제하려는 정신적 차원에서 단식을 하였습니다. 저는 개인적으로 하루에 서너 차례 식사를 할 수 있지만 홍겨운 기분이 나지 않도록 하기 위해서 포도주는 삼가는 것이 좋을 것이라 생각합니다."[20] 그러나 소박한 생활을 위한 이러한 변론적인 발언은 논쟁을 위한 공격적인 발언으로 급변하였는데, 이것은 아마도(이 부분에 대한 공증인의 속기록은 완전하지 못하다) 자신을 둘러싸고 있는 수도사들을 겨냥한 것으로 보인다. "그리고 세 끼에 먹는 것보다 더 많은 양의 음식을 한 끼에 먹어치우는 〔……〕 이 사람들처럼 되지는 말아야 합니다." 사회가 부조리로 가득하고, 기아의 공포로부터 지속적으로 위협받는 세계에서 획일적으로 살아가는 소박한 생활의 이미지는 하나의 항의로 나타난다.

> 나는 땅에 구멍들을 파련다.
> 다채롭고 이상하게 생긴 뿌리들을 찾아서.
> 그래서 우리는 그것들로 뱃속을 채우리라.
> 그렇지만 매일 아침 무엇인가 먹을 수 있다면
> 참으로 다행스러운 일이리라.
> 굶주림이야말로 잔혹한 것이니,

---

20 ivi, c. 35r.

이것은 같은 시대에 씌어진 「굶주림에 관한 한 가난한 남자의 탄식」[21]이라는 시의 일부이며 그 내용은 아래의 '풍요로움에 관한 일반적 환희'를 반복한다.

이제 우리 모두 다 함께
즐기며 잔치를 벌이자.
잔혹한 굶주림으로
더 이상 비참하게 되지 않도록 말이다……
빵 만세, 곡식 만세,
다산 만세 그리고 풍요 만세,
가난한 자들이여, 한낮의 희망을 위해
노래를 부르자꾸나……
어둠이 지나가고 광명이 오듯이,
악이 지나가고 선이 도래하는구나.
우리의 안내자이며 지도자인 풍요로움이여,
와서 우리를 고통으로부터 벗어나게 이끌어주소서.
그리고 충분한 곡식을 가져다 주소서.
이것만이 우리를 살릴 수 있는 것
예쁘게 잘 구운 백색의 빵이여,

이러한 시적인 대조는 『동화의 나라』의 과장된 환상에 대한 현실적인 대안을 제시한다. 빈곤한 시기에 농촌에서 소비되는 "다채롭고 이상하게 생긴 뿌리들"은 풍요로운 시기에 사람들

---

21 이 시의 제목은 "Lamento de uno poveretto huomo sopra la carestia, con l'universale allegrezza dell'abondantia, dolcissimo intertenimento de spiriti galanti," s. l., s. d. 필자는 볼로냐의 아르키진나시오 시립 도서관에서 이 시집을 열람하였다(segnato 8. Lett. it., *Poesie varie*, Caps. XVII, n. 40).

이 소비하는 "예쁘게 잘 구운 백색의 빵"과 극명하게 대조를 이루는데 후자의 경우 차라리 하나의 "잔치"라고 할 수 있다. 메노키오는 천국을 "(그것은) 잔치를 벌이는 것과 같습니다"라고 말하였다. 이 경우의 잔치는 어둠과 빛, 기아와 풍요, 사순절과 사육제[22]가 주기적으로 교차하는 시기에서 제외된 끝없는 축제이다. 대양 너머에 존재하는 『동화의 나라』도 유일무이한 거대한 잔치였다. 메노키오가 간절히 열망한 '새로운 세계'는 아마도 이것과 흡사했을지 모른다.

어쨌든 메노키오의 증언은 그것이 식자층에서 흘러나왔건 서민적인 색채를 띠고 있었건 간에 서민들 사이에 깊게 뿌리내린 (지나치게 순수한 문학적인 습작 훈련의 대상으로 간주되어왔던) 유토피아의 표상들을[23] 잠시 동안 공식화하였다. 아마도 '새로운 세계'에 대한 이러한 이미지는 상당히 오래된 것으로서[24] 행복했던 최근의 시대에 대한 신화적 기억과 연결되었을

22 바흐친은 민중 유토피아에서 암시된 순환적 전망을 강조하였다(cfr, *L'oeuvre de François Rabelais* cit., p. 211, 그리고 이곳저곳). 그러나 바흐친은 '낡은' 봉건 세계와의 필연적인 분열이 의미하는 가치를 르네상스 시대의 카니발 개념에 모순적으로 부여하였다(cfr. ivi, pp. 215, 256, 273~74, 392). 직선적이고 발전적인 시대와 순환적이고 정적인 시대의 중첩은 민중 문화가 지닌 파괴적인 강제성을 보여주는 표시이다──이 분야의 핵심적인 저술이 보여준 강제성은 상당한 논쟁이 되었다(cfr. P. Camporesi, "Carnevale, cuccagna e giuochi di villa(Analisi e documenti)," *Studi e problemi di critica testuale*, n. 10, 1975년 4월, pp. 57 sgg.).

23 cfr. ivi, pp. 17, 20~21, 98~103, 그리고 이곳저곳(한편, 앞의 주를 참고할 것). 문제는 캄파넬라에 대한 것으로서 피르포(L. Firpo, "La cité idéale de Campanella et le culte du Soleil," *Le soleil à la Renaissance. Science et mythes*, Bruxelles, 1965, p. 331)가 제기하였다.

24 cfr. Bachtin, *L'oeuvre de François Rabelais* cit., pp. 89~90.

25 cfr. ivi, pp. 218, 462, 그리고 특히 G. B. Ladner, "Vegetation Symbolism and the Concept of Renaissance," *De artibus opuscula XL. Essays in Honor of Erwin Panofsky*, M. Meiss, ed., I, New York, 1961, pp. 303~22; cfr. Id., *The Idea of Reform: Its Impact on Christian Thought and Action in the Age of the Fathers* (Mass.: Cambridge, 1959). 항상 주요한 저술로는 K. Burdach, *Riforma-Rinascimento-Umanesimo*, 이탈리아어판 (Firenze, 1935), pp. 3~71.

것이다. 다른 말로 하자면, 이것은 르네상스,[25] 종교 개혁, 신예루살렘의 신화가 확립되었던 시대의 전형인 인류 역사의 순환적인 이미지를 탈피하지 못하고 있었다. 이러한 관점이 결코 무시되어서는 안 된다. 그러나 분명한 것은 보다 정의로운 사회에 대한 이미지는 비종말론적인 미래에 의도적으로 투영되고 있었다는 사실이다. '새로운 세계'는 구름 속 높은 곳에 우뚝 서 있는 사람의 아들(예수 그리스도)이 아니라,[26] 예를 들어 메노키오가 설득하려고 노력하였던 몬테레알레의 농부들과 같은 사람들이 투쟁을 통해서 실현했어야만 했던 것이다.

---

26 cfr. *Daniele* 7, 13 sgg. 이 작품은 천년왕국설을 주제로 하는 대표적인 문학 작품들 가운데 하나이다.

43. 심문의 종식

심문은 5월 12일에 끝났다. 메노키오는 다시 감옥으로 보내졌다. 그리고 며칠이 지났다. 드디어 5월 17일 메노키오는 자신에게 제공되었던 변호사를 거부하고 재판관들에게 장문의 편지[1]를 보내 자신이 저지른 과거의 잘못에 대해 용서를 청하였다. 사실 이 편지는 이미 3개월 전에 아들이 쓸 것을 간청한 것으로서,[2] 그 당시 메노키오는 아들의 요청을 무시했었다.

---

1 ACAU, proc. n. 126, 페이지 번호가 없음.
2 cfr. 앞의 책, p. 10.

44. 재판관들에게 보내는 편지[1]

266

"성부와 성자와 성령의 이름으로 아멘.

몬테레알레의 메노키오로 불리는 저 도메네고 스칸델라는 세례받은 기독교인으로서 항상 기독교적인 삶을 살았고 항상 기독교인다운 일을 하였습니다. 뿐만 아니라 저는 항상 윗분들과 신부님들께 최대한 순종하였으며, 항상 아침저녁으로 성호를 그으며 '성부와 성자와 성령의 이름으로'를 반복했습니다. 그리고 저는 우리 주님과 성모님에 대한 기도와 함께 주기도문, 성모송, 사도 신경을 암송했습니다. 재판 증언에서처럼 제가 하느님과 성스러운 교회의 계명에 위배되는 것들을 생각하고 믿고 말했다는 것은 사실입니다. 제 자신의 지력 · 기억력 · 의지를 눈멀게 해서 진실이 아닌 잘못된 것을 생각하고, 믿고, 말하도록 한 거짓된 영의 힘에 이끌려 저는 그렇게 말했던 것입니다. 그래서 저는 진실이 아닌 잘못된 것을 생각하고, 믿고, 말했다는 것을 고백합니다. 그것은 어디까지나 저의 견해였으며 저는 그것이 진실이라고 말하지 않았습니다. 아버지와 형제들과 함께 어떤 꿈에 대해 이야기했던 야곱의 아들인 요셉을 예로 들어 간단히 몇 마디 하고 싶습니다. 그들이 요셉을 받들어야만 한다는 것을 나타내보였던 그 꿈 때문에 그의 형제들은 화가 나서 그를 죽이려고 하였습니다. 그러나 그를 살해하는

---

1 이서 과정에서는 6개의 어휘('govine' 'cogosuti' 'quelo grase' 'divers lege' 'lo mio inteto' 'Ieso')와 3개의 반복 어휘('et et' 'trovar grano per da per danari' 'perdono a san a san Piero')를 제거하였다.

것은 하느님의 호감을 사는 일이 아니기 때문에 그를 팔아버리기로 결정하였습니다. 그래서 그들은 그를 한 상인에게 팔았고 상인은 그를 이집트로 데려갔습니다. 약간의 착오로 인해 그곳에서 요셉은 감옥에 갇히게 되었습니다. 그뒤 파라오는 꿈을 꾸었는데, 꿈속에서 일곱 마리의 살찐 암소와 일곱 마리의 여윈 암소를 보았다고 생각하였습니다. 아무도 그에게 이 꿈이 의미하는 바를 해석해주지 못했습니다. 왕은 이 꿈의 의미를 풀어줄 수 있는 한 젊은이가 감옥에 갇혀 있다고 들었습니다. 그래서 요셉은 감옥에서 풀려나 왕 앞에 불려나갔습니다. 요셉은 왕에게 일곱 마리의 살찐 암소는 7년 간의 대풍년을 의미하고, 일곱 마리의 여윈 암소는 돈 주고도 곡식을 살 수 없는 7년 간의 대흉년을 의미한다고 말하였습니다. 그래서 왕은 그를 신뢰하여 그에게 이집트 왕국을 다스리는 총독의 권한을 부여했습니다. 대풍년이 왔고 이때 요셉은 20년 이상 쓸 수 있을 만한 충분한 곡식을 비축해놓았습니다. 이윽고 흉년이 와서 돈 주고도 곡식을 살 수 없게 되었습니다. 가나안에서도 돈 주고 곡식을 살 수 없는 일이 발생했습니다. 야곱은 이집트에서 곡식을 판다는 것을 알고 그의 열 아들을 가축들과 함께 이집트로 보냈습니다. 동생은 형들을 알아보았고 왕의 허가를 받아 고향의 모든 가족과 노예들 그리고 재산과 함께 아버지를 모셔오도록 했습니다. 그렇게 그들은 이집트에서 함께 살게 되었습니다. 형제들은 그를 팔아넘겼다는 사실 때문에 두려워했지만, 어쩔 도리 없이 그곳에 머물렀습니다. 그들이 마지못해 머물러 있는 것을 보자, 요셉은 그들에게 '형님들이 저를 팔았다는 사실 때문에 비참하게 생각하지 마세요. 이것은 형님들의 행동이 아니라 우리의 빈곤을 돌봐주시기 위한 하느님의 뜻입니다. 제가 형님들을 진심으로 용서하고 있으니 기운을 내세요'라고 말하였습니다. 저를 고발했고 말하자면 친애하는 심문관 신부님께 저를 팔아넘긴 교구 신자들과 신부님들에게 이처럼 이야기하였습니다. 그들은 저를 이 종교 재판소로 출두시켜 감옥에 가두도록 하였습니다. 하지만 이것은 하느님의 뜻이었기 때문에 저는 그들을 비난하지 않았습니다. 그러나 비록 그들이 형제들인지 또는 신부님들인지는 모르겠지만 저는 이 일을 촉발시킨 그들 모두를 용서합니다. 그래서 하느님께서 제가 그들을 용서한 것처럼 저를 용서하실 것입니다. 하느님께서 왜 저를 종교 재판정에 서도록 하셨는지에 대해서는 네 가지 이유가 있습니다. 첫째로 제가 과오를 고백하고, 두번째로 제가 죄를 참회해서, 세번째로 거짓된 영으로부터 저를 자유롭게 하시기 위함입니다. 네번째는 이와 같은 과오를 범하지 않도록 저의 모든 교구 신자들에게 본보기를 보여주시기 위함입니다. 그래서 저는 하느님과 성스러운 교회의 계명에 거슬러 생각하고, 믿고, 말하고, 행동했다는 사실에 대해서 상심과 비탄에 잠겨 후회하며 힘들어하고 있습니다. 그래서 저는 '내 죄요. 내 큰 죄로서이다 mea colpa, mea masima colpa'라고 말하고 제가 저지른 모든 죄를 용서받기 위해서 가장 성스러운 삼위일체인 성부·성자·성령께, 영광스러운 동정녀 마리아와 천상의 모든 성인들께 그리고 가장 성스럽고 존귀하고 서명하신 재판관님들께 용서와 자비를 청하는 바입니다. 그리고 우리 주 예수 그리스도의 수난을 생각해서라도 분을 삭이지 못한 심정으로 저를 재판하거나 혹은 법대로 저를 재판하지 말아주시기를 갈구합니다. 오직 하느님에 대한 사랑, 자애, 연민의 정으로 저를 재판해주시기를 갈구하는 바입니다. 아시다시피 우리 주 예수 그리스도는 자애롭고 관대하신 분이셨습니다. 그리고 지금도 그러하시며 언제나 그러하실 것이지만, 그는 죄인이었던 막달라 마리아를, 그를 부인했던 베드로를, 물건을 훔친 도둑을, 그를 십자가에 못 박았던 유대인들을, 그를 직접 보고 만지기 전까지는 믿지 않았던 성 토마스를 용서하셨습니다. 그래서 저는 그가 저를 용서하고 저에게 자비를 베푸시리라는 것을 굳게 믿습니다. 저는 104일 동안 수치와 치욕 속에서 가정이 몰락하고 자식들이 절망하는 가운데 어둠침침한 감옥 안에서 속죄하였습니다. 그래서 우리 주 예수 그리스도와 그의 영광스러운 어머니이신 동정녀 마리아의 사랑을 생각해서라도 제가 치른 속죄의 대가가 자비와 연민의 정으로써 보상되어 하느님께서 저에게 행복과 위안을 주시고자 선사하신 자식들과는 헤어지는 일이 없도록 갈구하는 바입니다. 그래서 저는 다시는 이와 같은 잘못을 범하지 않을 것이며 하느님, 저의 윗사람들과 신부님들께, 그들이 저에게 하도록 명령하실 모든 일에 대해서 순종할 것을 약속드립니다. 저는 기독교인으로 살아가도록 하는 지침이 담긴 가장 성스럽고, 가장 명예롭고, 가장 탁월한 판결을 기다리고 있습니다. 그렇게 되면 저는 자식들이 진정한 기독교인으로 살아가도록 가르칠 수 있을 것입니다. 다음의 것들은 제가 잘못을 범한 원인들이었습니다. 첫번째로 저는 하느님을 사랑하고 이웃을 사랑하라는 두 계명을 믿고 있었으며 그리고 이것만으로도 충분하다고 믿었던 것입니다. 두번째로 수많은 인종들과 상이한 관습들에 대해서 말하는 맨더빌의 『여행기』를 읽었기 때문에 저는 마음이 몹시 괴로웠습니다. 세번째로 저의 마음과 생각 때문에 저에게 필요치 않았던 것들을 알게 되었습니다. 네번째로 거짓된 영이 진리가 아닌 거짓된 것을 생각하도록 끊임없이 저를 괴롭혔습니다. 다섯번째로 저와 교구 신부님의 불화입니다. 여섯번째로 저는 일하러 다녔고 몸은 지칠 대로 지쳐서 허약해졌습니다. 이 때문에 저는 하느님과 성스러운 교회의 모든 계명을 지킬 수가 없었습니다. 이렇게 변명의 말을 늘어놓으며 분노와 법으로 처리될 것이 아니라, 관대하고 자비롭게 처리해주실 것을 탄원하는 바입니다. 그리고 저는 우리 주 예수 그리스도와 당신들에게 분노와 법이 아닌 자비와 용서를 갈구합니다. 그리고 저의 잘못과 무지에 대해서는 눈감아주시길 바랍니다."

45. 수사학적인 표현 방식

흔히 동시대 "이방인, 여성 그리고 노인들"[1]의 서체가 그러하였듯이 메노키오가 글자들을 짜임새 있게 연결하지 않고 단순히 나열한 듯이 기록한 메모지의 흔적은 이미 그가 글쓰는 것에 별로 익숙하지 않았음을 보여준다. 그러나 몬테레알레의 공증인으로서 두번째 재판에서 메노키오를 고발한 고소인들 가운데 한 사람으로 보이는 돈 쿠르치오 첼리나don Curzio Cellina[2]의 수려하고 뛰어난 글솜씨는 일견 대조적으로 돋보인다.

물론 메노키오는 상급 학교에 다니지 않았기 때문에 글을 쓰는 데에 상당한 노력을 기울여야만 하였다. 그리고 종이 위에 쓰기보다는 나무에 새긴 것 같은 느낌을 주는 몇몇 글자들의 흔적으로 보아 의식적으로 들인 노력 또한 적지 않았을 것이다. 또한 글을 쓰기보다는 읽는 것이 훨씬 쉬웠을 것이다. 그는 비록 수중에 책 한 권 없이 '104일 동안 어둠침침한 감옥'에 갇혀 있었지만 성경과 『성서의 약술기』에서 읽었던——오랫동안 그리고 천천히 기억을 더듬어낸——요셉의 이야기를 비슷하게 회상하곤 하였다. 그가 재판관들에게 보낸 서한의 독특한 구성 방식은 이러한 책들과의 친밀감에 기인한다.

이 편지의 내용은 다음과 같이 나뉜다. 1) 메노키오는 하느님과 교회의 계명을 어겼다는 것을 인정하면서도 자신은 항상 독실한 기독교인으로서 살아왔다고 주장한다. 2) 그는 이러한

---

1 cfr. M. Scalzini, *Il secretario* (Venezia, 1587), c. 39.
2 첼리나가 작성한 공증 문서들의 문서철 ASP, Notarile, b. 488, n. 3785 참조.

모순이 생겨난 근본적인 원인은 잘못된 것을 믿고 말하도록 부추긴 '거짓된 영'에 있다고 설명한다. 그래서 그는 이 영을 진리가 아니라 하나의 '견해'로 묘사하였다. 3) 그는 자신을 요셉에 비유하였다. 4) 그는 하느님이 자신을 감옥에 가두려고 한 이유 네 가지를 나열하였다. 5) 그는 재판관들을 자비로운 그리스도에 비유하였다. 6) 그는 재판관들에게 용서를 간청한다. 7) 그는 자신이 저지른 과오의 원인을 여섯 가지로 나열한다. 이렇게 짜여진 외적인 구조는 내적으로 좌우 동형, 두운법[3] 그리고 '두어 첩용anaphora'* 혹은 '파생derivation'** 같은 수사학적인 형태들로 밀집되어 있는 언어 표현 방식과도 일치한다. 이러한 방식에 대한 이해는 첫번째 문장을 살펴보는 것으로 충분하다. "저는 세례받은 기독교인으로서 항상 기독교적인 삶을 살았고 항상 기독교인다운 일을 하였습니다"; "항상 〔……〕 살았고, 항상 〔……〕, 항상 〔……〕"; "항상 아침저녁으로 성호를 그으며 〔……〕" 물론 메노키오는 수사학을 모르는 상태에서 이러한 표현 방식을 사용하였을 것이고, 이와 마찬가지로 자신이 열거했던 네 가지 '원인들'이 최종적인 원인들이었으며 다른 여섯 가지의 원인들이 효율적이었다는 사실도 몰랐을 것이다. 그럼에도 그의 편지에서 두운법, 수사학적인 비유들이 많이 등장한다는 사실은 우연한 일이 아니라 오히려 쉽게 기억 속에 새겨넣을 수 있는 언어를 찾아내야 한다는 필연성에 기인한다. 이러한 단어들은 지면에 기호의 형태로 새겨지기 전에 분명히 세심한 검토 과정을 거쳤을 것이다. 그러나 이미 처음부터 단어들은 문어(文語)로 고안되었다. 종교 재판소 공증인

---

13 cfr. P. Valesio, *Strutture dell'allitterazione. Grammatica, retorica e folklore verbale* (Bologna, 1967), 특히 p. 186(종교 언어에서의 두운).

* 문장 시작 부분의 단어 반복. 예: das Wasser rauscht, das Wasser schwoll.

** 기본체에 접사를 붙여서 낱말을 만드는 것. 예: affixation, composition.

이 작성한 심문 조서에서도 알 수 있듯이 메노키오의 구어(口語)는 매우 다르다. 이것은 이단 심문관들에게 보낸 편지에서는 찾아볼 수 없는 은유들로 가득하였기 때문이다.

메노키오와 요셉의 (확인된) 관계, 재판관들과 그리스도의 (희망하는) 관계는 실제로 은유적인 표현은 아니다. 성서는 현재의 현실들이 일치하고 일치되어야 하는 일련의 '전형(典型, exempla)'들을 제공한다. 그러나 전형의 형식은 메노키오의 의도와는 무관하게 편지의 숨겨진 내용을 겉으로 드러나게 한다. 메노키오는 무고한 희생자이며 아무도 모르는 진리를 증거할 수 있다는 이유를 들어 자신을 한 사람의 요셉으로 간주한다. 몬테레알레의 사제처럼 자신을 고소하여 감옥에 들어가게 만든 사람들은 헤아릴 수 없는 하느님의 계획으로 몰락한 요셉의 형제들에 비유될 수 있다. 그러나 주인공은 바로 자신, 즉 메노키오-요셉인 것이다. 실제로 상위의 권력을 맹목적으로 추종하는 사악한 형제들을 용서한 사람은 바로 메노키오-요셉이다. 이러한 대구법은 앞서 편지의 말미에 언급된 자비를 간청하는 부분을 부인하고 있었다. 더욱이 메노키오는 이러한 불일치를 경고하였다. 즉 "비록 그들이 형제들인지 또는 신부님들인지는 모르겠지만" 하고 덧붙이면서, 실제로는 자신의 모든 행동을 통해 거부한 그들과의 존경하는 관계를 회복하려고 노력하였다. 그럼에도 '교회에 완전한 순종'을 서약하라고 사제를 통해 암시하였던 아들의 조언을 맹목적으로 따르지는 않았다. 비록 자신의 과오를 시인하였지만 메노키오는 한편으로는 이 과오를 하느님의 섭리에 떠맡기고, 또 다른 한편으로는 '거짓된 영'에 대한 언급을 제외한다면, 심판관들의 입장에서 볼 때 전혀 납득할 수 없었던 근거들을 가지고 항변하였다. 이러한 근거들은 아마도 그 중요성이 감소하는 순서에 따라 열거되었을 것이다. 우선적으로 두 개의 인용 문구, 즉 하나의 암묵적인 문구와 명확한 의미의 문구는 이미 문자 그대로 해석된 방식으로 읽혀진 성서의 구절(「마태복음」 22장 36~40절)과 이미 앞서 살펴보았던 맨더빌의 『여행기』이다. 계속해서 두 가지의 내적인 성격의 동기들이 있는데, 이들은 '지력과 기억력'의 선동(또는 자극)과 그가 재판 과정에서 사람들 마음의 '어두운' 곳에 머무르고 있다고 진술한[4] '거짓된 영'의 유혹이다. 끝으로 두 가지의 외적인 상황이 있는데, 이들은 자신과 교구 신부의 불화, 단식의 의무를 지키지 않은 것을 정당화하기 위해 그가 이미 여러 차례 변명으로 제시하였던 신체의 허약함이다. 그 결과 다음과 같은 도식이 가능하다. 1) 책들, 2) 책들에 대한 반응("저는 〔……〕 두 계명을 믿고 있었으며 〔……〕 저는 마음이 몹시 괴로웠습니다"), 3) 책들에서 도출된 추론, 4) 행위들. 겉으로 보기에 단지 외적인 동기들로만 구성된 것으로 보이는 이 목록에는 명백한 연결 고리가 존재하였다. 메노키오의 애절한 최후 탄원에도 불구하고("그리고 저의 잘못과 무지에 대해서는 눈감아주시길 바랍니다") 메노키오는 토론과 논쟁을 중단하지 않았다.

---

[4] ACAU, proc. n. 126, c. 34v.

46. 첫 판결

메노키오가 자신의 편지를 발송한 바로 그날에 재판관들은 판결[1]을 위해 한자리에 모였다. 재판이 진행되는 동안 재판관들의 태도는 조금씩 변해갔다. 먼저 그들은 메노키오가 증언한 내용에서 모순을 지적하였으며, 다음으로는 메노키오를 올바른 길로 인도하려고 노력하였다. 그러나 피고의 완고한 태도 앞에서 마음을 되돌려놓으려는 그 어떤 시도도 포기한 채 피고의 일탈을 완벽히 포착하려는 의도에 따라 확인을 위한 질문에만 몰두하였다. 이제 재판관들은 만장일치로 메노키오를 '공식적인 이단자일 뿐만 아니라 이단 교주'로 정의하였다. 결국 5월 17일, 이러한 내용을 담은 판결문이 낭독되었다.

판결문에서 가장 충격적인 부분은 그 내용이 통상적인 경우보다 4배 내지 5배 정도 더 길게 작성되었다는 사실이다. 이것은 재판관들이 메노키오에 대한 재판을 비중 있게 다루었다는 증거로서, 특히 그가 내뱉은 예사롭지 않은 진술이 보통 정형의 상투적인 양식으로 작성되는 판결문에 적합하지 않았다는 사실을 보여준다. 그리고 재판관들도 무미건조한 법정 언어를 통해 자신들의 불편한 심기를 드러내었다. "우리는 그대가 여러 가지의 그리고 **거의 입에 담기조차 힘든** 이단적인 사행에 사로잡혀 있음을 아노라." 따라서 예사롭지 않은 본 재판은——상당히 길게 작성된 파기 서약문 abiura을 동반한——역시 예사롭

---

1 ivi, *Sententiarum contra reos S. Officii liber II*, cc. Ir~IIv.

지 않은 판결문으로 마감되었다.

처음부터 재판관들은 메노키오가 '성직자들과 단순하고 어리석은 평신도들'이 있는 장소에서 자신의 이단적인 견해들을 말하고 가톨릭 신앙에 위배되는 논쟁을 전개함으로써 그들의 신앙을 위협하였다는 점을 강조하였다. 이것은 위험한 상황이 조성될 수 있다는 것을 의미하였다. 그러므로 어떤 대가를 치르고서라도 몬테레알레의 농민들과 수공인들을 그토록 위험한 교리들로부터 격리시킬 필요가 있었다. 그 결과 메노키오의 논점들에 대한 개별적이고 철저한 반론이 실시되었다. 이단 재판의 판결문에서는 보기 드문 진정한 수사학적 논리로 재판관들은 피고의 지나친 열정과 완고함을 강조하였다. "이러한 이단에 그토록 집착하여" "그대는 개정의 정을 보이지 않았노라" "그대는 뻔뻔스럽게 부인하였노라" "그대는 저속하고 불경스러운 말들로서 〔……〕을 훼손하였노라" "그대는 악마의 심성으로 주장하였도다" "그대는 거룩한 사순절을 제대로 지키지 않았도다" "그대는 심지어 거룩한 강론에 대해서도 강한 불만을 토로하지 않았던가?" "저속한 판단으로 그대는 〔……〕을 저주하였도다" "사악한 영으로 인해 그대는 주저하지 않고 주장하였도다" "마침내 그대는 더럽혀진 입으로 〔……〕을 꾀하려고 하였노라" "그대는 이와 같이 사악한 일을 획책하였도다" "그리고 그대는 자신이 오염시키고 더럽힌 일이라고는 아무것도 없다고 부인했으며" "그대는 곧잘 자신의 불경스러운 혀를 놀리며 〔……〕을 말하곤 하였도다" "마침내 그대는 광분하였도다" "그대는 독을 섞어 식탁에 내놓았도다" "그리고 입증되지 않았지만 모든 사람들이 들었던 내용들은 혐오스러운 것이었노라" "그리고 그대의 사악하고 뒤틀린 영은 이 모든 것에 만족하지 않았고 〔……〕 뿔을 세워서 마치 거인처럼 말로 표현

될 수 없는 가장 신성한 삼위일체를 공격하였도다" "천국은 크게 소란해졌고, 모든 것들이 뒤죽박죽이었으며, 하느님의 아들 예수 그리스도에 대해 그대의 불경스러운 입으로 언급한 잔인하고 끔찍한 것들을 들은 사람들은 겁에 질려 벌벌 떨었도다." 재판관들이 이토록 과장된 문어체의 판결문을 통해서 자신들의 실질적인 감정, 즉 자신들의 눈에 지옥이 돌아온 것으로 보였던 전대미문의 이단자에게서 느끼는 놀라움과 경악스런 심정을 표현하고자 했다는 점에는 의심의 여지가 없다.

그러나 사실 '전대미문'이라는 표현은 정확한 것이 아니다. 물론, 재판관들은 프리울리에서 루터파, 마녀들, 베난단티, 신성 모독자들, 심지어 전에는 한 번도 경험한 적이 없었던 재침례파들을 이미 수십 차례 재판한 경험이 있었다. 고백 성사는 하느님께 자신의 죄를 고백하는 것으로도 충분하다는 메노키오의 주장에 대해서 재판관들은 이단자들, 즉 종교 개혁을 추종하는 자들이 주장하는 교의와 유사성이 있다고 생각하였다. 그리고 그 밖의 나머지에 대해서 그들은 자신들의 신학적이고 철학적인 소양에 의지해서 간헐적으로 발생한 사건들과 선례들을 먼 과거에서 찾아내었다. 그 예로 메노키오가 언급한 카오스 개념은 무명의 한 고대 철학자의 학설과 결부되었다. "그대는 이미 다른 곳에서는 배척받은 한 고대 철학자의 지론, 즉 이 세상의 모든 것을 창조해낸 영원한 카오스가 존재한다는 입장이 진실이라고 노골적으로 확언하였도다." "하느님은 선의 창조자이시고 악을 행하지 않으시지만 사탄은 악의 창조자이고 선을 행하지 않는다"는 주장은 마니교*의 이단적인 특성으로 귀착되었다. "마침내 그대는 선과 악의 이중적인 발생에 관

---

*3세기에 번창한 페르시아의 종교.

한 마니교의 입장을 다시 부활시켰도다." 유사한 절차를 통해 모든 신앙이 동일하다는 주장은 인류의 타락에 대한 오리제네 Origene*의 견해와 일치한다. "그대는 성령이 모든 사람들에게 동등하게 부여되었으므로 유대인, 터키인, 기독교인 그리고 모든 무신론자들도 구원받게 될 것이라는 오리제네파의 이단성을 재차 드러내놓았노라." 메노키오의 몇 가지 주장은 재판관들에게 이단적일 뿐만 아니라 자연 질서에 위배되는 것으로 이해되었는데, 그 대표적인 사례는 "우리가 어머니의 자궁 속에 있을 때 우리는 존재하지 않은 것이나 다름없으며 생명이 없는 한 점의 살덩이와 다를 바 없습니다"라는 주장 또는 "영혼의 창조에 관해서 그대는 교회뿐만 아니라 모든 철학자들에 대해서 적대적이었다. 〔……〕 어리석게도 그대는 '하느님은 존재하지 않습니다'라는 말로써 모두가 동의하고 아무도 감히 부정하려 들지 않았던 것에 도전하였도다"라는 하느님의 부재에 대한 주장이었다.

　포레스티의 『연대기 보유』[2]에서 메노키오는 오리제네파와 마니교의 교리를 대략적으로 읽었을 것이다. 그러나 이것을 메노키오가 가지고 있는 사상의 근본과 동일시하는 것은 분명한 착각이었다. 판결문은 재판의 전 과정을 통해 명백하게 드러난 메노키오와 심문관들의 문화적 차이가 얼마나 이질적이고 다른지를 보여준다.

　재판관들의 임무는 피고를 교회에 회귀하도록 강요하는 것이었다. 메노키오는 자신의 모든 이단 행각을 포기한다는 서약을 공개적으로 행하고, 여러 가지 효과적인 보석을 수행하고, 참회의 표시로서 십자가가 그려진 하비텔로Habitello를 평생

＊기독교 철학자.
2 cfr. cc. CLIIIv~CLIVr, CLVIIr.

동안 입고, 남은 생애를 자식들이 비용을 부담하여 옥살이할
것을 선고받았다("우리는 그대가 생애의 남은 기간 동안 두 벽
사이에 갇혀 생활할 것을 엄숙하게 선고하는 바이다").

47. 감옥

거의 2년의 세월 동안 메노키오는 콘코르디아의 감옥에서 옥살이를 하였다. 1586년 1월 18일 그의 아들 잔누토는 형제들과 어머니의 이름으로 당시 아쿠일레이아와 콘코르디아의 재판관인 마테오 사누도Matteo Sanudo 주교 그리고 에반젤리스타 펠레오Evangelista Peleo 수사에게 탄원서를 제출하였다. 그 탄원서는 메노키오가 직접 작성하였다.

"불쌍한 죄인, 도메네고 스칸델라, 본인은 제 잘못의 대가로 보다 많은 보석을 수행해서 사면될 수 있도록 종교 재판소에 여러 차례 간청한 바 있습니다. 지금은 이러한 절박한 상황에서, 가정과 격리된 채 이렇게 비참한 감옥 생활로 고생을 한 지도 벌써 3년의 세월이 흘렀다는 사실을 참작해주시길 다시 한 번 애원합니다. 이렇게 나쁜 공기 속에서 지내야 하고, 거리가 멀어서 사랑하는 아내를 볼 수도 없고, 가족과 자식들에게 부담을 주며, 그들은 가난 때문에 어쩔 수 없이 언젠가 저를 버릴 것이고 그렇게 되면 저는 필시 죽을 수밖에 없는 상황인데도 왜 아직도 죽지 않고 버텨냈는지 모르겠습니다. 그래서 제가 저지른 대죄에 대해 깊이 통회하오니 먼저 우리 주님께 그리고 그 다음으로는 신성한 법정에 용서를 구하는 바입니다. 아울러 제가 감옥에서 나갈 수 있는 은혜를 베풀어주시기를 간절히 바랍니다. 저는 로마 교회의 계율에 따라 살아갈 것이며, 종교 재판소가 저에게 요구하는 어떠한 보석이라도 수행할 것임을 분명히 약속드리는 바이며, 우리 주님께 그들 모두가 만사형통하기를 기도합니다."[1]

　통상적인 사투리가 제거된(예를 들어, '제시아Gesia' 대신에 '교회Chiesa'가 사용되었다*) 이러한 문장들에서 겸손의 전형적인 표현 방식이 사용되었다는 점은 그 어떤 변호사의 도움이 있었다는 것을 시사한다. 이와 같이 이번에 메노키오가 작성한 탄원서는 2년 전 자신의 변론을 위해 작성한 것과는 매우 달랐다. 어쨌든 주교와 이단 심문관은 이번만큼은 과거와는 다르게 호의를 베풀어주기로 결정하였다. 우선 그들은 교도관인 조반 바티스타 데파르비Giovan Battista de'Parvi를 소환하였다.[2] 교도관은 그들에게 메노키오가 갇혀 있는 감옥이 "견고하고 안전하며" 세 개의 "튼튼하고 안전한" 문들로 폐쇄되어 있기 때문에 "이보다 더 확실하고 안전한 감옥은 콘코르디아 시에서는 찾아볼 수 없다"고 보고하였다. 메노키오는 선고가 내려지던 날, 성 스테판의 장날에 콘코르디아 시의 대성당 입구에서 손에 촛불을 들고 자신의 이단 포기 서약을 낭독하던 때 그리고 미사에 참석해서 영성체를 받던 순간(그러나 그는 대부분 감옥에서 영성체를 받았다)을 제외하고는 결코 감옥을 벗어난 일이 없었다. 그는 "사람들이 죽을지도 모른다고 생각할 정도로 중병에 걸린 때를 제외하고는" 거의 모든 금요일마다 단식하였다. 메노키오는 병에 걸린 뒤 단식을 중단하였지만, "그러나 대부분의 종교 제식 전날이 되면 어김없이 저에게 '내일은 빵만 가져다 주시오. 금식일을 지키려고 합니다. 그러니 고기나 그 밖의 기름진 다른 음식들은 가져오지 마십시오'라고 말했습니다." "여러 번―교도관이 말하기를―저는 몰래 감방의 문에

---

1 ACAU, *Sententiarum contra reos S. Officii liber II*, c. 12r.

*Chiesa와 Gesia는 모두 교회를 의미하는 용어인데, Gesia는 메노키오가 사용한 사투리이다.

2 ivi, cc. 15r~v.

다가가 그가 무슨 일을 하는지 혹은 무슨 이야기를 하는지를 엿들었습니다. 이때 그가 기도하는 소리를 들었습니다." 언젠가 메노키오는 한 신부님이 건네준 "일곱 편의 시편과 다른 기도문이 실려 있는 『성모의 기도서*Officio della Madonna*』를 읽고 있었습니다." 그 밖에도 메노키오는 "앞에 두고 기도를 드릴 수 있는 성상(聖像)"을 요청했고, "그래서 그의 아들이 성상을 구해다 준 적이 있습니다." 불과 며칠 전에 메노키오는 "〔저는〕 언제나 하느님께 모든 것을 의지하고, 제 자신이 저지른 죄악과 잘못으로 괴로워하고 있으며, 감옥에서 이토록 고생하면서 보름을 넘길 수 없을 것이라고 생각했었는데 지금까지 버티고 있는 것을 보면 하느님께서 저를 도와주시고 계십니다"라고 말하였다. 그는 교도관에게 "과거 자신의 어리석은 행동에 대해" 자주 이야기하면서, "그것은 실제로 어리석은 행동이었지만 그렇다고 확신을 가질 만큼 그런 행동에 집착한 것은 아니다. 그런 터무니없는 생각이 나의 머리 속에 맴돌게 된 것은 악마의 유혹 때문이었다"라고 말하곤 하였다는 것이다. 간단히 말하자면, 비록 (교도관은 조심스럽게 자신의 소견을 이야기했다) "인간의 마음은 하느님을 제외하고는 그렇게 쉽게 알 수는 없지만," 그는 진심으로 참회한 것처럼 보였다. 그 이후 주교와 재판관은 메노키오를 소환하였다.[3] 그는 눈물을 흘리며 탄원하였고 땅바닥에 엎드려 공손하게 용서를 청하였다. "저는 우리 주님을 모욕했다는 사실을 깊이 뉘우치고 있습니다. 악마에 이끌려 그가 나에게 말한 것을 스스로 깨닫지 못한 채 바보처럼 맹목적으로 빠져들었던 그 어리석은, 전에 제가 말씀드렸던 행동에 대해 이제 더 이상 이야기하고 싶지 않습니다. 〔……〕 저

---

3 ivi, cc. 16r~v.

는 제게 내려진 보석을 수행하며 감옥에서 생활하고 있는 것을
결코 후회한 적이 없을 뿐만 아니라 오히려 크게 기뻐했으며
언제나 기도할 때마다 항상 하느님은 저에게 용기를 주시어 마
치 제가 천국에 있는 것같이 느껴졌습니다." 만일 아내와 자식
들만 없었더라면 두 손은 합장하고 두 눈은 하늘로 향해 바라
보며 그리스도께 범한 본인의 죄를 속죄하며 남은 생애를 감옥
에서 보냈을 것이라고 그는 외쳤다. 그러나 그는 "매우 가난했
다". 두 개의 물레방아와 두 필지의 임대지를 가지고 아내와 일
곱 아이들, 그리고 여러 손자들을 부양해야만 했다. 그는 "거칠
고 흙으로 만든 어둠침침하고 습기 찬" 감옥 생활로 인해 건강
이 매우 좋지 않았다. "저는 4개월 동안 침대에서 일어나지 못
하고 누워 있었습니다. 그리고 금년에는 두 다리가 부어올랐
고, 보시는 바와 같이 얼굴도 퉁퉁 부어 있습니다. 그리고 귀도
거의 들리지 않으며 식욕도 없어서 실신할 정도였습니다." "그
리고 실제 그가 이렇게 진술할 때에도 매우 수척한 모습이었으
며 외관상으로는 환자나 다름없는 심각한 상태였다"고 종교 재
판소의 공증인은 기록하였다.

콘코르디아의 주교[4]와 프리울리의 이단 심문관은 이 모든 진
술에서 확실한 회개의 증거를 목격하였다. 그들은 즉시 포르토
그루아로의 시장과 그 지역의 몇몇 유지들(그들 가운데에 뒤에
프리울리의 역사가가 되었던 조반 프란체스코 팔라디오 델리 올
리비Giovan Francesco Palladio degli Olivi가 있었다)을 소환하
였으며 그에 대한 판결문을 수정하였다. 그들은 메노키오에게
몬테레알레에 머물면서 결코 이 마을을 떠나지 말 것을 지시하
였다. 그리고 메노키오에게 위험한 생각을 이야기하거나 그것

---

4 ivi, cc. 16v~17r.

을 언급하는 것을 엄격하게 금지하였다. 또는 그는 규칙적으로 고백 성사를 해야만 했으며 자신이 남긴 오명의 상징으로서 십자가가 그려져 있는 하비텔로를 옷 위에 걸쳐입고 다녀야만 하였다. 그의 친구인 다니엘레 데 비아시오Daniele de Biasio는 메노키오가 판결에 위배되는 행동을 했을 경우 200두카티Ducati를 배상해야만 하는 보증인이 되어주었다. 메노키오는 심신이 극도로 쇠진한 상태에서 몬테레알레로 되돌아왔다.

48. 마을로의 귀환

그는 마을 공동체에서 자신의 지위를 회복하였다. 종교 재판소와의 분쟁, 치욕적인 유죄 판결과 감옥 생활이라는 불명예에도 불구하고 1590년에 메노키오는 몬테레알레 성 마리아 교회의 행정관으로 재임명되었다.[1] 그의 어릴 적 친구로서 새로 부임해온 몬테레알레 교구 신부, 조반니 다니엘레 멜키오리 Giovanni Daniele Melchiori가 이러한 결정에 관여했다는 것은 틀림없는 사실이다(메노키오를 종교 재판소에 고발했던 전임 교구 신부 오도리코 보라이 Odorico Vorai가 어떻게 되었는지에 대해서는 나중에 살펴보기로 하자). 그 어느 누구도 적어도 표면적으로는 이단자, 더 나아가 이단의 교주가 교구의 재산을 관리한다는 사실에 대해서 이의를 제기하지 않았다. 그리고 상기해볼 때, 이 일에 대하여 교구 신부도 종교 재판소와 모종의 관계를 맺고 있었을 것이다.

행정관의 직위는 주로 제분업자들이 수행하였는데 그것은 아마도 그들이 교구 운영에 필요한 재정을 미리 앞당겨 지출할 수 있는 수완을 가지고 있었기 때문이었을 것이다. 그럼에도 행정관들은 신자들의 십일조를 이용해 변제를 늦추면서 자금을 개인적으로 이용하고 있었다. 그러던 어느 해(1593) 콘코르디아의 주교인 마테오 사누도는 교구 전체를 순회하는 가운데 몬테레알레에 도착하였을 때 지난 7년 간 행정관들이 작성한

---

1 ACVP, *Visitationum Personalium anni 1593 usque ad annum 1597*, pp. 156~57.

회계 장부에 대한 감사를 요구하였다. 장부들을 조사한 결과, 채무자들 중에는 도메니코 스칸델라, 즉 메노키오도 포함되어 있었는데, 그의 채무는 베르나르도 코르네토Bernardo Corneto에 이어서 가장 많은 금액인 200리라였다. 사실 이러한 현상은 흔히 있었던 일로서 같은 기간에 프리울리 교구의 주교들이 순회할 때마다 계속적으로 지적된 바 있었다. 아마도 9년 전에 자신이 유죄 판결한 사람이 스칸델라였다는 사실을 깨닫지 못한 것임에 틀림없는 주교는 좀더 엄격하고 세밀한 행정을 도입하려고 노력하였다. 그는 "난 순회 방문 당시에 지침들을 전달하였음에도 불구하고 이번 경리 업무에서 지침이 거의 지켜지지 않았다. 만일 그 지침들을 따랐더라면 교회 업무는 분명히 훨씬 더 원활하게 수행되었을 것이다"라고 질책하였다. 그는 '두툼한 장부'를 구입해서 사제는 위반할 경우에 성직이 정직된다는 경고와 함께, 모든 수입을 매년 "모든 경우마다, 모든 사람의 지불 내역과 일상적으로 발생하는 곡식의 분배와 교회의 지출 그리고 행정관들의 결산 내역을 빠짐없이" 기록하도록 명령하였다. 행정관들은 '교적'*에 수입 상황을 우선적으로 기록하고, "나중에 수입 상황을 회계 장부에 다시 옮겨 기재해야만 하였다." 그는 채무가 있는 행정관들에게 "교회 출입을 금지하고 사망한 경우 교회의 묘지에 매장하는 것을 금지하는 처벌을 조건"으로 모든 금전 관계를 청산하도록 지시하였다. 교구 사제는 6개월 이내에 1592년도 결산 내역을 포르토그루아로에 제출해야만 하였으며 이를 위반할 경우에는 벌금형과 또다시 성직을 정지당하는 처벌을 받아야만 하였다. 메노키오가 자신의 채무를 청산하였는지에 대해서는 알 수 없다. 아마도

---

* 교구에 속하는 신자들의 출생 · 세례 · 결혼 · 사망에 관한 사실들을 기록하는 교회의 기록 장부.

갚았을 가능성이 높은데, 그 이유는 또다시 1599~1600년에 사누도 주교의 주도 하에 실시된 교구 순회 조사에서 몬테레알 레의 행정관들 가운데 오직 1592년 이후에 채무가 있는 사람들의 명단이 기록되었기 때문이다.

같은 시기(1595)의 한 증거 자료에 따르면,[2] 마을 사람들 사이에서 메노키오의 명망은 여전하였던 것으로 보인다. 몬테레알레의 조반 프란체스코Giovan Francesco 백작과 그의 소작인 바스티안 데 마르틴Bastian de Martin은 두 필지의 농토와 한 채의 농가 때문에 "조금은 불편한 관계"에 있었다. 백작의 요청에 따라 두 명의 재산 사정인은 이전 소작인들이 어느 정도로 가옥을 보수하였나를 파악할 목적으로 추천되었다. 피에로 델라 주안나Piero della Zuanna는 백작을, 메노키오는 소작인을 지원하였다. 한쪽이 이 지역의 영주라는 사실을 감안한다면 상황은 간단하지 않다는 것을 알 수 있다. 하지만 사람들은 사태를 판단하고 논박하는 능력에 있어서 메노키오를 신뢰하였다.

같은 해에 메노키오와 아들 스테파노는 '위쪽 산 울타리 밑에' 위치한 지역에서 새로운 방앗간을 임대하였다.[3] 임대차 계약 기간은 9년이었다. 그리고 임차인은 매년 밀 4스타이오staio,* 호밀 10스타이오, 귀리 2스타이오, 수수 2스타이오, 메밀 2스타이오와 150리브레**의 돼지 한 마리를 세로 내야 했다. 만일 돼지가 약정한 무게에 미치지 못하거나 초과하는 경우 이 부분에 대해서는 현금(1리브레당 6솔디의 비율로) 거래가 이루어져야 한다는 내용이 계약서에 첨가되었다. 그 밖에도 두 마리의

---

2 ASP, Notarile, b. 488, n. 3785, cc. 1r~2v.

3 ivi, cc. 3r~v.

* 영국의 부셸에 해당한다. 오늘날에도 이탈리아 토스카나 지방을 비롯한 중북부 지역에서 곡물에 대한 단위로 사용된다.

** 무게의 단위.

살찐 닭과 반 포(布)의 아마포로 구성된 일종의 '존경의 표시(선물)'에 대한 규정이 있었다. 특히 아마포는 물방아가 원사(原絲)의 올을 뽑아내어 촘촘하게 만드는 데 이용되었기 때문에 상징적인 공물이었다. 두 임차인은 '튼튼하고 쓸모 있는' 두 마리의 당나귀, 한 개의 물레바퀴Leviera, 그리고 원사의 올을 뽑아내어 촘촘하게 만드는 여섯 대의 틀과 함께 물방아를 넘겨받았으며, 그것들을 '이전보다는 더 나은 상태로' 사망한 피에트로 데 마크리스Pietro de Macris의 상속인들의 후견인들에게 되돌려주어야 할 의무가 있었다. 이전에 파산으로 채무를 변제하지 못한 임차인, 플로리토 데 베네데토Florito de Benedetto는 밀린 지대를 5년 안에 (아크리스의 상속인들의) 후견인들에게 지불하겠다는 약속을 하였다. 그리고 베네데토의 요청에 따라 메노키오와 스테파노는 채무 보증인이 되었다.

이 모든 사실은 당시 스칸델라와 그의 아들의 경제적 형편이 상당히 안정적이었음을 보여준다. 메노키오는 마을 공동체의 일에 적극적으로 개입하고 있었다. 1595년에도 그는 프리울리 파트리아Patria 지방의 지사가 시장에게 보내는 서한을 전달하는 임무를 수행하였다.[4] 뿐만 아니라 메노키오는 토지 대장을 작성하는 책임자들을 선출하는 임무를 수행하는 몬테레알레 '주변 지역'의 14인 위원회에 소속되기도 하였다(이 위원회에는 시장도 포함되어 있었다).

그러나 얼마 뒤, 메노키오는 그동안 자신을 부양하던 아들(아마도 잔누토)이 사망하자[5] 형편이 어려워졌을 것으로 보인다. 그는 다른 잡다한 일, 때로는 학교 선생을, 축제 때에는 기타 연주자로 직접 생계를 위해 일을 해야만 하였다. 이러한 상

---

4 ivi, cc. 6v, 17v.
5 ACAU, proc. n. 285, 페이지 번호가 없는 문서.

황에서 오명의 상징인 하비텔로의 표시와 그에게 몬테레알레를 떠날 수 없도록 내려졌던 금지령에서 벗어나는 것은 그 어느 때보다도 시급하였다. 그래서 그는 우디네를 방문하여 새로 부임한 이단 심문관인 조반 바티스타 다 페루지아 Giovan Battista da Perugia 수사에게 위의 두 가지 의무 조항을 풀어줄 것을 요청하였다. 하비텔로에 대한 메노키오의 요청은 기각되었는데, "왜냐하면──1597년 5월 26일의 편지에서 이단 심문관이 콘코르디아 교구의 주교에게──이 사항을 경솔하게 판단해서는 안 된다고 설명하였기 때문이다." 반면에 메노키오는 "의심을 살 만한 장소를 제외하고는 그 어디든 자유롭게 다니면서 〔……〕 일을 하여 자신과 식솔들의 가난을 덜 수 있다"는 허락을 받았다.

오래 전에 있었던 재판의 후유증은 시간이 흐르면서 점차 잊혀져갔다. 그러나 그동안 메노키오가 미처 알지 못한 사이에 종교 재판소는 메노키오에 대한 문제를 재심사하고 있었다.

49. 고발

사실 지난해 사육제 기간에 메노키오는 이단 심문관의 허가로 몬테레알레를 벗어나 우디네로 갔다.[1] 그리고 저녁 무렵 광장에서 메노키오는 루나르도 시몬Lunardo Simon이라는 사람을 만나 그와 함께 이런저런 일들에 대해 잡담을 나누었다. 이 두 사람은 잔칫집들을 돌아다니며 각각 바이올린 연주(루나르도)와 기타 연주(메노키오)를 하면서 알게 된 사이였다. 얼마 뒤 이단자들에 대한 교황의 최근 교서를 접한 루나르도는 이단 심문관인 제롤라모 아스테오Gerolamo Asteo 수사에게 편지를 보내 메노키오와의 대화 내용을 보고하였다. 뒤에 그는 편지의 핵심 내용을—조금 정정하기는 하였지만—구두로 확인해주었다. 광장에서의 대화는 대략 다음과 같이 전개되었다.

메노키오: 자네는 수사가 되기를 원하는 것 같은데, 그게 사실인가?

루나르도: 왜, 좋은 소식이 아닌가?

메노키오: 아니네. 그건 동냥아치들이나 하는 짓이네.

루나르도: (메노키오의 말을 되받으면서) 동냥아치가 되기 위해서는 수사가 되어야 하지 않는가?

메노키오: 수많은 성인, 은둔자 그리고 성스러운 삶을 살았던 사람들에 대해서 말한다면, 그들이 어디로 갔는지는 알 길이 없

---

1 ivi. 이 재판에 대한 문서들에는 페이지 번호가 없다.

다네.

　루나르도: 주님께서는 우리가 지금 그 비밀을 아는 것을 원치 않으시지.

　메노키오: 내가 만일 터키인이라면 기독교인이 될 것을 원하지 않을 것일세. 그렇지만 난 기독교인이기 때문에 터키인이 되고 싶은 마음은 전혀 없다네.

　루나르도: 보지 않고도 믿는 사람은 행복하나니.[2]

　메노키오: 난 보지 않고는 믿을 수 없다네. 그렇지만 하느님이 모든 세상의 아버지이시며 온갖 일을 할 수도 있고 하지 않을 수도 있다는 것을 분명히 믿네.

　루나르도: 터키인들과 유대인들도 역시 이것을 믿지만 하느님이 동정녀 마리아에게서 태어났다는 것은 믿지 않는다네.

　메노키오: 그럼 그리스도가 십자가에 매달렸을 때 유대인들이 그분에게 '그대가 그리스도라면 십자가에서 내려와보시오'라고 말했을 때 그가 내려오지 않은 것은 도대체 무엇을 의미하겠는가?

　루나르도: 그것은 유대인들에게 복종하는 모습을 보여주고 싶지 않았던 거겠지.

　메노키오: 그것은 바로 그리스도 자신도 그렇게 할 수 없었기 때문이라네.

　루나르도: 그렇다면 자네는 복음서를 믿지 않는단 말인가?

　메노키오: 난 믿지 않는다네. 아무 것도 할 일이 없는 사제들과 수도사들이 아니라면 누가 복음서를 작성했다고 생각하는가? 그들은 이러한 것들을 생각해냈고 차례로 작성했다네.

---

2 「요한복음」 20장 29절.

이 말에 루나르도는 "복음서는 사제나 수사가 작성한 것이 아니라, 이미 오래 전에 작성된 것이라네"라고 반박하였다. 이 말을 끝으로 메노키오와 헤어진 루나르도는 자신의 대화 상대를 '이단적인 인물'로 판단하였다.

(모든 것을) 할 수도 그리고 하지 않을 수도 있는 아버지이시며 주인이신 하느님, 인간인 그리스도, 게을러빠진 사제나 수사들이 만들어낸 복음서, 종교들 사이의 동질성. 이 모든 것은 메노키오가 재판을 받고 굴욕적인 파기 서약을 했으며 수감 생활을 하면서 놀라울 정도로 개정의 의지를 보였음에도 불구하고, 과거에 가지고 있던 자신의 생각을 다시 주장하기 시작하였음을 의미한다. 메노키오의 이러한 태도는 마음속 깊은 곳에 존재하는 결코 부인할 수 없었던 것이다. 루나르도 시몬은 메노키오에 대해서 오직 이름('몬테레알레의 방앗간 주인 메노키오')만을 알고 있었을 뿐이다. 그러나 메노키오가 종교 재판에서 이미 '루터파'로 유죄 선고를 받았던 인물이라는 소문에도 불구하고 고소장은 접수되지 않았다. 2년이 지난 1598년 10월 28일이 되어서야 비로소 이단 심문관들은 지나간 재판 기록들을 체계적으로 검토하는 과정에서 우연히 메노키오와 도메네고 스칸델라가 동일인이 아닌가 하는 의구심을 갖게 되었다. 그 결과 종교 재판소의 활동이 재개되었다. 얼마 뒤 프리울리의 이단 심문관 주임이 될 제롤라모 아스테오 수사는 메노키오에 대한 새로운 정보를 수집하기 시작하였다. 오래 전에 메노키오를 고발하여 감옥에 가게 한 오도리코 보라이는 결과적으로 자신의 행동에 대한 대가를 비싸게 치르고 있었다.[3] "그는 메노키오의 친척들로부터 온갖 수모를 당했으며, 몬테레알레

---

3 cfr. ACAU, proc. n. 285, 페이지 번호가 없는 문서(1598년 11월 11일, 돈 옥타비오가 몬테레알레의 백작들을 파면함).

로부터 쫓겨났다." 그리고 사람들은 메노키오가 "옛날과 마찬가지로 지금도 여전히 거짓된 생각을 고집하고 있다"고 믿었다. 이러한 상황에서 이단 심문관은 새로운 사실을 알기 위해 몬테레알레에 새로 부임한 신부[4] 조반니 다니엘레 멜키오리를 방문하였다. 신부는 메노키오가 십자가가 그려진 하비텔로를 착용하라는 종교 재판소의 명령을 위반하고——종신 감옥으로 지정된——마을을 벗어나기도 하였다고 보고하였다(이미 아는 바와 같이 이 진술은 부분적으로만 사실일 뿐이다). 그러나 메노키오는 일 년에 여러 차례 고백 성사를 보았으며 영성체를 모셨다. 그러나 신부는 "제가 판단하건대 메노키오는 기독교인이며 선량한 사람이라고 생각합니다"라는 결론으로 보고를 마쳤다. 신부는 마을 사람들이 메노키오에 대해 어떻게 생각하는지 알지 못하였다. 멜키오리는 진술서를 작성하고 서명을 하였다. 그러나 마지막 순간에는 몸을 사려 자신의 입장에서 얼마간 후퇴하였다. 멜키오리는 자신의 속마음을 지나치게 드러낸 것에 대해서 걱정하였던 것이다. 결국, 그는 "본인은 그가 기독교인이며 선량한 사람이라고 생각합니다"라는 자신의 견해에 "겉으로 보기에는"이라는 단서를 덧붙였다.

성 로코의 부사제이며 마을의 공증인인 돈 쿠르치오 첼리나[5]의 입장은 보다 분명했다. "본인은 그가 기독교인이라고 생각합니다. 그가 고백 성사를 보고 영성체를 모시는 것을 보았기 때문입니다"라고 주장하였다. 그러나 돈 쿠르치오 첼리나는 메노키오의 복종하는 듯한 겉모습의 이면에 과거의 저항 심리가 꿈틀거리고 있음을 알고 있었다. "메노키오는 이상한 구석이 있는 인물입니다. 그가 달이나 별 또는 그 밖의 다른 행성들을

---

4 ivi(1598년 12월 17일).
5 ivi.

보다가 천둥 소리나 그 어떤 다른 소리를 듣게 되면 방금 일어났던 일에 대해 곧바로 자신의 생각을 말하고 싶어합니다. 그러나 결국에는 세상이 자신보다 더 많은 것을 알고 있다는 말을 하면서 많은 사람들의 의견에 굴복하지요. 저는 그의 이러한 태도가 좋지 못한 것이며 그의 굴복이 (확신해서라기보다는) 겁을 먹은 결과라 믿고 있습니다." 이와 같이 종교 재판소의 유죄 판결과 수감 조치는 메노키오에게 깊은 상처를 남겼다. 메노키오는 적어도 마을에서는 과거와는 달리 더 이상 거침없이 자유롭게 말을 하지는 않았다. 그러나 그러한 두려움도 그의 지적인 자유의 날갯짓을 억누를 수는 없었던 모양이다. "그는 곧바로 자신의 생각을 말하고 싶어합니다." 그럼에도 메노키오에게 있어서 자신이 처한 고립무원의 현실은 고통스럽고 풍자적이었다. "결국에는 세상이 자신보다 더 많은 것을 알고 있다는 말을 하면서 많은 사람들의 의견에 굴복하지요."

메노키오의 고립은 주로 내적인 것이다. 돈 첼리나 자신도 "저는 그가 많은 사람들과 두루 잘 지내며 모든 사람들의 친구라고 생각합니다"라고 진술하였다. 개인적으로 그는 "이 메노키오와 가깝지도 멀지도 않은 사이지만, 그를 기독교인으로서 좋아하며, 그가 필요한 경우에는 다른 사람들에게 하듯이 그를 대합니다." 외견상 메노키오는 마을 공동체에 완전히 적응하였다. 메노키오는 또다시 교구의 행정관으로 임명되었고 아들과 함께 세번째 방앗간을 빌렸다. 그러나 이 모든 것에도 불구하고 그는 소외감을 느끼고 있었다. 아마도 지난 몇 해 동안 그가 겪은 경제적 어려움의 탓도 있었을 것이다. 하비텔로는 그가 느끼는 소외감의 대표적인 상징이었다. 이 의복은 메노키오에게 있어서 하나의 악몽이었다. 첼리나는 증언에서 "저는 메노키오가 종교 재판소가 입도록 명령한 하비텔로를 오랫동안 입고는 있었지만, 보이지 않도록 자신의 겉옷 속에 몰래 껴입었다는 것을 알고 있습니다"라고 말하였다. 메노키오는 첼리나에게 "이 옷을 입지 않아도 된다는 허락을 받기 위해 종교 재판소에 찾아가고 싶었습니다. 왜냐하면 십자가가 그려진 바로 이 옷으로 인해 사람들은 나를 기피하고 말도 걸지 않기 때문입니다"라는 말을 하곤 하였다. 그의 이러한 변명은 편견에 불과하였다. 왜냐하면 그는 마을의 모든 사람들과 친분을 나누면서 별다른 탈 없이 잘 지내고 있었기 때문이다. 그러나 이전처럼 자신의 생각을 자유롭게 표현할 수 없었다는 사실이 그를 짓누르고 있었다. 첼리나는 "그가 별과 달에 대해 이야기하면 사람들은 그에게 침묵을 지켜야 한다고 말하곤 하였다"고 증언하였다. 첼리나는 메노키오가 별과 달의 이야기를 통해서 무엇을 이야기하려고 했는지 정확하게 기억하지 못하였다 첼리나의 기억은 이단 심문관이 메노키오가 인간의 자유 의지에 영향을 미치는 원인으로 행성들을 지적하지 않았느냐고 물었을 때조차도 돌아오지 않았다. 어쨌든 첼리나는 메노키오가 이 같은 것을 '농담으로' 가볍게 이야기하였을 것이라는 가능성을 단호하게 부인하였다. "그는 진지하게 이야기하고 있었으며 조금은 불순한 의도를 가지고 있었다고 생각합니다."

종교 재판소의 심문은 또 한 번 중단되었다. 그 이유는 사실상, 이단의 방앗간 주인이 침묵을 지키고 대외적으로 타협을 해야만 하였으며 그 결과 신앙적으로 동향 사람들에게 더 이상 위험이 되지 않았기 때문이다. 1599년 1월 프리울리의 종교 재판소는 '범죄인' 메노키오의 소환을 결정하였다. 그러나 이 결정도 이행되지 않았다.

50. 한 유대인과의 심야 대화

　　루나르도가 보고한 대화 내용에서도 교회의 전례와 성사에 대한 메노키오의 순종적인 태도 속에는 과거의 생각들에 대한 그의 집요한 의지가 숨겨져 있다는 사실이 지적되었다. 거의 같은 시기에 시몬이라는 개종한 유대인[1]이 동냥을 구걸하며 방랑하던 중에 우연히 몬테레알레에 도착하였다. 메노키오는 이 방랑자를 자신의 집에 초대하였다. 두 사람은 종교적인 주제로 밤을 새워 이야기를 하였다. 메노키오는 '신앙에 대한 엄청난 사실들을' 이야기하였다. 그 내용인즉 복음서는 사제들과 수사들이 작성하였는데 "왜냐하면 그들이 하는 일도 없이 빈둥거리는 게으른 자들이기 때문이며" 그리고 성모 마리아는 성 요셉과 결혼하기 전에 이미 "두 명의 아이를 낳았으며 그것 때문에 요셉은 그녀를 신부로 받아들이려 하지 않았다"는 것이다. 근본적으로 이러한 주제는 그가 우디네의 광장에서 루나르도와 대화를 나눌 때 이미 언급한 바 있었던 주제, 즉 기생충과 같은 사제들의 생활에 대한 비난, 복음서에 대한 거부, 그리스도의 신성에 대해 부정하는 것을 의미하였다. 게다가 메노키오는 이 날 밤 자신이 분실한 '가장 아름다운 책'에 대해서 말하였는데, 시몬은 이 책을 『코란』일 것이라고 생각하였다.

　　메노키오가 동시대의 다른 이단자들과 마찬가지로, 『코란』에 대해 관심을 갖게 된 것은 기독교의 핵심 교리들, 특히 삼위

---

1 ivi(1599년 8월 3일).

일체론을 거부하였기 때문이라 생각된다.[2] 유감스럽게도 시몬의 판단은 정확하지 않다. 따라서 메노키오가 이 신비의 '가장 아름다운 책'에서 무엇을 유추하였는지는 알 수 없다. 메노키오는 자신의 이단 행각이 언젠가는 발각될 것이라 확신하였다. 메노키오는 시몬에게 "저는 이것 때문에 죽게 될 거요"라고 털어놓았다. 그러나 그는 자신의 대부였던 다니엘레 데 비아시오가 15년 전에 그에 대한 보증인 각서를 종교 재판소에 제출하였기 때문에 다른 곳으로 도망가려고 하지 않았다. "친구의 각서만 없었다면 제네바로 달아났을 것입니다." 이같이 메노키오는 몬테레알레에 남기로 결심하고 있었다. 그는 이미 자신의 최후를 생각하고 있었다. "내가 죽으면 루터교도들은 소식을 듣고 나의 유골을 가지러 올 것입니다."

메노키오가 어떤 '루터파 교도들'을 염두에 두고 있었는지는 알 길이 없다. 아마도 이들은 그가 은밀한 관계를 유지했던 집단이거나 혹은 오래 전에 만난 적이 있으며 그 이후 더 이상 보지 못한 어떤 한 개인일지도 모른다. 메노키오는 순교의 광채를 통해 자신의 죽음을 바라보고 있었다. 이러한 이유로 사람들은 메노키오의 말이 단지 한 늙은이의 감상적인 공상에 불과하다고 생각하게 된다. 게다가 메노키오의 곁에는 아무도 없었다. 그는 혼자가 되었다. 그의 아내도 죽었고 가장 사랑하던 아들도 죽었다. 그리고 다른 자식들과의 사이는 좋지 않았음에 틀림없다. 메노키오는 경멸스러운 어투로 "그리고 내 자식들은 한결같이 멋대로 살아가는 놈들이랍니다"라고 시몬에게 말하였다. 그러나 신화의 제네바, 종교적 자유의 고향(이라고 그는 생각했

---

2 cfr. Stella, *Anabattismo e antitrinitarismo* cit., p. 29; Id., "Guido da Fano eretico del secolo XVI al servizio dei re d'Inghilterra," *Rivista di storia della Chiesa in Italia*, XIII, 1959, p. 226.

다)은 너무나 멀리 떨어져 있었다. 이러한 현실과 더불어 힘든 순간에 곁에 있어주었던 친구에 대한 변함없는 의리 때문에 메노키오는 도망갈 수 없었다. 그렇다고 그는 신앙 문제에 대한 끓어오르는 호기심을 자제할 수도 없었다. 결국 메노키오는 이곳에 남아 자신의 박해자들을 기다릴 수밖에 없었다.

51. 두번째 재판

수개월이 지난 어느 날 메노키오에 대한 새로운 고발장이 종교 재판소에 접수되었다. 고발장에 따르면 메노키오는 하느님을 모독하는 말을 하였는데, 그 말이 입에서 입으로 전해지면서 아비아노에서 포르데노네에 이르기까지 엄청난 파장을 불러일으켰다. 피뇰Pignol이라고 불리는 아비아노의 주막집 주인인 미켈레 델 투르코Michele del Turco가 심문을 받았다.[1] 7, 8년 전 메노키오는 "만일 그리스도가 하느님이었다면 자신을 〔……〕 십자가에 못 박도록 했겠느냐"[2]라고 큰 소리로 외쳤다고(그는 들었다). 이 주막집 주인은 덧붙여 말했다. "그는 그리스도가 누구인가를 말하지는 않았습니다만 좀 저질스럽게 말해, 그리스도를 멍청한 놈이라 말하고 싶어했던 것 같습니다. 그의 말을 들었을 때 머리카락이 곤두서는 것 같았습니다. 그래서 저는 더 이상 그런 말들을 듣지 않으려고 화제를 바꾸었습니다. 그는 터키인보다 더 사악한 사람이니까요." 미켈레는 메노키오가 "여전히 과거의 생각에 집착하고 있었다"고 결론지었다.

메노키오가 한 말들에 대해서 떠들어대는 사람들은 몬테레알레의 주민들만이 아니었다. 종교 재판소의 감옥조차도 올바

---

1 cfr. ACAU, proc. n. 285, 페이지 번호가 없는 문서(1599년 5월 6일).

2 이 문장은 신을 모독하는 내용이며, 그 예는 1599년에 발바소네Valvasone의 이웃 마을에 사는 주민으로서 포르나시에르Fornasier라는 별명을 가진 안토니오 스쿠델라리오Antonio Scudellario에게 불리하게 증언된 문서에서 볼 수 있다(ACAU, "anno integro 1599, a n. 341 usque ad 404 incl.," proc. n. 361).

른 길로 되돌려놓는 데 실패한 방앗간 주인의 명성은 마을 밖으로 확산되었다. 그의 도발적인 질문과 불경스러운 농담은 여러 해 동안 퍼져나갔다. "만일 동정녀 마리아가 매춘부라면, 오! 어떻게 자네들은 그리스도 혹은 전능하신 주님이 동정녀 마리아의 아들이라고 믿을 수 있겠나?" "그가 매춘부로부터 태어났다면 어떻게 그리스도가 성령에 의해 잉태되었다고 할 수가 있지?" "성 크리스토퍼는 자신의 등에 온 세상을 짊어졌기 때문에 하느님보다 더 위대하네(메노키오가 책에서 이 같은 풍자를 보지 못하였다는 것이 이상하다. 볼로냐 출신의 인문주의자인 아킬레 보키 Achille Bocchi가 저술한 이 책은 이단적인 색채가 농후한 상징들을 담고 있는 모음집이다)."[3] 메노키오가 '떠벌리는' 것을 들었던 몬테레알레 출신의 잔누토 파세타 Zannuto Fasseta는 "그는 거짓된 정신 상태를 가졌으며, 겁을 먹고 함부로 입을 놀리지 못했다고 생각합니다"[4]라고 말하였다. 그러나 메노키오는 자신의 오랜 욕망에 이끌려 다시금 종교적인 문제들에 대한 생각을 마을 사람들에게 말하기 시작하였다. 하루는 메닌스 Menins에서 몬테레알레로 돌아오는 길에 메노키오는 다니엘레 야코멜에게 "자네는 하느님이 무엇이라고 생각하나?"라고 물었다. 이러한 질문에 당혹스럽거나 또는 어리둥절해진 상대는 "나는 잘 모르겠네"라고 응답하였다. "그는 다만 공기일 뿐이네." 메노키오는 예전에 가졌던 자신의 생각들을 계속해서 현재의 마음속으로 되돌려놓고 있었다. 그는 결코 포기하지 않았던 것이다. "재판관들은 자신들이 알고 있는 것이 우리에게 알려지는 것을 원하지 않아. 자네는 그걸 이해할 수

---

3 cfr. A. Bocchi, *Symbolicarum quaestionum······ libri quinque* (Bononiae, 1555), cc. LXXX~LXXXI. 이에 대해서는 다시 언급할 기회가 있을 것이다.

4 ACAU, proc. n. 285, 페이지 번호가 없는 문서(1599년 7월 6일).

있겠나?" 그러나 메노키오는 그들을 반박할 수 있다고 생각하
였다. "나는 이단 심문관 사제 앞에서 주기도문 가운데 몇 마디
를 말한 뒤에 그가 이것에 대해 어떠한 태도를 보일지 보고 싶
다네."

이단 심문관도 이번에는 정도가 지나쳤다고 생각했음에 틀
림없다. 1599년 6월 말, 메노키오는 체포되어 아비아노의 감옥
에 수감되었다. 그리고 얼마 뒤 그는 포르토그루아로로 이감되
었다. 7월 12일, 그는 이단 심문관인 제롤라모 아스테오 신부,
콘코르디아의 보좌 주교인 발레리오 트라폴라Valerio Trapola
그리고 이 마을의 시장인 피에트로 자네Pietro Zane 앞에 끌려
나왔다.

52. 공상

"한 늙은이가 감옥에서 나온 후에……"[1]라고 공증인은 기록하였다. 메노키오가 처음 종교 재판소에서 심문을 받은 지 어느덧 15년이라는 세월이 흘렀다. 이 기간에는 감옥에서 보낸 3년도 포함되어 있었다. 이제 그는 늙은이가 되었다. 몸은 야위었고, 머리카락은 백발로 변했으며, 수염은 밝은 회색을 띠면서 점차 하얗게 변해갔다. 그리고 그는 과거와 마찬가지로 긴 웃옷과 엷은 회색의 모자를 쓴 제분업자의 복장을 하고 있었다. 그는 예순일곱 살의 노인이었다. 유죄 판결이 난 뒤 그는 여러 일을 하였다. "저는 목수였고 제분업자였으며 주막집에서 일을 하기도 하였습니다. 그리고 어린이들에게 셈하고,[2] 읽고, 쓰는 것을 가르쳤으며 잔치가 있을 때에는 기타를 연주하기도 하였습니다." 다른 말로 표현하면 그는 살기 위해, 자신을 곤경에 빠지게 한 근본적인 이유였던 읽기나 쓰기 능력과 같은 것을 포함한 자신의 모든 능력을 발휘하였다. 종교 재판소의 법정에서 재판을 받은 적이 있느냐는 재판관의 질문에 그는 "저는 소환되어 〔……〕 사도 신경과 머릿속에 가지고 있던 공상들에 대해 심문을 받았습니다. 왜냐하면 제가 성경을 읽었으며 탁월한 재능을 가지고 있었기 때문입니다. 그러나 저는 언제나 기독교인이었으며 지금도 그렇습니다"라고 답변하였다.

그의 말투는 순종적인 어조였지만 '공상'이라는 말에는 자신

---

1 ivi(1599년 7월 12일).
2 교육의 첫 단계에 해당한다. 우리는 이 부분에 대한 다른 정보들을 가지고 있지 않다.

의 지적 능력에 대한 평소의 자만심이 담겨 있었다. 그는 자신에게 부과된 보석을 어떻게 수행했는지, 어떻게 고백 성사를 받고 영성체를 모셨는지, 그리고 어떻게—이단 심문관의 승인을 반드시 받아야만 가능하였던—몬테레알레를 떠났는지에 대해 자세하게 설명하였다. 그러나 하비텔로에 대해서만큼은 잡다한 변명을 늘어놓았다. "신앙에 맹세하건대, 저는 축일에 때로는 그 옷을 입기도 하다가 때로는 벗기도 하였습니다. 그리고 겨울철 평일에 날씨가 몹시 추울 때에는, 그 옷을 항상 입고 있기는 했지만 겉옷 속에 입었습니다." 왜냐하면 그 옷을 입으면 "재산을 사정하는 일이나 다른 일거리가 생기지 않아 돈을 벌 수가 없었습니다. 〔……〕 사람들은 이런 옷을 입고 있는 저를 보면 파문당한 자로 간주했기 때문입니다. 그래서 전 그 옷을 입지 않았습니다." 그는 이단 심문관 사제에게 간청을 했으나 소용이 없었다. "그 의복을 벗도록 허가해주지 않았습니다."

그들이 메노키오에게 유죄 판결을 받게 된 문제들에 아직도 의문을 가지고 있는가를 물었을 때, 메노키오는 적당히 둘러대며 거짓말을 할 수가 없었다. 그는 철저히 부인하지 않고 다음과 같이 인정하였다. "수많은 공상들이 제 머리 속으로 파고들어왔지만 저는 결코 믿으려 하지 않았으며 그 누구에게도 불순한 것을 가르친 적이 없습니다." 그리고 "신앙에 대해서 다른 사람들과 이야기를 나눈 적이 있는지, 그리고 그들이 누구이며 언제, 어디서 했는가"를 집요하게 묻고 있는 이단 심문관들에게 메노키오는 "신앙에 대해 몇몇 사람과 농담으로 이야기를 나누기는 했지만, 맹세하건대 누구와 어디에서 그리고 언제 대화를 했는지는 모릅니다"라고 하였다. 메노키오의 대답은 별로 현명하지 못하였다. 재판관은 그에게 심하게 호통을 쳤다. "그대는 신앙의 문제를 가지고 어떻게 농담을 할 수 있단 말인가?

신앙 문제에 대해 농담을 하는 것이 올바른 처사라고 생각하는가? 도대체 '농담으로'라는 말은 무슨 뜻인가?" "몇 가지 거짓말을 하면서," 메노키오가 떠듬거리며 변명을 하자, "어떤 거짓말을 했단 말인가? 분명하게 말하시오." "정말 모릅니다."

그러나 이단 심문관들은 자신들의 질문을 계속하였다. 메노키오는 대답하였다. "잘 모릅니다. 누군가가 저의 말을 잘못 이해하였을 수도 있겠지요. 하지만 저는 신앙을 거스르는 그 어떤 것도 믿어본 적이 결코 없었습니다." 그는 자신에 대한 공격에 항변을 늘어놓았다. 메노키오는 '그리스도에게는 십자가에서 내려올 능력이 없었다'는 말을 하지 않았다. "저는 그리스도가 십자가에서 내려올 수 있는 능력을 가지고 있었다고 믿습니다." 그리고 그는 자신이 복음서를 믿지 않았다고 말하지 않았다. "저는 복음서가 진리라고 믿습니다." 이 순간에 그는 또다시 거짓말을 증언하였다. "저는 공부를 많이 한 사제들과 수사들이 복음서가 마치 성령의 입을 통해 온 것인 양 기록하였다고 말했습니다." 재판관은 이 순간을 놓치지 않고 말꼬리를 잡고 늘어졌다. "정말 그렇게 말을 했느냐? 언제, 어디서, 그리고 누구에게? 그리고 그 수사들은 누구였는가"를 물었다. 메노키오는 필사적으로 항변하였다. "도대체 제가 그것을 어떻게 알겠습니까? 신앙에 맹세하건대, 정말 전 모릅니다." "그것을 알지 못한다면 그대는 왜 그런 이야기를 하였는가?" "때로는 악마가 어떤 말을 하도록 유혹합니다……"

다시 한 번 메노키오는 자신의 의구심을 악마의 탓으로 미루려고 하였다. 그러나 이러한 결정은 곧바로 메노키오의 의구심에 대한 합리적인 근거를 드러내는 결과로 작용하였다. 그는 포레스티의 『연대기 보유』[3]에서 '성 베드로와 성 야고보 등과 같이 정의의 이름으로 희생된 여러 인물들이 복음서를 작성했

다'는 내용을 읽었다. 다시 한 번 메노키오의 머리 속에서는 유
사함이 가지는 파괴력이 왕성하게 활동하고 있었다. 무슨 이유
로 몇몇 복음서들만이 하느님이 아닌 인간의 작품으로서 그 출
처가 분명하지 않다고 간주되는 것일까? 바로 이러한 방식으
로 메노키오는 15년 전에 자신이 주장했던 것들의 함축적인 의
미, 즉 성서는 '몇 마디 말'로 요약될 수 있다는 사실을 보여주
었다. 분명히 그는 이 기간에 옛 생각의 흔적을 되밟아가고 있
었다. 그리고 이제 다시 한 번 그는 자신의 생각을 이해할 수
있는 사람들에게 설명할 수 있는 기회를 가지게 되었다고 생각
하고 있었다. 이제 그는 신중함과 조심스러움을 상실하고 있었
다. "저는 하느님이 만물, 즉 흙과 물과 공기를 만들었다고 믿
습니다." "그렇다면 불은 어떻게 되었는가?——콘코르디아의
주교 대리는 가소롭다는 듯이 빈정대며 불쑥 끼어들었다——누
가 불을 만들었지?" "불은 하느님이 그렇듯이 세상 어디에나
존재합니다. 그러나 다른 세 가지 요소는 삼위(三位)입니다.
성부는 공기이고, 성자는 흙이고, 그리고 성령은 물입니다." 계
속해서 메노키오는 다음과 같이 덧붙여 말했다. "제 생각에는
그렇습니다만, 어쨌든 이것이 진실인지는 확신할 수 없습니다.
저는 이 영들은 공기 속에서 서로 다투고 있으며 번개들은 그
들의 변화된 모습입니다."

　　이렇듯 시간을 거슬러 과거로 가는 힘겨운 여행을 통해서 메
노키오는 우주에 대한 기독교적인 표상의 한계를 넘어 고대 그
리스 철학자들의 우주관을 재발견하였던 것이다. 농부인 헤라
클레이토스는 가장 활동적이며 불멸의 상징인 불에서 만물의
근본 원소를 발견하였다. 메노키오에게 모든 현실은 불로 가득

---

3 필자는 정확한 페이지를 찾아내지 못하였다; cfr. Foresti, *Supplementum* cit., cc.
180r~v.

하였다("이것은 세상 어디에나 존재한다"). 통일되어 조화롭게 구성된 현실은 비록 각양각색의 다양한 겉모습으로 나타나기는 하지만 그 내부는 영들로 가득하고 신성으로 충만하였다. 이러한 이유로 메노키오는 불이 하느님이라고 주장하였던 것이다. 사실 메노키오는 다른 세 요소들과 삼위가 세심하고 정확하게 일치한다는 사실을 알게 되었다. "성부가 공기인 이유는 공기가 물과 흙보다는 더 상위의 요소이기 때문이라고 생각합니다. 계속해서 성자는 성부로부터 태어났기 때문에 흙이라고 말할 수 있습니다. 그리고 물이 공기와 흙에서 유래하듯이 성령은 성부와 성자로부터 기원합니다." 메노키오는 갑자기 신중해지면서 곧 이 말을 철회했지만("그러나 저는 이것들을 믿고 싶지 않습니다") 이미 때는 늦었고 소용없는 짓이었다. 메노키오가 말한 대비의 이면에는 그의 가장 분명한 확신, 즉 하느님은 하나이고 그가 곧 세계라는 확신이 꿈틀거리고 있었다. 재판관은 이 점을 집중적으로 공격하였다. 그렇다면 메노키오는 하느님이 육신을 가지고 있다고 믿고 있었을까? 메노키오는 "저는 그리스도가 육신을 가지고 있었다는 사실을 알고 있습니다"라고 말하면서 공격의 초점을 비껴나갔다. 이러한 말 상대를 제압하는 것은 쉬운 일이 아니었다. 이단 심문관은 자신의 공격 무기로서 삼단 논법을 활용하였다. "그대는 성령은 물이고, 물은 하나의 육체라고 말하였다. 그렇다면 성령이 육체라는 말이 되지 않는가?" "저는 이러한 것들을 하나의 비유로서 말하고 있습니다"라고 메노키오는 답변하였다. 아마도 어느 정도 자기 만족적인 측면이 있었을 것이다. 메노키오도 어떻게 논쟁을 벌여야 하고, 어떻게 논리학과 수사학의 도구들을 사용해야 하는지를 알고 있었다.

　이단 심문관은 또 다른 질문 공세를 시작하였다. "재판에서 그대는 하느님이 공기라고 진술하였네." "제가 이 말을 했는지는 잘 모르겠습니다. 하지만 하느님이 모든 것이라고는 했습니다." "그럼 그대는 하느님이 모든 것이라 믿는다는 말인가?" "예, 심문관님. 진정 그렇다고 믿습니다." 그럼 메노키오는 어떤 의미에서 이런 말을 하였을까? 심문관은 이 점을 이해하지 못하였다. "하느님은 원하는 모든 것이라고 믿습니다"라고 메노키오는 설명하였다. "하느님은 돌이 될 수도 있고 뱀이나 악마 혹은 이와 유사한 것들이 될 수 있단 말인가?" "하느님은 선한 것이면 모든 것일 수 있습니다." "만약 선한 피조물이 존재한다면 하느님도 하나의 피조물이 될 수 있단 말인가?"

"무슨 말을 해야 할지 모르겠습니다"라고 메노키오는 대답하였다.

53. 허영과 꿈

실제로 메노키오에게 창조주와 피조물을 구분하는 것과 창조주 하느님에 대한 개념 그 자체는 전혀 생소한 것이었다. 메노키오는 자신의 생각이 이단 심문관의 그것과 매우 다르다는 사실을 분명하게 알고 있었다. 그러나 어느 시점에 도달하자 메노키오는 이러한 차이를 설명하기 위한 어휘들을 더 이상 생각해내지 못하였다. 물론 15년 전에 메노키오를 재판한 심문관들이 피고의 고백을 이끌어내지 못하였듯이 제롤라모 아스테오 수사가 마련한 논리적인 함정들도 메노키오에게 잘못을 인정하도록 할 수는 없었다. 이러한 상황에서 메노키오는 신속히 기선을 제압하려고 하였다. 이는 사실상 심문 방식을 뒤바꾸는 것이었다. "존경하는 심문관님들, 제 말을 들어주십시오." 세 반지의 전설을 들추어내면서 메노키오는, 이미 살펴보았듯이, 첫번째 재판 당시에 그가 이미 설파했던 관용의 교리를 재확인하였다. 그러나 당시의 논지는 종교적인 성격을 띠었다. 말하자면, (이단들을 포함해서) 모든 신앙은 "하느님이 모든 사람에게 성령을 주었기" 때문에 동일하다는 것이다. 그러나 지금은 사회 생활의 현실과 밀접한 관계를 맺고 있는 여러 교회들 사이의 동질성이 문제의 쟁점으로 등장하였다. "심문관님들, 저는 모든 사람이 자신의 신앙을 좋은 것이라 믿고 있다고 생각합니다. 그러나 어떤 것이 좋은지는 알 수 없습니다. 그러나 저의 선조, 부친 그리고 가족들은 모두 기독교인이었기 때문에 저는 기독교인으로 남고 싶습니다. 그리고 이것이 올바른 것이라 믿습니다." 전통적인 종교들에 안주하기를 바라는 것은 세 반지의 전설에 대한 언급을 통해 합리화되었다. 그러나 그의 말 속에는 종교 재판소의 유죄 판결 이후 자신이 겪은 쓰라린 경험이 드러나고 있었다. 그가 속으로는 '거래'로 생각한 종교 의식들을 형식적으로 지키는 체하는 것이 차라리 더 나았다.[1] 이렇게 움츠러들었기 때문에 메노키오는 이단의 문제나 전통 종교로부터의 공개적이고 의도적인 단절의 문제에는 그다지 중요성을 부여하지 않았다. 그러나 동시에 메노키오는 과거 그 어느 때보다 종교를 순전히 세속적 현실로 간주하였다. 단지 우연히, 전통 때문에 기독교인이 되었다는 주장에는 상당히 비 판적인 단절이 암시되어 있었다. 이는 메노키오와 거의 동시대 에 몽테뉴가 주장한 "우리들은 페르고르뎅* 또는 독일인이기 때문에 모두 기독교인들이다"[2]와 맥을 같이하는 것이다. 몽테 뉴와 메노키오 모두 각자 나름대로 신앙과 제도들이 지니고 있 는 상대성을 고통스럽게 경험하였던 것이다.

메노키오가 선조의 종교를 수동적이 아니라 의식적으로 수 용하는 행위는 단지 외형적일 뿐이었다. 그는 미사에 참석하고 고백 성사를 하며 영성체를 받았다. 그러나 그는 마음속으로 낡고 새로운 사고들을 남기고 있었다. 메노키오는 이단 심문관 에게 "자신을 철학자, 천문학자 그리고 선지자로 생각한다"고 선언하였다.[3] 그리고 "선지자조차도 틀릴 수 있다"고 덧붙이면

---

1 cfr. C. Ginzburg, *Il nicodemismo. Simulazione e dissimulazione religiosa nell'Europa del '500* (Torino, 1970). 〔니코데모 Nicodemo는 바리새파인으로 고대 유대 의회의 의 원으로서 그리스도의 숨은 제자로 알려진 인물: 옮긴이〕
* 프랑스, 페리고르 지방의 사람들.
2 cfr. M. de Montaigne, *Essais*, A. Thibaudet, ed.(Paris, 1950), p. 489(저서 II, cap. XII, *Apologie de Raimond Sebond*).
3 cfr. ACAU, proc. n. 285, 페이지 번호가 없는 문서(1599년 7월 19일).

서 조심스럽게 자신을 변론하였다. 메노키오는 "저는 제 자신을 선지자로 생각하고 있었습니다. 왜냐하면 사악한 영이 저에게 허영과 꿈을 보여주면서 천국과 같은 것들의 본성에 대해 제가 알고 있다고 확신을 주었기 때문입니다. 저는 선지자들이 천사들로부터 지시받은 것을 말했을 것이라고 생각합니다."

첫번째 재판에서 메노키오는 초자연적인 계시에 대해 전혀 언급하지 않았었다. 그러나 이번에는 비록 '허영'이나 '꿈'과 같은 애매모호한 표현들로 부인하기는 했지만 그는 신비한 종류의 경험을 시사하고 있었다. 어쩌면 메노키오는 대천사장 가브리엘이 선지자 마호메트에게 전해준 『코란』(이 책은 개종한 유대인 시몬에 의해서 '가장 아름다운 책'으로 정의되었다)에서 읽은 내용에 영향을 입었을 수도 있다. 아마도 메노키오는 이탈리아어로 번역된 『코란』에 담긴 랍비 아브달라 이븐 살람 Abdallah ibn Sallam과 마호메트의 (전거가 분명하지 않은 성서 외전의) 대화를 읽으면서, '천상의 본질'을 발견하였다고 믿었는지도 모른다. "말씀하시길, 계속하게, 그리고 무슨 이유로 하늘을 하늘이라 하는지를 나에게 말해주게나. 대답하기를, 하늘은 증기로 창조되었고 증기는 바다의 수증기로 창조되었다네. 말씀하시기를, 그럼 하늘의 녹색은 어디에서 오는가? 대답하기를, 카프 Caf 산에서 받은 것이네, 카프 산은 천국의 에메랄드에서 그것을 받았지. 카프 산은 대지의 둥근 원을 에워싸면서 하늘을 떠받치고 있다네. 말씀하시길, 하늘에는 문이 있는가? 대답하길, 매달려 있는 문들이 있다네. 말씀하시기를, 그 문들에는 열쇠가 있는가? 대답하기를, 열쇠를 가지고 있는데 이들은 하느님의 보물들이라네. 말씀하시기를, 그 문들은 무엇으로 만든 것인가? 대답하기를, 황금으로 만들었다네. 말씀하시길, 사실을 말해주게나 우리의 하늘은 무엇으로 창조된 것인가? 대답하기를, 첫번째 하늘은 녹색의 물로, 두번째 하늘은 맑은 물로, 세번째 하늘은 에메랄드 보석으로, 네번째 하늘은 순수한 황금으로, 다섯번째 하늘은 히아신스로, 여섯번째 하늘은 광채로 빛나는 구름으로, 일곱번째 하늘은 휘황찬란한 불로 창조되었다네. 말씀하시길, 사실을 말해주게나, 그런데 이 일곱 개 하늘의 위에는 무엇이 있는가? 대답하기를, 생명을 주는 바다가 있으며 그 위에는 구름이 가득한 바다가 있는데, 이렇게 단계를 밟아오르면 천상의 바다가 있고 그 위에는 비탄의 바다가 그 위에는 우울의 바다가, 또 그 위에는 쾌락의 바다가 그리고 또다시 그 위에는 달이, 그 위에는 태양이, 그리고 그 위에는 하느님의 이름이 있으며 그 위에는 하느님의 기원이 존재한다네."[4]

이는 단순한 가설에 지나지 않는다. 메노키오가 그토록 열정적으로 언급한 '가장 아름다운 책'이 정말 『코란』인지 증거는 없다. 그리고 비록 그 증거가 있다고 할지라도 메노키오가 읽은 이 책의 내용을 재구성하는 것은 불가능하다. 메노키오가 자신의 경험과 문화 의식의 세계와 너무나도 다른 그러한 책을 이해하기는 힘들었을 것이다. 그리고 바로 이러한 사실로 인해서 메노키오는 자신의 생각과 공상을 이 책의 내용에 투사시켜야만 했을 것이다. 그러나 안타깝게도 우리는 이러한 투사(설사 실제로 일어났다 하더라도)에 대해서 아무 것도 알지 못한다. 일반적으로 메노키오가 말년에 가지고 있던 지적인 생각들에 대해서는 거의 알 수 없다. 15년 전과는 다르게 메노키오는 공포 때문에 점차 이단 심문관이 자신에게 제기하는 것 모두를 부인하였다. 그러나 다시 한 번 메노키오는 위증에 대한 대가

---

4 cfr. *L'Alcorano di Maometto, nel qual si contiene la dottrina, la vita, i costumi et le leggi sue, tradotto nuovamente dall'arabo in lingua italiana* (Venezia, 1547), c. 19r.

를 혹독하게 치렀다. "잠시 동안 침묵을 지킨 뒤에"[5] 메노키오는 "그리스도가 하느님이라는 사실을 의심"해본 적이 없다고 주장하였다. 그러나 곧바로 "그리스도는 인간의 육신이었기에 하느님의 권능을 소유하지 않았다"는 주장을 전개함으로써 스스로 상호 모순의 논리 속으로 빠져들었다.[6] 이단 심문관들은 "그대의 말은 혼란 그 자체이네"라고 반론을 제기하였다. 메노키오는 "제가 그런 말을 했는지는 잘 모르겠습니다만, 전 사실 무식하거든요"라고 변명하였다. 그는 자신이 복음서들이 "학식 있는 사제들과 수사들"에 의해서 씌어졌다고 말한 것은 "복음서의 저자들이 모두 학식 있는 분들"이었음을 염두에 둔 것이라고 말하였다. 메노키오는 이단 심문관들이 원한다고 생각되는 모든 것에 대해 답변하려고 노력하였다. "사실 이단 심문관들과 다른 높으신 분들은 자신들이 알고 있는 것이 우리에게 알려지기를 원하지 않습니다. 그러니 침묵을 지킬 수밖에요."[7] 그러나 다음 순간 자신을 억제하지 못하고, "천국이 존재할 것이라고 믿지 않았습니다. 왜냐하면 어디에 있는지 알 수 없었기 때문입니다"라고 하였다.

첫번째 심문이 끝날 무렵, 메노키오는 주기도문("우리를 유혹에 빠지지 않게 하시고 악에서 구하소서")과 연결지어 자신이 작성한 탄원서를 제출하면서, "저는 이러한 고통에서 벗어날 수 있도록 사면을 요청합니다"라고 말하였다. 그는 감옥으로 되돌아가기 직전에 자신의 늙고 떨리는 손으로 탄원서에 서명하였다.

---

5 cfr. ACAU, proc. n. 285(1599년 7월 12일).
6 ivi(1599년 7월 19일).
7 ivi(1599년 7월 12일).

54. 전지전능하시고 성스러우신 하느님

메노키오는 탄원서에 다음과 같은 내용을 진술하였다.

"우리 주 예수 그리스도와 그의 모친 성모 마리아 그리고 천국에 계신 모든 성인들의 이름으로 도움과 충고를 갈구합니다.[1]

저는 전지전능하시고 성스러우신 하늘과 땅의 창조주 하느님께 성스러운 의지와 끝없는 자비를 기원하면서 저의 영과 혼과 육신이 당신의 신성을 생각하고 말하고 행동하도록 빛나게 해주소서. 그리고 성스러우신 삼위일체, 성부와 성자와 성령의 이름으로 기도합니다 아멘. 저 메네고 스칸델라는 세상의 불행에 빠져 허우적거리며 저의 집과 저의 인생 그리고 가련한 저의 가족을 파멸의 구렁텅이에 빠지게 하였습니다. 그리하여 저는 더 이상 어떻게 말하고 어떻게 행동해야 할지 모른 채 다음의 몇 마디만을 간청드릴 뿐입니다. 첫째 '악에서 구하시고 그리고 (우리를) 유혹에 빠지지 않게 하시고 그리고 우리가 우리에게 잘못한 이를 용서하듯이 우리의 잘못을 용서하시고 오늘 우리에게 필요한 양식을 주소서'*. 이같이 저는 우리 주 예수 그리스도와 저의 높으신 분들께 자비로서 저를 도와주실 것을 간청드립니다. 그리고 저 메네고 스칸델라는 어디를 가든지 모든 충실한 그리스도교 신자들이 우리의 성모 마리아, 예수의

---

1 ivi, 페이지 번호가 없는 문서. 필자는 다음의 두 가지 오류를 바로잡았다('disgrazito' 'Iesun').

* 「마태복음」 6장 10~13절 참조.

로마 가톨릭 교회, 이단 심문관 주교님들, 주교 대리님들 그리고 교구 사제, 예배당 신부와 교구의 주임 신부가 명령하는 모든 것과 저의 경험에서 얻을 수 있는 모든 교훈들을 지키도록 기도할 것입니다. 저 메네고는 죽음이 이러한 불행에서 저를 벗어나게 해줄 것이고 그 어느 누구도 귀찮게 하지 않을 것이라 생각했지만, 그럼에도 죽음은 이와는 정반대로 행하여 저에게서 모든 문제와 고통을 막아주었던 제 자식을 데려갔습니다. 그리고는 계속해서 저를 돌보아주던 저의 아내를 데려갔습니다. 그리고 남은 아들과 딸들은 제가 이상한 사람이며, 자신들의 파멸의 원인이었다고 생각합니다.[2] 이것이 제가 맞이하고 있는 현실의 전부입니다. 제가 만약 15년 전에 죽었더라면 제 자식들은 불행한 저의 비극으로 인해 어떤 고통도 당하지 않았을 것입니다.

비록 제가 사악한 생각이나 헛된 말들을 하였다고 할지라도 저는 이러한 불경스러운 짓들을 믿지도 않았으며 교회를 적대시하는 그 어떤 행위도 하지 않았습니다. 왜냐하면 주 하느님께서는 제가 생각하고 말한 모든 것이 헛된 것이며 결코 지혜가 아니라고 믿도록 해주셨기 때문입니다.

이와 같이 저는 진실을 믿습니다. 다만 저는 교회가 믿고 그리고 저의 높으신 분들과 교구의 주임 신부님들이 행하도록 명령하시는 것을 제외한 그 어떤 것들도 생각하거나 믿지 않으려고 합니다."

---

2 그들은 나를 이상한 사람이라고 생각한다(cfr. G. Boerio, *Dizionario del dialetto veneziano*, Venezia, 1856, ad vocem 'cocchi').

55. 15년 전에 죽었더라면

이 '탄원서'의 하단에는 몬테레알레의 교구 사제인 조반니 다니엘레 멜키오리가 메노키오의 요청으로 1597년 1월 22일에 첨가한 몇 줄의 글이 기록되어 있었다. 멜키오리는 이 탄원서로 미루어 보건대, "만약 겉모습을 보고 내면을 판단한다면," 메노키오는 "그리스도적이고 정통 가톨릭적인" 삶을 추구하고 있다고 진술하였다. 그의 조심성은 이미 알다시피(그리고 추측건대 교구 사제도 이미 알고 있었듯이) 매우 적절한 것이다. 그러나 메노키오의 '탄원서'에 표현된 복종의 의지는 분명히 진지했다. 자신을 부담으로 여기는 자식들로부터 버림받고 마을에서 온갖 수모를 당하였으며, 가정의 행복이 깨어지자, 메노키오는 한때 자신을 기독교 세계로부터 추방하였으며 심지어 신에게 버림받은 사람으로 낙인을 찍은 교회에 다시 접근하기 위해 필사적으로 노력하였다. 이러한 이유 때문에 메노키오는 높으신 분들, 즉 (물론 첫번째로) 이단 심문관들과 그리고 심지어는 '주교들과 주교 대리님들 그리고 교구 사제와 예배당 신부 그리고 교구의 주임 신부들에게' 존경심을 표현하려는 애처로운 행위를 마다하지 않았다. 그러나 메노키오의 필사적인 노력은 아무런 소용이 없었다. 왜냐하면 메노키오가 이 탄원서를 작성하였을 때 자신에 대한 종교 재판소의 조사가 아직 재개되지 않았기 때문이다. 그러나 '보다 높으신 분들에게 매달리려는' 그의 끝없는 노력은 오히려 자신을 더욱 고통스럽게 할 뿐이었으며 자신을 '세상의 불행에 빠져' 큰 죄를 지은 사람으로 느끼게 만들 뿐이었다. 그는 절망적으로 죽음에 호소하였다.
그러나 죽음은 그를 외면하였다. "죽음은 제 의지와 정반대로
제 아들을 데려갔고, 그러고도 모자라 제 아내까지도 데려갔습
니다."[1] 당시에 그는 종교 재판으로 자신과 자신의 자식들에게
닥친 불행을 생각해 "내가 15년 전에 죽었더라면" 하고 한탄하
였다.

---

1 이러한 의인화는 이 기간에 민중 계층들의 죽음에 대한 태도를 엿볼 수 있는 기회를
제공해주었다——우리는 당시 민중 계층의 태도를 잘 알지 못한다. 이와 관련하여
증거 자료들을 거의 가지고 있지 않으며, 남아 있는 것들도 실제로는 변형된 표본을
통해 항상 걸러진 것이었다(예를 들어 인용된 것은 *Mourir autrefois*, M. Vovelle, ed.,
Paris, 1974, pp. 100~02 참조).

56. 두번째 판결

　새로운 심문 뒤에(7월 19일), 메노키오는 변호사를 원하는가에 대한 질문에 "저는 이제 자비를 요청하는 것 이외의 다른 그 어떤 변호도 원하지 않습니다. 만약 제가 할 수만 있다면 변호사를 고용하고 싶지만 그러기에는 전 너무 가난합니다."[1] 첫번째 재판 당시에 아들 잔누토는 부친을 위해 변호사를 마련해주었다. 그러나 지금 잔누토는 죽었고 다른 자식들은 아무런 행동도 취하지 않았다. 메노키오에게는 법정 변호사인 아고스티노 피센시Agostino Pisensi가 선임되었다. 7월 22일 변호사는 법정에 「가련한 도메니코 스칸델라에 대하여」라는 장문의 변호문을 제출하였다. 이 문서에서 변호사는 수집된 증거들이 모두 간접적인 자료들이고 서로간의 모순이 없지 않으며, 또한 피고에 대한 고의적인 적대감마저도 반영되어 있고, 아울러 이 사건을 통해 '어느 정도 피고의 무식함과 단순함이' 드러나는 만큼 이 사실에 기초하여 사면을 요청하였다.

　8월 2일, 종교 재판소의 이단 심문관들은 회합을 가졌다. 이 모임에서 참석자들은 메노키오가 같은 죄를 반복한 '배교자(背敎者)'라는 사실에 만장일치로 동의하였다. 재판은 종식되었다. 그리고 3일 후인 8월 5일에는 공범들의 이름을 알아내기 위해 피고를 고문한다는 결정을 내렸다. 하루 전에 메노키오의 집은 가택 수색을 당하였다. 이 과정에서 증인들이 바라보는

---

1 ACAU, proc. n. 285, 페이지 번호가 없는 문서(1599년 7월 19일).

가운데 그의 집의 모든 서랍들이 공개되었으며 '모든 책들과
문서들'이 압수되었다. 불행히도 이 '문서들'이 어떤 것들인지
에 대해서는 알 수 없다.

318

57. 고문

메노키오는 고문을 당하지 않으려면[1] 공범들의 이름을 자백하라는 강요를 받았다. 메노키오는 "심문관님, 저는 누구와 토론을 하였는지 기억하지 못합니다"라고 대답하였다. 그의 옷은 벗겨지고——종교 재판소의 관례에 따라——고문에 적합한 상태인지 조사를 받았다. 그동안에도 공범들의 이름을 묻는 질문은 계속되었다. 메노키오는 "저는 수많은 사람들과 토론을 하였습니다만 지금은 단 한 사람의 이름도 기억나지 않습니다." 그러자 심문관들은 그를 매달도록 지시한 뒤에 다시 한 번 솔직한 고백을 요구하였다. 그는 또다시 다음과 같이 대답하였다. "기억나지 않습니다." 메노키오를 고문실로 옮긴 후에도 같은 질문이 반복되었다. "저는 제가 누구와 토론을 하였는지를 생각하고 또 기억하려고 노력했지만 정말 알 수가 없습니다." 그들은 본격적으로 끈으로 묶어 잡아당기는 고문을 위한 준비를 하였다. "오 주님, 예수 그리스도여, 자비를, 예수님 자비를, 전 누구와 토론을 하였는지 알지 못합니다. 저에게는 추종자나 동료들이 없었습니다. 오직 제 스스로 읽었을 뿐입니다. 예수님 자비를 베푸소서." 고문관들은 메노키오가 매달려 있는 끈을 잡아당겨 고통을 가하기 시작하였다. "오, 예수님, 오 예수님, 저를 불쌍히 여기소서, 저를 불쌍히 여기소서." 또다시 그들은 "누구와 이야기를 하였는가"를 물었다. "예수님,

---

1 개론적인 내용의 참고서로는 P. Fiorelli, *La tortura giudiziaria nel diritto comune* (Milano, 1953~1954), 2 voll. 참조.

저는 아무 것도 모릅니다." 그러나 그들이 진실을 말할 것을 계속하여 다그치자, 메노키오는 "자백하겠으니, 좀 생각할 여유를 주세요"라고 대답하였다.

그들은 메노키오를 내려주도록 하였다. 잠시 생각할 여유를 가진 뒤에 메노키오는 "전 누구와 대화를 나누었는지 알지 못합니다. 더구나 누가 저의 생각에 공감을 하였는지도 모를 뿐만 아니라 정말 아무 것도 모릅니다." 이단 심문관들은 그에게 다시금 고통을 가하도록 명령하였다. 고문관들이 그를 허공에 매달고 있는 동안 메노키오는 소리쳤다. "아이고, 아이고, 순교자님들, 오 주 예수 그리스도여." 결국 그는 "심문관님, 절 내려주세요, 말씀드릴 것이 있습니다"라고 말하고는 땅에 내려오자 "저는 몬테레알레의 주안 프란체스코Zuan Francesco에게 좋은 신앙이 무엇인지 알 수 없다는 말을 하였습니다(하루 뒤 메노키오는 "앞서 말씀드린 조반니 프란체스코는 저를 미친놈으로 간주하였습니다"라는 말로 자신이 한 말의 의도를 명확히 전달하려고 하였다)"라고 하였다. 이단 심문관들은 더 이상 아무런 자백을 받아낼 수 없었다. 결국 그들은 고문을 중단하고 감옥으로 되돌려보냈다. 공증인은 고문이 "비교적 심하지 않게" 진행되었다고 기록하였다. 고문은 반 시간 동안만 지속되었다.

이단 심문관들의 마음 상태는 동일한 질문에 반복적인 답변이 계속되는 상황을 통해서 다만 짐작할 수 있을 뿐이다. 아마도 그것은 당시에 교황청 대사인 알베르토 볼로네티Alberto Bolognetti가 기록한 것과 마찬가지로 지겨움과 역겨움이 함께 뒤섞인 그런 것이었을 것이다. 사실 볼로네티는 종교 재판과 관련하여 "별로 인내심이 없는 사람이 수많은 사람들, 특히 고문당하는 사람들이 내지르는 어리석은 소리를 들으면서 말 한마디 한마디를 모두 기록해야만 하는 지겨움"[2]에 대한 불평을 늘어놓았다. 이단 심문관들에게 늙은 방앗간 주인의 집요한 침묵은 결코 이해할 수 없는 행동이었다.

육체적 고통을 가하는 것으로도 메노키오를 꺾지는 못하였다. 메노키오는 이름을 말하지 않았으며 오직 한 사람의 이름, 즉 몬테레알레에 사는 한 사람의 이름만을 언급하였을 뿐이다. 더구나 이러한 그의 행동은 이단 심문관의 강도 높은 조사를 방해하려는 의도적인 것으로 보였다. 분명히 메노키오는 무엇인가를 숨기고 있었다. 그러나 그가 "오직 제 스스로 읽었을 뿐입니다"라고 주장한 것은 결코 거짓만은 아니었을 것이다.

---

2 cfr. Stella, *Chiesa e Stato* cit., pp. 290~91. 볼로네티의 보고서는 1581년에 작성되었다.

58. 루카의 촌부 스콜리오

322 메노키오는 침묵을 통해 마지막 순간까지 이단 심문관들에게 자신의 생각은 고립된 생활과 독서를 통해 형성되었다는 사실을 강조하려고 하였다. 그러나 이미 살펴보았듯이, 메노키오는 구전 전통에서 유래된 요소들을 출판된 서적들에 투사시켰던 것이다.

이러한 전통은 유럽의 농촌들을 배경으로 넓게 확산되어 있었으며 교리들과 예식들에 분노를 느끼는 종교, 즉 근본적으로 이미 기독교 시대 이전부터 존재하던 자연의 리듬에 결속된 끝없는 생존력을 지닌 농민들의 종교를 반영한다. 농민 종교는 많은 경우에, 기독교로부터의 현실적 고립의 문제였다. 이는 17세기 중반에 놀라움에 휘둥그레진 예수회 신부들의 눈에 "오직 외모로만 구분될 뿐" 지식과 능력 면에서는 자신들이 기르는 짐승들과 큰 차이가 없는 그런 사람들, 즉 교회의 특별한 비의(秘儀)나 기도뿐만 아니라 하느님에 대한 인식 그 자체에 대해서도 무지한 사람들"[1]로 비추어졌던 에볼리Eboli 지역의 무장한 목동들의 경우와 마찬가지였다. 그러나 지리적·문화적으로 덜 고립된 상황에서조차도 기독교적 요인들을 비롯한 외부 요인들을 융합하고 재구성하는 농민 종교의 흔적들을 발견하는 것은 별로 어렵지 않다. 영국의 한 늙은 농부가 하느님을 '좋은 늙은이'로, 그리스도를 '멋진 젊은이'로, 영혼을 '육신에

---

1 cfr. Ginzburg, *Folklore* cit., p. 658. 이와 비슷한 영국의 경우들에 대해서는, Thomas, *Religion* cit., pp. 159 sgg. 참조.

박힌 거대한 뼈'로 그리고 천국을 선하게 살았을 경우 가게 될 '아름다운 푸른 초원'으로 생각했다면, 분명히 그는 기독교의 교리에 무지한 것은 아니다.[2] 말하자면, 이 농부는 기독교 교리를 단지 자신의 경험과 열망 그리고 환상에 부응할 이미지로 전환시켰던 것이다.

323

메노키오의 고백에서도 이와 유사한 과정을 찾아볼 수 있다. 물론 그의 경우는 훨씬 더 복합적이다. 그 이유는 인쇄된 서적들이 매매되었으며 일부가 그의 사색에 들어갔으며 종교 개혁의 보다 급진적 경향들로 인해 전통 종교의 대부분이 쇠퇴하였음을 전제로 하기 때문이다.

메노키오의 재판이 있기 약 20여 년 전에 루카의 농촌에 거주하던 한 무식한 촌부는 스콜리오 Scolio[3]라는 가명으로, 종교

---

2 ivi, p. 163, 그리고 톰슨(Tompson, *Anthropology* cit, p. 43)의 주석으로서 본 주에서 인용되었다. 데이비스 N. Z. Davis는 민중 종교를 상류 계층의 입장에서 연구하였으며, 공식 종교를 마술적인 의미에서 단순화시키거나 왜곡된 것으로 생각하는 학자들과의 논쟁에서 종교 부분에 대한 민중 계층들의 적극적인 태도, 더 나아가 개혁적인 태도를 주장하였다(cfr. N. Z. Davis, "Some Tasks and Themes in the Study of Popular Religion," *The Pursuit of Holiness in Late Medieval and Renaissance Religion*, Ch. Trinkaus와 H. A. Oberman, ed., Leiden, 1974, pp. 307 sgg.). 보다 일반적인 의미에서 필자는 '민중 문화'의 개념에 대한 논쟁을 서문에 언급하였다.

3 cfr. E. Donadoni, "Di uno sconosciuto poema eretico della seconda metà del Cinquecento di autore lucchese," *Studi di letteratura italiana*, II, 1900, pp. 1~142. 그러나 이 저서는 스콜리오의 시와 재침례교도들의 교리 사이의 정확한 관계를 설정하려는 무리한 시도를 하고 있다. 베렝고 Berengo는 이 저서를 언급하면서(cfr. *Nobili e mercanti* cit., pp. 450 sgg.), 도나도니의 결론들을 축소시켰지만, 그럼에도 완전히 부정하지는 않았다: 그러므로 한편에서는 "이 문헌이 정확하게 알려지지 않은 종교를 배경으로 작성되었다고 생각하는 것은 무리한 결론이라고 할 수 있다"라고 주장하면서, 다른 한편에서는 스콜리오를 '민중 합리주의'의 일원으로 간주하였다. 부분적으로는 민중 합리주의라는 표현을(cfr. 앞의 책, p. 160) 통해서 스콜리오의 시와 재침례교를 연결하는 것은 불가능하다——저자에 대해서는 도나도니의 가설 참조. 도나도니는 '스콜리오'가 치즈 판매인으로서 1559년에 강요에 의해 신앙을 부정한 ("Di uno sconosciuto" cit., pp. 13~14) 조반 피에로 디 데차 Giovan Piero di Dezza와 같은 인물이라는 가설을 주장하였다. 스콜리오는 시를 썼는데, 필자가 책의 마지막 장에서 언급하였듯이, 1563년부터 시작해서 7년을 소비하였으며(『세텐나리오』) 최종적으로 완성하는 데는 3년을 소비하였다고 한다.

적이고 도덕적인 의미가 풍부한 장시(長詩)로서 단테의 영향[4]
이 이곳저곳에서 발견되는 출판되지 않은 필사본 형태의 시집,
『세텐나리오 *Settennario*』를 통해서 자신의 비전을 제시하였다.
계속적으로 강조된 주제는 여러 종교들이 공통 분모를 가지고
있으며 이것이 십계명으로 구성되었다는 것이다. 하느님은 황
금의 구름 속에서 나타나 스콜리오에게 다음과 같이 설명하
였다.

나는 이미 여러 다양한 선지자들을 파견하였노라.

그 이유는 나의 선지자들이

각양각색의 사람들과 접해야 하기 때문이었느니라.

그리고 나는 풍속이 다양하다는 사실을 알기에

그들에게 여러 다른 법을 주었노라.

이는 마치 의사가 사람들의 체질에 따라

다양한 처방을 내리는 것과 같노라.

황제는 세 명의 대장을 아프리카,

아시아 그리고 유럽에 파견하여

유대인들, 터키인들 그리고 기독교인들에게 보내노라.

이들은 각각 자신들의 법의 사본을

그들의 다양하고 신기한 풍속에 따라 만들어

그들에게 고유한 법을 다양하게 제공하였노라.

그들에게는 동일한 십계명을 주었지만

그들은 이 계명을 서로 다르게 해석한다.

---

4 단테(BGL〔루카 시정 도서관 Biblioteca Governativa di Luca: 이하 BGL로 줄여 씀〕,
ms. 1271. c. 9r.)와 관련해서 "베아트리체의 영혼이 그 계단에 머무네 Sta su la scala
l'alma Beatrice"(ivi) 또는 "추위와 더위를 거뜬하게 견디어내고서 ch'eran ancora in
terra al cald'e al gelo"(cfr. *Paradiso*, XXI, 116). 그리고 (Donadoni, "Di uno
sconosciuto" cit., p. 4 참조.

오! 신은 한 분이시며 그리고 그에 대한 신앙도 오직 하나니
라.[5]

'황제'가 파견한 '대장들' 중에는 마호메트도 포함되었다. 그
는 범죄자들에 의해서 좋은 사람들 중에 악한으로 평가되었음
에도 불구하고 선지자이자 '하느님의 위대한 전사로서,' 모세,
엘리아, 다윗, 솔로몬, 그리스도, 여호수아, 아브라함 그리고
노아와 함께 '선한 이들'의 명단에 맨 마지막으로 수록되었다.[6]
터키인들과 기독교인들은 싸움을 중단하고 화해해야만 하였다.

　　너 터키인 그리고 너 기독교도들은 나의 법령에 따라,
　　과거에 너희들이 했던 것처럼 더 이상 계속하지 말라.
　　그럼에도 터키인은 한 걸음 앞으로 나아가고
　　그리고 너 기독교도들은 한 걸음 뒤로 후퇴하였느니라.[7]

이것은 십계명이 지중해를 중심으로 형성된 세 개의 위대한
종교(앞서 언급된 세 개의 반지를 기억하는 것으로 충분할 것이
다)뿐만 아니라, 이미 존재하고 또 존재할 다른 종교들, 즉 구
체적으로 언급되지 않은 네번째 종교와 "오늘날 하느님이 우리
에게 주셨으며"[8] 스콜리오가 예언한 다섯번째 종교 그리고 예

---

5 BGL, ms. 1271, c. 10r.

6 ivi, c. 4v(그리고 Donadoni, "Di uno sconosciuto" cit., p. 21). 시의 마지막 부분에서
스콜리오는 분명하지 않은 이유로 중단하였다: "왜냐하면 시를 쓸 때, 나는 내 자신
의 마음에서 벗어나 쓸 것을 강요받고, 장님·벙어리·귀머거리가 되었네. 어쩌면
잘된 일이지만, 잘 기억하지 못한다네"(ivi, p. 2). 스콜리오는 시를 쓰는 것을 중지하
고 수정 작업을 하였으며, 본 주에서 인용한 구절의 대부분에 대해 여백에 주석을
붙였다.

7 BGL, ms. 1271, c. 14r(그리고 Donadoni, "Di uno sconosciuto" cit., p. 93).

8 BGL, ms. 1271, c. 10r(그리고 Donadoni, "Di uno sconosciuto" cit., p. 28).

언의 숫자인 7을 완성하게 될 미래의 두 가지 종교의 기초를 구성하고 있는 만큼 가능하다고 할 수 있다.

스콜리오의 예언이 담고 있는 종교적인 내용은 상당히 단순하다. 그러므로 십계명, 즉 "자연의 대원칙들"[9]을 따르는 것으로 충분하다. 삼위일체론을 비롯한 다른 교리들은 모두 거부되었다.

> 오직 하느님 이외에는 숭배하지도, 믿지도 말지라
> 하느님에게는 동료도, 친구도, 아들도 없느니.
> 모든 사람이 그의 아들이며, 종이며 그리고 친구이니라.
> 하느님은 자신의 계율과 자신이 듣는 것과 내가 말하는 것을 따르노라.
> 다른 것들도, 그리고 성령조차도 숭배하지 말라
> 만약 내가 진정 신이라면, 신은 모든 곳에 계시니라.[10]

유일하게 언급된 성사(聖事)는 세례와 성찬이다. 전자는 성인(成人)들을 위한 것이다.

> 사람은 8일 후에 할례를 하고
> 서른 살경에 세례를 받는다.
> 하느님과 예언자들이 명령하였듯이,
> 그리고 세례 요한이 그리스도에게 하였듯이.[11]

성찬의 가치는 근본적으로 절하되었다. 그리스도께서 말씀

---

9 BGL, ms. 1271, c. 10r.

10 ivi, c. 19r(그리고 Donadoni, "Di uno sconosciuto" cit., p. 103 sgg.).

11 BGL, ms. 1271, c. 15r(그리고 Donadoni, "Di uno sconosciuto" cit., p. 90).

하시기를 "너희에게 말하노니,"[12]

> 이 축복된 빵은 나의 육신이며 포도주는 나의 피이니라
> 내가 이것을 너희에게 말하는 것은 나의 기쁨이며
> 이것들이 성찬이며 제물이기 때문이노라,
> 그럼에도 나는 이것을 계율로서 명하지 않을 것이니
> 그것은 빵과 포도주가 하느님과 유사하기 때문이노라.
> 그러나 너희는 십계명을 지킴으로써
> 그것의 중요성에 대해 논쟁할 것이니라.

이것은 단순히 실제 현존에 대한 신학적 논쟁을 자극하려는 것이 아니었다. 스콜리오는 그리스도의 입을 통해 세례와 성찬의 모든 신성한 가치를 부정하려고 하였다

> 제물, 나의 죽음, 성찬식(聖餐式) 그리고 성체 수령과 함께
> 나의 세례는 계명이 아니라,
> 종종 나를 기념하는 의미에서 수행되는
> 예식이니라.[13]

구원을 위해 중요한 것은, 다시 말하지만 "그 어떤 해석도, 설명도"[14] 없이, "그 어떤 삼단 논법이나 이상한 논리"도 없이 십계명을 말 그대로 준수하는 것이다. 종교 예식은 아무런 소용이 없으며 숭배는 가능한 최대로 단순해야만 한다.

---

12 BGL, ms. 1271, c. 2r(그리고 Donadoni, "Di uno sconosciuto" cit., p. 120).
13 BGL, ms. 1271, c. 2r.
14 BGL, ms. 1271, c. 10r.

종교적 지주도, 이미지도,

기구도, 음악이나 악기도,

종탑도, 종도, 그림도,

구원도, 장식대도, 화려한 장식도,

이 모든 것은 오직 십계명이 명하는 대로

단순하고 순수해야 한다.[15]

하느님의 말씀은 극히 단순하다. 하느님은 스콜리오가 "과장되지도, 분명하지도, 박식하거나 허식적이지도 않으며 오히려 폭넓고 방대한"[16] 언어로 기록할 것을 원하였다.

그러나 재침례파의 교리들과 유사한 특성에도 불구하고(직접적인 관계, 즉 기록상의 유사성은 아니다), 스콜리오의 주장은 이미 메노키오의 경우에 살펴본 농민 급진주의의 잠재된 경향에 의해서 잘 드러난다. 스콜리오에게 있어서 교황은 적 그리스도가 아니며(아마 앞으로 살펴보겠지만, 미래의 교황의 이미지는 사라지게 될 것이다), 권위를 행사하는 것은 (재침례파의 주장과 마찬가지로) 내적으로 처벌될 것이 아니었다. 물론 권력을 소유한 자들은 영원히 통치하기를 원하였다.

만약 나의 주님이 너를 자신의 집사로 삼아

너에게 행정권을 준다면,

만약 너를 공작, 교황 또는 황제로 삼아

인류와 행동의 자유를 준다면,

만약 너에게 권력, 지성, 의지, 명예를 준다면,

---

15 ivi, c. 15r(본문에는, ma organi······ ma campanil: 필자는 도나도니가 수정한 것을 수용한다. "Di uno sconosciuto" cit., pp. 94~95).

16 BGL, ms. 1271, c. 1r.

너는 우리들의 아버지이며 수호자인 것이며,

그러므로 네가 가진 것은 너의 것이 아니라 다른 사람의 것이
며 그리고 나의 것이니라,

너의 정직의 저편에 있는 모든 것이 하느님의 것이니라.[17]

사실 스콜리오가 꿈꾸던 사회는 농민들이 갈구하던 유토피
아들의 성스럽고 엄격한 사회이다. 이 사회에서는 유익하지 못
한 직업들은 사라지고(중요하고 근본적인 것을 제외한 상점들과
수공업은 존재하지 않으며/모든 학문은 헛된 것으로 간주되며/
의사와 박사가 없어도 아무런 불편이 없는 사회),[18] 유일한 군주,
즉 스콜리오 자신의 지배 하에 농민들과 전사들이 중심이 된다.

329

오락, 창녀들 그리고 여인숙의
주정뱅이들과 광대들은 쫓겨나고
농업에 종사하는 사람은
모든 유익하고 명예로운 기술보다 우선한다네.
신앙을 위해 싸우는 자들은
많은 찬사와 전리품의 자격을 가진다네.
교만, 허식, 오만한 폭음과 폭식,
미신은 제거될 헛된 영광이라네.
[……] 성대한 만찬과 저녁의 화려한 식탁은 금지되었네.
폭음, 폭식과 술주정이 난무하기 때문이라네.
음악과 춤, 향기, 목욕과 오락,
의상, 신발 들은 검소하고 그 수가 적어야 한다네.
오직 한 사람의 군주가

---

17 ivi, c. 16r.
18 ivi, c. 13r(그리고 Donadoni, "Di uno sconosciuto" cit., p. 99).

세속권과 영적인 권한에 대한 군주권을 가져야 한다네
오직 한 사람의 군주, 오직 한 사람의 주인
그리고 오직 하나의 축사(畜舍)와 오직 한 사람의 목자.[19]

이러한 미래의 사회에서 정의롭지 못한 것은 사라질 것이다.
즉 "황금의 시대"[20]가 다시 도래할 것이다. "간략하고, 그 의미
가 분명하며 그리고 모든 사람에게 공평한" 법은,

모든 사람에 의해 공유되어야 하는데,
그 이유는 이렇게 함으로써 좋은 결실을 맺게 될 것이기 때문
이며,
모든 사람이 잘 이해하도록 속어로 기록되어야 할 것이라네,
이 모든 것은 악을 추방하고 선을 추종할 것이니.[21]

엄격한 평등주의로 경제적 불균형은 폐지될 것이다.

남자나 여자나 입을 가지고 있다네
생존에 필요한 몫이 그들의 입에 공급될 것이다.
보다 많이 소유하는 것은 그 누구에게도 좋지 않으니,
잘 먹고 잘 입고 잘 지내기 위해서
음식이나 의복에 정직해야 하며,
명령하기를 원하는 자는 복종해야만 한다.
네가 폭음과 폭식을 일삼는 것은 신성하지도 인간적이지도
못하니

19 BGL, ms. 1271, c. 13r(그리고, 부분적으로 Donadoni, "Di uno sconosciuto" cit., p. 97).

20 cfr. Donadoni, "Di uno sconosciuto" cit., p. 34.

21 BGL, ms. 1271, c. 14r.

다른 사람들이나 나는 너를 위해 동정하지 않는다네.

하느님은 우리를 더 이상 과거처럼 가난뱅이로 남겨두지 않고 부자로 만드셨으니

무슨 이유로 너는 너를 부유하게 만드는 자를 원하고 너를 도와줄 사람을 원하느냐?

〔……〕 도시, 작은 마을 또는 성에서 출생한 자,

낮은 신분 또는 높은 신분에서 출생한 자에게,

차이는 존재하지 말아야 하느니

그 어느 누구도 조금의 유리함도 더 가져서는 안 될 것이니라.[22]

그러나 이러한 건전하고 성스러운 사회는 스콜리오가 꿈꾸던 농민 유토피아의—지상 세계의—한 단면에 불과하다. 다른 측면, 즉 땅 저편의 세계는 전혀 다른 것이다. "풍요로움과 즐거움은 이 지상의 세계가 아닌 오직 하늘에서만 정당한 것이다/그곳에 있는 것은 만족하고 풍요로운 것이다."[23] 스콜리오의 상상을 통해서 드러난 천국은 사실상, 풍요와 즐거움의 왕국이다.

하느님은 돌아오는 토요일에

온 세상이 내려다보이는 산으로 나를 인도하시었네.

천국이 있는 아름다운 그곳은 얼음과 불로 된

성벽으로 둘러싸여 있다네.

아름다운 궁전들과 멋진 정원들

그리고 채소밭, 우거진 숲, 초원, 강, 연못,

22 cfr. Donadoni, "Di uno sconosciuto" cit., pp. 102, 97.
23 BGL, ms. 1271, c. 19r.

진수성찬의 음식들과 값진 포도주가 있으며,

저녁과 점심의 만찬과 물질적 풍요가 있는 곳;

그곳에는 황금과 실크와 린넨으로 꾸민 방들,

선택된 하녀들, 몸종들 그리고 침대들과

거대한 나무들, 풀밭들, 짐승들이 있다네. 그리고

이들은 매일 열 번씩 새로운 결실을 맺는다네.[24]

위의 인용문에서는 『코란』의 천국이 느껴진다. 이는 물질적 풍요를 바라는 농민의 소망과 흡사한 것으로서, 이미 살펴본 신화 속에서 상기된 특징들에 이어 곧바로 언급된다. 스콜리오에게 나타나신 하느님은 양성(兩性)의 신성이며, "손바닥이 열리고 손가락이 위로 치켜진 손"을 가진 남녀 한몸이다. 각각 십계명의 한 가지씩을 의미하는 열 개의 손가락에서 모든 생명체들이 마시는 강물이 세차게 분출된다.

첫번째 강에는 달콤한 꿀이 흐르고,

두번째 강에는 단단한 설탕과 액체 설탕이 흐르고,

세번째 강엔 암브로시아*가, 네번째 강에는 넥타**가 흐르고,

다섯번째 강에는 만나가, 여섯번째 강에는 세상에 결코 없었던, 가볍고 무겁지 않아 죽은 사람을 활기차게 되살리는 빵들이 흐른다네.

신성한 그곳의 한 사람이 이미 말하였듯이

빵의 표면은 하느님의 얼굴이라네.

일곱번째 강에는 귀중한 물이 흐르고,

---

[24] ivi, c. 4r.
　* 먹으면 늙거나 죽지 않는다.
　** 그리스 신화에서 신들이 마신다는 술.

여덟번째 강에는 신선하고 순수한 버터가,

아홉번째 강에는 거대하고 향기 나는 유럽 자고새들이,

마치 천국에서 나온 것과 같다네.

열번째 강에는 우유가 흐르고, 귀중한 보석들은

내가 늘 소망하던 그 침대에 있네.

강변에는 황금과 보랏빛과 은색의 백합과 장미,

꽃들과 태양의 햇살이 비춘다네.[25]

이렇게 묘사된 천국(그리고 스콜리오가 잘 알고 있는)은 『동화의 나라』와 상당히 흡사하였다.[26]

---

25 ivi(그리고, 부분적으로 Donadoni, "Di uno sconosciuto" cit., p. 125).

26 cfr. Donadoni, "Di uno sconosciuto" cit., pp. 128~30. 스콜리오의 의식은 후에 천국을 묘사하는 부분들에 첨가된 주석을 통해 드러난다: "나는 예언자이며 미친 자들의 왕으로서 미친 자들, 우둔한 자들, 볼품없는 자들, 어리석은 자들의 광대한 천국으로 인도되었도다. 나는 그곳 쾌락의 천국에서 이 모든 것들을 보았네. 그러나 나는 이 모든 것을 버리고 떠났다네." 이번에도 다시 한 번 불분명하고 확실하지 않은 이유로 (천국으로의 여행)을 취소하고 있는데, 이는 실제로 농민들의 상상력에 이상향의 신화가 포함되어 있음을 의미한다. '쾌락의 천국paradiso delle delitie'이나 '쾌락의 세계delitiano'는 지상 천국을 가리킨다. 마호메트의 천국과 이상향 사이에 연결고리가 존재할 가능성에 대해서는 Ackermann, *Das Schlaraffenland* cit., p. 106 참조. 도나도니("Di uno sconosciuto" cit., p. 128)의 판단과는 다르게 'Urini'가 아니라 나귀들이다.

59. 순례자 바로니

스콜리오의 예언과 메노키오의 이야기가 서로 유사하다는 것은 분명한 사실이다. 이러한 유사성은 공동의 출처, 즉 단테의 『신곡』과 『코란』을 통해 충분히 설명되지 않는다. 스콜리오는 이들을 분명히 알고 있었지만 메노키오도 그러한지는 분명하지 않다. 오히려 세대를 거듭하면서 구전으로 전승된 전통, 신화 그리고 수많은 열망이 가지는 공통된 부분이 결정적인 요인이었다. 두 경우 모두에서 교육을 통해 기록 문화와 접촉함으로써 구전 문화의 심오한 뿌리들을 겉으로 드러낼 수 있었다. 메노키오는 기본 교육을 받았음에 틀림없다. 스콜리오는 자신이 말하였듯이,

> 나는 처음에 양치기였으나 나중에 학교에 다니게 되었고,
> 그리고 직인이 된 후에는 모든 생명체들의 목자가 되었으며,
> 후에는 학생이 되었네.
> 그리고 계속해서 직인 노릇을 하다가 다시 양치기로 돌아온 뒤
> 일곱 가지 학문을 습득하게 되었으며,
> 뒤에 양치기를 하다가, 다시 학생이 되었다네.[1]

메노키오는 자신을 "철학자, 점성술사, 예언자"[2]로 정의하였

---

1 Cfr. Donadoni, "Di uno sconosciuto" cit., p. 8.

2 cfr. 앞의 글, p. 124; BGL, ms. 1271, c. 30r(그리고 Donadoni, "Di uno sconosciuto" cit., p. 40).

다. 스콜리오는 자신을 "점성술사, 철학자 그리고 시인" 이외
에도 "예언자들의 예언자"로 정의하였다. 그럼에도 불구하고
몇 가지 사실에서 명백한 차이가 드러난다. 스콜리오는 도시와
의 접촉이 거의 없는 농촌에 묻혀 생활하고 있었던 반면, 메노
키오는 이곳저곳을 여행하고 베네치아를 여러 번 방문하였다.
스콜리오는 네 권의 신성한 책들, 즉 신약과 구약, 『코란』 그리
고 자신의 시집인 『세텐나리오』를 제외한 다른 책들의 모든 가
치를 부정하였다.

> 신에게 복종함으로써 너는 현명해질 수는 있어도
> 책이나 공부를 통해서는 그렇게 될 수 없다네.
> 내가 언급한 신성한 세 권의 책과 나의 저서, 즉 신의 저서들을
> 쓰거나 연구할 수 없는
> 모든 박사들과,
> 책을 쓰거나 출판할 수 있는
> 독자들과 저자들과 인쇄업자들,
> 토론하고 설교할 수 없는
> 논리학자와 논쟁자와 설교자들은
> 모두 금지되고 제거되어야 하네.[3]

　메노키오는 『성서의 약술기』를 구입하지만 『데카메론』과 맨
더빌의 『여행기』까지 빌려 보았다. 그리고 성경을 간략하게 요
약할 수도 있지만 자신의 적들인 이단 심문관들이 보유한 상당
한 지식을 이용할 필요성을 느낀다고 주장한다. 요컨대 메노키
오의 경우, 지배 계층의 문화와의 관계에서 자유롭고 공격적이

---

3 BGL, ms. 1271, c. 12r.

며 확고한 태도를 엿볼 수 있다. 그리고 스콜리오의 경우, 도시 문화에 대한 도덕적 처벌과 평등하고 가부장적인 사회에 대한 열망에 자신의 모든 힘을 소진해버리는 보다 폐쇄적인 입장[4]을 고수하였다는 사실을 알 수 있다. 비록 메노키오가 바라던 '새로운 세계'에 대한 구상은 알 수 없지만, 스콜리오의 절망적이고 무정부주의적인 유토피아에서 피어난 신세계와는 적어도 부분적으로 다르다는 것을 상상해볼 수 있다.

또 다른 방앗간 주인, 일명 '뚱보' 피기노Pighino로 불리며 모데나 주변 지역의 아펜니노Appennino 산 근처 파나로Panaro의 사비냐노Savignano에 사는 펠레그리노 바로니Pellegrino Baroni[5]는 메노키오와 많은 측면에서 유사한 인물이다. 1570년 피기노는 페라라Ferrara의 종교 재판소에서 재판을 받았다.[6] 그러나 이미 9년 전에 신앙과 관련하여 과오를 인정하고 자신의 주장을 포기하도록 강요받은 적이 있었다. 같은 마을 사람들은 그를 '사악한 기독교도인' '이단자' '루터파 교도'로 간주하고 있었다. 그리고 어떤 사람은 그를 '괴벽스럽고 소심한 사람'으로 정의하고 있었다. 실제로 피기노는 멍청한 사람이었을 뿐이

---

4 필자는 지상과 하늘에서, 식인종에 대한 반복적이고 놀라운 합리화와 같이 해석이 쉽지 않은 요인들을 무시한다: "왕이 욕망에 의해, 다른 사람들이 필요에 의해 인육을 먹는 것은 불경한 행위가 아니다. 구더기도 인육을 먹으며 불도 인육을 삼켜버린다. 전자가 세속적인 것이라면 후자 역시 결코 천상의 것만은 아니다"(ivi, c. 13r); "만약 누군가 과거 지상에서 먹었던 인육의 맛을 또다시 맛보려고 하든지 아니면 여기(천상)에서 자신의 욕망을 통제할 수 있음으로 해서 다른 음식을 생각 속에 떠올린다면 그 순간 그의 머리 속의 음식은 곧바로 눈앞의 현실로 나타나고 (그 결과) 아무런 거리낌없이 먹을 수 있을 것이다. 왜냐하면 천상에서는 모든 것이 정당하며 지상의 모든 법과 조약이 효력을 상실하기 때문이다"(c. 17r). 도나도니는 확신이 없는 상태에서, 이 마지막 구절이 소돔에 대한 은어적인 암시라고 해석하였다("Di uno sconosciuto" cit., p. 127).

5 펠레그리노 바로니에 대한 궁극적인 소식에 대해서는 로톤도의 곧 출판될 저서 참조.

6 cfr. ASM, Inquisizione, b. 5b, 피기노 바로니 문서철(fasc. Pighino Baroni), 문서들에는 부분적으로 페이지 번호가 있다. 팸플릿에는 페라라의 재판에 관련된 두 가지의 증언 문서 사본이 포함되어 있다(1561).

다. 그는 재판에서 이단 심문관들에게 자신의 확고한 마음 이외에도 얄팍하고 거의 교활하다고 할 수 있는 지적인 수준을 드러내면서 당당한 태도를 보여주었다. 그러나 피기노의 증언을 경청한 같은 마을 주민들의 혼란과 교구 사제의 불만은 쉽게 짐작할 수 있다. 피기노는 성인들의 중재, 고백 성사, 교회가 규정한 금식을 부정하였는데, 이러한 그의 주장은 '루터파'의 영향이라고 할 수 있다. 그러나 뒤에 그는 성체 성사(분명 세례는 아니다)를 포함한 모든 성사가 그리스도가 아니라 교회에 의해서 성립된 것이며, 구원에는 별 필요가 없는 것이라고 주장하였다. 그외에도 천국에서 "크고 작은 은총을 받게 되는 만큼 모든 사람이 동등할 것"이며 성모 마리아는 "여성 농노의 몸에서 출생"하였고, "지옥도 연옥도 없고, 모두가 돈을 벌기 위해 수사들과 신부들이 꾸민 것이다" "만약 그리스도가 훌륭한 인간이라면 십자가에 처형되지 않았을 것이다" "육신이 죽으면 혼도 죽는다" 그리고 "모든 신앙은 그것을 비폭력적으로 지키는 사람에게는 좋은 것이다"라고 하였다. 비록 수차례에 걸쳐 고문을 당하였지만 피기노는 공범의 존재를 강력하게 부인하면서 자신의 생각이 자신이 읽은 네 권의 책들 가운데 하나인 속어로 번역된 복음서를 통해 형성된 것들이라고 하였다. 다른 세 권의 책들은 『살테리오 *Salterio*』, 도나토 Donato의 문법책 그리고 『성서의 약술기』였다.

피기노의 운명은 메노키오의 그것과 다르다. 사비냐노의 마을에 영원히 유폐되는 벌을 받았지만, 같은 마을 사람들의 적대감에서 벗어나기 위해 도망쳤다가 용서를 구할 목적으로 페라라의 종교 재판소와 고문관들 앞에 다시 출두하였다. 그는 사실상 패배한 사람이었다. 이단 심문관은 자비를 베푸는 의미에서 그를 모데나 Modena 도시의 주교의 하인으로 일할 수 있도록 주선해주었다.

두 방앗간 주인의 종말은 다르지만 이들이 삶의 측면에서 보여준 유사성은 상당히 놀라운 것이다. 아마도 이 사실은 특별한 우연 그 이상의 무엇에 해당하는 것이라고 할 수 있다.

산업 혁명 이전의 유럽에서는 통신 수단이 거의 발전하지 않았기 때문에 아무리 작은 마을이라도 물이나 바람을 이용한 방앗간이 적어도 하나는 있었다. 방앗간을 운영하는 직업은 당시에 가장 보편화된 직업들 중의 하나였다. 그러므로 중세에 방앗간 주인들이 이단 집단들에 상당수 포함되어 있었으며, 특히 재침례파 교도들 사이에 그 수가 많았다는 사실은 그리 놀라운 일이 아니다.[7] 그럼에도 불구하고 16세기 중반에 이미 언급한 안드레아 다 베르가모와 같은 풍자 시인이[8] "진정한 방앗간 주인이라면 이미 절반은 루터파 교도이다"라고 주장했을 때, 그는 뭔가 보다 구체적인 관계를 암시하는 것 같았다.

농민들과 방앗간 주인들 간의 오랜 적대감 때문에 후자의 이미지는 지옥의 고통을 당하게 될 약은 놈, 도둑놈, 사기꾼으로 굳어졌다.[9] 이것은 민간 전통, 전설, 격언, 동화, 우화를 통해서 폭넓게 증언된 부정적인 전형이었다. "나는 지옥에 갔을 때 적기독교인을 보았다."[10] 이렇게 토스카나의 한 민중 가요는 노래하고 있다.

338

---

7 cfr. *Hérésies et sociétés dans l'Europe préindustrielle* (11ᵉ~18ᵉ siècles) (Paris: La Haye, 1968), pp. 185~86, 278~80; C.-P. Clasen, *Anabaptism* cit., pp. 319~20, 432~35.

8 cfr. Andrea da Bergamo(Piero Nelli), *Delle satire alla carlona libro secondo* (Venetia, 1566), c. 36v.

9 cfr. R. Bennett, J. Elton, *History of Corn Milling*, III: *Feudal Laws and Customs* (London, 1900)(rist. anast. New York s. a.), pp. 107 sgg., 그리고 이곳저곳; 또한 G. Fenwick Jones, "*Chaucer and the Medieval Miller*," *Modern Language Quarterly*, XVI, 1955, pp. 3~15.

10 cfr. A. D'Ancona, *La poesia popolare italiana* (Livorno, 1878), p. 264.

그는 한 방앗간 주인의 수염을 잡고,

그리고 한 독일인을 그의 발 밑에 누르고,

여기저기에 한 여인숙 주인과 푸줏간 주인을 잡았네.

내가 그에게 누가 가장 사악한가를 물었더니,

그는 나에게 대답하기를, "잘 듣게 내가 말해주겠네.

누가 손으로 무언가를 움켜잡고 있는지를 잘 보게나,

그는 흰색의 밀가루를 뒤집어쓴 방앗간 주인이네.

누가 손으로 무언가를 훔치고 있는지를 잘 보게나,

그는 흰색 밀가루를 뒤집어쓴 방앗간 주인이네.

그는 쿼터를 스타이오로 속아넘기네,

세상의 가장 큰 도둑은 방앗간 주인이라네."

339

이러한 전형 속에는 이단에 대한 비난이 일관되게 표현되어 있었다. 이러한 사실을 확인시켜주는 또 하나의 증거는 방앗간 이 거의 폐쇄적이고 정적인 세계에서는 회합과 사회적 관계를 매개하는 최적의 장소였다는 점이다. 방앗간은 여인숙과 상점 들처럼 많은 사람들의 생각이 교환되는 장소이다. 자신들의 곡 식이 빻아지는 동안 방앗간 앞의 "마을의 노새들이 배출하는 오줌으로 부드러워진 진흙땅(이것 역시 안드레아 다 베르가모가 말한 것이다)"[11] 위에서 농민들은 수많은 것들에 대해서 말을 하였을 것이다. 방앗간 주인도 자신의 생각을 말했을 것이다. 피기노의 방앗간에서 어떤 장면들이 연출되었는지를 상상하는 것은 별로 어렵지 않다. 피기노는 일단의 주민들을 향해 '신부 들과 수사들'[12]에 대해서 떠들어대기 시작하였다. 그의 말은 같

---

11 cfr. Andrea da Bergamo[Piero Nelli], *Delle satire* cit., c. 35v.
12 cfr. ASM, Inquisizione, b. 5b, 피기노 바로니 문서철(fasc. Pighino Baroni), 페이지 번호가 없는 문서(1571년 2월 1일). 1561년의 재판에서 한 증인은 피기노가 그가 소

은 마을 사람인 도메니코 데 마사피스Domenico de Masafiis가
다시 돌아와서 서 있는 사람들에게 "아이고, 이 사람들아. 신부
나 수사들의 설교를 듣기만 하고 나쁜 말은 하지 말게나. 펠레
그리노 디 그라시(즉 피기노)는 무시해버려"라고 말하면서 서
있는 사람들에게 돌아갈 것을 종용할 때까지 계속되었다. 그들
의 노동 조건 때문에 방앗간 주인들도, 여인숙 주인들·선술집
주인들·떠돌아다니는 수공업자들과 마찬가지로, 확산되는 새
로운 이념들에 비교적 개방된 직업이었다.[13] 그 밖에도 일반적
으로 주거지에서 멀리 위치하여 호기심 많은 사람들로부터 격
리되어 있던 방앗간은 비밀 집회의 장소로는 매우 적합한 장소
였다. 1192년에 카테키즘의 추종자*들에 대한 대대적인 박해
로 '몰렌디나 파테리노룸molendina paterinorum,' 즉 파테르네
스들의 방앗간이 모두 파괴되었던 모데나의 경우에도 예외는
아니었다.[14]

결국 방앗간 주인들은 그들의 특별한 사회적 지위로 인해서
자신들이 거주하고 있는 공동체로부터 고립되어갔다. 농민들
의 적대감에 대해서는 이미 언급하였다. 한 가지 덧붙인다면
그것은 방앗간 주인들이 수세기 동안 방앗세를 통해 특권을 유
지하고 있던 지역의 봉건 영주들에 직접적으로 예속되어 있었
다는 사실이다.[15] 이것이 본테레알레의 경우에도 해당되는지는
알 수 없다. 즉 예를 들어 메노키오와 그의 자식들이 모직물의
올을 촘촘하게 하는 작업을 위해 새로 빌린 방앗간은 개인의

유한 방앗간에서 "미사에 대해 사악하게 말하는 것을" 들었다고 주장하였다.

13 R. Mandrou(*Hérésies et scosiétés* cit., pp. 279~80)는 이 관점을 주장한다.

  * 11~14세기에 유럽에 확산되었던 기독교의 이단.

14 cfr. C. Violante, ivi, p. 186.

15 cfr. M. Bloch, "Avènement et conquê te du moulin à eau," *Mélanges historiques*, II
  (Paris, 1963), pp. 800~21.

소유였다. 그럼에도 불구하고 메노키오가 세 개의 반지 이야기를 기초로 하여 "진정한 신앙이 무엇인지 우리는 모릅니다"라고 몬테레알레의 영주인 조반 프란체스코 백작을 설득하려 했던 것과 같은 시도는 그의 사회적 지위가 갖는 비전형적 특성 때문에 아마도 가능했을 것이다. 방앗간 주인으로서의 직업은 메노키오를 몬테레알레의 조반 프란체스코가 종교적 문제로 토론하려는 생각조차 하지 않았을 무명의 수많은 농민들로부터 분리시키는 역할을 한다. 그러나 메노키오는 땅을 일구는 한 사람의 농민이기도 했다. 말하자면 메노키오를 재판 전에 잠시 만난 적이 있던 과거의 법관 알렉산드로 폴리크레토 Alessandro Policreto의 말처럼 "흰색의 옷을 입은 농민"이었다. 모든 사실은 메노키오와 몬테레알레 공동체의 복합적인 관계를 이해하는 데 도움이 될지도 모른다. 멜키오레 제르바스를 제외한 그 어느 누구도 메노키오의 생각에 동조하지 않았으며 (그러나 종교 재판 당시 증인들의 침묵을 평가하는 것은 상당히 어려운 일이다), 많은 세월이 지난, 그것도 30년이 흐른 뒤 비로소 메노키오는 종교 당국에 고발되었다. 끝으로 메노키오를 고발한 사람은 다른 사제의 요청으로 조사에 착수한 마을의 교구 사제였다. 메노키오의 모든 주장은 비록 한 개인의 경우이기는 하였지만 몬테레알레의 농민들의 삶과 신앙 그리고 열망과 결코 무관하지 않았다.

60. 두 명의 방앗간 주인

파나로의 사비냐노에 사는 방앗간 주인의 경우, 사회적으로 저명하고 교양 있는 사회 계층과의 관계는 더 긴밀하기까지 했다. 1565년 모데나 주교의 주선으로 교구를 방문한 사제 제롤라모 다 몬탈치노Gerolamo da Montalcino는 "내연의 처를 가진 루터파의 신도"로 낙인찍힌 피기노를 만났다.[1] 교구 방문을 마친 사제는 피기노를 "사악하기 이를 데 없고 키가 작으며, 병약하고 가련한 농부"로 묘사하면서, "그와 대화를 하면서, 그가 거짓되었지만 교묘한 사실을 말하는 데 놀라움을 금치 못했다. 그는 어떤 귀족의 집에서 그러한 것들을 배운 것으로 판단된다"고 하였다. 5년 뒤에 피기노가 페라라 종교 재판소의 법정에 섰을 때, 자신이 볼로냐의 귀족들인 나탈레 카바초니Natale Cavazzoni, 자코모 몬디노Giacomo Mondino, 안토니오 보나소네Antonio Bonasone, 빈첸조 볼로네티Vincenzo Bolognetti, 조반니 다볼리오Giovanni d'Avolio의 저택에서 하인으로 있었다는 사실을 고백하였다.[2] 이들 가운데 누구의 집에서 종교적인 주제로 대화를 나누었는가에 대한 질문에 피기노는 고문의 고통에도 불구하고 대답을 회피하였다. 그러자 이번에는 몇 년 전에 사비냐노에서 피기노를 만난 적이 있었던 한 신부

---

1 cfr. ASVat, Concilio Tridentino, b. 94, 모데나 교구 방문 문서철(fasc. Visita della diocesi di Modena), 1565, c. 90r(그리고 4년 후의 방문에 대해서는 c. 162v, c. 260v 참조).

2 cfr. ASM, Inquisizione, b. 5b, 피기노 바로니 문서철(fasc. Pighino Baroni), cc. 18v~19r.

와 대질 심문이 있었다. 사제 제롤라모는 이러한 상황에서 피기노가 볼로냐의 한 귀족의 집에서, 자세하게 언급되지 않은 '수업lectiones'을 한 인물로부터 받고, 그로부터 '거짓되었지만 교묘한' 것들을 배웠다는 사실을 말했다고 주장하였다. 신부는 잘 기억하지 못하였다. 그동안 너무 많은 세월이 지났다는 것이 그 이유였다. 그는 문제의 그 귀족과 '수업'을 진행하였던 사람—신부든가—의 이름을 잊어버렸다. 그러나 피기노는 모든 것을 부정하였다. "신부님, 아무리 생각해도 기억나지 않습니다."[3] 불 고문(끈으로 묶은 후에 잡아당기는 고문을 받지는 않았는데 그 이유는 피기노가 탈장 증세를 앓고 있었기 때문이다)의 위협도 그의 자백을 유도하지는 못하였다.

그러나 그가 의도적으로 침묵하였다는 사실은 명백하다. 그렇더라도 그의 침묵을 분석해볼 방법은 있을 것이다. 신부와의 대질 심문을 한 다음날(1570년 9월 11일), 이단 심문관들은 피기노에게 그가 하인으로 봉사한 볼로냐 귀족들의 이름을 말할 것을 요구하였다. 피고는 명단을 반복적으로 말하였지만 매번 조금씩 그 내용을 달리하였다.[4] 즉 빈첸조 볼로네티의 이름을 빈첸조 보니니Vincezo Bonini로 수정하였다. 어쩌면 피기노가 자신의 침묵으로 감추려고 했던 귀족이 바로 볼로네티였는지도 모른다. 만약 이러한 추측이 사실이라면(확실하지는 않지만), 피기노에게 그토록 깊은 영향을 준 '수업'을 과연 누가 진행했을까?

카밀로 레나토로 알려진 저 유명한 이단자 파올로 리치가 하나의 가능성일 수 있다. 1538년 볼로냐에 온 뒤[5] 리치는 2년 동

---

3 ivi, c. 24r.

4 ivi, c. 25r.

5 cfr. A. Rotondò, "Per la storia dell'eresia a Bologna nel secolo XVI," *Rinascimento*,

안 여러 귀족 가문들, 즉 다네지 Danesi 가문, 람베르티니
Lambertini 가문, 만졸리 Manzoli 가문, 볼로네티 가문의 자제
들을 위한 가정 교사로 있었다(당시 그는 리시아 필레노 Lisia
Fileno라는 인문주의자의 이름으로 알려져 있었다). 필레노는 종
교 재판소의 기소로부터 자신을 변호할 목적으로 1540년에 쓴
『아폴로지아 *Apologia*』의 한 구절[6]에서 볼로네티를 암시하였
다. 이 책에서 필레노는 성모 마리아에게 그리스도의 권력과
동일하거나 우월한 권력을 부여한 농민들과 하층민들의 순수
하고 유인원적 신앙에서 미신을 추방하고 그리스도 중심의 종
교를 성립시키기 위한 실마리를 발견하였다. "또다시 나는 수
많은 농민들과 대부분의 민중이 성모 마리아가 권력과 은총을
베푸는 것에서 예수 그리스도와 동일하다고 믿으며 어떤 사람
들은 성모 마리아가 더 위대하다고 믿는다는 사실을 내 귀로
들었다. 이것이 그들이 주장하는 이유이다. 지상에서 모친은
요구할 뿐만 아니라 아들에게 무엇인가를 하도록 강요할 수 있
다. 그러므로 모성의 법칙은 모친이 자식보다 더 위대하다고
주장한다. 그들은 이렇게 말한다. 반면 우리는 성모 마리아와
그의 아들 예수 그리스도가 하늘에서는 동일한 권력을 가진다
고 믿는다"고 말한다. 그리고 페이지 모퉁이의 한구석에는
"1540년 볼로냐의 볼로네티 가문의 저택에서 들었음"[7]이라는

XIII, 1962, pp. 109 sgg.

6 cfr. Renato, *Opere* cit., p. 53.

7 초기에 로톤도는 이 인물이 프란체스코 볼로네티라고 파악하였다(cfr. "Per la storia"
cit., p. 109, n. 3). 그러나 이 볼로네티는 많은 세월이 흐른 후인 1555년에 상원이 되
었다(cfr. G. Fantuzzi, *Notizie degli scrittori bolognesi*, II, Bologna, 1782, p. 244). 그러
므로 로톤도의 이러한 가설은 실제적으로, 레나토의 『작품, 문서 그리고……』가 편
집되는 과정에서 거부되었다(cfr. 인명 index). 빈첸조 볼로네티에 대한 가설은 그가
1534년부터 장로들 anziani과 자문위원들 gonfalonieri에 의해서 거론되고 있었기 때
문에 별다른 반론에 부딪히지 않았다: cfr. G. N. Pasquali Alidosi, *I signori anziani,
consoli e gonfalonieri di giustizia della città di Bologna* (Bologna, 1670), p. 79.

문구가 적혀 있었다. 알다시피 이것은 정확한 기억을 의미한다. 그렇다면 볼로네티 가문의 저택에서 필레노가 만난 '촌부'들 가운데 한 사람이 피기노였을까? 그렇다면, 사비냐노의 방앗간 주인이 페라라의 이단 심문관들에게 드러낸 침묵의 고백에서 30년 전 필레노가 말한 내용의 의미가 포착된다고 할 수 있다. 실제로 피기노는 자신의 이단적 견해들을 그리 멀지 않은 과거, 즉 처음에는 11년, 이후 계속해서 20년 또는 22년 전으로 소급하였는데, 이는 속어로 씌어진 복음서를 처음 읽은 날과 일치한다.[8] 그러나 이러한 날짜에 대한 불확실성의 이면에는 이단 심문관들의 생각을 혼란스럽게 만들려는 의도가 있었을 것이다. 파올로 리치–리시아 필레노가 제롤라모 다 몬탈치노 수사의 주장처럼 사제가 아니라 추방당한 수사였다는 사실은 단순한 가정인 만큼 문제가 되지는 않는다.

물론 세련된 인문주의자인 리시아 필레노와 방앗간 주인인 피기노 바로니(일명 뚱보)가 만나서 대화를 나누었을 가능성이 있다는 것은 추정에 불과하지만, 그럼에도 상당한 흥미를 유발한다. 조반니 도메니코 시지발디 Giovanni Domenico Sigibaldi 가 모로네 Morone 추기경에게 쓴 편지에서 언급하였듯이, 1540년 필레노가 "마을 사람들을 선동한 죄로 모데나 지역에서" 체포된 것은 사실이다.[9] 이때 "동일한 일을 하면서 루터파의 믿음을 떠벌리고 다닌" 다른 한 인물, 즉 "이름이 투르케토 Turchetto 이며 투르코 또는 투르카 Turca의 아들"[10]이 함께 체포되었다.

---

8 cfr. ASM, Inquisizione, b. 5b, 피기노 바로니 문서철(fasc. Pighino Baroni), cc. 12v, 30r.

9 cfr. Renato, *Opere* cit., p. 170.

10 *ibid.*, p. 172. 이 인물과 일명 그레케토 Grechetto로 불리는 톰마소 팔루이오 다프리 fra Tommaso Paluio d'Apri detto il Grechetto를 동일한 사람으로 간주하는 것은 로톤도의 주장으로서 별로 설득력이 없다. 반면에 필자는 투르카 또는 투르케토라고 불

추정하건대 이 인물은 아마도 일명 투르카로 불리던 조르지오 필라레토Giorgio Pilaletto로서, 메노키오가 가지고 있었을 것으로 보이는, 세르베토의 『잘못된 삼위일체에 대하여』를 이탈리아어판으로 번역한 장본인일 것으로 생각된다. 결국 이런저런 정보를 종합하건대, 이 기간에 인문주의 교육을 받은 이단들과 농민 세계를 연결하는 것이 확실하지는 않지만 그럼에도 어느 정도는 가능한 것으로 판단된다.

그러나 모든 것을 말한 이 시점에서 농민들의 종교적 급진주의가 보여준 이러한 현상들이 외부로부터의—그리고 위로부터의—영향에 기인하지 않는다고 주장하는 것은 별 의미가 없다고 할 수 있다. 피기노의 증언 기록은 당시의 이단적 집단에서 유포되고 있던 주제들이 결코 수동적으로 수용되지 않았다는 사실을 보여주고 있다. 마리아의 미천한 출생과 천국에서는 '지배자'와 '피지배자'가 모두 평등하다는 것에 대한 피기노의 보다 독창적인 주장은 같은 시기에 스콜리오가 자신의 시집인 『세텐나리오』에서 언급한 농민 평등주의를 분명하게 반영하고 있다. 그리하여 '육신이 죽으면 혼도 죽는다'는 개념은 본능적 농민 물질주의에서 비롯된 것으로 보인다. 그러나 이 경우 피기노의 여정은 보다 복잡하였다. 무엇보다도 영혼이 죽는다는 가설은 천국에서 복된 자들의 평등에 대한 주장과 대립되는 것으로 보였다. 자신에게 이러한 대립 관계를 지적한 이단 심문관에게 피기노는 "저는 구원받은 영혼들은 오랫동안 천국에 머물지만, 하느님이 원한다면 아무런 고통도 없이 무로 사라져야 할 것이라고 믿고 있었습니다"[11]라고 설명하였다. 그는

린 조르지오 필라레토Giorgio Filaletto에 대한 정보를 제공해준 실바노 세이델 멘키 Silvano Seidel Menchi에게 감사함을 전한다.

11 cfr. ASM, Inquisizione, b. 5b, 피기노 바로니 문서철(fasc. Pighino Baroni), c. 33v.

이보다 조금 전에 "영혼은 일단 죽으면 결국에는 무로 돌아갑니다. 그리고 이것은 하느님께서 '하늘과 땅은 사라질 것이지만 나의 말은 영원할 것이다'라고 말씀하신 그 이유 때문입니다. 그래서 저는 만약 하늘이 끝난다면 이보다 훨씬 많은 우리의 영혼들이 사라지게 될 것이라는 결론에 도달하였습니다"라는 자신의 믿음을 고백하였다. 이 모든 것은 1540년 『아폴로지아』에서도 언급되었듯이 필레노가 볼로냐 지역에 거주하면서 주장하였던, 이른바 죽음 후에 영혼들이 잠에 빠져든다는 가설을 생각나게 한다.[12] 결국 이러한 내용은 피기노의 알려지지 않은 '스승'이 필레노라는 사실을 확인하는 구체적인 증거가 될 수 있음을 보여주고 있다. 그러나 피기노의 논리가 당시의 이단들 사이에서 유포되고 있던 것들보다 더욱 물질주의적인 성향을 추구하고 있었다는 것은 주목할 만하다. 왜냐하면 피기노는 베네로 지역의 재침례교도들이 주장하는 것처럼, 복된 자들의 영혼이 무로 돌아가지만 정의의 영혼들은 최후의 심판에서 부활할 것이라고 전제하였기 때문이다.[13] 추측건대, 피기노는 볼로냐를 배경으로 형성된 난해한 의미의 철학 용어들로 가득한 가설들의 의미를 오랜 기간이 지난 후에 왜곡한 것으로 보인다. 그럼에도 어쨌든 그것은 그 자신의 성경 관련 주제에서도 보듯이 의미 있는 왜곡이었다. 필레노는 『아폴로지아』에서, 비록 정확한 출처를 언급하지는 않았지만, 자신의 눈으로 교부 신학뿐만 아니라 성경에서도 영혼의 수면 상태에 대한 이론들을 읽었다고 기록하였다. 그러나 피기노는 사도 바울이 잠자는 영혼들이 그리스도를 통해서 최후의 날에 재림한다는 말로 데

---

12 cfr. Renato, *Opere* cit., pp. 64~65; Rotondò, *Per la storia* cit., pp. 129 sgg.
13 cfr. 앞의 글, p. 86.

살로니카의 형제들을 위로한 구절을 지적하기보다는 영혼에 대한 그 어떤 말도 찾아볼 수 없는 분명하지 않은 구절을 언급하였다.[14] 무슨 이유로 세상의 종말로부터 영혼의 궁극적인 몰락을 유추하였을까? 아마도 피기노는 자신이 읽은 몇 권의 책들 가운데 하나인 『성서의 약술기』(그러나 피기노는 초기에는 조심하는 의미에서 가지고는 있었으나 결코 "읽지는 않았다"[15]고 주장하였다)의 여러 구절들을 염두에 두고 있었던 것으로 보인다.

『성서의 약술기』에 따르면, "하느님이 무에서 창조한 모든 것은 영원하며 항상 계속될 것이다. 그리고 모든 창조물은 영원한 것들, 즉 천사·빛·세상·인간·영혼"[16]이다. 그러나 얼마 뒤 같은 책에서는 이와는 다른 의미의 주장이 제기되었다. "몇 가지는 시작이 있었듯이 끝도 있을 것이다. 이것은 바로 세상이며 눈으로 볼 수 있는 창조물이다. 그러나 다른 것들의 경우 시작은 있었지만 끝이 없을 것이며, 이것들은 결코 끝나지 않을 천사들과 우리의 영혼이다."[17] 이미 살펴보았듯이, 계속해서 『성서의 약술기』는 '수많은 철학자들'이, 영혼의 창조와 관련하여 주장하는 '심각한 과오들' 중에서 다음의 내용을 언급하였다. "모든 영혼은 하나이며, 그 구성 요소들은 5개이다. 4개는 이미 위에서 언급하였으며, 다른 하나는 원(圓)이라고 불린다. 그리고 사람들은 하느님이 원으로 아담의 영혼과 다른

---

14 그런데 우리는 잠자는 너희 신부들을 무시하지 않는다. 너희는 우울하지는 않지만 아무런 희망도 가지고 있지 않다. 그렇지만 우리는 주님이 죽은 후에 부활하셨다는 것을 믿는다. 하느님은 예수와 함께 잠자는 너희들을 인도하신다"(cfr. Williams, *Camillo Renato* cit., p. 107).

15 cfr. ASM, Inquisizione, b. 5b, 피기노 바로니 문서철(fasc. Pighino Baroni), c. 2v; 그러나 cfr. c. 29v. 『성서의 약술기』는 목록에 포함되었다: cfr. 앞의 글, p. 164.

16 cfr. *Fioretto* cit., c. A VIv.

17 ivi, c. B IIr.

모든 것을 만드셨다고 한다. 그리고 사람들은 이러한 사실을
배경으로 사람이 죽으면 세상의 새로운 요소로 돌아오기 때문
에 결코 세상이 끝나지 않을 것이라고 한다."[18] 『성서의 약술
기』에 의해서 반박된 아베로에스 철학자들*은 영혼이 불멸한
다면 세상은 영원할 것이라고 주장하는 반면, 피기노는 『성서
의 약술기』가 주장하듯이 세상이 사멸한다면 영혼은 필멸의 존
재라고 "결론지었다." 이러한 급진적인 변환은 『성서의 약술
기』를 읽은 피기노와 메노키오의 감상이, 부분적이기는 하지
만, 서로 유사하다는 사실을 암시하고 있다. "나는 모든 세상,
즉 공기·흙 그리고 이 세상의 모든 아름다운 것들이 〔……〕
하느님이라고 믿습니다." 그 이유는 사람이 하느님의 형상과
이미지로 창조되었으며 인간 속에는 공기·불·흙 그리고 물
이 있으며 계속해서 공기·불·흙 그리고 물이 하느님이기 때
문이다. 네 가지 요인들에 기초하여 인간과 세상을 일치시킨
뒤, ("그리고 이러한 사실로부터") 메노키오는 세상과 하느님이
하나임을 유추해냈다. 세상의 유한성으로부터 영혼이 궁극적
으로 필멸한다는 사실을 유추해낸 피기노("저는 결론지었습니
다")는 인간과 세상의 일치를 암시하였다. 피기노는 하느님과
세상의 관계에 대해서 메노키오보다 더 철저하게 침묵함으로
써 아무런 설명도 하지 않았다.

　『성서의 약술기』에 대한 피기노와 메노키오의 감상이 유사
하다고 하는 것은 독단적인 판단의 결과로 보일 수 있다. 그러
나 두 사람 모두 프리울리와 페라라에서 이단 심문관에 의해
곧바로 지적된 모순 관계에 빠졌다는 사실은 의미 있다고 할

---

18 ivi, cc. Cr~v.

　* 아베로에스(1126~1198)의 사상을 추종하는 철학자들.

수 있다. 즉 영혼의 불멸을 거부한다면 천국에 대해서 말하는 것이 무슨 의미가 있을까? 라고 이단 심문관은 물었다. 우리는 어떻게 메노키오가 도저히 해결될 수 없는 궁극적인 모순들에 이러한 반론을 제기하였는가를 이미 살펴보았다. 반면 피기노는 일시적인 천국과 영혼들이 결국에는 무로 사라진다는 사실을 언급하면서 딜레마를 해결하였다.

실제로 두 방앗간 주인은 서로 100여 킬로미터 정도 떨어진 지역에서 살았으며 한 번도 만나지 않은 채 죽음을 맞이하였다. 두 사람은 같은 언어를 사용하고 있었으며, 같은 문화를 호흡하고 있었다. "저는 위에서 언급한 책만을 읽었을 뿐이며 그 어떤 사람으로부터도 이러한 과오를 배운 적이 없습니다. 다만 저 스스로 생각하였을 뿐입니다. 그렇지 않으면 악마가 저의 영혼에 이러한 생각을 집어넣었다고 생각합니다. 왜냐하면 수차례에 걸쳐 악마는 나를 괴롭혔으며 나는 마치 인간에게 하듯이 밤낮을 가리지 않고 출현하는 악마와 투쟁하였기 때문입니다. 결국 나는 그가 영이라는 생각을 가지게 되었습니다"[19]라고 피기노는 말하였다. 한편, 메노키오는 "저는 그 어떤 이단자와도 친분을 가진 적이 없습니다. 그러나 영리한 머리를 가지고 있었기에 제가 잘 모르는 보다 고귀한 것들을 찾고 싶었습니다. [……] 원하였습니다. [……] 제가 전에 말한 모든 것은 유혹을 받았기 때문이며 [……] 사악한 영이 저로 하여금 그러한 사실을 믿도록 하였습니다. [……] 악마 같은 것이 저를 유혹했습니다. [……] 거짓된 영은 항상 저를 따라다니며 잘못되고 진실이 아닌 것을 생각하게 만들었습니다. [……] 저는 제가 예언자라고 생각하고 있었는데, 그 이유는 사악한 영이 저

---

19 cfr. ASM, Inquisizione, b. 5b, 피기노 바로니 문서철(fasc. Pighino Baroni), c. 30r.

에게 허영과 꿈들을 보도록 하였기 때문입니다. 〔……〕 저에게
추종자나 동료가 있다면 죽어도 좋습니다. 그러나 혼자서 읽은
것이 전부입니다"[20]라고 하였다. 피기노는 "저는 유대인과 터
키인 그리고 그 밖의 다른 신앙을 가진 모든 사람들은 자신들
의 신앙에 복종해야만 한다는 사실을 말하고 싶었습니다"라고
하였다.[21] 메노키오는 "한편에 두 명씩 모두 네 명의 군인이 싸
움을 하는데, 만약 한편의 사람이 다른 편에 가담한다면 그는
배신자가 아닙니까? 그래서 저는 만약 한 터키인이 자신의 율
법을 버리고 기독교인이 된다면 이는 잘못된 것이라 생각하였
습니다. 또한 유대인이 터키인이나 기독교인 행세를 한다면 잘
못된 것이며 자신의 신앙을 버리는 모든 사람들도 잘못된 것이
라 생각합니다. 〔……〕"[22]라고 주장하였다. 한 증인의 증언에
따르면 피기노는 "지옥두 연옥두 없으며 이것들은 모두 사제와
수사들이 돈을 벌기 위해 만들어낸 것이다"라고 주장하였다.[23]
그는 이단 심문관들에게 "제가 '오 하느님 어디에 지옥과 연옥
이 있을까요?'라고 말하긴 했지만 결코 천국을 부정한 것도 아
닙니다." 땅 밑은 흙과 물로 가득하기 때문에 지옥도 연옥도 존
재할 수 없으며 우리가 살고 있는 이 땅 위에 지옥과 연옥이 있
다고 생각합니다"라는 말을 하였다고 한다. 메노키오는 "저는
인간들이 평화롭게 살아가야 한다는 설교를 좋아합니다. 그러
나 지옥을 설교하는 데 있어서 사도 바울은 이렇게 말하고 베
드로는 저렇게 말합니다. 그래서 저는 이것들이 다른 사람들보
다 더 많은 사실을 알고 있는 사람들이 만들어낸 것이자 장사

20 cfr. 앞의 글, pp. 16, 8 등.

21 cfr. ASM, Inquisizione, b. 5b, 피기노 바로니 문서철(fasc. Pighino Baroni), c. 20v.

22 cfr. ACAU, proc. n. 285, 페이지 번호가 없는 문서(1599년 7월 19일).

23 cfr. ASM, Inquisizione, b. 5b, 피기노 바로니 문서철(fasc. Pighiano Baroni), 페이지
번호가 없는 문서(1571년 2월 1일)와 c. 27r.

에 불과하다는 생각을 하게 되었습니다. 저는 천국이 존재할 것이라고는 생각하지 않았는데, 어디에 그것이 있는지 몰랐기 때문입니다"[24]라는 말을 하였다.

352

---

[24] cfr. 앞의 글, pp. 90, 126.

61. 지배 계층의 문화와 피지배 계층의 문화

우리는 이미 여러 차례에 걸쳐, 근본적인 언어 차이에도 불구하고, 우리가 재구성하려고 하였던 농민 문화의 기본 조류와 16세기 문화의 가장 진보적인 집단의 기본 조류가 놀랍도록 유사하다는 사실을 살펴보았다. 이러한 유사성을 단순히 위에서 아래로 확산되는 움직임으로 설명한다면, 이는 사상이란 독점적으로 지배 계층의 영역에서 발생한다는, 결코 수용될 수 없는 입장에 매달리는 것이다. 반면에 이러한 단순화된 견해를 거부한다면 이 시기에 지배 계층의 문화와 피지배 계층의 문화 사이에 존재하는 관계들에 대한 보다 복합적인 가설을 제시해야만 한다.

그것은 보다 복합적인 만큼 어느 부분은 증명될 수 없을 것이다. 증거 자료의 상태는 계층간의 힘의 역학 관계를 분명하게 보여준다. 산업화 이전의 유럽에서는 피지배 계층의 문화처럼 거의 전적으로 구전 전통에 의존한 문화는 흔적을 남기지 않거나, 설사 남긴다고 해도 그 흔적들이 변형된 형태로 존재할 뿐이다. 따라서 메노키오 사건과 같은 제한적인 사례에는 하나의 징후적인 가치가 존재한다. 그 가치는 지금에서야 비로소 그 중요성이 인식되기 시작한 한 가지 문제를 강력하게 시사한다. 즉 이 문제는 중세와 중세 이후 유럽 상류층 문화의 상당한 부분에 걸쳐 퍼져 있는 민중적 기원에 대한 것이다.[1] 라블

---

1 cfr. Bachtin, *L'oeuvre de François Rabelais* cit.

레와 브뤼겔 같은 인물들은 아마도 특별한 예외가 아니었을 것
이다. 오히려 그들은 상류층 문화와 하류층 문화가 서로간에
주고받은 은밀하면서도 활발하였던 문화적 교류가 있었던 한
시대를 마감하였다. 이와는 대조적으로 그 다음 시대는 지배
계층의 문화와 수공업-농민 문화의 구분이 한층 엄격하게 강화
되면서, 전자의 후자에 대한 일방통행적인 교화가 시작된 시기
였다.[2] 16세기 후반은 당시의 가격 혁명으로 인해 사회적 불평
등이 강화되고 있었다는 사실과 일치한다는 중요한 의미에서
볼 때, 이러한 두 기간의 연대기적 구분의 기준이었다. 그러나
결정적인 위기의 징조들은 이보다 이미 수십 년 앞서 농민 전
쟁과 뮌스터 Münster의 침례파 왕국을 통해서 시사되었다.[3] 그
당시 지배 계층은 이념적으로도 위로부터의 모든 형태의 통제
에서 벗어나려는 피지배 계층들을 회유하면서도 그들과 일정
한 사회적 거리를 유지하고 강조해야만 하는 절박한 상황에 직
면하였다.

패권을 장악하기 위한 새로운 노력은 유럽의 각지에서 서로
다른 형태로 표출되었다. 그러나 농촌에 복음을 전하려는 예수
회의 노력과 신교, 즉 프로테스탄트 교회들이 형성한 가족 단
위의 종교 조직화는 하나의 단일한 경향으로 집중되었다.[4] 그
리고 이러한 경향에 따라, 탄압 차원에서는 마녀 재판이 강화
되고 부랑자나 집시들과 같은 소외 집단들에 대한 통제가 엄격

---

2 전반적인 상황에 대해서는 J. Delumeau, *Le catholicisme entre Luther et Voltaire* (Paris, 1971), 특히 pp. 256 sgg. 참조. 이 연구의 흥미로운 결과에 대해서는 J. Bossy, "The Counter-Reformation and the People of Catholic Europe," *Past and Present*, n. 47, 1970년 5월, pp. 51~70 참조. 유사한 주기 구분은 G. Hennigsen(*The European Witch-Persecution*, Copenaghen, 1973, p. 19)에 의해서 제안되었다.

3 간접적인 영향을 포함한 농민 전쟁의 전반적인 영향에 대한 복합적인 연구가 기대된다.

4 이러한 접근에 대해서는 J. Bossy, "The Counter-Reformation" cit. 참조.

하게 실시되었다. 메노키오의 사례는 바로 이러한 민중 문화의
말살과 탄압을 배경으로 벌어진 사건이었다.[5]

355

<hr>

5 방랑자들에 대해서는 앞의 글, p. XXXI 참조; 집시들에 대해서는 H. Asséo,
"Marginalité et exclusion: le traitement administratif des Bohémiens dans la société
française du XVIIe siècle," *Problèmes socio-culturels en France au XVIIe siècle* (Paris,
1974), pp. 11~87 참조.

62. 로마에서 온 편지

재판은 종식되었지만 메노키오 사건은 아직 종결되지 않았다. 어떤 의미에서는 매우 특이하다고 할 만한 일이 바로 이 당시에 시작되었다. 또다시 메노키오에 대한 불리한 증거들이 수집되고 있는 가운데 아쿠일레이아와 콘코르디아의 이단 심문관은 로마의 종교 재판소 상임위원회에 서한을 보내 이곳에서 벌어진 사건에 대한 진상을 보고하였다. 1599년 6월 5일 상임위원회의 실질적인 권력자들 가운데 한 사람인 산타 세베리나 Santa Severina 추기경은 회신에서 "과거에 이미 이단으로 처벌받은 만큼 죄질이 매우 좋지 않은 상황에서" 무슨 이유로 "우리 주 그리스도의 신성을 부정하던 콘코르디아 교구의 그 같은 사람"을 가능한 빨리 감옥에 수감하지 않았는가를 문책하였다.[1] 게다가 추기경은 피고의 모든 서적과 '기록물'을 압수하도록 지시하였다. 메노키오의 이 같은 소유물은 압수되었으며 그 과정에서, 이미 알다시피, 그 성격을 잘 알 수 없는──여러 '기록물'이 발견되었다. 메노키오의 재판에 대한 로마의 관심이 높다는 사실이 알려지자, 프리울리의 이단 심문관은 메노키오에 대한 세 번의 고발에 관련된 문서들의 사본을 상임위원회에 보냈다. 8월 14일, 산타 세베리나 추기경의 공문이 도착하

---

1 cfr. ACAU, "Epistolę Sac. Cong. S. Officii ab anno 1588 usque ad 1613 incl.," 페이지 번호가 없는 문서. 산타 세베리나의 추기경인 산토르는 종교 회의에서 유력한 교황 후보로 주목되었으나, 실제로는 다른 인물이 클레멘스 8세의 법명으로 선출되었다. 산토르 주교가 교황으로 선출되지 못한 이유는 주변에 알려진 그의 엄격한 성격 때문이었다.

였다. 이 서한에는 "그 상습범은 [……] 조사를 통해 무신론자라는 사실이 밝혀졌다."[2] 그러므로 "공범들을 색출하기 위한 법률상 정당한 조치로서" 조사를 시작할 필요성이 있으며 사건이 "상당히 중대하기" 때문에 "존경하는 종교 재판관은 피고에 대한 재판 기록의 사본이나 적어도 요약본을 보내주어야 한다"는 내용이 기록되어 있었다. 다음달 로마에는 메노키오가 사형 선고를 받았으나 형이 집행되지는 않았다는 소식이 도착하였다. 아마 프리울리의 이단 심문관은 형의 집행을 앞두고 뒤늦게 자비심이 발동하여 주저하였던 것으로 보인다. 9월 5일, 이단 심문관은 로마의 상임위원회에 자신이 형 집행에 머뭇거리고 있다는 사실을 적은——지금은 남아 있지 않은——서한을 보냈다. 그러나 10월 30일, 산타 세베리나 추기경이 상임위원회의 이름으로 보낸 답장의 내용은 상당히 엄격한 것이었다. "본인은 교황 성하의 명령으로, 사안의 심각성이 중대한 만큼 귀하가 이 사건을 다루는 데 소홀함이 없어야 하고, 그래서 죄인은 자신의 끔찍하고 혐오스러운 사행(邪行)으로 처벌되지 않을 수 없으며, 그를 정당하고 엄중하게 처벌함으로써 주변 사람들에게 본보기가 될 것이라는 점을 환기하는 바입니다. 따라서 사건의 중요성에 비추어 이를 철저하고 강력한 의지로 실행에 옮겨야 합니다. 이것이 교황 성하의 확고한 의지입니다."

가톨릭 세계의 최고 수장인 교황 클레멘스 8세는 그리스도의 육신에서 병든 지체의 일부가 되어버린 메노키오의 죽음을 요구하고자 몸소 관심을 나타냈다. 바로 이 몇 달 동안 로마에서는 전직 수도사인 조르다노 브루노Giordano Bruno에 대한

---

2 그러므로 초기에는 그리스도의 신성을 부정한 자로 알려졌지만 사실은 그 의미가 더 심각하다. 이 용어에 대해서는 일반적으로, H. Busson, "Les noms des incrédules au XVIᵉ siècle," *Bibliothèque d'Humanisme et Renaissance*, XVI, 1954, pp. 273~83.

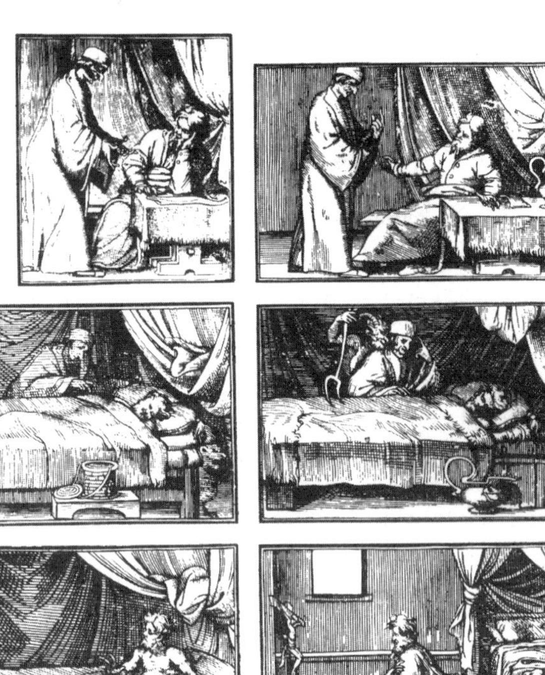

재판이 끝나가고 있었다. 이것은 트렌토 공의회에서 공포된 교의를 관철시키기 위해 가톨릭 교권이 여러 해에 걸쳐 벌여왔던 이중적인 전쟁, 즉 하나는 상층부를, 다른 하나는 하층부를 향한 전쟁을 상징하는 우연의 일치였다. 이는 그 늙은 방앗간 주인에게 다른 때 같았으면 이해될 수 없었을 가혹한 조치였다. 얼마 뒤인 11월 13일, 산타 세베리나 추기경은 다음과 같은 사실을 재천명하였다. "교황 성하의 특명으로 본인이 이전에 보낸 편지에 따라, 귀하는 영원히 축복받은 마리아의 처녀성과 우리 주 그리스도의 신성 그리고 하느님의 섭리를 부정한 혐의가 있는 콘코르디아 교구의 농부에 대한 사건을 반드시 처리해야만 합니다. 이토록 중요한 사건에 대해 종교 재판소가 행사하는 권한은 결코 의심의 대상이 될 수 없습니다. 따라서 법의 절차에 따라 필요한 모든 것을 과감하게 이행해야 합니다."

이토록 강력한 압력에 저항하는 것은 불가능하였다. 이날 이후 얼마 있지 않아 메노키오에 대한 사형이 집행되었다.[3] 메노키오가 처형되었다는 소식은 도나토 세로티노Donato Serotino라는 한 인물이 1601년 7월 6일, 프리울리의 이단 심문관에게 전한 소식에서 분명하게 알 수 있는데, 그는 "스칸델라로 불린 한 사람이 종교 재판소의 명령으로 처형된" 직후에 포르데노네를 방문하였는데, 이곳에서 만난 한 주막집의 여주인에게서 "이 마을에 육신이 죽으면 영혼도 함께 죽는다고 주장하던 마르카토Marcato 또는 마르코Marco라는 사람이 있었다"는 말을 들었다고 전하였다.[4]

우리는 메노키오에 대해서 많은 사실을 알고 있다. 그러나 이 마르카토 또는 마르코에 대해서는, 그리고 우리의 주인공처럼 흔적을 남기지 않고 살다가 죽은 다른 많은 다른 사람들에 대해서는 아무것도 알지 못한다.

---

3 1600년 1월 26일, 공증인이 조반나 스칸델라의 결혼 지참금에 관한 문서를 작성하였다(cfr. 앞의 글, pp. 152~53). 공증인은 이 문서를 "사망한 도메니코 스칸델라의 상속인들의 집에서" 기록하였다(ASP, Notarile, b. 488, n. 3786, c. 27v).

4 cfr. ACAU, "Ab anno 1601 usque ad annum 1603 incl. a n. 449 usque ad 546 incl.," proc. n. 497. 그러나 파스키니Paschini는 다음과 같이 주장하였다(*Fresia* cit., p. 82). 파스키니는 자신이 참고한 문서들에 기초하여 프리울리 시에서 1568년에 열린 종교 재판에서 처벌된 유일한 사람이 독일인 대장장이였다고 주장하였다.

옮긴이 후기

우리의 서양 학문은 일차적 글쓰기보다 이차적 글쓰기, 다시 말해, 원작보다는 이론이 먼저 소개되어온 경향이 없지 않다. 포스트모더니즘만 하더라도 포스트모더니즘 문학 작품이나 예술 등에 대한 번역이나 구체적 소개 없이 이론이 먼저 소개되었다. 그리하여 막상 작품을 접할 때는 소개된 이론틀 안에서 작품을 해독하는 경향이 생겨 독자의 자유로운 해석과 판단이 들어설 자리가 줄어들게 된다.

미시사의 경우도 이러한 흐름에서 예외는 아니었다. 미시사 이론이 소개되고 이에 대한 저서도 발간되었지만, 정작 미시사를 대표하는 저서나 일차적 논문은 충분히 번역 소개되지 않았다. 미시사의 주요 역사가 중 한 사람인 카를로 진즈부르그 Carlo Ginzburg의 『치즈와 구더기』가 그 한 예이다. 옮긴이들은 이 책을 처음 접했을 때의 감동을 잊을 수 없다. 역사도 이렇게 문학적으로 쓰일 수 있구나, 그리고 까마득한 16세기로부터 '나도 역사 속에 존재했었노라'는 듯 갑자기 튀어나온 한 이탈리아 농부가 던져준 강한 인상에 대한 감동이었다. 이것이 계기가 되어 이탈리아 반대편에 살고 있는 옮긴이들이 감히 번역을 시도하게 되었다. 그러나 그동안 『치즈와 구더기』에 대한 연구와 소개는 적지 않았음에도 불구하고 이제야 한국어판이 나오게 되었다.

옮긴이들은 미시사에 관심을 가져온 연구자들과 독자들에게 진심으로 죄스럽게 생각한다. 한국어 번역이 너무 늦게 나온

감이 있기 때문이다. 이 책의 영어판을 접한 독자라면, 영어판을 한국어로 번역하는 것이 그다지 어렵지 않은 작업임을 알수 있을 것이다. 옮긴이들이 번역하고 있다는 사실이 알려지면서 번역에 대한 열의를 접어버린 분들이 있었다고 들었다. 이자리를 빌려 진심으로 유감을 표한다. 옮긴이들 스스로도 좋은 번역은 가급적 제 시간에 나와서 독자들에게 제공되어야 한다고 생각한다. 만약 많은 사람들이 원하는 저작물의 번역을 장시간 독점한다면 번역할 능력과 의지를 가진 분들과 독자, 그리고 학계 모두에 누가 되는 일이기 때문이다.

번역이 늦어진 데에는 여러 사정이 있었다. 첫번째는 출판권을 소유한 이탈리아 출판사와의 교섭이 쉽지 않았던 점이다. 직접 나서서 접촉을 해보았지만 회신을 받지 못하면서부터 작업은 지체되기 시작했다. 두번째는 이탈리아어판과 영어판을 함께 해독해가며 번역한 데에 있었다. 미국에서 나온 영어판도 매우 좋은 번역이라는 평가를 받고 있다. 그러나 글자 하나와 표현 하나의 차이가 엄청난 의미의 차이를 불러일으키는 현상을 줄곧 경험해온 문학 전공자들로서, 이 책이 묘사한 16세기 이탈리아의 토양 속의 인물, 메노키오와 그를 둘러싼 농부들의 사투리까지 한국어로 토해낼 번역이 필요하다고 믿었다. 이러한 믿음은 영미권 연구가 지나칠 정도로 강조되어온 우리의 실정에서 욕심인지도 모른다.

이런 점에서 이탈리아어판을 저본으로 한국어판이 나온 것을 기쁘게 생각한다. 옮긴이 가운데 한 사람은 이탈리아권의 학문 양식에, 다른 한 사람은 영어권의 학문 양식에 익숙한 사람이다. 옮긴이들은 표기법에서 표현에 이르는 다양한 차이를 확인하는 과정에서 많은 것을 배울 수 있었다. 또한 이 책을 접한 독자라면 누구나 알 수 있듯이 이 책은 상당 부분이 문학적인 서술로 이루어져 있다. 옮긴이들은 나름의 역할 분담을 통해 이 책의 문학적인 서술을 살려 보다 바람직한 번역이 될 수 있도록 최선을 다하였다. 옮긴이 주의 경우 서문을 제외한 나머지 본문의 그것은 김정하가 전담하였다.

특정 저서를 이해하는 데 있어서의 언어와 문화적 전통의 중요함은 아무리 강조해도 지나치지 않다. 그렇다고 해서 옮긴이들이 이탈리아 문화가 서구 문화 전통의 물결 속에 합류되어왔음을 부인하는 것은 아니다. 오히려 이 점을 강조하고 싶다. 『치즈와 구더기』는 영미, 프랑스, 독일 등의 서양 고유의 지적 전통의 산물로 보아야 한다. 이에 대한 폭넓은 이해가 선행될 때만이 이 책을 보다 정확하게 이해할 수 있다. 이 책의 이탈리아어판 서문은 바로 이 같은 사실을 말해주는 것이다.

『치즈와 구더기』의 저자 카를로 진즈부르그는 미시사를 대표하는 역사가의 한 사람으로 우리나라에 소개되었다. 그는 현재 미국 로스앤젤레스 소재 캘리포니아 대학(UCLA)에서 강의 중이다. 그의 학문 영역은 사학이라기보다는 인문학에 가깝다.

그의 연구 성과는 예술사와 문학 그리고 영상 연구에까지 연결되고 있다. 그는 현재 미국 대학의 강좌와 영상 연구와 미술사 콜로키움에도 초청받는 등 보다 광범위한 영역에 걸쳐 지적 영향력을 행사하고 있다.

옮긴이들이 보기에 진즈부르그의 역사 쓰기는 문학적 글쓰기와 너무도 유사하다. 바로 이 점이 문학 연구자인 옮긴이들이 감히 그의 역사서를 넘보게 된 이유가 아닐까. 『치즈와 구더기』를 읽으면서 옮긴이들은 역사와 문학의 뗄 수 없는 관계를 새삼 떠올렸다. 진즈부르그는 더욱 문학에 관심을 보이리라. 그 예감은 적중한 듯하다. 옮긴이들이 저자에게 한국어판 서문을 부탁하였을 때, 진즈부르그는 자신의 최근 생각을 담고 있는 글이라며 에스토니아의 출판인 마렉 탐Marek Tamm과 나눈 이탈리아어 대담을 한국어판 서문으로 수록해줄 것을 희망하였다. 이 대담의 마지막 답변에서 저자는 스탕달과 영국 문학을 연구하고 있다고 말한다. 이 연구는 『그 어떤 섬도 아니다 *No Island is an Island*』라는 제명으로 출간되었다.

한편 이 책의 번역 과정에서 일본어판과 일일이 대조하는 등 보다 정확한 번역이 될 수 있도록 도와준 동아대 이훈상 교수께 감사드린다(일본어판은 이탈리아어판과 독일어판을 저본으로 출간되었으며 훌륭한 번역이다). 이훈상 교수는 이 논제와 관련된 국내외의 성과도 가능한 한 찾아내어 이를 반영하도록 하는 등 번역의 방향에 대해서도 조언을 아끼지 않았다. 비록 이 번역서가 김정하, 유제분 두 사람의 이름으로 출간되지만 실제로는 세 사람의 공역이라고까지 말할 수 있다.

마지막으로 문학과지성사의 여러분께 감사드린다. 여러 가지 사정으로 번역 작업이 늦어졌지만 출판사에서는 인내를 가지고 장기간에 걸쳐 원고를 가다듬어주었다. 으레 그렇지만 옮긴이들은 교정지와 완성된 책을 통해서 그 노고를 느낄 수밖에 없다. 그렇더라도 출간을 위해 애써준 모든 분들의 값진 노고를 잊을 수는 없을 것이다.

2001년 11월

김정하, 유제분